Schirner Verlag

Über die Autorin:
Isolde Mehringer-Sell, Jahrgang 1934, studierte in Freiburg und München Psychologie. Anschließend war sie sechs Jahre als wissenschaftliche Assistentin an der Universität Saarbrücken tätig. Dort lehrte sie Diagnostik, Verhaltensbeobachtung und Kindertherapie und leitete die Erziehungsberatung des Psychologischen Instituts. Seit 1965 ist sie in freier Praxis tätig. Auf der Suche nach einem schulübergreifenden Therapieansatz arbeitete sie zunächst mit der nichtdirektiven Spieltherapie nach Axline, bezog aber bald tiefenpsychologische und verhaltenstherapeutische Elemente in ihre Arbeit mit ein. Über Astrologie näherte sie sich den Themen Karma und Wiedergeburt und begann, sich mit den angebotenen Reinkarnationstherapien zu beschäftigen. Sehr schnell erkannte sie die enormen Heilungsmöglichkeiten, die diese Methode in sich birgt; mittlerweile arbeitet sie seit zehn Jahren erfolgreich damit. Sie glaubt an eine Zukunft, in der Therapeuten verschiedenster Richtungen zum Wohle der Patienten zusammenarbeiten. Um dieser Zukunft den Weg zu bereiten, gründete die Autorin 1999 ein Therapie-, Lehr- und Forschungszentrum im süddeutchen Raum, in dem sie diese Ziele verwirklicht.

Über das Buch:
Auf der Suche nach einer Heilmethode, die den Menschen in seiner ganzen Vielschichtigkeit umfaßt, entdeckte Isolde Mehringer-Sell die Reinkarnationstherapie. Gerade bei Kindern lassen sich damit die besten Erfolge erzielen, da sie noch einen vorbehaltlosen Zugang zum Thema Tod und Wiedergeburt haben. In „Mama, glaub mir, ich habe schon einmal gelebt“ stellen die von den Kindern gemalten Bilder, die Erinnerungen aus früheren Leben aufzeichnen, die Weisheit unserer Seele unter Beweis. Sie vergißt nichts, und die Erinnerungen hinterlassen Spuren auch in unseren Körpern. Mit diesem Ansatz gelingt es, im Verbund mit anderen Therapieformen und Denkschulen einen Weg aus seelischen und körperlichen Krankheiten zu beschreiten. Anliegen der Autorin ist, Eltern und Fachleute für eine Zusammenarbeit über alle Disziplinen hinweg zu begeistern und die Augen dafür zu öffnen, daß die Wahrheit sich aus mehr zusammensetzt, als man auf den ersten Blick erkennen kann.

Isolde Mehringer-Sell
(Erika Isolde Schäfer)

Reinkarnationstherapie mit Kindern

Mama, glaub mir, ich habe schon einmal gelebt

Ein Praxisbuch für Eltern und Fachleute

Schirner Verlag

ISBN 3-930944-30-8

Erste Ausgabe 1997
Zweite Ausgabe 2001

Umschlaggestaltung: Murat Karaçay
Satz: Karin Brunke

Herstellung: Legoprint S.p.A., Lavi

Printed in Italy

Inhaltsverzeichnis

ANHANG

Wenn ein Kind ...

Wenn ein Kind kritisiert wird,
lernt es zu verurteilen.

Wenn ein Kind angefeindet wird,
lernt es zu kämpfen.

Wenn ein Kind verspottet wird,
lernt es, schüchtern zu sein.

Wenn ein Kind beschämt wird,
lernt es, sich schuldig zu fühlen.

Wenn ein Kind verstanden und toleriert wird,
lernt es, geduldig zu sein.

Wenn ein Kind ermutigt wird,
lernt es, sich selbst zu vertrauen.

Wenn ein Kind gelobt wird,
lernt es, sich selbst zu schätzen.

Wenn ein Kind gerecht behandelt wird,
lernt es, gerecht zu sein.

Wenn ein Kind geborgen lebt,
lernt es zu vertrauen.

Wenn ein Kind anerkannt wird,
lernt es, sich selbst zu mögen.

Wenn ein Kind in Freundschaft angenommen wird,
lernt es, in der Welt Liebe zu finden.

Text über dem Eingang einer Tibetischen Schule

Vorwort zur zweiten Auflage

Ich freue mich sehr, daß mein Buch *„Mama, glaub mir, ich habe schon einmal gelebt"*, so großes Interesse gefunden hat, und hoffe, daß es unter dem neuen Titel und in der Paperback-Ausgabe einem noch breiteren Publikum zugänglich wird.

Vor drei Jahren habe ich ein Therapie-, Lehr- und Forschungszentrum in Oberbayern gegründet. Die bisherigen Schwerpunkte sind Reinkarnationstherapie und Familienstellen und eine kreative Kombination beider Methoden. Der erste Ausbildungszyklus findet in diesem Jahr seinen Abschluß. Es ist sehr beglückend für mich, daß damit die Reinkarnationstherapie in der Form, wie ich sie praktiziere, weitergetragen wird und wir den vielen Therapiewünschen besser entsprechen können.

Mit Hilfe meiner Schüler habe ich ein Forschungsprogramm entwickelt, mit dem sich prüfen läßt, ob und wie weit karmische und systemische Faktoren im Leben eines Menschen eine Rolle spielen. Erste interessante Ergebnisse liegen schon vor und werden bei Gelegenheit veröffentlicht. Ein nächstes Buch über Reinkarnationstherapie für Erwachsene in Verbindung mit Familienstellen ist in Arbeit.

Diese neue Ausgabe des Buches werde ich zusätzlich unter meinem jetzigen Namen „Erika Isolde Schäfer" herausgeben (Mehringer-Sell ist mein Mädchenname). Da ich das Zentrum auch unter dem Namen Schäfer leite, habe ich auf der Neuerscheinung unter „Mehringer-Sell" den Namen „Schäfer" in Klammern hinzufügen lassen, so daß man erkennen kann, daß ich das Werk verfaßt habe.

Eisenbuch, den 08.06.2001

Danksagung

Mein tiefer Dank gilt all den Kindern und Eltern, mit denen ich arbeiten durfte. Ich danke ihnen für das Vertrauen, das sie mir entgegengebracht haben, und die Erlaubnis, ihre Geschichten und Bilder zu veröffentlichen. Sie haben alle ohne Zögern zugestimmt. Obwohl einige sogar erlaubt haben, sie namentlich zu nennen, habe ich alle Namen und persönlichen Daten geändert, um die Anonymität zu wahren.

Ich danke meinen Lehrern Tineke Noordegraaf, Rob Bontenbal, Morris Netherton und Roger Woolger. Alle diese Lehrer arbeiten sehr erfolgreich, und jeder hat seinen eigenen Stil entwickelt. Sie haben mich nicht nur eine wunderbare Therapiemethode gelehrt, sondern mir durch ihre Verschiedenartigkeit auch die Erkenntnis vermittelt, daß es wichtig ist, nicht eine Technik nachzuahmen, sondern den eigenen Arbeitsstil zu finden.

Besonderer Dank gilt Tineke Noordegraaf. Sie hat mir die wichtigsten Anstöße für meine persönliche Entwicklung und für meine Arbeit gegeben. Die in diesem Buch beschriebene Art der Kindertherapie hat sie entwickelt. Sie und einige ihrer Schüler sind meines Wissens die einzigen, die Reinkarnationstherapie mit Kindern durchführen. Ich fühle mich auch deshalb in ganz besonderer Weise mit ihr verbunden, weil ich glaube, daß wir uns aus vielen früheren Leben kennen und uns immer dann zu gemeinsamer Arbeit zusammenfinden, wenn sich einschneidende Umbrüche im Bewußtsein der Menschen vollziehen.

Dr. Barbara Flemming und meinen Kolleginnen und Mitarbeiterinnen Ilse Jakob, Monika Sellmayr und Eva Weinig danke ich für die wertvollen und anregenden Gespräche.

Ich danke Dr. Gerald Jentsch, der mir mit medizinischem Rat immer zur Seite stand, sowie Irmtraut Schäfer für ihre fachliche Kritik. Auch Nora Zobernig und Beatriz Walterspiel waren mir wertvolle Gesprächspartner. Ganz besonderer Dank gilt Gunhild Bohm für ihre kompetente literarische Hilfe.

Ohne Roswitha Grosser wäre das Buch möglicherweise nicht zustande gekommen. Sie machte mir Mut, meine Schreibhemmung zu überwinden. Mit selbstloser Hingabe half sie mir bei der Literatursammlung, beim Tippen, beim Korrigieren und bei allen lästigen Nebenarbeiten, die beim Schreiben eines Buches anfallen. Lange Gespräche auf gemeinsamen Spaziergängen halfen, das Buch so zu formulieren, daß es für Laien verständlich wird. Ihr sei ganz besonderer Dank.

Ich danke meiner Lektorin Kirsten Glück für die gute Zusammenarbeit und den Verlegern Markus und Heidi Schirner für ihre Offenheit und ihr Engagement.

Und schließlich danke ich meiner Familie, die mich am unmittelbarsten hat erleben lassen, was Karma bedeutet. Meine beiden Söhne sind die Quelle, aus der diese Arbeit entstanden ist.

In großer Liebe danke ich meinem Mann. Er war mir ein treuer Begleiter auf dem langen Weg von der Wissenschaftsgläubigkeit bis zu meiner heutigen Sicht der Welt. Mit großer Geduld bereitete er mir den Boden und schaffte mir den Raum für meine Arbeit. Durch seinen klaren und kritischen Verstand hat er mich zuweilen auch auf den Boden der Tatsachen zurückgeholt, wenn ich mich zu schnell habe faszinieren lassen. Schließlich stand er mir bei der mühevollen Arbeit des Redigierens zur Seite.

Nicht unerwähnt bleiben soll unsere kleine Hündin Peggy. Sie saß vom ersten bis zum letzten Wort zu meinen Füßen unter meinem Schreibtisch. Viel Ruhe und Vertrauen ging von ihr aus.

Regressionsarbeit wird erst seit kurzem als wirkungsvolle therapeutische Ergänzung zu konventionellen Methoden anerkannt. Wenn sie mit herangezogen wird, ist es so, als würde man in einem Haus, das bisher keinen Blick nach draußen freigab, Fenster und Türen anbringen.

Winafred Blake Lucas

EINLEITUNG

Des Menschen Seele gleicht dem Wasser.
Vom Himmel kommt es, zum Himmel steigt es,
und wieder nieder zur Erde muß es, ewig wechselnd.

Johann Wolfgang von Goethe

Vor zehn Jahren habe ich begonnen, als Reinkarnationstherapeutin zu arbeiten. Jede Therapiesitzung mit Kindern, und natürlich auch mit Erwachsenen, erlebe ich noch heute wie ein spannendes Abenteuer. Es ist eine Reise in eine Welt, die uns normalerweise verschlossen ist. Sie führt in die Tiefen der menschlichen Seele und ist voller Überraschungen und Dramatik. Nehmen Sie an dieser Reise teil, werden Sie feststellen, daß jeder Mensch in seiner Einzigartigkeit vollkommen ist, auch dann, wenn sich zuweilen bisher nur ein kleiner, möglicherweise verzerrter Teil hat entfalten können und für die Außenwelt sichtbar geworden ist.

Reinkarnationstherapie habe ich als eine Methode erfahren, die, richtig angewendet, imstande ist, jeden Menschen in seine Selbstachtung und Würde zu führen. Sie ermöglicht es uns, unseren Schatten zu erkennen, ihn liebevoll zu integrieren und dadurch ganz und heil zu werden.

Ich habe dieses Buch geschrieben, um einen größeren Kreis von Menschen an diesen Abenteuern der Seele teilhaben zu lassen. Es ist vornehmlich für Laien gedacht, für Mütter, Väter und alle Menschen, die mit Kindern zu tun haben. Es ist aber auch für Studierende der Kinderreinkarnationstherapie und für jene praktizierenden Therapeuten, die für alternative Methoden offen sind. Ich hoffe, daß das Buch dazu beiträgt, ein neues Verständnis für unsere Kinder und uns selbst zu entwickeln.

In meiner 35jährigen therapeutischen Praxis kamen immer wieder Eltern mit ihren Kindern zu mir, die sich verzweifelt fragten, was sie in der Erziehung nur falsch gemacht hätten, daß ihnen ihre Kinder solche Probleme bereiteten. Sie zermarterten sich den Kopf, und fanden schließlich – zuweilen auch gemeinsam mit Therapeuten – Erklärungen aus dem Angebot der Schulpsychologie: an erster Stelle falsche Erziehung, dann Schicksalsschläge und schließlich Anlage. Folge waren verunsicherte Eltern, die sich schämten, ein „verhaltensgestörtes" Kind zu haben, weil damit offenkundig wurde, daß sie als Erzieher versagt hatten. Wenn diese Eltern dann bei mir in der Praxis saßen, mußte ich feststellen, daß sie auch nicht besser und nicht schlechter waren als Millionen anderer Eltern, deren Kinder keine solchen Probleme haben. Gab es denn wirklich keine andere Erklärung für diese Unterschiede?

Den Eltern, die sich jetzt angesprochen fühlen, möchte ich mit diesem Buch Hoffnung machen. Sie werden erfahren, daß es noch andere Erklärungsmöglichkeiten für die Probleme ihrer Kinder gibt. Erfahrungen aus früheren Leben oder karmische Verstrickungen innerhalb der Familien, d. h. gemeinsame Erlebnisse aus früheren Leben beeinflussen unser Handeln, unser Fühlen, unser Denken und unsere körperliche Entwicklung. Was das bedeutet, will ich in diesem Buch beschreiben. Ich hoffe, daß Eltern, die die Probleme ihrer Kinder wiedererkennen, wertvolle Gedanken und Hilfen erhalten. Sie werden ihre Kinder von einer neuen Warte aus betrachten und anders mit ihnen umgehen lernen.

Dieses Buch enthält vorwiegend Fallbeschreibungen. Wenn ein Tonband während der Sitzung lief, habe ich die Sitzungen teilweise wörtlich wiedergegeben, damit die Methode für den Leser unmittelbar nachvollziehbar wird. Da das Buch in erster Linie für Laien geschrieben ist, versuche ich, die Theorie in die Fallbeschreibungen einzuflechten. Am Ende des Buches finden Interessierte dann ein kurzes Kapitel über die theoretischen Grundlagen der Reinkarnationstherapie.

Ein besonderes Anliegen ist mir das Thema Aggression bei Kindern (und in der Welt), deshalb habe ich ein Kapitel zu diesem Thema eingefügt, anschließend an die Geschichte von Petro, der wegen Aggressionen zu mir kam. Kurz eingehen werde ich auch auf das Thema Adoption.

Die Auswahl der Kinder fiel mir schwer, da jede Geschichte es wert wäre, erzählt zu werden. Ich entschied mich, Kinder mit unterschiedlichen Symptomen auszuwählen, deren Therapie besonders kurz war, damit möglichst viele Kinder zu Wort kommen können. Gegen Ende stelle ich dann zwei längere Therapien vor, damit nicht der Eindruck entsteht, wir haben es mit einer Blitztherapie zu tun.

Auch beschreibe ich ein Kind, bei dem die Therapie nicht zu dem gewünschten Erfolg geführt hat, um der Vorstellung vorzubeugen, es handle sich um eine Wundermethode.

Aus dem Inhaltsverzeichnis können Sie ersehen, daß ich nicht nur mit seelischen, sondern auch mit körperlichen Problemen bei Kindern arbeite. So beschreibe ich z. B. ein Kind, das wegen Kleinwuchs, ein anderes, das wegen einer Knochenwachstumsstörung, und ein drittes, das wegen eines Tumors zu mir kommt. Auch berichte ich über ein Kind mit Asthma und Neurodermitis, das zunächst nur wegen Verhaltensstörungen zu mir kam. Ich gehe davon aus, daß Körper, Seele und Geist eine Einheit bilden. Das bedeutet, daß jede Therapie, die etwas verändert, auf allen Ebenen wirkt. Erst wenn wir lernen, alle zusammenzuarbeiten, nämlich Ärzte, Heilpraktiker, Psychologen und Menschen in anderen Heilberufen, dann ist für unsere Patienten die größtmögliche Hilfe gewährleistet. Unter Hilfe verstehe ich nicht die Beseitigung von Symptomen, sondern einen Beitrag zum gesunden Wachstum und zur seelischen Reifung eines Menschen zu leisten.

Vieles von dem, was Sie in diesem Buch lesen werden über das, was Kinder alles hervorbringen, wird Ihnen möglicherweise kaum glaubhaft erscheinen. Das liegt daran, daß Erwachsene in der Regel verlernt haben, auf Botschaften aus dem Unbewußten zu hören. Die Kinder, deren Berichte ich wiedergebe, sind nicht speziell ausgewählt, etwa weil sie besonders gut an ihr Unbewußtes angeschlossen sind. Kinder sind prinzipiell noch intuitiver als wir Erwachsene. Ein Glück für die Kinder, die nicht zu früh in unsere rationale Welt gezwungen werden, sie haben eine größere Chance, seelisch zu reifen.

Sie werden feststellen, daß die Bearbeitung von Traumen aus vergangenen Leben nur einen Teil meiner Arbeit ausmacht. Arbeit an Traumen aus diesem Leben, der Geburt, der Schwangerschaft, der Zeugung und durch Operationen sind ebenso wichtig, deshalb finden Sie auch zu diesen Themen jeweils Beispiele.

Neben Rückführungen mache ich mit meinen Klienten zuweilen auch Energiearbeit und Familienaufstellungen nach Hellinger. An den entsprechenden Stellen werde ich der Vollständigkeit halber auch kurz auf diese Arbeit eingehen.

Ich wünsche mir, daß Sie beim Lesen des Buches versuchen, alle vorgefaßten oder erlernten Vorstellungen über Leben und Tod, über Gut und Böse, über Gesundheit und Krankheit etc. beiseite zu stellen, und sich vorurteilslos in die Geschichten der Kinder hineintragen lassen, um sich erst am Ende des Buches ein Urteil zu bilden. Danke.

Latschach, den 02.05.1997
Isolde Mehringer-Sell

Wie es begann

Alle wirklich wichtigen Dinge, die ich in diesem Leben gelernt habe, haben mich Kinder gelehrt. So habe ich nie aufgehört, zu staunen und alles für möglich zu halten, wie Kinder das tun.

1. Meine Familie

Als unser Sohn Sebastian fünf Jahre alt war, sagte er eines Tages zu mir. „Ach Mama, ich bin dir so dankbar, daß du mich genommen hast. Es war so schrecklich, da wo ich herkomme."

„Wo kommst du denn her?" fragte ich.

„Du weißt doch, daß die Menschen, wenn sie sterben, so ungefähr zwanzig Jahre lang nicht auf der Erde sind und dann wieder in dem Bauch einer Mutter auf die Erde kommen."

„Aha", sagte ich und überlegte, wo er wohl irgend etwas über Wiedergeburt hätte erfahren haben können. Im nahen und weiten Umkreis kannte ich niemanden, der sich mit Reinkarnation befaßt haben könnte, geschweige denn daran glaubte.

Er muß wohl meine Ungläubigkeit gespürt haben, da er bekräftigend hinzufügte: „Mama, glaub mir, ich habe schon einmal gelebt, ich weiß es noch genau, es war ganz schrecklich in meinem letzten Leben, und danach war es noch schrecklicher. Ich wollte schon lange wiederkommen, aber keine Mutter wollte mich haben."

Es sollte noch zehn Jahre dauern, bis ich begann, mich mit Wiedergeburt und Karma zu befassen. Ich stamme aus einer rein naturwissenschaftlich denkenden Familie. Über den Tod und was danach kommen könnte, wurde nie viel nachgedacht. Es herrschte die stille Übereinkunft, daß mit dem Tod alles zu Ende sei. Der Sinn des Lebens bestand darin, dieses Leben so gut wie möglich zu leben, und das bedeutete, die eigene Persönlichkeit zu entfalten. Seine Persönlichkeit höchstmöglich entwickelt zu haben hieß, erfolgreich zu sein und ein kreatives, aktives, willensbetontes, freies, aber diszipliniertes Leben zu führen.

Da es in der Familie weder schwere Krankheiten, Mißerfolge, größere Differenzen noch sonst entscheidende Schicksalsschläge gab, wurde wenig über Gott, Schicksal, Glaube, Gnade oder dergleichen nachgedacht.

Durch Disziplin war alles machbar. Das ging so weit, daß mein Vater mit 84 Jahren, schon bettlägerig, sechs Wochen vor seinem Tod mitteilte, daß wir alle – er hatte 4 Kinder, 4 Schwiegerkinder und 13 Enkelkinder – noch in Ruhe in Urlaub fahren sollten, da er beschlossen habe, erst am 5. September zu sterben, wenn die Ferien zu Ende seien. Er hielt seinen Zeitplan ein.

Ich mußte einen sehr weiten Weg gehen, bis ich mich von diesen familiären Überzeugungen sowie von all den im Moment herrschenden akademischen Paradigmen und den Vorurteilen, die es in Bezug auf „Wissenschaftlichkeit" gibt, ganz lösen konnte.

Meine beiden Söhne waren meine besten Lehrmeister. Sie haben mich veranlaßt, nach immer neuen Erklärungsmöglichkeiten für das menschliche Verhalten zu suchen. In der Erziehung stieß ich immer wieder auf Fragen, die mir die Schulpsychologie nicht beantworten konnte.

Warum war mein jüngerer Sohn Sebastian wie hypnotisiert, als er mit zwei Jahren zum ersten Mal ein Spielzeuggewehr bei einem Kind auf der Straße sah? Warum wollte er von diesem Zeitpunkt an fast nur noch mit Kriegsspielzeug spielen?

Warum wiederum konnte unser älterer Sohn Stefan nie viel mit Kriegsspielzeug anfangen? Er spielte die Spiele zwar schließlich mit, hatte aber nie eine rechte Beziehung dazu.

Warum ist er, der bei seiner Geburt auch selbst Verletzungen erlitten hat, so zufrieden mit der Welt, und warum braucht der mit Kaiserschnitt entbundene Sohn drei Jahre, bis er sich halbwegs auf diese Welt einlassen kann? Warum wünscht sich dieses Kind schon vor seiner Einschulung „alle Soldaten aus dem letzten Weltkrieg" und dazu „ein Buch, in dem Schlachtpläne aufgemalt sind?"

Woher kommt das? Wir haben zu dieser Zeit keinen Fernseher, wir sind eine recht friedliebende Familie, streiten wenig, wohnen am Stadtrand mit Garten, Hunden, Katzen und Goldhamster.

Als ich meinem Sohn erkläre, daß ich den letzten Krieg noch hautnah miterlebt und deshalb das Kriegsspielzeug und die Soldaten nicht gern im Hause habe, stellt er sich, fünfjährig, selbstbewußt vor mich hin und sagt: „Mama, das ist deine Sache, ich brauche das."

Heute weiß ich, daß es sehr gut war, daß ich ihm die Soldaten und die Panzer und die Kanonen gekauft habe. Daß es gut war, meine eigene Trauer und meine eigenen Verletzungen, die ich vom Krieg her noch hatte und die durch das Spiel des Kindes reaktiviert worden waren, hintangestellt und (angeregt durch ihn) bearbeitet habe.

Ich mußte zusehen, wie er die verschiedensten Varianten des Sterbens auf dem Schlachtfeld im Spiel ausdrückte. Woher wußte dieses Kind all das, was es im Spiel beschrieb, über Schmerz, über Mut, über Kameradschaft, über Verzweiflung, über Grausamkeit, über Folter, über Todesschreie? Nie hat er nur annähernd Ähnliches gesehen oder erlebt.

Schließlich konnte ich an der Art, wie dieses Kind spielte, erkennen, was es wirklich sagen wollte und was es fühlte. Sebastian spielte dieses Sterben und Töten ohne jegliche eigene Aggression, Sensationslust oder Freude am Töten, er war eher distanziert, teilnahmsvoll, aber ohne Wertung, beschreibend, so als wollte er sagen: „So sind die Menschen, dazu sind sie fähig, das ist die Welt, in der wir leben."

Heute weiß ich, daß dieses Spiel dazu diente, Karma aus dem letzten Leben zu beenden. Sebastian war im zweiten Weltkrieg ein hoher Offizier. Er teilte das Schicksal vieler hoher Offiziere der damaligen Zeit. Sie hatten schwere Gewissenskonflikte, weil sie so viele ihrer Soldaten in einen sinnlosen Tod treiben mußten. Diesen Konflikt hatte er versucht, im Spiel aufzulösen, indem er sich nochmals dem Schrekken stellte und jeden einzelnen Soldaten anteilnehmend verabschiedete. „Ja, ich habe deinen Schmerz gesehen, du warst so mutig und bist so schrecklich gestorben, du hast deine Sache gut gemacht, ruhe in Frieden."

Diese Arbeit dauerte viele Jahre. Immer wieder baute er ganze Armeen in unserem Wohnzimmer auf, so daß wir kaum hindurchgehen konnten, und ließ jeden Soldaten einzeln, anteilnehmend sterben. Er malte in dieser Zeit auch viele Bilder, in denen er den Schmerz und die Verzweiflung des Menschen ausdrückte (Abb. S1 und S2).

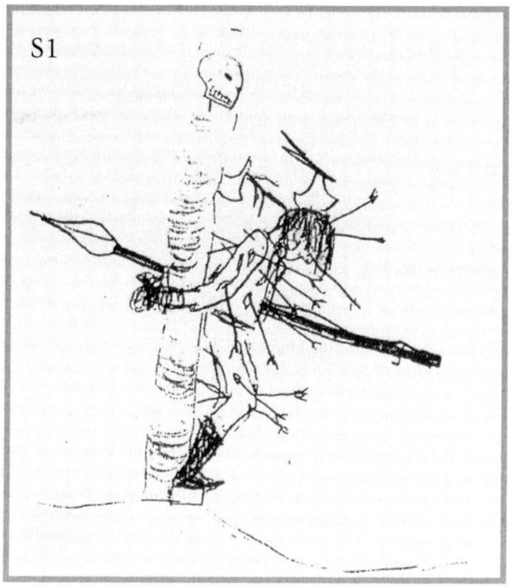

Mit circa elf Jahren hatte er diese „Arbeit“ beendet und begann, sich kreativ Gedanken darüber zu machen, wie er dazu beitragen könne, Frieden in der Welt zu schaffen.

Seine Erfahrungen aus dem letzten Leben befähigen ihn heute, sich mit Krieg und Frieden sinnvoll auseinanderzusetzen. Deshalb verwundert nicht, daß er im Schullandheim folgende Beurteilung von einem Lehrer bekam: „Wir haben ihn in das Zimmer mit den größten Rabauken verlegt, da er dafür bekannt ist, daß er Ordnung und Frieden herstellen kann.“ Natürlich tut er

das nicht mit süßen Worten, sondern mit der Kraft und der Klarheit eines Menschen, der etwas vom Kämpfen versteht und gleichzeitig eine große Liebe und Verantwortung für die Menschen mitbringt. Er durfte die Verzweiflung und die Ohnmacht, die das Kämpfen in sich birgt, beenden und konnte sich somit an die Kraft anschließen, die im Kampf enthalten ist.

Was verstehst du vom Frieden,
wenn du nicht weißt, was es heißt zu kämpfen?
Es ist als wolltest du dürstende Blumen gießen,
ohne eine Quelle zu haben,
aus der du das Wasser schöpfen kannst.

Bert Hellinger drückt das so aus:

Konflikte mit friedlichen Mitteln lösen
kann am besten der Stärkste.

Was ist mit all den Kindern, die in ihrem letzten Leben die Schrecken des zweiten Weltkrieges als Soldaten miterlebt haben und heute kein Kriegsspielzeug haben dürfen, mit dem sie ihre Angst, ihre Wut und ihre Verzweiflung beenden können?

Unser Sohn Stefan lebte zur Zeit des zweiten Weltkrieges auch in Deutschland, aber als Jude im KZ. Er mußte keinen Kampf mit Waffen zum Abschluß bringen, er mußte den Kampf mit der eigenen Angst vor Gewalt und den Umgang mit Leid, Schmerz und Hilflosigkeit lernen. Es verwundert also nicht, daß er mit 15 Jahren unerschrocken einen Säureattentäter daran hinderte, in der Münchner Pinakothek Dürer-Bilder zu zerstören. Auf die Frage, ob er denn keine Angst gehabt habe, daß dieser Mann die Säure auf ihn schüttet, antwortete er. „Mama, wenn Unrecht geschieht, dann kann ich nur helfen, sonst denke ich an nichts."

Heute wird mir vieles in seinem Verhalten klar, das auf Schmerz im letzten Leben hindeutete. Er hatte sich z. B. eines Tages am ganzen Körper blaue Flecken gemalt und mir gesagt, daß er furchtbar verprügelt worden sei. Die Flecken waren täuschend echt gemalt, so daß ich entsprechend tröstend, mitfühlend und helfend reagierte. Er genoß meine Hilfe sichtlich. Bald merkte ich jedoch an seinem Verhalten, daß etwas nicht stimmte. Ich untersuchte die Flecken genauer und stellte fest, daß es reine Farbflecken waren. Ich verstand damals nicht genau, was er mir damit sagen wollte. Er selbst wußte es natürlich noch weniger. Ich spürte nur, daß er Trost brauchte, und wir kamen überein, daß er nichts vortäuschen müsse, um von mir getröstet zu werden, und daß er, sollte ihm so etwas tatsächlich einmal passieren, bei mir gut aufgehoben sei. Heute könnte ich besser damit umgehen; ich würde ihm helfen, den alten Schmerz anzuschauen, zu verarbeiten und zu beenden. Wenn man in ein sicheres Zuhause geboren wird, in dem es keine körperlichen Strafen gibt, kann die mitgebrachte Angst durch gegenteilige Erfahrung langsam gelöscht werden.

Stefan arbeitet auch als Erwachsener weiter an seinem Karma. Er hat einen Beruf gewählt, in dem er versucht, den Schmerz und das Leid anderer Menschen zu lindern. Er hat etwas erlitten, um über Schmerz, Leid und Tod etwas zu lernen. Er gibt in diesem Leben seine Erfahrung weiter. Das erklärt sein ungewöhnlich gutes Gefühl im Umgang mit leidenden Menschen.

Mein Mann war im letzten Leben ein tibetischer Mönch, ich selbst eine in Frankreich lebende Christin, der ältere Sohn ein Jude und der jüngere Sohn ebenfalls Christ. Mehr noch, ich weiß von mir und vielen meiner Klienten, daß jeder von uns in anderen Inkarnationen schon Jude, Moslem, Buddhist, Christ und Anhänger verschiedener Naturreligionen war, daß wir jeder braune, rote, gelbe und weiße Hautfarbe hatten, daß wir viele Male als Mann und viele Male als Frau auf der Erde lebten.

Jeder von uns sollte mit seinem inneren Juden, Christen, Moslem, Buddhisten, seinem inneren Asiaten, Afrikaner, Indianer, Weißen, mit seinem inneren Krieger, Machthaber, Folterer, mit seinem inneren Mann, mit seiner inneren Frau und seinem verletzten inneren Kind Frieden schließen; dann mag es gelingen, Weltfrieden zu schaffen.

Wie weit wir noch von diesem Ziel entfernt sind, macht eine Untersuchung der UNESCO deutlich. Danach *„wurden nach dem Zweiten Weltkrieg 145 Kriege geführt; bei 132 davon spielte die Prägung durch verschiedene Religionen als Kriegsgrund die entscheidende Rolle..."**

Mögen sich immer mehr Menschen an ihre früheren Leben erinnern, damit sie Verständnis für ihren Nachbarn entwickeln können, der anders glaubt, anders denkt und eine andere Hautfarbe hat!

---

* Berendt, J.-E.: Das Leben ein Klang

Man brachte euch bei, euren Verstand
bis zum Perfektionismus zu gebrauchen.
Wir bringen euren Kindern bei,
mit dem Herzen zu denken;
so mußt du dich nie schämen,
einem Menschen unter die Augen zu treten, seine Hand zu schütteln und ihn offen anzuschauen
und mit ihm zu sprechen.
Das ist ein gutes Gefühl.
LAME DEER, SIOUX

2. Prägende Kindheitserfahrungen

Drei wichtige Erfahrungen aus meiner Kindheit haben mein Leben und meine Sichtweise geprägt. Ihnen verdanke ich wahrscheinlich auch den Mut und die Offenheit, mich mit einem Gebiet zu befassen, das in den Kreisen, in denen ich mich bewegte, von oben herab behandelt und belächelt wurde.

Ich erlebte, daß es besser ist, die Menschen nicht nach ihren Worten zu beurteilen, sondern nach dem, was hinter ihren Worten mitschwingt, daß das, was die Mehrheit sagt und vertritt, nicht immer richtig sein muß, und schließlich, daß die Liebe die stärkste Heilkraft ist, die es gibt. Lassen Sie mich zu jeder dieser Erfahrungen ein Erlebnis aus meiner Kindheit erzählen:

Als Kind habe ich mich gewundert, warum die Erwachsenen so oft etwas anderes sagen, als sie denken und fühlen. Sie sagten freundliche Worte, obwohl ihre Gedanken alles andere als freundlich waren; sie verhielten sich grob, ausfällig und abweisend, aber in ihren Augen und in ihren Gedanken sah ich Liebe. Solche Unaufrichtigkeit war natürlich zur Zeit des Hitlerregimes besonders ausgeprägt. In einer schrecklichen Bombennacht hatten sich mehrere Familien in unserem Luftschutzkeller versammelt. Eine hochschwangere Jüdin war von der Straße hereingekommen und bat um Schutz. Sie wurde abgewiesen. Warum? Konnte ich doch in den Gedanken der Menschen die Bereitschaft und den Wunsch lesen, sie aufzunehmen. Im Rückblick weiß ich nun, daß es damals strengstens verboten war, einen Juden aufzunehmen, und keiner wußte, ob es einen Verräter unter den Anwesenden geben würde. Als Kind habe ich das natürlich nicht verstanden. Dennoch hat es mich ein wenig getröstet, daß ihr eigentlich alle Schutz geben wollten.

Als ich später die Frau draußen auf der Straße von einem Splitter in den Rücken tödlich getroffen liegen sah, begann ich zu ahnen, daß es etwas Mächtigeres gibt als die Wünsche und Hoffnungen eines einzelnen, und daß es so etwas wie Schicksal geben muß.

Und ich lernte durch das Hitlerregime, daß die gängige Meinung nicht immer die richtige sein muß, auch wenn alle Menschen ihr zujubeln. Unsere Familie lebte bis 1943 in Nürnberg, der Stadt der Reichsparteitage. Einmal hörte ich Hitler auf dem Marktplatz eine „Rede an sein Volk" halten. Ich war erstaunt darüber, was er mit den Menschen machen konnte. Dieser Mann, der da oben zusammen mit zwei Helfern am Rednerpult stand, sandte Lichtschnüre von seinem Kopf in die Köpfe der Menschen aus. (So nahm ich das als Kind wahr.) Die Menschen veränderten sich dadurch und wurden ganz merkwürdig. Sie bekamen einen freudigen Glanz in ihren Augen, waren begeistert und jubelten dem Mann zu. Trotzdem hatte ich das Gefühl von unendlicher Einsamkeit, wenn die Menschen so waren. Ich sah Nazis, die gute Menschen waren, und sah Menschen, die gegen das Hitlerregime waren und viel fanatische, zerstörerische Energie in sich hatten, und umgekehrt. All diese Kindheitserlebnisse haben mich offen gehalten für immer neue Erfahrungen und Möglichkeiten, was die menschliche Seele betrifft. Allgemein anerkannte Meinungen beeindrucken mich wenig, ich probiere lieber selbst aus.

Wie gut Liebe heilen kann, das hat mich meine Mutter gelehrt. Hier ein typisches Beispiel:

Ich befand mich mit meiner Mutter und meinen drei Brüdern auf einem belebten Platz. Eine feine ältere Dame kam in unsere Nähe. Ich mochte sie sofort sehr gern, da sie so viel Liebe ausstrahlte. Plötzlich sah ich einen Judenstern auf ihrem Mantel. Betroffen fragte ich meine Mutter, „Mama, ich habe gedacht, die Juden sind alle böse, aber diese nette Frau da drüben hat einen Judenstern auf ihrem Mantel?“ Ich hatte so laut gesprochen, daß die umstehenden Menschen es hören konnten. Nach kurzem Schweigen brach ein Tumult los, Worte wie „Schande der Nation, wenn Mütter ihre Kinder nicht erziehen können, ausrotten“ und dergleichen wurden meiner Mutter entgegen geschleudert. Meine Mutter konnte sich und uns Kinder nur mit Mühe unversehrt aus der Menge befreien. Als wir in Sicherheit waren, gab meine Mutter mir keinerlei Erklärungen, es gab keine Belehrungen und keine Kritik. Sie nahm mich vielmehr in den Arm, und ich sah Tränen der Liebe in ihren Augen. Diese Umarmung gab mir mehr als alle Worte der Welt. Ich begriff schlagartig, was sie mir sagen wollte: „Mein liebes Kind, ich weiß, daß du recht hast, und ich bin glücklich darüber, daß dein Blick noch nicht getrübt ist, aber es gibt Situationen im Leben, da muß man schweigen, weil die Menschen sonst Angst bekommen und aus ihrer Angst heraus wütend werden. Nimm es den Menschen nicht übel, wir leben in einer Zeit, in der es zuviel Angst gibt. Unsere Liebe zueinander heilt und trägt alles, was da auch kommen mag. Diese schwere Zeit wird auch irgendwann vorüber sein.“ Sie hatte auch große Angst gehabt, aber ihre Liebe hat diese Angst sehr schnell in heilende Kraft umgewandelt. Ich fühlte mich glücklich und stark und „eingeweiht“. Wir hatten zusammen ein Geheimnis, und unsere Seelen hatten sich berührt. Ich hatte erfahren, daß es eine Kraft gibt, die stärker ist als Angst.

Lernen – ist herausfinden, was du bereits weißt.
Handeln – ist zeigen, daß du es weißt.
Lehren – ist andere wissen lassen,
daß sie es genauso gut wissen, wie du selbst.
RICHARD BACH

3. Beruflicher Werdegang

Als ich mich nach meinem Psychologieexamen für eine Therapiemethode entscheiden sollte, begann ich, die Methoden nicht intellektuell nach ihren Vor- und Nachteilen zu prüfen, sondern betrachtete die Menschen – so wie ich das als Kind gelernt hatte –, die nach den verschiedenen Methoden behandelt worden waren. 1959, nach meinem Examen, gab es allerdings noch nicht sehr viel Auswahl: Psychoanalytiker, vereinzelt Jungianer, Adlerianer und Verhaltenstherapeuten. Die Menschen, die Psychoanalyse nach Freud gemacht hatten, kamen mir zu „unecht“ vor. Sie hatten sich, so wirkte es damals auf mich, so etwas wie einen analytischen Schutzpanzer angelegt, auf den sie all ihre bisherigen Probleme verlagert hatten. Außerdem schien mir diese Therapie zu langatmig und zu aufwendig. Diese Methode kam also nicht in Frage. (Später habe ich meine Ansicht geändert. Ich bin überzeugt, daß die Psychoanalyse bestimmten Menschen sehr gut tut, d. h. ich empfehle sie manchem Klienten.) Jungianer galten an der Universität als „unseriös", und ich kannte leider keinen, sonst hätte ich möglicherweise diese Methode gewählt. Die Verhaltenstherapie und die Therapie nach Adler waren mir zu oberflächlich oder einseitig. Also was tun?

Zunächst bin ich dieser Entscheidung dadurch ausgewichen, daß ich sechs Jahre lang an der Universität Saarbrücken als wissenschaftliche Assistentin in der Erziehungsberatung tätig war. Meine Hauptarbeit erstreckte sich auf Diagnostik und Beratung und auf die Ausbildung von Studenten in diesem Fachbereich. Bei regelmäßigen Fallbesprechungen mit einem Analytiker und einem Verhaltenstherapeuten lernte ich viel über diese beiden Techniken, vor allem aber, wie diese beiden Methoden sich gegenseitig befruchten können. Heute weiß ich, wie fortschrittlich diese Zusammenarbeit damals war, denn die strikte Trennung der Methoden wird noch heute vielerorts praktiziert. Für mich war diese Erfahrung entscheidend. Sie hat mich gelehrt, daß verschiedene Therapiemethoden fruchtbar zu kombinieren sind. Bis vor nicht allzu langer Zeit durfte man in Fachkreisen über solch eine Kombination nicht sprechen, obwohl sehr viele Therapeuten so arbeiten. Kürzlich habe ich mit Freuden die Ankündigung eines Fachbuches mit dem Titel gelesen: „Ein integratives Lehrbuch für Psychoanalyse und Verhaltenstherapie*, herausgegeben von einer Reihe namhafter Ärzte und Psychologen.

Ich begann also eine Therapie, in der Elemente der Verhaltenstherapie, der Psychoanalyse und der nichtdirektiven Kindertherapie nach Axline enthalten waren. Mit welcher Methode ich bevorzugt arbeitete, entschied ich je nach der Problematik des Kindes. Die Klienten fühlten sich wohl, und ich hatte viel Zulauf, aber ich selbst war mit meiner Arbeit und vor allem mit meinen Heilerfolgen nicht zufrieden. Ich stieß immer wieder auf Grenzen und auf Fragen, die mir die Schulpsychologie nicht beantworten konnte, d. h., ich war immer auf der Suche nach besseren Therapiemethoden. Diese Suche hat bis heute nicht aufgehört.

Eines Tages las ich in einem Geschäft, daß in der Nachbarschaft ein Astrologiekurs angeboten wurde. Ich hatte einige Jahre nur ganz wenig gearbeitet, da ich die wunderbare Zeit, in der die eigenen Kinder klein waren, ganz auskosten wollte. Zu dieser Zeit fingen die Jungen an, selbständig zu werden, und ich war offen für neue Abenteuer. Astrologie wurde in unserer Familie und im Freundeskreis als unwissenschaftlich und unseriös abgetan; genau das hat mich wahrscheinlich gereizt, mich anzumelden. Warum soll ich etwas ablehnen, das ich nicht kenne, nur weil alle das sagen? Es ist immerhin eine sehr alte Wissenschaft. Kann sich etwas so lange halten, wenn es nichts taugt? Außerdem erinnerte ich mich an einen Gastvortrag des bekannten Psychoanalytikers Fritz Riemann, den

* Senf, W.; Brode, M. (Hrsg.): Praxis der Psychotherapie

ich während meiner Studienzeit an der Universität gehört hatte. Riemann hatte damals gesagt, ein Horoskop erspare ihm dreißig Stunden Therapie, wenn er es in seine therapeutische Arbeit mit einbezöge.

Es ermögliche uns, psychische Zusammenhänge und Anlagen schneller zu erfassen und damit dem Klienten effektiver zu helfen.

Ich hatte sehr schnell einige hundert Horoskope beisammen und fing an, sie statistisch auszuwerten; ganz so, wie wir an der Universität psychologische Tests statistisch auf ihre Brauchbarkeit hin zu überprüfen pflegten. Zu meiner Verblüffung war die Signifikanz, d. h. Trefferquote, weit höher als bei allen Tests, die ich in der Psychologie bisher kannte. Seither ist mir das Horoskop in meiner Arbeit zu einem unentbehrlichen Hilfsmittel geworden.

Wie an dem Tag, der dich der Welt verliehn,
die Sonne stand zum Gruße der Planeten,
bist alsobald du fort und fort gediehen,
nach dem Gesetz, wonach du angetreten.
So mußt du sein, dir kannst du nicht entfliehen.
So sprachen schon Sybillen und Propheten,
und keine Zeit und keine Macht zerstückelt
geprägte Form, die lebend sich entwickelt.

JOHANN WOLFGANG VON GOETHE

Über die Astrologie wurde ich natürlich unweigerlich mit dem Thema Karma und Wiedergeburt konfrontiert. Ich begann aufgrund des Horoskops zu spüren, welche Aufgabe ein Mensch sich für dieses Leben vorgenommen hat und was er aus dem letzten Leben mitgebracht haben könnte. Einmal wagte ich einer Kollegin gegenüber solch eine Ahnung auszusprechen, daß sie mit solch einem Horoskop im letzten Leben im KZ gewesen sein könnte. Sie wurde blaß und stammelte, daß sie von Kindheit an diese Vorstellung gehabt habe, daß sie so oft an die Schrecken des KZ denken müsse, als hätte sie es selbst erlebt. Diese Erfahrung machte mich neugierig. Durch meine Astrologielehrerin Henny Rückert lernte ich Reinkarnationstherapeuten kennen. Ich ließ mich rückführen und spürte sofort, daß in dieser Arbeit große therapeutische Möglichkeiten liegen. Mein erster Begleiter in die Tiefen der Seele war der Psychologe Dr. Paul Maienberg. Seine liebevolle Führung nahm mir sehr schnell meine Angst vor diesen neuen Welten.

Nun begann ich nach guten Lehrern zu suchen, die ein brauchbares theoretisches Konzept und genügend Erfahrung auf dem Gebiet der Reinkarnationstherapie hatten. Es gab zu dieser Zeit in Deutschland, vornehmlich in München, sehr viele Therapeuten, die Rückführungen machten, aber es handelte sich nach meiner Erfahrung mehr um spannende Ausflüge in frühere Leben, als um gezielte therapeutische Arbeit. In dem Amerikaner Morris Netherton fand ich meinen ersten wirklichen Lehrer. Ich machte bei ihm in Amerika und in Deutschland eine dreijährige Ausbildung. Bei ihm traf ich Tineke Noordegraaf, und ich wußte sofort, daß ich jetzt die Lehrerin gefunden hatte, die ich gesucht habe. Ich organisierte eine Ausbildungsgruppe und holte sie, zusammen mit Rob Bontenbal, ihrem Arbeitspartner, nach Deutschland. Auch hier machte ich nochmals eine dreijährige Ausbildung. Seither geben diese beiden ausgezeichneten Lehrer regelmäßig Ausbildungskurse in Deutschland. Die Arbeit von Roger Woolger schaute ich mir in einem Workshop an. Kinderreinkarnationstherapie durfte ich von Tineke Noordegraaf auf einem Seminar lernen und bei ihren wiederholten Besuchen in meiner Praxis, in denen sie ein paar Tage lang in meinem Beisein mit Therapiekindern von mir arbeitete.

Meine eigene Therapie überzeugte mich sehr schnell von der Wirksamkeit dieser Methode. Ich konnte z. B. nicht schwitzen, was zur Folge hatte, daß ich Hitze nur schwer ertragen konnte. Mein Mann wünschte sich zu seinem 50. Geburtstag eine Reise in die Wüste. Ich buchte eine solche Reise und machte mich darauf gefaßt, daß ich womöglich die meiste Zeit liegend im Jeep verbringen und mit der mir zustehenden Wasserration Stirn und Nacken kühlen würde, um keinen Hitzschlag zu bekommen. Da ich in dieser Zeit gerade mit der Ausbildung in Reinkarnationstherapie begann, nahm ich mir dieses Problem als Thema vor. Ich versprach mir allerdings keinerlei Erfolg, da angeborene körperliche Probleme doch nicht durch Psychotherapie zu lösen waren, so hatte ich das jedenfalls gelernt. Wir bearbeiteten das Trauma in drei Sitzungen. Ich war in früheren Leben zweimal in der Wüste durch zuviel Sonne umgekommen. Mein Körper hatte nun in diesem Leben versucht, dem einen Riegel vorzuschieben, damit ich schon von vornherein nicht wieder auf die Idee kommen sollte, in die Wüste zu gehen.

Wie fassungslos war ich dann, als wir in Djanet dem Flugzeug entstiegen. Eine Hitzewelle schlug uns entgegen, und ich spürte, wie langsam eine leichte Feuchtigkeit meinen ganzen Körper überzog. Noch nie in meinem Leben hatte ich so etwas gespürt. Ich bin durch die Wüste getanzt, der Bann war gebrochen, ich konnte schwitzen und liebe seither Hitze. Solch überraschender Anfangserfolg erleichterte es mir natürlich, mich mit dieser ungewöhnlichen Therapiemethode sehr schnell anzufreunden.

Das Leben fließt am Streit der Experten vorbei.
Was wahr ist, muß sich bewähren.
Bert Hellinger

4. Psychologie und Reinkarnationstherapie

Nach Beendigung meines Studiums ist die Psychologie immer „wissenschaftlicher", d. h. statistikgläubiger, geworden und hat sich damit ihres besten Instrumentes, der Introspektion, der Innenschau, beraubt.

Was taugen in der Psychologie die sogenannten wissenschaftlichen Experimente? Anerkannt wird letztlich nur das, was die gängigen Paradigmen und Überzeugungen nicht in Frage stellt. Als mein Vater in jungen Jahren in einer wissenschaftlichen Abhandlung den Nachweis führte, daß alle Hellseher, Wahrsager, Astrologen und Geistheiler Scharlatane seien, war ihm die Anerkennung sicher, weil das Ergebnis nur etwas bestätigte, was ohnehin gängige Meinung war.

Daß selbst die ungewöhnlichsten Fälle aus meiner Praxis die etablierte Psychologie von ihrer Haltung nicht abbringen, habe ich durch meinen Bruder erfahren, der selbst in der medizinisch-psychiatrischen Forschung tätig ist. Ich hatte ihm folgenden Fall geschildert:

Ein 15jähriges Mädchen, das von klein auf in erheblichen Spannungen mit seiner Mutter lebte, führte ich in das Leben zurück, das für diese Disharmonie zwischen Mutter und Tochter verantwortlich war.

Das Mädchen fand sich als Novizin in einem Kloster in Italien wieder. Die Äbtissin des Klosters, die heute ihre Mutter ist, war damals ihre Tante und hatte das Kind, nachdem es Vater und Mutter verloren hatte, zu sich ins Kloster geholt. Zwischen Äbtissin und Novizin gab es viele Mißverständnisse, die von der Äbtissin mit soviel Druck und Strafen beantwortet wurden, daß das Mädchen schließlich in einen Verwirrungszustand geriet und Selbstmord beging.

Kurz darauf führte ich die Mutter in das gleiche Leben zurück. Meine Anweisung lautete nur: „Gehen Sie in das Leben zurück, in dem Sie mit Ihrer Tochter von heute zusammen in einem Kloster waren."

Die äußeren Daten, die die Mutter in der Sitzung schilderte, stimmten genauestens mit denen der Tochter überein. Völlig verschieden jedoch waren beider persönliche Erfahrungen, Gefühle, Erlebnisse und die Beurteilung der Situation.

Für die Äbtissin war die Novizin unerträglich aufsässig und gotteslästerlich, und sie fühlte sich mit dem, was sie dem Kind an Strafen auferlegte, absolut im Recht. Sie hatte kein Gefühl dafür, daß sie für den Tod des Mädchens in irgendeiner Weise verantwortlich war. Sie sah den Selbstmord des Mädchens als letzte, auf den Gipfel getriebene Gotteslästerung an.

Das Mädchen hingegen fühlte sich unverstanden, mißbraucht und gefoltert und sehnte sich nach einem Menschen, der ihm liebevoll begegnete.

Ich glaubte, es sei nun ein Leichtes, mit diesen eindrucksvollen Schilderungen bei meinem Bruder zumindest das Interesse wecken zu können für die Therapiemethode und für die Möglichkeit, daß es frühere Leben gibt.

Der Kommentar meines Bruders war knapp. Wenn ich schon so etwas Absurdes beweisen wolle, müsse ich sehr viele saubere Experimente machen, bis mir das jemand abnehme. Auch wenn ich ihm zehn solcher Fälle schilderte, bezweifle er sie immer noch. Selbst der Erfolg, den die Sitzungen brachten, war es ihm nicht wert, sich mit der Methode zu beschäftigen. (Das war vor acht Jahren, heute ist er wesentlich aufgeschlossener.)

Jeder von uns kennt das plötzliche Gefühl, hier war ich schon einmal, das kommt mir so vertraut vor, obwohl wir uns zum erstenmal an diesem Ort befinden. Ich glaube, daß wir diesen Ort wahrscheinlich aus einer früheren Inkarnation kennen. In der Medizin nennt man solche Erlebnisse Déjà-vu (= schon gesehen, frz.). Im medizinischen Lexikon können Sie unter Déjà-vu folgendes lesen: *„Erinnerungsverfälschung, bei der man glaubt, etwas gerade Erlebtes schon früher in gleicher Weise gesehen oder erlebt zu haben; Vorkommen z. B. bei Müdigkeit, im Rahmen von Psychosen (z. B. Schizophrenie) oder in der epileptischen Aura."** Mein Bruder hatte die Möglichkeit, die geschilderten Erfahrungen in diese und ähnliche Schubladen zu stecken, die die Medizin für solche Erfahrungen bereit hält.

Dennoch bin ich zuversichtlich. Die Zahl der Reinkarnationstherapeuten unter den niedergelassenen Psychotherapeuten steigt, und ihre Erfolge werden auch von Ärzten nicht übersehen. Tineke Noordegraaf konnte z. B. vor einem Jahr in Holland einer Klientin mit einem schnell wachsenden Kehlkopfkrebs helfen. Die Frau befand sich, auf Wunsch von Frau Noordegraaf,

*Pschyrembel: Klinisches Wörterbuch

ständig unter der Beobachtung eines Klinikärzteteams, das, falls die Therapie nicht greifen sollte, für eine Operation bereit stand. Diese war nicht nötig. Nach einem Vierteljahr war der Tumor verschwunden. Das war der Beginn einer fruchtbaren Zusammenarbeit zwischen Therapeutin und Ärzten. Ich wünschte, daß dieses Beispiel Schule macht.

Das spezifische seelische Gewicht
ist gleich der Summe des Gewagten.
Bert Hellinger

5. Fragen, die Eltern vor oder während einer Therapie häufig an mich stellen

Frage: Wie schaffen Sie das, jemanden in ein früheres Leben zurückzuführen? Ich kann mir das nicht vorstellen. Benutzen Sie dazu Hypnose oder Drogen?

Antwort: In den Anfängen der Reinkarnationstherapie benutzten die Therapeuten Hypnose oder Drogen, z. B. LSD, später wurde dann mit einer bestimmten Atemtechnik, beziehungsweise Tiefenentspannung gearbeitet, um Klienten in ein früheres Leben zurückzuführen. Heute brauchen wir all diese Techniken nicht mehr.

Um die alten Erfahrungen aufzuspüren, bediene ich mich nur einer speziellen Fragetechnik. Genauer werde ich darauf im Anhang eingehen. Eine Ausnahmesituation durch Hypnose, Drogen, Hyperventilation, Trance oder Entspannung herbeizuführen, halte ich deshalb für störend, weil der Klient ja gerade bewußt und frei von äußeren Einflüssen frühere Ereignisse erleben soll. Wie Sie sehen werden, verschaffe ich den Kindern über ihre heutigen Probleme Zugang zu ihren früheren Leben. Ich höre auf die Sprache der Seele, auf das, was sie mir sagen will, reagiere entsprechend und stelle auf dieser Ebene meine weiterführenden Fragen.

Kinder können ihre Seele sehr gut sprechen lassen, indem sie malen. Deshalb nutze ich diese Möglichkeit soweit möglich. Bei Erwachsenen setze ich Malen selten als Hilfsmittel ein, bei ihnen genügt die spezielle Fragetechnik. Da ich weiß, daß es sehr schwer vorstellbar ist, daß es so leicht gehen soll, werde ich einige Sitzungen fast wörtlich wiedergeben.

Frage: Ich glaube aber nicht an Reinkarnation, kann ich dann trotzdem mit dieser Methode arbeiten?

Antwort: Es ist nicht notwendig, an Wiedergeburt zu glauben. Notwendig ist nur, daß sich der Klient mit den Erfahrungen auseinandersetzt, die er bei der Arbeit macht. Es steht ihm frei, die Erfahrungen als frühere Leben oder als Bilder seiner Seele anzusehen. Die Methode ist gleichermaßen wirkungsvoll. Da das, was die Patienten in den Sitzungen erleben, jedoch oft weit über das hinaus geht, was in unserem üblichen Vorstellungs- und Erfahrungsbereich liegt, sind die meisten Klienten bereit, ihre Erlebnisse in den Sitzungen als frühere Leben zu verstehen. Zumindest haben wir bisher keine bessere Erklärungsmöglichkeit für diese ungewöhnlichen Erfahrungen gefunden, als daß sie aus früheren Leben der Seele stammen.

Ich erinnere mich z. B. an einen Physikprofessor, der sich wegen sexueller Probleme rückführen ließ. In einer Sitzung, in der wir nach den Ursachen der sexuellen Störung suchten, erlebte er ein Leben als indischer Yogi. Er galt damals als Heiliger, da er den Beweis erbracht hatte, ganz Herr über seinen Körper zu sein. Er hatte ein Jahr lang in einer Felsspalte verbracht; nur sein Kopf lag frei beweglich, seinen Körper konnte er nicht drehen. Täglich wurde ihm etwas zu trinken gebracht, sonst nahm er nichts zu sich. Einige Stunden nach dieser Rückführungssitzung bekam der Klient heftige Schmerzen am Rücken. Als er nachprüfte, was ihn am Rücken so schmerze, erblickte er einen tellergroßen, tief dunkelblauen Fleck, so als hätte er sich ganz heftig gestoßen. Sein Körper, der in dem Yogileben völlig ausgeblendet worden war, meldete sich jetzt zu Wort, so als wollte er nachträglich noch mitteilen, was ihm damals angetan worden war. Der Naturwissenschaftler hatte nach diesem Erlebnis keine andere Erklärung, als daß er tatsächlich ein früheres Leben wiedererlebt hatte. (Abgesehen davon war die Sitzung sehr heilsam für ihn, da er seinen Körper aus dem Schock der damals von ihm erzwungenen Gefühllosigkeit herausgeholt hatte.)

Frage: Ab welchem Alter kann man Rückführungen machen?

Antwort: Es gibt weder eine Altersbegrenzung nach unten noch nach oben. Wer sich mit Säuglingen ohne Sprache auf Seelenebene unterhalten kann, kann theoretisch auch schon mit diesem Alter arbeiten. Ich kenne eine Reinkarnationstherapeutin, die mit behinderten Kindern arbeitet. Sie bearbeitet mit Säuglingen sehr erfolgreich deren zum Teil sehr traumatisierende Geburt. Meine jüngste Klientin war 2½ und meine älteste 74 Jahre alt. Mit beiden verlief die Therapie äußerst erfolgreich.

Frage: Man hört immer wieder, daß sich Menschen bei Rückführungen in Leben wiederfinden, die sehr brutal und grausam sind. Müssen es denn immer so grausame Leben sein, an die wir uns erinnern? Wir hatten doch nicht nur schreckliche Leben?

Antwort: Natürlich hatten wir nicht nur schreckliche Leben. Der Grund dafür, daß meist dramatische Leben hochkommen, ist, daß diese Leben oft unerlöst sind und sich sozusagen vordrängen, um endlich abgeschlossen zu werden. Sie zu befreien, macht auch die eigentliche Heilung aus. Dennoch führe ich meine erwachsenen Klienten zuweilen auch in Leben zurück, in denen es ihnen gut ging. Das mache ich vor allem dann, wenn ich den Eindruck habe, daß das Selbstbewußtsein des Klienten zu schwach ist, und eine problematische Rückführung das Selbstbewußtsein nur noch weiter schwächen würde. Diese Klienten führe ich in ein Leben, in dem sie sich stark und sicher fühlten, damit sie sich überhaupt erst einmal vorstellen können, wie es ist, selbstbewußt und sicher zu sein. Wir können dann auf dieses Gefühl zurückgreifen, wenn es in einer Sitzung kritisch werden sollte. Sie finden in diesem Buch die kurze Beschreibung einer solchen Sitzung bei der Mutter von Ariadne.

Kinder brauchen eine solche stärkende Erfahrung aus einem früheren Leben meist nicht, da sie, wie Sie sehen werden, in der Regel während einer Sitzung von sich aus immer wieder in ihre Kraft gehen. Wenn sie sich z. B. in einer Opferrolle finden, wechseln sie meist in der gleichen Sitzung kurzzeitig in die Täterrolle, d. h. sie wehren sich kraftvoll.

Frage: Ich habe Angst, daß ich so schwere Leben nicht verkraften kann. Werde ich die

Schreckensbilder denn je wieder los?

Antwort: Diese Befürchtung ist in der Tat nicht ganz unbegründet. Alle Tiefenarbeit ohne fachmännische Führung und entsprechende Nacharbeit kann problematisch sein. Deshalb halte ich auch eine gute Ausbildung bei einer solch verantwortungsvollen Arbeit für sehr wichtig. Menschen mit ganz bestimmten Persönlichkeitseigenschaften sollten nicht rückgeführt werden. In einer guten Ausbildung lernen die Studenten diese Unterscheidung zu machen.

Rückführungen bewirken eine tiefe innere Umwandlung. Der Weg kann dornig und schwer sein und fordert von Klient und Therapeut oft ganzen Einsatz. Unter guter Führung jedoch wird der Weg immer zur Befreiung und Persönlichkeitserweiterung führen.

Nie werde ich den Augenblick der Befreiung und des Glückes vergessen, den eine Klientin empfand, als sie in einer Rückführung erlebte, daß das göttliche Licht – wie sie es nannte – für sie in gleicher Weise bereit steht wie für alle anderen Menschen auch. Sie war in ihrer letzten Inkarnation ein sadistischer Lageraufseher gewesen und hatte viele Menschenleben auf dem Gewissen. In ihrem jetzigen Leben war sie von der Natur mit reichen Gaben ausgestattet worden; sie war intelligent, künstlerisch begabt, sehr hübsch und in eine angesehene Familie geboren. Die alte Schuld lastete jedoch so schwer auf ihr, daß sie sich selbst kein Glück zugestehen konnte. Sie litt unter Panikattacken und so schrecklichen Wahnvorstellungen, daß überlegt wurde, sie wegen Schizophrenie in eine Psychiatrie einzuweisen. Sie hatte den Mut, mit mir zusammen durch die tiefste Dunkelheit zu gehen und hat dabei erfahren, daß das Erleben des Lichtes hinter der Dunkelheit zu einer wunderbaren inneren Befreiung, zu Dankbarkeit und Unabhängigkeit führt. Sie hat auch erlebt, daß es nicht sinnvoll ist zu versuchen, Schuld durch Buße und Selbstbestrafung zu tilgen, sondern daß es darauf ankommt, zu erleben und zu verstehen, wie man zum Folterer wird, wie man diesen Teil des verwirrten Selbst liebevoll annimmt und durch künftige Taten heilt. Heute hat sie eine sehr verantwortungsvolle Position in unserem Staate inne, und sie verwaltet dieses Amt mit ungewöhnlich viel Weisheit und Güte. Sie war bereit, die Lektion zu lernen, die sie in dem Leben als Folterer lernen wollte, dadurch hat sie heute die Weisheit und die Kraft, mit der Aggressivität und Brutalität, die in unserem Staat und in der Welt ständig zunehmen, wirkungsvoll umzugehen und ihnen, soweit dies für den einzelnen möglich ist, Einhalt zu gebieten.

Eine ähnliche Frage lautet: Mein Kind ist so sensibel, das kann diese schrecklichen Erlebnisse, von denen man immer wieder bei Rückführungen hört, bestimmt nicht verkraften. Es hat ja schon genug Probleme, mit den Eindrücken in diesem Leben zurechtzukommen, wie kann man es verantworten, diesem Kind auch noch die Probleme aus anderen Leben aufzubürden?

Antwort: Diesen Einwand kann ich sehr gut verstehen, da ich vor dreizehn Jahren ähnlich reagiert habe. Unser Sohn Sebastian hatte mit zwölf Jahren erfahren, daß es die Möglichkeit gibt, sich in frühere Leben zurückführen zu lassen. Er bat mich, ihm zu erlauben, solch eine Rückführung zu machen. Ich war nicht bereit, ihm diese Bitte zu erfüllen. Ich weiß heute, daß es meine eigene Angst war, die ihm diese Bitte verwehrt hat. Diese seine Bitte war der eigentliche Anlaß, mit eigenen Rückführungen zu beginnen.

Den Eltern, die ähnliche Ängste haben, wie ich sie damals hatte, kann ich nur empfehlen, dieses Buch zu lesen. Wenn ich durch meine Ausführungen nur in etwa erfahrbar machen kann, wieviel Erleichterung und innere Befreiung die Kinder gerade nach einer Sitzung erleben, in der es grausam zuging, dann müßte diese Frage schon beantwortet sein. Ich gehe davon aus, daß ich diese „grausamen Erlebnisse" nicht aktiviere, sondern das Kind, das unbewußt in diesem Leben damit verbunden ist, davon befreie.

Mit einem besonders empfindlichen Kind würde ich möglicherweise auch daran arbeiten, aus welchem Leben diese übersensible Reaktion auf reale Erfahrungen kommt, und entsprechend vorgehen.

Frage: Wir erinnern uns nicht spontan an frühere Leben. Es wird schon seinen Grund haben, daß wir an dieses Wissen nicht angeschlossen sind. Sollten wir es deshalb nicht besser da lassen wo es ist?

Antwort: Ich gehe davon aus, und die Rückführungsarbeit bestätigt das immer wieder, daß wir das Wissen um frühere Existenzen nicht vergessen haben. Wenn Sie die Sprache der Seele verstehen, dann hören Sie die Menschen ständig von ihren früheren Leben sprechen, ohne daß diese es selbst wissen. Warum sollte es sinnvoll sein, sich dieser Sprache der Seele und diesen Informationen gegenüber zu verschließen?

Die früheren Leben sind uns nicht ständig gegenwärtig, aber sie beeinflussen unser gesamtes Handeln, unsere Gefühle, unser Denken und unser körperliches Wohlbefinden. Wir knüpfen in dieser Inkarnation unbewußt an unsere alten Erfahrungen an. In unserem gesamten Verhalten, in unseren Begabungen und Vorlieben und in unserer seelischen Reife drücken sich unsere früheren Erfahrungen aus.

Ich gehe mit meinen Klienten in frühere Leben zurück, um gestaute Energien dort wieder in Fluß zu bringen, wo sie blockiert worden sind. Am Ort des Geschehens sind die Gefühle am wenigsten verfälscht. Ich bringe die zum Teil als schrecklich erlebten Erfahrungen von damals zu einem guten Abschluß, damit sie dort bleiben können und nicht das heutige Leben so stark beeinflussen. Das bedeutet, daß der Sinn, der Lernschritt, der hinter der Erfahrung stand, angenommen werden kann. Poetisch ausgedrückt würde das heißen:

Das ist der Sinn von allem, was einst war, daß es nicht bleibt in seiner ganzen Schwere, daß es zu unserm Wesen wiederkehre, in uns verwoben, tief und wunderbar.

Rainer Maria Rilke

Zur Einstimmung

Die Kapitel sollen wie verschiedene Räume eines Hauses sein. Der Leser möge darin von Zimmer zu Zimmer weiterschreiten. Jede Kammer, jeder Raum bietet eine neue Überraschung und ist in sich geschlossen. Jedes Zimmer ist die Geschichte eines Kindes. Die Räume sind gleichzeitig dazu da, die inneren Räume des Lesers zu öffnen und zu heilen. Alle Räume hängen zusammen, alle beschreiben ein Haus, in dem es verschiedene Zimmer gibt. In diesem Haus ist alles anders als in anderen Häusern. Die Wände sind wie Klangkörper und die Decken und die Böden sind durchsichtig. Durch diese durchsichtigen Decken entsteht das Gefühl von Leichtigkeit und Schweben und gleichzeitig auch Geerdetsein. Das Haus hat eine Transparenz dadurch, daß das Licht ungehindert durchfließen kann und dadurch, daß die Wände klingen und ein großer Ton entsteht. Das Buch soll sein wie ein Klangkörper, der in den Herzen der Menschen etwas längst Vergessenes wieder zum Klingen bringt.

Das Buch ist keine wissenschaftliche Abhandlung; es wird getragen von der Aufrichtigkeit der Erzählungen der Kinder. Jede Geschichte ist ein Kleinod. Die Botschaft ist: Es ist alles liebenswert, was ein Kind sagt und tut, und es geht nur darum, daß wir seine Sprache richtig verstehen. Dies soll ein Beitrag sein, die Menschen zu lehren, der kindlichen Seele besser gerecht zu werden. Sie zu heilen, alles heil und heilig werden zu lassen. Auch der schmerzliche Teil, die Trauer, die Wut, die Aggression sind heilig und tragen dazu bei, daß das Kind heil ist. Es geht in dem Buch darum, das Bewußtsein über das, was heil und heilig bedeutet, ein Stück zu erweitern und zu verändern. Jeder ist vollkommen von Anbeginn. Den Blick dafür zu öffnen, ist mein Anliegen. Die Achtung zu finden vor allem, was ein Kind tut.

Es geht aber ebenso darum, die Not der Mütter und Väter zu verstehen, deren Kinder schwer mit dem Leben zurecht kommen. Sie sind in gleicher Weise wie die Kinder zu achten, sie sind vor allem zu ihrer eigenen Selbstachtung zu führen.

In diesem Buch geht es schließlich darum, die Polarität unseres Menschseins zu verstehen, anzunehmen und zu verinnerlichen. Polarität ist Lebendigkeit, Freude, Angeschlossensein. Ohne Polarität gibt es kein Leben auf dieser Erde.

Es ist mein Wunsch, die ganze sprühende, funkelnde Lebendigkeit sichtbar zu machen, die in der Polarität enthalten ist. Alles kommt in Fluß, wo Polarität freudig angenommen wird. Stillstand gibt es nur, wenn wir auf einer Seite verweilen wollen. Nur im Licht sein bringt Tod durch Verbrennen, nur im Dunkeln sein bringt Tod durch Verlöschen. Immer auf der Wanderschaft sein, durch Täler und durch Höhen, das macht die Freude am Leben aus; vom Morgen mit der aufgehenden Sonne, bis zum Sonnenuntergang auf dem Rad des Lebens.

Die Berichte über die Kinder sind zwar in sich abgeschlossen, dennoch ist es sinnvoll, das Buch von Anfang an zu lesen und keine Kapitel zu überspringen. Während der Beschreibung der Dialoge erkläre ich einiges, was die Therapiemethode und meine Vorgehensweise verständlich zu machen sucht. So gebe ich z. B. Hinweise, wie ich mit der Symbolsprache von Kindern umgehe, wie ich die von den Kindern verwendeten Farben deute, was ich bei der Bearbeitung von Schwangerschaft und Geburt besonders beachte, wie ich mit Karma und Reaktivierung von Karma umgehe usw.

Wenn diese Erklärungen nicht gelesen werden, besteht die Gefahr, daß einzelne Teile der Therapiegeschichten nicht ganz verstanden werden. Leider komme ich nicht ganz ohne psychologische Fachbegriffe aus. Im Glossar werde ich diese Begriffe erläutern. Sie werden jedoch bemerken, daß Sie sie auch verstehen, wenn Sie sich ganz auf die Geschichten der Kinder einlassen.

Mit dieser Therapiemethode können keine Wunder vollbracht werden, aber sie ist wunderbar.
ROB BONTENBAL ÜBER DIE REINKARNATIONSTHERAPIE

ANNABEL

Wenn ich klein bleibe, dann gibt es keinen Streit

Wachstumshemmung, Kleinwuchs

Ich beginne mit einer Therapie, die nur zwei Sitzungen umfaßt. Sie ist wegen der Kürze geeignet, dem Leser am schnellsten einen ersten Eindruck von der Therapiemethode zu vermitteln. Ich werde diese Sitzung nahezu wörtlich wiedergeben.

Annabel ist neun Jahre alt. Ihr jüngerer Bruder Petro war bei mir wegen Aggressionen in Therapie. (Siehe Kapitel Petro: „Ich habe die unendliche Liebe.") Sie kommt zu mir, weil sie seit der Scheidung ihrer Eltern vor drei Jahren einen Wachstumsstillstand hat. Mit ihren 115 cm ist sie mittlerweile die weitaus Kleinste ihrer Klasse.

Das Kind zeigt darüber hinaus nach außen keinerlei Probleme. Es ist eine ausgezeichnete Schülerin, hat viele Freunde, ist kreativ und lebensbejahend. Gemessen an seiner inneren Lebendigkeit ist es vielleicht etwas zu angepaßt und „leicht erziehbar."

Auf der Suche nach den Energieblockaden, dem inneren Programm, das das Wachstum bei Annabel zum Stillstand gebracht hat, führt uns der Weg in der ersten Sitzung in ein früheres Leben und in der zweiten Sitzung zu einem Erlebnis aus dem jetzigen Leben, als sie sechs Jahre alt war.

Könnte ich mich nur verstecken

1. Sitzung

Annabel betritt das Zimmer und ist zunächst ganz auf mich bezogen, d. h. sie schaut sich nicht im Therapiezimmer um, in dem es einiges Spielzeug gibt. Wir können also sofort anfangen.

T.: „Weißt du, warum du hier bist?"
A.: „Ja, wegen dem Wachstum."
T.: „Möchtest du gerne größer sein?"
A.: „Ja."
T.: „Wieviel größer möchtest du sein?"
A.: „So groß, wie die in meiner Klasse sind."
T.: „Ja. Und wie groß bist du?"
A.: „Weiß ich nicht."
T.: „Schreib mal deinen Namen auf dieses Blatt, nimm die Farbe, die für deinen Namen am besten paßt."
A.: „Diese (violett). Wie groß?"
T.: „Fühl, wie groß ist es richtig?"

Wenn das Kind seinen Namen schreibt, gibt es mir eine erste Mitteilung über sich selbst. (Da alle Namen geändert sind, bilde ich ihn nicht ab.) Wie groß wird der Name geschrieben, in welchem Teil des Blattes befindet er sich, welche Farbe wählt das Kind, gibt es Verschreibungen, all diese Merkmale erzählen mir etwas über das Kind. Annabel füllt mit ihrem Vornamen das gesamte DIN-A2-Blatt aus. Zum Ende hin werden die Buchstaben etwas kleiner. Aus der Größe des Platzes, den sie für sich beansprucht, könnte man schließen, daß ihr Selbstbewußtsein durch ihre Kleinheit noch nicht wesentlich beeinträchtigt ist; oder handelt es sich hier um einen Wunsch? Die Farbe, die sie für ihren Namen benutzt, gibt einen Hinweis darauf, daß es hier doch ein Problem gibt.

Die Erfahrung hat gezeigt, daß die Farben Violett, Schwarz, zuweilen auch Blau, von Kindern oft benutzt werden, um ein Problem oder den Wunsch nach Veränderung auszudrücken.

(In der Psyche des Menschen gibt es gewisse Regelmäßigkeiten, aber keine Gesetze, deshalb dürfen solche Aussagen, wie z. B. über die Bedeutung der Farben, nicht zum Grundsatz erhoben werden. Es gibt immer wieder Kinder, bei denen Violett, Schwarz, Blau ganz anders zu deuten sind. Die endgültige Deutung ergibt sich immer erst aus dem Zusammenhang.)

T.: „Der Name ist ganz schön groß."
A.: „Ja."
T.: „Wer findet, daß du zu klein bist, du oder die Mama?"
A.: „Die in der Klasse, ich, die Mama und sonst keiner."
T.: „Mal sehen, was wir rausfinden." Ich gebe ihr ein neues Blatt und sage: „Mach mal in der Mitte einen Strich."
A.: „Einen großen oder kleinen?"
T.: „Was meinst du?"
A.: „Einen großen." Sie malt über das ganze Blatt.
T.: „Ja, ist das jetzt ein großer oder ein kleiner?"
A.: „So wäre er größer." (Wenn sie das Blatt in Hochformat genommen hätte.)

Die Fragen nach groß und klein sind keine Spielerei, sondern sollen das Unbewußte des Kindes auf das Thema Groß/Klein einstimmen.

T.: „Ja. Jetzt stelle dir vor, auf die eine Seite malst du jetzt die kleine Annabel und auf die andere die große."
A.: „Wo ich erwachsen bin?"
T.: „Die Erwachsene oder die richtige Zweitkläßlergröße?"
A.: „Nein, ich male meine richtige." Sie spricht aus, was sie nacheinander malt. Zuletzt sagt sie: „Ich habe gar nicht so lange Haare." (Abb. A1a)
T.: „Laß die Hand malen, was sie will, sie erzählt uns vielleicht etwas über Wachsen und Nichtwachsen."
A.: „Jetzt die Große. Ist ein zu großer Kopf, dann male ich mich halt größer." (Abb. A1b)

Hier kann man vermuten, daß uns das Unbewußte durch die „Fehlleistung", d. h. den „zu großen Kopf", etwas Wichtiges mitteilen will. Ich nehme die Informationen aus dem Unbewußten in der Regel wörtlich. Ein zu großer Kopf heißt wörtlich genommen, eine Person mit einem großen Kopf, also wahrscheinlich eine große (erwachsene) Person. Die Figur, die schließlich auf dem Papier ist, sieht dann auch eher wie eine Erwachsene denn wie ein Kind aus. Die Kleine hat „zu lange Haare",

scheint also auch aus einer anderen Zeit zu sein.

Annabel spricht weiter aus, was sie malt:

A.: „Vielleicht ganz gelbe Augen." Nach einer Pause sagt sie: „Aber die Größte in der Klasse möchte ich nicht sein."
T.: „Was ist, wenn man die Größte ist?"
A.: „Dann kommt man nicht durch die kleinen Sachen durch. Ich komme halt durch die dünnen Sachen durch."
T.: „Wofür ist das manchmal gut?"
A.: „Wenn ich mal meine Tür zu hab', und da drunter ist so 'ne Matratze, und da ist die Tür, und da kann man nur ein bißchen aufmachen. Da brauche ich mich einfach nur bücken und durchgehen. Die anderen schaffen das nicht mehr."
T.: „Hmhm."
A.: „Was ist das für eine Farbe?"
T.: „Gold."
A.: „Damit male ich noch mal drüber."

Sie malt die Füße der großen Figur golden an, d. h., die Füße werden „wertvoll" gemacht. Die Füße dieser Frau sind also wichtig. Ob das kommende Thema etwas mit Füßen oder Laufen zu tun hat? Als sie fertig gemalt hat, frage ich:

T.: „Schauen wir uns mal an, was deine Hand uns erzählt hat. Wenn wir nicht wüßten, wie alt die beiden sind, wie alt sieht die aus und wie alt die?"
A.: „Die fünf und die neun."
T.: „Sieht die aus wie neun?"
A.: „Oder vielleicht zehn."
T.: „Ich habe jetzt gedacht, die sieht aus wie eine Frau."
A. lacht: „Nein, der Kopf ist zu groß ge-

worden, dann habe ich das halt auch so groß gemacht."

T.: „Aha, die ist fünf und die ist neun oder zehn, sieht aber aus wie zwanzig. Könnte sie so alt auch sein?"

A.: „Ja, aber vielleicht sechzehn."

Annabel hat der Größeren einen Busen gemalt, sie sagt damit, daß es sich um eine erwachsene Person handelt. Es fällt ihr jedoch noch schwer, sich darauf einzulassen. Daran kann ich erkennen, daß wir schon mitten im Trauma sind.

T.: „Ja, könnte sie auch sein. Welche sieht glücklicher aus?"

A.: „Die da." (Die Kleine)

T.: „Ja, woran erkennt man das?"

A.: „Weil die mehr lacht."

T.: „Irgendwie ist die glücklicher als die. Welche Farbe hat die?"

A.: „Hautfarbe und grün."

T.: „Und die?"

A.: „Lila und schwarz."

Die Wahl der Farben Lila und Schwarz gibt ebenfalls einen Hinweis, daß es hier ein Problem gibt. Dennoch kläre ich erst ab, ob es sich auch so verhält.

T.: „Was ist Lila und was ist Schwarz für eine Farbe?"

A.: „Schwarz ist eine unglückliche Farbe."

T.: „Aha, jetzt sehen wir auch noch an der Farbe, daß die Große nicht so ganz glücklich ist."

A.: „Hmhm."

T.: „Fühl mal, ob die sich unglücklich anfühlt."

A. hält die Hand auf die Zeichnung und spürt nach. Dann sagt sie: „Ja."

T.: „Du willst groß sein, jetzt malst du dich groß und jetzt ist sie gar nicht so glücklich."

A.: „Ja."

T.: „Komisch, was?" Nach einer Pause, in der sie nachspüren kann: „Jetzt nimm mal deine linke Hand und male das, was die (Große) unglücklich macht. Laß die Hand einfach losmalen, die linke Hand weiß alles. Wieviel Unglück es da gibt bei der Großen."

A.: „Mit der linken Hand?"

T.: „Ja."

Das Malen mit der linken Hand ist eine oft verwendete Technik, um schneller an das heranzukommen, was wir im Unbewußten gespeichert haben. Die linke Hand schließt uns an die rechte Gehirnhälfte an, die Seite der Intuition. Die bewußte Kontrolle, die von der linken Gehirnhälfte bzw. von der rechten Hand ausgeht, wird dadurch niedriger gehalten.

Annabel malt auf das Blatt wieder zwei weibliche Gestalten. Als sie anschließend ihr Bild betrachtet, ruft sie erschrocken aus: „Oh, jetzt habe ich sie schwarz gemalt!" (Abb. A2)

T.: „Ja, und wir wollen rausfinden, warum sie schwarz ist, warum sie diese unglückliche Farbe hat, und was das zu tun hat mit groß sein."

A.: „Ja. Da habe ich so einen Mund gemalt." Sie geht darauf ein und gibt den ersten Hinweis. Wir sollen auf den Mund achten.

T.: „Wie sieht der aus?"

A.: „Traurig." (Rechte Figur)

T.: „Fühl, wieviel Traurigkeit es da gibt."

A. spürt nach und erlebt offensichtlich entsprechende Gefühle.

A 2

T.: „Und der Mund?" (Von der linken Figur)

A.: „Der sagt: Du blöde Ziege!"

T.: „ Zu wem?"

A.: „Zu der." (Rechte Figur)

T.: „Aha, da fällt mir bei beiden was auf."

A.: „Was?"

T.: „Sie haben beide keine Füße."

Sie hat bei beiden Figuren die Füße vergessen. Der Eindruck erhärtet sich, daß die Füße von Bedeutung sind. Keine-Füße-Haben bedeutet, nicht laufen zu können.

T.: „Was wäre dann los?"

A.: „Dann müßten sie in den Rollstuhl."

T.: „Hmhm. Und dann?"

A.: „Könnten sie nicht mehr laufen."

T.: „Wie fühlt sich das an?"

A.: „Nicht schön."

T.: „Ja, das glaube ich auch." Sie malt an beide Figuren Füße.

A.: „Ganz lustige Schuhe hat die." Sie macht einen letzten Versuch, das Ganze lustig zu sehen.

T.: „Die sagt blöde Ziege und die?"

A.: „Die, die ärgert sich sehr stark."

T.: „Ja, das glaube ich auch. Wer ist da größer?"

A.: „Beide gleich."

T.: „Ärgert die sich auch?"

A.: „Ein bißchen."

T.: „Kannst du dir vorstellen, daß du schon einmal einen anderen Körper hattest, schon einmal gelebt hast?"

A.: „Ja." Sie sagt es ohne Zögern.

T.: „Wenn du das hier bist, aber in einem anderen Leben, wie alt bist du dann?"

A.: „16."

T.: „Und du bist unglücklich?"

A.: „Ja."
T.: „Was macht unglücklich?"
A.: „Die." Sie deutet auf die linke weibliche Figur.
T.: „Sagt die alleine, du blöde Ziege, oder gibt es da auch noch andere?"
A.: „Noch einer."
T.: „Ist das andere auch eine Frau oder ein Mann oder ein Kind, fühl mal."
A.: „Ein Mann."
T.: „Also ein Mann und eine Frau. Male auch noch den Mann hin."

A. malt ihn und läßt ihn sagen, du dumme Kuh! (Ich hatte ihr aus Zeitgründen vorgeschlagen, sie könne auch ein Strichmännchen malen.)

T.: „Ist das der Mann von der?"
A.: „Ja."
T.: „Also ein Mann und eine Frau sagen zu der, du blöde Ziege, du dumme Kuh. Wie schlimm schimpfen die mit der?"
A.: „Ein bißchen."
T.: „Fühl mal."
A.: „Doch ein bißchen mehr."
T.: „Ja das glaube ich auch, wenn ich sie mir anschaue, so schwarz und ihren Gesichtsausdruck.. Fühl mal, wie lange geht das schon so?"
A.: „Die sind alle in einer Klasse."
T.: „Aha, die sind in der Klasse. Sind das Lehrer?"
A.: „Nein, das sind auch Kinder in der Klasse."
T.: „Was wünscht die sich?"
A.: „Wieder glücklich zu werden."
T.: „Ja, das glaube ich auch. Und sie wäre glücklich wenn?"
A.: „Die aufhören würden."
T.: „Was ist an der, daß sie nicht aufhören?"
A.: „Weil die keine Freundin hat."

Hier weicht sie offensichtlich in Bilder aus dem jetzigen Leben aus, da es ihr im Moment noch zu schwierig ist, sich auf die traumatische Situation in dem früheren Leben einzulassen. Sie werden bemerkt haben, daß ich mit auf diese andere Ebene wechsle. Was jetzt hier geschieht, ist ebenso bedeutsam, nur daß es eher auf symbolischer Ebene abläuft. Wir wollen in unserer Arbeit einen energetischen Prozeß in Gang setzen und herausfinden, wo der Energiefluß durch zurückliegende Traumen unterbrochen worden ist. Es geht also nicht darum, nach Details aus den früheren Leben zu forschen, statt dessen suchen wir nach Blockierungen, die aufgelöst werden können.

Ich gebe das Gespräch, das sich noch eine Weile in dieser Art fortsetzt, nicht im einzelnen wieder. Annabel findet viele vordergründige Erklärungen, warum es der jungen Frau schlecht geht. Das Mädchen, das sich sonst so klar ausdrückt, verwickelt sich in Widersprüche und Ungereimtheiten. Faßt man alles zusammen, worüber das Kind mehr oder weniger symbolisch spricht, geht es hier darum, daß eine junge Frau aus einer Gruppe ausgeschlossen wird, falschen Anschuldigungen ausgesetzt ist und daß Menschen aus ihrer Verwandtschaft ausgeschlossen und getötet worden sind.

Zwischendurch nimmt sie dann wieder betont Abstand von der schwierigen Lage der Frau, indem sie sagt: „Aber *ich* habe in der Klasse alle Freundinnen und in der Schule bin ich auch eine der Besten:

T.: „Fühl, wie traurig die ist."
A.: „Sehr." Sie schluckt.
T.: „Sag mal, ich bin traurig, weil ... ."
A.: „Ich bin traurig, weil die in der Klasse mich nicht so mögen."

T.: „Wissen wir jetzt schon, warum sie klein bleiben will?“
A.: „Hm.“
T.: „Was ist, wenn man groß ist?“
A.: „Da ist man halt stark und kann zurückhauen.“
T.: „Würde die das gerne tun?“
A.: „Ja.“
T.: „Fühl mal, wie gerne die das tun würde.“
A.: „Die anderen sind stärker.“
T.: „Wenn man groß ist, kann man sich besser wehren. Aber man kann auch nicht so gut durch dünne Sachen durchkommen, wenn die anderen stärker sind.“ Hier greife ich auf das erste Argument zurück, das sie bringt, warum es besser ist, klein zu sein. Interessanterweise sind die ersten Aussagen meist die wichtigen.
A.: „Ja.“
T.: „Wann muß man durch dünne Sachen durch?“
A.: „Wenn ich ein Geheimnis habe, und es ist so eine kleine Tür. Wenn ich ein Lager habe im Wald, und da sind so lauter Bäume, und da muß ich mich ducken.“
T.: „Wenn die wo durchkrabbeln müßte, ist sie schon zu groß oder noch klein genug?“
A.: „Die ist schon zu groß.“
T.: „Stell dir vor, die sind frech zu ihr, und sie will da durchkrabbeln, und es gelingt nicht, weil sie zu groß ist, was ist dann?“
A.: „Dann würde sie anfangen zu weinen.“
T.: „Und dann?“
A.: „Dann würde sie heimlaufen.“ Sie will wieder ausweichen.
T.: „Wie könnte das aussehen, wo sie durchkrabbeln will?“
A.: „Da ist gerade so ein Pausenhof, und da ist so ein Gebüsch, und da sind so kleine Bäume so, und da könnte sie sich da drinnen bücken und verstecken.“
T.: „Also sie würde sich gerne vor denen verstecken.“
A.: „Ja.“
T.: „Gelingt ihr das?“
A.: „Ja.“
T.: „Oder ist das zu schmal, ist die zu groß?“

Solche Fragen mögen dem oberflächlichen Leser wie Suggestivfragen vorkommen. Wenn sie jedoch genau hinhören, dann werden Sie feststellen, daß ich nur das weiterverfolge, was Annabel mir schon mitgeteilt hat, nämlich, daß es ungünstig ist groß zu sein, weil man dann durch kleine Öffnungen nicht durchkrabbeln kann, und daß es da Aggression gibt und keine Möglichkeit zur Flucht (keine Füße). Das Unbewußte hat mir schon alle Informationen gegeben, ich kann also unterscheiden, welche Antworten gegeben werden, um Angst zu vermeiden, um den Schmerz von damals nicht wiedererleben zu müssen, und welche Antworten durch das Trauma hindurchführen, um es beenden zu können.

A.: „Ja, sie ist zu groß.“
T.: „Male das dahin, wo sie gerne reinschlupfen würde.“
A.: „Ja.“ Sie malt die kleinere von den beiden Öffnungen auf Bild 2.
T.: „Wo versucht sie reinzukrabbeln?“
A.: „Da.“
T.: „Hmhm. Wie weit kommt sie rein?“
A.: „Ungefähr bis hier, nein bis hier.“ Sie zeigt bis zur Taille.
T.: „Hmhm, und was passiert dann? Sie möchte da reinkrabbeln, aber es geht nicht, sie kommt nicht rein, sie ist zu groß. Fühle, wie das ist.“

A.: „Da würde man Angst haben."
T.: „Fühl mal, wieviel Angst es da gibt."

Annabel kämpft mit den Tränen und läßt sich offensichtlich auf die Gefühle von damals ein. Nachdem ich ihr genügend Zeit gegeben habe nachzuspüren, forsche ich weiter:

T.: „Und dann?"
A.: „Dann würde man schnell da weglaufen und in die Toilette vielleicht gehen."
T.: „Ja, und wenn man nicht wegkäme, wenn die schon ankommen?"
A.: „Dann würde man nach Hilfe schreien."
T.: „Hat sie das getan?"
A.: „Ja."
T.: „Mach mal, wie laut sie schreit."
A. gelingt nur ein klägliches Wimmern.
T.: „Hat das Schreien bei der was genützt?"
A. schüttelt den Kopf und sagt: „Nein", und haucht dann, „ein bißchen."
T.: „Hmhm, ein bißchen, aber nicht ganz."
A.: „Hmhm."
T.: „Was ist das Schlimmste, was die machen könnten mit der?"
A.: „Sie schlagen."
T.: „Fühl mal an deinem Körper, kannst du fühlen, wo die geschlagen wird?"
A.: „In den Bauch."
T.: „Fühl mal, wie weh das tut."

A. läßt sich immer mehr auf den Schmerz von damals ein.

T.: „Wann käme sie rein und würde nicht geschlagen?"
A.: „Wenn sie klein wäre."
T.: „Wenn sie zu groß ist, wird sie gehauen?"
A.: „Aber wenn sie tapfer wäre, dann könnte sie zurückhauen."
T.: „Hm. Wieviel sind das?"
A.: „Zwei."
T.: „Und die sind auch ein bißchen älter?"
A.: „Ja."
T.: „Und da ist auch ein Mann dabei. Stelle dir vor, das ist in einem anderen Leben wirklich so gewesen. Was ist dann da passiert, als du da steckengeblieben bist?"
A.: „Da würde ich nicht mehr rein- und nicht mehr rauskommen."
T.: „Genau, dann würdest du nicht mehr rein und nicht mehr rauskommen. Und dann schlagen die dich, und dann?"
A.: „Wenn sie mich fertig geschlagen hätten, und daß ich dann danach, wenn sie weggegangen wären, mich in Ruhe gelassen hätten."
T.: „Male einmal dahin, wo sie dich überall geschlagen haben. Fühl es an deinem eigenen Körper, laß ihn sich erinnern."
A. malt und spricht dabei: „Am Bauch, am Arm, am Ellenbogen und hier am Ellenbogen, auf ein Finger, auf ein Bein und sonst nichts."
T.: „Gibt es da auch Blut?"
A.: „Ganz, ganz wenig."
T.: „Male einmal, wieviel Blut es gibt."
A.: „Die blutet, da haben sie sie geschubst, und da ist sie hingefallen, und dann blutet sie ein bißchen."
T.: „Ja, male das auch hin, das Blut."
Nachdem sie es gemalt hat: „Fühl, wie stark sie denkt, wenn ich nur kleiner wäre."
A.: „Dann könnte ich da durchgehen und weggehen."
T.: „Fühl das und sage es noch mal."
A.: „Wenn ich nur kleiner wäre, dann könnte ich da durchgehen."
T.: „Und noch mal." Ich lasse sie den Satz einige Male wiederholen.

A. sagt es flüsternd und kommt durch den Satz immer tiefer in ihre Gefühle der Angst und Verzweiflung von damals.

T.: „Ja, fühl ganz gut, wie stark du das damals denkst."

A.: „Wenig und viel."

T.: „Damals hast du dir so gewünscht, kleiner zu sein, damit du ... ?"

A.: „Da durchkomme und nicht geschlagen werde."

T.: „Ja, damit du nicht geschlagen wirst und da durchkommst. Kannst du dir vorstellen, daß mit jedem Schlag, den du bekommst, dein Körper sagt, das nächste Mal werde ich nicht so groß, damit ich da durchkomme. Kannst du dir das vorstellen?"

A.: „Nicht ganz."

T.: „Fühl mal in deinen Körper rein, ob er das denkt."

A.: „Aber ich will ja groß werden."

T.: „Ja, dein Kopf, dein Wille, aber dein Körper, wie ist das? Fühl mal, ob der Körper das gleiche denkt wie dein Kopf." Nachdem sie nicht antwortet: „Vielleicht denkt dein Körper noch wie damals und dein Kopf wie heute. Vielleicht ist dein Kopf hier, aber dein Körper noch da?"

A. beginnt zu verstehen und lacht befreit. Sie fängt an, laut mit der Hupe, die im Therapiezimmer liegt, zu hupen.

T.: "Ja noch mal! Mach mal so laut, wie dein Körper damals schreit, so laut, wie du schreien möchtest."

A. hupt so laut und intensiv, bis uns die Ohren sausen. Dieses Hupen ist erster Ausdruck innerer Befreiung. Sie setzt den Aggressoren Lärm als Zeichen ihrer Kraft entgegen.

T.: „Muß dein Körper heute auch noch klein sein?"

A.: „Nein."

T.: „Genau. Also, das einzige, was wir jetzt machen müssen ist, daß wir ihm sagen, daß das von damals vorbei ist und daß er jetzt mit der Annabel zusammen ist und wachsen darf."

A. lacht befreit.

T.: „Wie hast du denn damals in diesem anderen Leben geheißen?"

A.: „Sabine."

Das ist der Name ihrer Mutter. Das könnte ein unbewußter Hinweis darauf sein, daß das Trauma von damals in diesem Leben im Zusammenhang mit ihrer Mutter reaktiviert, d. h. wieder wachgerufen worden ist. (In der nächsten Sitzung bestätigt sich diese Vermutung.)

T.: „Schreib den Namen dahin, damit dein Körper weiß, daß das die Sabine ist, die klein sein will, und nicht die Annabel."

A. schreibt.

T.: „Ja, also der Sabine geht es ganz schön schlecht, weil sie groß ist."

A.: „Ja."

T.: „Also der Körper hat gesagt, ich darf auf keinen Fall so groß werden wie eine 16jährige, weil sonst werde ich geschlagen."

A. lacht.

T.: „Kannst du dir vorstellen, daß sich dein Körper auch etwas merkt?"

A.: „Ja."

T.: „Und der Körper hat sich gemerkt, bloß nicht groß werden, sonst werde ich überall verhauen."

A. lacht sehr erleichtert und befreit.

T.: „Will ein Körper verhauen werden?"

A.: „Nein."

T.: „Da ist es besser, klein zu bleiben was?"

A. geht zur Waage, balanciert beide Seiten aus und sagt dann: „Jetzt ist es gerecht." Sie singt dabei.

T.: „Und das fühlt sich gut an, wenn wieder alles gerecht ist."

A.: „Ja, ganz gut."

T.: „Damals war es nicht so ganz gerecht, zwei gegen eine."

A.: „Ja."

T.: „Was machen wir, daß der Körper weiß, daß er jetzt wachsen darf?"

A.: „Ein Eis essen."

T.: „Jawohl, dann freut er sich. Verstehst du jetzt, warum dein Körper nicht groß werden wollte?"

A.: „Ja, weil die mich sonst geschlagen hätten."

T.: „Wenn du klein bleibst, kommst du immer da durch und wirst nicht geschlagen."

A. lacht.

T.: „Das ist komisch, daß dein Körper sich so was merkt und dein Verstand nicht."

A.: „Ja."

T.: „Ja, aber so ist das manchmal. Wie könnten wir das dem Körper noch mal erzählen? Vielleicht machen wir das Loch hier einfach größer, daß sie durchkommt."

A. (begeistert): „Ja!" und macht sofort um die kleine Öffnung eine größere.

T.: „Und wie könnten wir ihre Wunden heilen?"

A.: „Die da mit Pfefferminze." (Hilft bei Entzündungen und Krämpfen*)

T.: „Ja, und welche Heilfarbe könnten wir dafür nehmen?"

A. wählt lange. „Die da."

T.: „Ja, Gelb ist eine gute Heilfarbe."

A. malt.

T.: „Ja, das heilt gut, dann kann sie sich wieder ganz wohl fühlen. Dann kann dein Körper sagen, jetzt geht es mir gut, jetzt habe ich überhaupt keine Angst mehr vorm Großwerden."

A. heilt mit Hingabe Wunde für Wunde und nimmt für jede Wunde mehrere Farben. Als sie fertig ist, sagt sie: „Jetzt ist sie geheilt."

T.: „Wunderbar. Fühl, wie es ihr geht und ob sie noch was braucht."

A.: „Sie will jetzt schwimmen geh'n."

T.: „Toll, dann ist sie sauber gewaschen von all dem."

A.: „Ja."

T.: „Gut, wo malen wir das Wasser hin?"

A.: „Dahin."

T.: „Schön, fühl mal, wie gut das Wasser heilt."

A. fühlt es: „Gut."

T.: „Gut, jetzt fühle deinen Körper, was sagt der jetzt?"

A.: „Ich fühle mich besser."

T.: „Ist noch Traurigkeit in deinem Körper?"

A.: „Nein."

T.: „Und noch Angst, daß er nicht durchkommt?"

A.: „Nein."

T.: „Fühl mal, kann er jetzt wachsen?"

A.: „Ja, der hat keine Angst mehr."

T.: „Dann ist er geheilt?"

A.: „Ja."

T.: „Toll, wirst sehen, dann wird er wachsen."

A. lacht.

T.: „Sag mal mit deinem Körper: Ich will groß sein."

A.: „Ich will groß sein."

---

* Schneider, E.: Nutze die heilkräftigen Pflanzen

T.: „Was sagt dein Körper, fühl mal?“
A.: „Der lacht.“
T.: „Gell, das ist neu, sich mit dem Körper zu unterhalten.“
A.: „Ja, er sagt dauernd: Ja, ja, ich bin fröhlich.“
T.: „Toll, wie gut du dich mit ihm unterhalten kannst.“

Sie holt die Okarina und spielt darauf. Schließlich malt sie noch einen schwarzen Panther zu ihrem Schutz auf das Bild und sagt: „Jetzt fühlt sich mein Körper geschützt an.“

T.: „Kannst du mit deinem Körper verabreden, daß das jetzt zu Ende ist, daß er klein sein will?“
A.: „Ja.“
T.: „Gut, und der schwarze Panther hilft dir.“
A.: „Ja.“
T.: „Dann bin ich gespannt, ob du nach den Ferien schon ein oder zwei Zentimeter gewachsen bist.“
A.: „Ja.“
T.: „Und erzähl deinem Körper immer wieder, daß er geschützt ist und wachsen darf.“
A.: „Ja, jede Nacht.“ Sie fängt an zu singen und verläßt singend das Therapiezimmer.

Wir können bei Annabel sehen, wie schwer es oft ist, zum Trauma vorzudringen, wie Kinder (bei Erwachsenen ist es natürlich ebenso) immer wieder versuchen auszuweichen, weil die Erinnerung an den Schmerz zu angstbesetzt ist. Aber gerade durch diese alte Angst und diesen alten Schmerz sind wir noch heute mit dem früheren Leben verbunden, kann das alte Trauma heute noch in uns wirken. In dem Moment, in dem diese Gefühle ans Licht gebracht und nochmals erlebt werden (natürlich in wesentlich abgeschwächter Form), kann die eigentliche Heilung beginnen.

Wenn ein Teil noch nicht deutlich genug herausgearbeitet wurde, z. B. daß Annabel sicher stärker geblutet hat, als sie zulassen konnte, dann wird das in die nächste Sitzung eingebracht und dort nachgeholt. Wir können auch annehmen, daß sie damals gestorben ist, daß die Geschichte damals viel dramatischer verlaufen ist als hier dargestellt. Ich schließe das daraus, daß einer Wachstumshemmung ein schwereres Trauma zugrunde liegt, als nur geschlagen zu werden, und weiterhin daraus, daß Annabel sehr häufig in die Verweigerung ging, also Angst vor großem Schmerz vermeiden wollte. Auch Annabels Bemerkung, daß Angehörige und Verwandte geschlagen und getötet worden sind, weist in diese Richtung. Wenn dem so ist, wird das Thema in der nächsten Sitzung vom Kind wieder vorgebracht werden.

Ich habe der Mama meine Aura* geschenkt

2. Sitzung

Seit der letzten Sitzung sind sechs Wochen vergangen. Es ist für mich immer wieder eindrucksvoll zu erleben, wie Kinder, selbst nach langer Pause, genau da anschließen, wo sie das letztemal aufgehört haben. Diese Beobachtung wie auch viele andere, bestätigt mich in der Annahme, daß diese Arbeit

* Fußnote siehe S. 46

für die Seele des Kindes von großer Bedeutung ist.

Meine Überlegungen nach der letzten Sitzung waren: Wahrscheinlich wurden „Sabine“ (= Annabel) in dem Leben, das wir bearbeitet haben, schwere Wunden zugefügt, die sie nicht überlebt hat. Wenn unsere Annahme stimmt, kann man erwarten, daß Annabel diese Erfahrung in die heutige Sitzung mit einbringt. Davon ausgehend ist zu verstehen, wie Annabel die Sitzung beginnt.

Sie geht auf den Kasten mit verschiedenen Tieren zu, holt zwei Wale und einen Hai heraus und läßt die Wale auf den Hai einschlagen.

T.: „Was machen die gerade?“
A.: „Die töten den Hai.“
T.: „Wie töten die ihn?“
A.: „Die greifen ihn an und schlagen mit ihren Schwänzen auf ihn ein, dann lokken sie ihn in eine Falle.“
T.: „Aha.“
A.: „Ja, schau, der hat zu wenig Luft gekriegt.“ Sie zerdrückt den Hai zwischen den beiden Walen.
T.: „Da ist es zu eng, da kommt er nicht durch, da kriegt er keine Luft mehr, bis er stirbt.“
A.: „Ja.“
T.: „Fühl, wie sich das anfühlt.“
A.: „Jetzt ist er tot.“
T.: „Und wie fühlt sich das an?“
A.: „Gut.“

Nachdem sie geklärt und nachgeholt hat, wie sie damals gestorben ist, nämlich geschlagen, in eine Falle gelockt und erstickt, kommt sie befriedigt zum Tisch mit dem großen Zeichenblock.

Es ist vielleicht für einen Laien befremdlich, wie dieses kleine, zarte Mädchen so selbstverständlich quält und tötet, sich danach auch noch gut fühlt und zur Tagesordnung übergeht, als sei nichts gewesen. Wie ich an anderer Stelle genauer ausführen werde, liegt gerade in dieser Bereitschaft von Kindern, sich auch dem Schatten zu stellen, d. h., neben Opfer auch gleichzeitig Täter zu sein, die besonders schnelle und gute Heilwirkung dieser Therapiemethode. Erwachsene ergehen sich oft lange in Selbstmitleid darüber, was ihnen Schlimmes angetan wurde, während Kinder die Opferrolle schneller verlassen und in ihre Kraft gehen. Wenn wir Opfer sind, dann gibt es immer viel gestaute Energie. In der Therapie geht es darum, diese Energien wieder zum Fließen zu bringen.

T.: „Bist du schon ein Stückchen gewachsen?“
A.: „Ich weiß nicht, aber meine Finger, bei der Flöte waren sie erst ganz klein, und jetzt sind sie groß genug. Jetzt kann ich endlich das C greifen.“
T.: „Toll. Wenn die Finger wachsen, wächst der Körper auch. Und die Füße, sind die auch gewachsen?“
A.: „Weiß ich nicht, aber mir sind die Schuhe jetzt schon zu klein.“
T.: „Siehst du, dann geht es schon voran.“
A.: „Meine Beine tun in letzter Zeit oft weh.“

* Aura: „Das Strahlungsenergiefeld, das sowohl beseelte als auch unbeseelte, Körper umhüllt.“ Drury, N.: Lexikon esoterischen Wissens (Bisher wurde diese Aura nur von wenigen sensitiven Menschen gesehen, mittlerweile gibt es Apparate, die fein genug sind, diese Strahlungen zu erfassen.)

T.: „Das kann bedeuten, daß sie wachsen."

A.: „Und in der Klasse hat einer voll Nasenbluten gehabt."

Alle Bemerkungen, die so scheinbar unpassend eingestreut werden, steigen, wie ich annehme, aus dem Unbewußten auf und sind meist von besonderer Bedeutung. Hier wird Annabel bei der Assoziation „Schmerz an den Beinen heute" an den Schmerz von damals erinnert. Das Unbewußte will uns noch mitteilen, wieviel Blut es damals gegeben hat.

T.: „Schmerzen in den Beinen und Nasenbluten."

A.: „Die Nasenbluten hatte nicht ich."

T.: „Ja, dir ist nur beides zusammen eingefallen."

Das Kind muß solche zusammenfassenden Bemerkungen nicht verstehen, sie sind an das Unbewußte gerichtet.

A.: „Ja, da ist das Blut voll rausgelaufen."

T.: „Willst du das einmal malen?"

A.: „Ja, der muß da in die Ecke gehen und dort alles rausfließen lassen. Der hat lila Augenbrauen. Der hat ganz viel Blut." (Abb. A3a)

T.: „Ja, und was macht der mit seinen Händen?"

A.: „So."

T.: „Macht man so, wenn man Nasenbluten hat?"

A.: „Nein."

T.: „Wie macht man da?"

A.: „So." Hält die Hände vor die Nase.

T.: „Genau. Wann macht man so wie der?"

A3b

A3a

A.: „Wenn man überrascht ist."

T.: „Ja, genau, z. B. wenn man überrascht ist. Hat das Wachsen etwas mit dem Nasenbluten zu tun?"

A.: „Der ist schon ganz groß. Ich glaube wegen dem Ozon. Vielleicht ist das Nasenbluten wegen dem Ozon."

T.: „Das kann sein. Wie groß ist der?"

A.: „Fast der Größte in der Klasse."

T.: „Der würde auch nicht durch das Loch kommen?"

A. ist überrascht und verwirrt und haucht: „Ja."

T.: „Also es kann viel Blut geben, wenn man zu groß ist, und getötet kann man auch werden, so wie vorhin der Hai."

Annabel antwortet nicht. An ihrem Ausdruck ist jedoch zu erkennen, daß sie auf innerer Ebene alles versteht und sich die Dinge ordnen. Ich greife in diesen Ordnungsprozeß nicht weiter ein und lasse es deshalb vorerst dabei bewenden. Nach einer längeren Pause sage ich:

T.: „Wollen wir einmal nachsehen, ob es noch etwas anderes in deinem Körper gibt, das sagt, ich will nicht wachsen, oder ob wir schon alles gefunden haben?"

A.: „Aber ich habe schon ganz große Füße."

An dieser abwehrenden Bemerkung wird deutlich, daß das Unbewußte schon etwas Schmerzliches bereithält.

T.: „Ja, das ist gut. Damit wir ganz sicher sind, machen wir jetzt noch etwas ganz Schwieriges. Mache einmal deine Augen zu und fühle in deinen Körper. Stelle dir vor, in deinem Körper gibt es eine Stelle, die entscheiden kann, ob du wächst oder nicht. Wenn du es gefühlt hast, laß deine linke Hand malen, wie die Stelle aussieht."

A. fängt spontan an zu malen. Als sie fertig ist frage ich (Abb. A3b): „Wie sieht das aus?"

A.: „Weiß ich nicht, wie irgend ein Muster."

T.: „Ja, und die Form."

A.: „Wie ein Stern."

T.: „Ja, stimmt, und der hat vier Zacken."

A.: „Hmhm."

T.: „Fühl mal, wo ist das in deinem Körper?"

A. deutet nach längerem Nachspüren in die Gegend der Leber: „Da."

T.: „Aha, da ist dieser Teil. So wie du es gemalt hast, sieht das so aus, als würde es sagen, ich wachse, oder ich wachse nicht?"

A.: „So sieht es aus, wenn es sagt, ich wachse nicht."

T.: „Wie müßte es aussehen, wenn es sagt, ich wachse?"

A.: „Da noch ein paar Farben."

T.: „Hmhm, da noch ein paar Farben. Wollen wir einmal malen, wie es aussähe, wenn es sagen würde, ich wachse?"

A.: „Ja, die gleichen (Farben) wieder." Sie malt „Strahlen" um ihren Stern und nimmt Rot und Braun als neue Farben hinzu.

T.: „Ja, das sieht gut aus zum Wachsen."

A.: „Ja."

T.: „Wie sieht das jetzt aus?"

A.: „Wie ein Stern mit einer Aura."

T.: „Ja, genau. Wie alt warst du, als du diesen Teil abgegeben hast? Mache die Augen zu und frage deinen Körper: Wie alt war ich, als ich diesen Teil, der wachsen hilft, weggegeben oder verloren habe?"

A. spürt lange nach, dann sagt sie: „Vor drei Jahren, da war ich sechs."

T.: „Hmhm, da hast du das weggegeben. Ich glaube, das müssen wir genauer untersuchen. Mache da mal einen Strich in der Mitte und male mit deiner linken Hand auf die eine Seite die Annabel mit sechs Jahren und auf die andere die mit neun."

Sie malt erst die Große auf die rechte Seite (Abb. A4a) und dann die Kleine auf die linke. (Abb. A4b).

Wir sehen, daß bei der neunjährigen Annabel (der Großen), die Problemfarbe Violett vermehrt auftaucht, nämlich an Bluse, Armen, Mund und Nase.

Ich deute auf die Sechsjährige und frage: „In welcher Haltung ist die?" Annabel antwortet: „Sie kniet. Da ist Rot."

Sie spricht über Tiere und fragt, ob Tiere auch eine Aura haben. Sie lenkt wieder ab. Was ist hier los? Nachdem ich kurz auf ihre Fragen eingegangen bin, sage ich:

T.: „Vor drei Jahren hat das angefangen. Da ist das weggegangen, was gut wächst. Hat das vielleicht etwas mit dem Knien zu tun?"
A.: „Ich glaub' schon."
T.: „Ja, kann sein, wann kniet man sich z. B. hin?"
A.: „Wenn einem die Beine weh tun."
T.: „Und wann tun einem die Beine weh?"
A.: „Wenn man viel gelaufen ist."
T.: „Male hier irgend etwas dazu, damit wir es besser verstehen."

A.: „Ein Teppich, ein Glas und Brot mit Butter. Ein Picknick."

T.: „Aha, da wird viel gelaufen und dann ein Picknick gemacht. Wie fühlt sich das an?"

A. antwortet nicht. Offensichtlich will sie hier nicht so gern weitermachen.

T.: „Wo ist deine Familie?"

A.: „Zu Hause." Ich mache eine „Bildblase" über ihren Kopf und sage:

T.: "Male hier einmal deine Familie rein."

A.: „Der Papa ist in Spanien." Diese erneute Abwehr zeigt, ich bin auf dem richtigen Weg.

T.: „Und hier bei diesem Picknick damals, ist er da noch dabei?"

A.: „Ja, da schon." Sie malt in die Bildblase und sagt nacheinander: „Erst der Papa, dann die Mama, dann der Petro." „Der Petro hat rote Augen." (Rot als Farbe der Aggression. Ihr Bruder war wegen Aggressionen bei mir in Therapie, siehe Kapitel Petro.)

T.: „Wenn du da auch stündest, wo stündest du?"

A.: „Da."

T.: „Machen wir da ein A hin, dann wissen wir, wo du bist."

A.: „Ich habe meine Flöte dabei, da kann ich dir was vorspielen." Sie wehrt wieder ab.

T.: „Da freu' ich mich drauf, wenn du mir nach unserer Stunde was vorspielst. Was ist passiert mit dieser Familie damals bei dem Picknick?"

A.: „Sie hat sich geschieden."

Die Ehe der Eltern ist seit drei Jahren geschieden. Das Kind verbindet die Scheidung offensichtlich mit dem Picknick.

T.: „Ach so. Ist deshalb die Aura um deinen Wachstumsstern weggegangen?"

A.: „Ja."

T.: „Ja, das verstehe ich. Wer hat die jetzt?"

A.: „Die Aura?"

T.: „Ja, vielleicht hast du sie jemandem gegeben, oder jemand hat sie mitgenommen."

A.: „Vielleicht der Petro."

T.: „Aha. Hast du sie ihm gegeben? Fühl mal mit deiner Hand, wie du sie ihm gibst."

A. spürt intensiv und lange nach, indem sie ihre Hand auf das Bild legt. „Da ist sie." (Bei der Mutter)

T.: „Hm, hat die Mama sie gebraucht?"

A.: „Ja."

T.: „Was wäre passiert, wenn sie deine Aura nicht bekommen hätte?"

A.: „Dann würden sie sich vielleicht noch mehr streiten."

T.: „So wie da (ich deute auf die Bilder, die sie in der ersten Sitzung gemalt hat), da gab es auch Streit."

A.: „Ja."

T.: „Und du hast das Gefühl gehabt, wenn du der Mama die Aura gibst von deinem Wachstumsstern, dann streiten die nicht mehr so viel?"

A.: „Ja."

T.: „Haben sie dann weniger gestritten?"

A.: „Nein."

T.: „Wie fühlt sich das an?"

A.: „Traurig."

T.: „Ja, fühl wie traurig das ist. – Was würdest du Papa und Mama am liebsten sagen?"

A.: „Hört auf zu streiten!"

T.: „Fühl mal, gibt es da auch Wut?"

A.: „Ja."

T.: „Sag mal so wütend wie möglich, hört auf zu streiten!"

A. sagt es recht kraftvoll.

T.: „Hören die auf dich?"
A.: „Nein."
T.: „Gab es da auch Blut, wie sie sich gestritten haben?"
A.: „Nein."
T.: „Braucht die Mama die Aura von dir heute immer noch?"
A.: „Nein."
T.: „Könnten wir machen, daß du sie wieder bekommst?"
A.: „Ja."
T.: „Wenn der Stern wieder seine Aura hat, dann kannst du wieder wachsen?"
A.: „Ja."
T.: „Wie könnten wir das machen?" Nachdem sie nicht antwortet. „Sag mal: Mama, gib mir bitte meine Aura zurück!"
A.: „Mama, gib mir bitte meine Aura zurück!"
T.: „Was sagt sie dann?"
A. spürt kurz hin und sagt dann: „Ja."
T.: „Braucht sie sie noch?"
A. spürt und sagt: „Nein."
T.: „Wenn der Papa kommt, streiten sie dann noch?"
A.: „Bißchen."
T.: „Sag mal, ihr dürft streiten, soviel ihr wollt, ich wachse trotzdem!"
A. sagt es.
T.: „Wenn du nicht wächst, dann bleibst du immer ein kleines Mädchen. Haben sie sich auch schon gestritten, wie du klein warst?"
A.: „Nein, wie ich drei, vier war, haben sie sich nicht gestritten."
T.: „Aha, wenn du ganz klein bleibst, so drei, vier Jahre alt, dann streiten sie sich nicht." (Ich möchte hier an das Bild der Fünfjährigen aus der letzten Sitzung erinnern.)
A. lacht, weil sie beginnt, die Zusammenhänge zu verstehen.
T.: „Sag noch mal: Egal ob ihr streitet, ich wachse jetzt."
A.: „Egal ob ihr streitet, ich bin es nicht." (Sie deutet mit dem „ich bin es nicht" an, daß sie sich schuldig fühlt.)
T.: „Ja sag, egal ob ihr streitet, ich bin es nicht, und ich wachse trotzdem."

Ich lasse sie es wiederholen, bis es ganz kraftvoll wird. Dann lasse ich sie noch die Sätze nachsprechen: „Wenn ihr streitet, bin ich nicht gemeint", und, „ich bin nicht schuld, das ist euer Streit, damit habe ich nichts zu tun".

T.: „Stimmt das?"
A.: „Ja."
T.: „Fühl das ganz gut. Kannst du sagen, Mama, ich habe dir meine Aura geschenkt, weil ich dich lieb habe."
A. sagt es.
T.: „Was sagt die Mama?"
A.: „Ich liebe dich auch."
T.: „Möchte sie deine Aura behalten?"
A.: „Nein." Sie ist offensichtlich bewegt.
T.: „Meinst du, sie gibt sie dir zurück?"
A.: „Ja."
T.: „Holst du sie dir?"
A. lacht und sagt: „Ja."
T.: „Gut, dann male deine Sternaura, wie sie aussieht, wenn du sie zurückbekommen hast. An welche Stelle kommt sie hin?"
A.: „Wo sie wieder wachsen soll."
T.: „Ja. Hier bekommst du sie wieder, wo soll sie hin?" Ich stelle die Frage und deute dabei auf das erste Bild (Abb. A4a), das sie heute gemalt hat.
A.: „An die Beine."
T.: „Ja, die brauchen Heilung. Sollen die zuerst wachsen?"
A. lacht.

T.: „Male an die Neunjährige die Stelle, von wo aus du am besten den ganzen Körper wachsen lassen kannst."

Annabel malt einen violetten Punkt an die rechte Seite an die Stelle, an der die Leber sitzt. Dann malt sie auf ein anderes Blatt ihre „Leber" mit der wiedergewonnenen Aura. Die neu gewonnene Strahlkraft ist nicht zu übersehen. Diesmal gibt es kein Schwarz mehr, und eine kleine Stelle bekommt Gold und Silber (Abb. A5).

T.: „Die Aura ist schon gewachsen, dann kann es ja weitergehen."

A. strahlt.

T.: „Sage noch mal ich wachse, auch wenn ihr euch streitet."

A. sagt es laut und bestimmt.

T.: „Fühl, wie gut die Leber es verstanden hat."

Annabel legt die Hand auf die Leber und sagt strahlend und fast andächtig flüsternd: „Ich wachse."

Noch zweimal lasse ich sie sagen: „Ich wachse, auch wenn ihr euch streitet." Sie sagt es laut und selbstbewußt.

In der chinesischen Elementenlehre ist die Leber der Sitz der Wut und des *„Widerstandes gegen Veränderung"**.

Wir können verfolgen, daß das Unbewußte des Kindes auf vielen Ebenen gleichzeitig arbeitet. (Wie wir aus unseren Träumen wissen, kennt das Unbewußte keine Zeit- und keine Raumbegrenzung.) Es gibt

* Temelie, B.: Ernährung nach den fünf Elementen

A5

viel Wut und Haß sowohl in der Inkarnation, die wir bearbeitet haben, als auch zwischen den Eltern von Annabel. Der Streit der Eltern ruft in dem Kind die alte, aus der früheren Inkarnation mitgebrachte Todesangst wach. Damit Annabel von der Angst nicht überwältigt wird, schützt sie sich durch „magisches" Verhalten: Wenn ich nicht wachse, bleibt die Zeit stehen und die Eltern streiten noch nicht und sind noch nicht geschieden. Solch magisches Denken findet man nicht nur bei Kindern (was ich nicht sehe, gibt es nicht), sondern auch in vielen Ritualen einfacher Kulturen.

Annabel versucht sich außerdem zu schützen, indem sie sich selbst aller Wut- und Kampfenergie (= Energie der Leber) zu entledigen sucht. Sie tut das symbolisch für ihre Eltern, was soviel heißt wie: Wenn ich meine Wut und meinen Haß abgebe, dann streitet ihr nicht. Oder: Schaut her, macht es so wie ich und gebt auch diese Wutenergie ab.

Als ich der Mutter diese Zusammenhänge erkläre, berichtet sie, daß Annabel in dem Moment, als die Eltern daran dachten, sich zu trennen, die Vertraute des Vaters wurde. Sie schlief zusammen mit ihrem Bruder im Bett des Vaters, während die Mutter in ein anderes Zimmer ausquartiert wurde. Der Vater habe das Kind auch psychisch zu seiner Vertrauten gemacht und ihm erklärt, daß es ihn viel besser verstünde als seine Frau. Solches elterliche Verhalten stellt eine große Überforderung für ein Kind dar. Es wird dazu ermächtigt, die Ehe zu erhalten, und es versucht, diesen Anspruch auf seine Weise zu erfüllen.

Manch einer mag nun fragen: Und was ist, wenn das Kind jetzt nicht wächst? Macht die Therapeutin dem Kind nicht Hoffnungen, die vielleicht nicht in Erfüllung gehen? Enttäuscht sie nicht damit das Vertrauen des Kindes, das sich ihr anvertraut hat? Hier meine Antwort: Der Glaube an Heilung ist in sich schon ein ganz wichtiger Heilfaktor. Wenn ich nicht überzeugt bin, daß es hilft, dann habe ich meine Energie verschwendet, denn dann kann die Heilenergie nicht fließen.

Eines der sieben Prinzipien und Talente des Huna-Schamanismus lautet Makia, d. h. konzentrieren, und meint, *„Energie folgt der Aufmerksamkeit"*, also *„Gedanken können physikalische Energie beeinflussen."**

Damit ist nicht das heute so viel zitierte „positive Denken" gemeint. Mir scheint, es ist ein großer Unterschied, ob ich an etwas glaube, mich auf etwas konzentriere, ganz davon durchdrungen bin, oder ob ich durch Gedankenkraft etwas beeinflussen will. Hier lasse ich mich ganz ein, dort versuche ich willentlich zu beeinflussen.

Meine tiefe Erfahrung und Überzeugung ist, daß diese Arbeit auch unser Zellgedächtnis, d. h. unseren Körper, beeinflussen kann. Sollte es nicht sofort helfen, dann haben wir noch nicht alles gefunden, was wir zur Heilung brauchen, dann suchen wir weiter. Aber ich bin sicher, daß wir es auf diesem Wege finden können. Genau diese Antwort gebe ich auch den Kindern, wenn der gewünschte Erfolg nicht so schnell eintritt. Das ist wie beim Ostereiersuchen. Wir sind nie ganz sicher, ob wir alle versteckten Eier gefunden haben. Manchmal finden wir ein letztes Ei erst Jahre später und wundern uns, warum wir genau an dieser Stelle nicht gesucht haben. Das leuchtet jedem Kind ein.

---

* King, S. K.: Der Stadt-Schamane

Manchmal ist noch nicht der richtige Zeitpunkt, wenn wir danach suchen. Es gibt Gesetze, die außerhalb unseres Einflußbereiches liegen und die wir respektieren müssen. Aber Heilung ist möglich, da wir vollkommen sind von Anbeginn.

In unserem Falle brauchten wir die Geschichte mit den Ostereiern nicht, da Annabel nach acht Wochen schon zwei Zentimeter und nach drei Monaten schon fünf Zentimeter gewachsen war. Wir haben ja auch beide fest daran geglaubt.

Hier noch einige grundsätzliche Überlegungen für all diejenigen, die jetzt anfangen, alles, was ihr Kind malt und sagt, in der Weise auszulegen, wie ich es eben getan habe.

Was in einer Sitzung geschieht, sieht sehr einfach und folgerichtig aus. Erwarten Sie nicht, daß das zu Hause auch so abläuft. Der Therapeut schafft durch sein Verhalten, durch seine Wortwahl, durch die Energie, die er abstrahlt, und vor allem durch seine innere Haltung die Atmosphäre, den Raum, in dem Kinder sich in der eben beschriebenen Weise auf ihre tiefsten Gefühle, auf ihr Unbewußtes einlassen. Die innere Haltung des Therapeuten kann am besten mit völliger Akzeptanz all dessen, was das Kind tut und fühlt, umschrieben werden. Kinder spüren sofort, wie ehrlich der Therapeut in Bezug auf diese innere Haltung ist; ob er nur glaubt zu akzeptieren – oder ob er tatsächlich akzeptiert.

Ich will das an einem sehr eindrücklichen Beispiel aus meiner Praxis verdeutlichen:

Einmal kam ein hochaggressiver siebenjähriger Junge in mein Therapiezimmer. Seine Großmutter hatte ihn gebracht. Sie hielt ihre Hand auf ihr blaues Auge, das er ihr gerade mit einem Stein verpaßt hatte.

Die Augen des Jungen funkelten wild und angriffslustig, als er mich sah. Blitzschnell ergriff er einen schweren Metallgegenstand, riß ihn an sich und holte aus, um ihn in das Glasfenster, das sich über eine ganze Wandfläche erstreckte, zu werfen. Das sind die Augenblicke, in denen ein Kindertherapeut unter Beweis stellen muß, ob er das ihm anvertraute Kind ganz annehmen kann. Ich hatte Glück, da Aggression bei Kindern nicht zu den Verhaltensweisen gehört, die ich schwer annehmen kann. Mit der gleichen Wucht und Stärke, die der Junge abstrahlte, brüllte ich: *„Dahin!“* und zeigte auf die Wand neben dem Fenster. Im Wurf drehte sich der Junge und schleuderte den Gegenstand an die Wand.

Hätte mein Ruf nur den Anflug von Nichtakzeptanz seiner Aggression enthalten, wäre der Gegenstand mit Sicherheit in der Fensterscheibe gelandet. Der Junge spürte sofort die Energie, die in meinem Ruf mitschwang. Nämlich: Ja, ich bewundere deine Kraft und deine Stärke, sie sind großartig, aber ich weiß auch, daß du nicht zerstören willst, sondern, daß du mir damit etwas sehr Wichtiges über deine Wut mitteilen möchtest. Laß uns hier, an diesem Punkt anfangen, gemeinsam zu arbeiten.

Die Heilwirkung dieser seiner ersten Erfahrung in meinem Therapiezimmer war enorm. Der Junge fühlte sich angenommen und verstanden, der nötige *Raum* für eine gute Zusammenarbeit war geschaffen. In unseren gemeinsamen Sitzungen gab es keine gegen mich gerichtete Energie mehr, und der Heilungsprozeß schritt schnell voran.

Glücklicherweise werden wir nicht allzuoft vor solch schwierige Beweisproben unserer inneren Akzeptanz gestellt.

Laß den Schmerz sich verwandeln in Liebe.
BERT HELLINGER

TAMARA

Solange ich stehle, fühle ich, daß ich noch Hände habe

Kleptomanie, Adoption

Tamara ist 14 Jahre alt, als sie wegen Kleptomanie zu mir in die Praxis kommt. Kleptomanie ist eine Krankheit, bei der die Patienten zwanghaft stehlen, und zwar zumeist Dinge, die sie nicht benötigen. Jeder Therapeut weiß, wie langwierig und wie schwierig solche Zwangsstörungen mit herkömmlichen Therapiemethoden zu behandeln sind.

Zu den Dingen, die Tamara bevorzugt an sich nimmt, gehören Kleidungsstücke, seltener Kosmetika oder Geld. Bisher hat sie nur Menschen etwas entwendet, die sie gut kennt und gern mag, wie z. B. Schulfreundinnen oder Freunden der Eltern.

Wird sie verdächtigt oder ertappt, gerät sie in eine Art Schockzustand, beginnt, unglaubhafte Geschichten zu erfinden, und streitet alles ab, auch wenn sie längst überführt ist. Selbst der Mutter gegenüber, zu der sie eine sehr gute und offene Beziehung hat, gerät sie in Verwirrung, wird völlig unzugänglich und macht ihrerseits der Mutter Vorwürfe, daß sie sie nicht lieb haben könne, wenn sie ihr so etwas Schlimmes zutraue. Es scheint so, als sei sich Tamara in diesen Situationen ihrer Handlungen tatsächlich nicht bewußt.

Auch bei mir ist ein Gespräch über ihr Problem zunächst nicht möglich. Als ich sie auf das Stehlen anspreche, gerät sie in einen panikartigen Zustand und erzählt hektisch eine wirre Geschichte nach der anderen.

Nach der zweiten Sitzung ist das Mädchen dann soweit, daß es imstande ist, ihre Diebereien ganz ins Bewußtsein dringen zu lassen, und ein Bedürfnis entwickelt, daran zu arbeiten. Sie sagt etwas ratlos:

„Ich brauche die Sachen gar nicht, die ich mitnehme, ich ziehe sie auch gar nicht an; ich weiß auch nicht, warum ich das mache.“ Das Stehlen selbst ist dem Mädchen wichtig, nicht jedoch, den gestohlenen Gegenstand zu besitzen oder zu benutzen.

Tamara ist ein Mädchen aus der Dritten Welt, das im Alter von neun Monaten von deutschen Eltern adoptiert worden ist. Das Kind war bei der Adoption sowohl seelisch als auch körperlich in einem sehr schlechten Zustand. Es erhielt bei den Adoptiveltern jedoch eine so liebevolle Pflege, daß es den Entwicklungsrückstand völlig aufholen konnte.

Zur Zeit der Adoption lebten die Eltern in einem außereuropäischen Land. Der Adoptivvater starb an Krebs, als das Mädchen fünf Jahre alt war. Das monatelange Sterben hat das Kind zu Hause miterlebt. Nach dem Tod des Vaters mußte die Familie nach Deutschland zurück. Die Mutter brauchte zwei Jahre, bis sie sich von der Depression, die auf den Tod ihres Mannes folgte, erholt hatte.

Trotz der schweren Verwahrlosung im ersten Lebensjahr, dem Verlust des Adoptivvaters, der Depression der Mutter und zweier Kulturwechsel im frühen Kindesalter entwickelte sich Tamara bis zu ihrem 14. Lebensjahr sehr gut. Ihre Pubertät setzte im 13. Lebensjahr ein; im 14. begannen die alterstypischen Reibereien mit der Mutter, den Lehrern und Mitschülern. Dadurch wurde die Atmosphäre uneingeschränkten Wohlwollens von allen Seiten, von der Tamara sehr abhängig war, öfter getrübt. In dieser Zeit setzten die Diebereien ein.

Insgesamt benötigten wir zehn Sitzungen, verteilt auf ein halbes Jahr, bis das Mädchen sich sicher genug fühlte, ohne Hilfe auszukommen. Seither sind fünf Jahre vergangen, und Tamara hatte keinen Rückfall. Sie ist heute eine selbstsichere und fröhliche junge Frau mit liebevoller Ausstrahlung und viel Erfolg in ihrem beginnenden Berufsleben.

Zweimal war sie vor zweieinhalb Jahren noch bei mir. Sie hatte eine Lehrmeisterin, die sie sehr unter Druck setzte und ihre Leistungen und ehrlichen Bemühungen nicht anerkannte. Das Mädchen, das vor der Therapie so sehr von der Anerkennung durch andere Menschen abhängig gewesen war, konnte diese schwere Zeit unbeschadet und kraftvoll überstehen.

Sie gehört zu den Armen der Stadt

1. Sitzung

Kinder, die in ihrem jetzigen Leben schon schwere Schicksalsschläge verkraften mußten, führen uns in der Arbeit meist zunächst dorthin, wo in diesem Leben die traumatische Situation begonnen hat. Auch bei Tamara erleben wir das.

Ich kenne Tamara schon seit einigen Jahren, da ich ihre Adoptivmutter und ihren Adoptivbruder in Therapie hatte. Sie war immer ein strahlendes, optimistisches, begeisterungsfähiges und gefühlsbetontes Kind. Jetzt, als ich mit ihr über ihr Problem sprechen will, reagiert sie auf die oben beschriebene Weise: verwirrt, erregt, panikartig.

Auf dieser Ebene ist Tamara also nicht zu erreichen, deshalb verlasse ich die Verstandes- und die Gefühlsebene und spreche sie auf der Körperebene an. Ich fordere sie auf zu spüren, an welcher Stelle ihres Körpers sie das Stehlen am stärksten fühlt. Sie wird sofort ruhig und horcht in ihren Körper hinein. Dann sagt sie: „Manchmal da (Bauch) und manchmal da (Nierengegend)".

Sie kann die Körpergefühle genau beschreiben, und es wird sehr schnell deutlich, daß es sich bei den Körperempfindungen um die Gefühle einer schwangeren Frau handelt.

Da Tamara diese Gefühle am eigenen Leib erlebt, kann man davon ausgehen, daß sie in ihrem Erleben schon in die Zeit zurückgegangen ist, in der sie selbst in einem früheren Leben schwanger oder ihre Mutter mit ihr in diesem Leben schwanger war.

Ich ziehe beide Möglichkeiten in Betracht, weil sich das Ungeborene mit der Mutter noch eins fühlt, also auch alles, was die Mutter während der Schwangerschaft erlebt, für eigenes Erleben hält.

In den Rückführungen ist es sehr heilsam, wenn von der Mutter übernommene Gefühle, Gedanken und Erfahrungen von unserem eigenen Erleben abgetrennt werden.

Um herauszufinden, um welche Situation es sich hier handelt, lasse ich Tamara die schwangere Frau malen. Sie malt die Frau dunkelhäutig, ohne Hände, ohne Füße und ohne Gesicht. Das Baby in ihrem Bauch ist blau, es hat die Farbe des Himmels. Das könnte bedeuten, daß es sich noch nicht ganz zu dieser Welt gehörig fühlt (Abb. T1).

Wir erfahren durch die Zeichnung und durch das, was Tamara dazu sagt, daß es sich um eine „junge farbige Frau" handelt, die ihr Gesicht nicht zeigen will und bei der es Probleme mit dem Handeln und dem Laufen gibt.

T1

Tamara berichtet, die junge Frau sei gerade dabei, ein „T-Shirt", das auf einer Mauer liegt, zu stehlen. „Sie gehört zu den Armen der Stadt, nicht gerade zu den Ärmsten der Armen, aber sie ist sehr arm. Sie möchte das „T-Shirt" verkaufen, weil sie Geld für ihre Tochter braucht."

Da Tamara ein ausgesprochener Fühltyp ist, lasse ich sie mit der Hand das gemalte Bild abtasten, damit sie spürt, ob sie das Baby oder die Mutter ist. Sie spürt mit Konzentration und Hingabe und ist sich dann „ganz sicher", daß sie das Baby ist.

Später erfahre ich von der Adoptivmutter, daß Tamaras leibliche Mutter in den Slums einer Stadt in der dritten Welt lebt, obdachlos und ohne Beruf ist. Als sie mit Tamara schwanger ist, hat sie bereits eine vierjährige Tochter.

Im weiteren Verlauf der Sitzung versuche ich sorgfältig, die Gefühle, Wünsche und Gedanken der Mutter von denen der kleinen Tamara im Bauch der Mutter zu trennen. Zunächst machen wir uns bewußt, daß es der Wunsch der Mutter ist zu stehlen, nicht der des Ungeborenen. Wir verstehen die Not der Mutter, die aus ihrem Überlebenswillen heraus und aus Sorge um ihr Kind stiehlt. Gleichzeitig lasse ich Tamara erleben, daß sie als Ungeborenes gut versorgt ist und nicht zu stehlen braucht, und daß das auch heute der Fall ist.

Der Wunsch zu stehlen hat sich mit dem Satz, „ich will das haben", bei dem Ungeborenen einprogrammiert. (Später werden wir sehen, daß dieser Satz auch schon aus einem früheren Leben mitgebracht worden ist.) Das Programm ist in der Zeit, in der das Mädchen durch die Pubertät erstmalig echte Probleme hat, reaktiviert worden. Den Wunsch, „ich will das haben", lasse ich Tamara viele Male tief ausatmen, verbunden mit der Vorstellung: „Mama, ich gebe es dir zurück, es gehört zu dir."

Das Ausatmen von Wünschen und Vorstellungen, die aus früheren Leben mitgebracht oder uns in dieser Inkarnation aufgeprägt wurden, ist eine sehr wirkungsvolle Technik, die wir in der Reinkarnationstherapie verwenden. Durch das bewußte Ausatmen kann eine Abtrennung von alten Verhaltensmustern erreicht werden.

Anschließend lasse ich sie die eigentlichen Gefühle des Ungeborenen spüren, nämlich Wärme, Sicherheit und Geborgenheit. Tamara kann sich gut darauf einlassen und arbeitet ernsthaft und aus der Tiefe ihres Herzens mit.

Um das Erlebte zu verankern und zur Kontrolle, ob das Ausatmen erfolgreich war, gehe ich auf eine andere Ebene und lasse Tamara sich selbst malen, so wie sie sich jetzt empfindet, nachdem wir die Gefühle der Mutter abgetrennt haben. Sie malt ein wunderschönes Bild.

Tamara ist nach der Sitzung sichtlich erleichtert. Ich gebe ihr das Bild, in dem sie sich selbst aus dem Bannkreis der Mutter mit dem Programm Armut, Stehlen und „ich will das haben" sozusagen herausgeatmet und herausgemalt hat, als Kraftquelle mit.

Hier noch ein kurzer Nachtrag zum Verständnis des Bildes, das Tamara von ihrer leiblichen Mutter gemalt hat:

Die Mutter hat kein Gesicht, keine Hände und keine Füße. Das heißt: Der Dieb darf kein Gesicht haben, sonst wird er erkannt. Mit den Händen stiehlt er, und mit den Füßen muß er weglaufen, um nicht erwischt zu werden. Das magische Denken diktiert: Laß diese Körperteile weg, dann kann dir nichts passieren. Tamara hat also in ihrer Zeichnung durch die unbewußte Symbolsprache deutlich zum Ausdruck gebracht, um welches Problem es hier geht.

Du darfst es auf keinen Fall zugeben

2. Sitzung

In der nächsten Sitzung lasse ich Tamara erneut in ihren Körper spüren. Nachdem sie wieder in der Bauchgegend „so komische Gefühle" hat, arbeite ich mit ihr weiter an der Schwangerschaft. Für mich ist Tamaras Körpergefühl ein Hinweis darauf, daß wir noch nicht alle traumatischen Gefühle aus der Schwangerschaft, die für unser Problem wichtig sind, bearbeitet haben.

Ich lasse Tamara ihre Mutter mit den „komischen Gefühlen im Bauch" malen, damit wir sehen können, „wieviel es davon noch gibt". Sie sagt, daß sie die Stelle in der (Problem-)Farbe Lila malen will, nimmt aber dann doch die etwas weniger belastete Farbe Blau. Ein Verhalten, das für Tamara zum damaligen Zeitpunkt noch sehr typisch ist, d. h., nach außen versucht sie immer problemlos zu erscheinen (Abb. T2a).

Im Bauch der Mutter finden wir nun noch viel Angst vor dem „Erwischtwerden", Auseinandersetzung mit der Polizei und Gefängnis. Tamara erlebt weiterhin, wie die Mutter sich in Lügengeschichten

verstrickt, wenn sie zur Rede gestellt wird, und daß sie „eine Dieberei niemals zugeben würde".

Hier bietet sich eine Erklärung dafür an, warum Tamara – dieses sonst so offene und wahrheitsliebende Mädchen – sich plötzlich in solche Lügengeschichten verstrickt, und vor allem, warum sie ihre Diebereien auch noch abstreitet, wenn sie offensichtlich überführt ist.

Ich lasse Tamara diese Erfahrung besonders deutlich nacherleben, um sie dann bewußt und kraftvoll auszuatmen und sich damit davon zu lösen. Erst als dieser Trennungsvorgang vollzogen ist, ist Tamara imstande, ihr Problem ins Bewußtsein dringen zu lassen. Bisher hatte sie noch keinerlei Problembewußtsein und konnte weder vor sich noch vor anderen zugeben, daß sie stiehlt. Erst nachdem dieses innere Programm *„Du darfst es auf keinen Fall zugeben"* aufgelöst ist, kann wirkungsvoll an dem Problem gearbeitet werden.

Nachdem Tamara all diese belastenden Gefühle aus der Schwangerschaft an die leibliche Mutter zurückgeatmet hat, kann die Geburt beginnen. Ich arbeite mit Tamara besonders den Moment heraus, in dem sie den Geburtskanal verlassen hat und zum ersten Mal allein auf sich gestellt ist. Wir schneiden die Nabelschnur durch und spüren bewußt den ersten Atemzug. Tamara macht die Trennung von der Mutter noch durch kraftvolle Striche in roter Farbe deutlich, ein Hinweis darauf, daß das Kind nun bereit ist und sich kräftig genug fühlt, sein Leben anzunehmen und kraftvoll zu leben (Abb. T3).

T3

Um die Loslösung von der Mutter noch zu vertiefen, lasse ich Tamara um Mutter und Kind je einen „Schutzkreis“ malen. Der Schutzkreis des Kindes ist blau, der der Mutter hautfarben.

Das Baby sollte nach der Geburt noch möglichst lange in der gewohnten Aura (Energiefeld) der Mutter bleiben. Die Loslösung aus der Aura der Mutter sollte langsam und schrittweise erfolgen. Ist das nicht möglich, erlebt das Kind immer eine tiefe seelische Verletzung; das Urvertrauen wird empfindlich gestört.

Hier versuche ich Tamara zu helfen, die Trennung aus der Aura der Mutter freiwillig zu vollziehen. Ich spreche dem Mädchen gegenüber nicht von Aura, sondern von Schutzkreis. Das Bild zeigt, daß die Loslösung gelungen ist. Tamara begibt sich aus dem hautfarbenen Schutzkreis der Mutter in den blauen Schutz des Himmels.

Zum Abschluß malt sich Tamara noch neben die Mutter (Abb. T2b) auf das erste Bild. Sie kann dadurch, daß sie konkret neben der Mutter steht, nochmals den Unterschied zwischen ihr und sich selbst erleben. Gleichzeitig erfährt sie die heilende Kraft, die aus der Verbindung zu ihrer Mutter fließt, zu der Person, der sie ihr Leben verdankt, also zur Quelle ihres Lebens.

Jemand steht an meinem Bett und ruft mich

3. Sitzung

Die dritte Sitzung verwende ich dazu, dem Mädchen zu helfen, seine Adoption zu verstehen und die verletzte Beziehung zu seiner leiblichen Mutter weiter in Ordnung zu bringen.

Ein Kind, das als Säugling zur Adoption weggegeben wird, hat in der Regel keine Identität, da es „nie geboren" ist. Über sich erfährt es etwas vom Augenblick der Adoption an. Alles, was vorher war, ist tabu, und mit dem neuen Namen symbolisch ausgelöscht.

Die Urerfahrung eines jeden Neugeborenen, das zur Adoption freigegeben oder aus anderen Gründen längerfristig von der Mutter getrennt wird, ist: „Meine Mutter hat mich nicht gewollt, sie hat mich einfach weggegeben." Das Baby war neun Monate lang aufs engste mit der Mutter verbunden und wird jetzt übergangslos von dieser vertrauten Person getrennt, zu der es sich nach der Geburt einzig und allein hingezogen fühlt. Die erste Erfahrung, die solche Kinder in diesem Leben machen, ist eine Abweisung.

Da Kinder an ihre ersten Erlebnisse nach der Geburt „gebondet", d. h., besonders fest mit ihnen verbunden sind (der Begriff „bonding" wird bei Clara, 3. Sitzung, näher erklärt), ist es nicht einfach, diese Urerfahrung zu löschen.

Bei der Arbeit mit adoptierten Kindern ist es deshalb wichtig, daß der Abschied von der Mutter diesmal vom Kind freiwillig vollzogen wird, daß außerdem zur leiblichen Mutter ein liebevoller Kontakt hergestellt wird, ganz egal, mit welchen moralischen Maßstäben die Gesellschaft diese Frau mißt. Das Kind braucht die Erfahrung: „Das ist meine Mutter, und das ist gut so."

Um mit Bert Hellinger zu sprechen, sollte das Kind schließlich von dem Gefühl erfüllt sein: „Liebe Mama, ich danke dir, daß du mir das Leben geschenkt hast. Es war alles, was du geben konntest, ich nehme es dankbar an als ein großes Geschenk. Für mich ist es genug. Ich freue mich, daß ich dich jetzt (in der Rückführung) kennengelernt habe, und ich achte dein Schicksal. Mir geht es gut, ich mache etwas aus meinem Leben, dir zur Freude."

Nun zum Verlauf der Sitzung:

Ich lasse Tamara zunächst nachspüren, was die Mutter bewogen hat, das Kind zu verlassen.

Von der Adoptivmutter weiß ich bisher lediglich, daß die leibliche Mutter am dritten Tag nach Tamaras Geburt aus der Entbindungsanstalt verschwunden ist, ohne das Kind mitzunehmen und ohne eine Adresse zu hinterlassen.

Die Gefühle, die in Tamara hochsteigen, sind für mich deshalb überraschend. Sie spricht von „einem Mann, der der Mutter das Kind wegnimmt" und davon, daß die Mutter sich heftig wehrt, aber schließlich aufgibt, „weil der Mann stärker ist".

Von der Adoptivmutter erfahre ich anschließend, daß die leibliche Mutter zur Zeit der Entbindung einen Freund hatte, der Tamaras Mutter nur unter der Bedingung heiraten wollte, daß sie das Kind abgibt. Tamara habe sie diese Einzelheiten allerdings nicht erzählt.

Die Erfahrung, daß die Mutter Tamara im Grunde ihres Herzens nicht abgeben wollte, tut dem Mädchen sehr gut. Da ich großen Wert darauf lege, daß alles, was ich mit den Kindern erarbeite, nicht nur geistig verstanden, sondern vor allem auch tief gefühlsmäßig empfunden und körperlich erlebt wird, lasse ich das Kind in der Sitzung seine Mutter auch körperlich spüren und „kennenlernen". Schon das allein hat eine sehr heilende Wirkung.

Wenn wir so die drei verschiedenen Ebenen ansprechen, benutzen wir in der Fachsprache das Wort MES-Brücke. M = Mental, E = Emotional und S = Somatisch. Erst wenn alle drei Ebenen bearbeitet sind, kann eine echte Heilung erfolgen.

Nach dieser Vorarbeit fällt es Tamara dann nicht schwer, sich in zuvor beschriebener Weise von der Mutter zu verabschieden.

Auf die Trennung von der Mutter folgt für Tamara noch die entbehrungsreiche Zeit von acht Monaten bis zur Begegnung mit ihrer Adoptivmutter. Nach einigen Wochen Krankenhaus wird Tamara bei einer sehr armen Pflegefamilie untergebracht. Sie lebt ausschließlich in einem Raum ohne Tageslicht, erhält kaum Ansprache und wird nicht ausreichend ernährt und gepflegt. Tamara bringt das zum Ausdruck, indem sie ein nacktes Baby malt und daneben all die Dinge, die ihm fehlen, d. h. Nahrung und Kleidung (Abb. T4).

Die Rückführung enthüllt, daß Tamara in dieser Zeit einige Male dem Tode nahe war. „Jemand steht an meinem Bett und ruft mich, ich soll mitgehen, es ist so eine schwebende Gestalt. Aber in Wirklichkeit

T4

ist kein Mensch da. Irgendwas hält mich dann doch fest, daß ich nicht mitgehe."

Wir schließen die Sitzung mit der Erfahrung ab, daß Tamara in die schützenden, liebevollen Arme der Adoptivmutter kommt. Sie malt die Adoptivmutter hell und strahlend, und sie selbst liegt lachend in ihren Armen.

Auffällig ist in dieser Sitzung, wieviel klarer, bewußter und erwachsener Tamara mittlerweile geworden ist.

Heute befaßt sich Tamara beruflich mit kleinen Kindern. Indem sie andere hilfsbedürftige Kinder pflegt, pflegt sie täglich symbolisch ihr eigenes inneres, verletztes Kind. In ihrem Beruf gilt sie als ganz besonders einfühlsam und aufopferungsbereit. Sie ist ein gutes Beispiel dafür, wie alte Verletzungen nicht zu Schwäche führen müssen, sondern in kraftvolle, schöpferische Energie umgesetzt werden können.

Solange ich stehle, habe ich noch Hände

4. Sitzung

Die vierte Sitzung hält meine Lehrerin Tineke Noordegraaf in meinem Beisein ab. Bei dieser Therapieform ist eine solche gemeinsame Sitzung ohne weiteres möglich, da wir nicht, wie in der Psychoanalyse, mit Übertragung arbeiten.

Tamara kommt „ohne Hände" in die Sitzung, d. h., sie hat ihre Hände in ihrem Pullover versteckt, als sie das Zimmer betritt. Auch während des längeren Vorgesprächs bekommen wir ihre Hände nicht zu sehen. Sie berichtet über einen sehr grausamen Film, den sie am Vorabend zusammen mit ihrer Freundin im Fernsehen angeschaut hat.

„Keine Hände" verbunden mit „Grausamkeit" gibt sie also heute als Thema vor. Die Therapeutin fordert sie auf, sich ohne Hände zu malen (Abb. T5a, s. S. 64).

Tamara findet sich bald in einem Leben wieder, in dem sie als junges Mädchen etwas gestohlen hat, ihr zur Strafe die Hände abgehackt worden sind und sie an den Folgen der Verletzung stirbt.

Das Mädchen nimmt aus diesem Leben die Programme mit: *„Solange ich stehle, habe ich Hände"* und *„Solange ich stehle, bin ich lebendig"*.

Wieso, werden Sie jetzt vielleicht einwenden, der Schock müßte doch dazu führen, daß sich Tamara vornimmt, im nächsten Leben auf keinen Fall mehr zu stehlen, damit ihr nicht wieder die Hände abgehackt werden. Die Logik der Seele ist anders. Hier gibt es weder Zeit noch Raum, d. h., das Gesetz von Ursache und Wirkung ist aufgehoben, es gibt kein „wenn ..., dann ...". Hier treffen wir nur auf Verknüpfungen von Ereignissen durch gefühlsgeladene Erfahrungen, d. h., es werden zwei gleichzeitig ablaufende Erlebnisse, ob sie logischerweise etwas miteinander zu tun haben oder nicht, als eine Erfahrung erlebt und gespeichert. Das ist auch der Grund, warum oft scheinbar völlig unlogische Programme aus früheren Leben in das nächste mitgenommen werden.

Die gefühlsgeladenen Situationen, die wir aus Tamaras früherem Leben kennen, sind: „Hände ab" und „Tod", oder besser: „Schmerz durch fehlende Hände" und „Tod". Bei Tamara verbinden sich also „Hände ab" mit „Tod" und nicht mit dem Stehlen. Im Gegenteil, „Stehlen" heißt auf

T5a T5b

Seelenebene: „Ich habe Hände." Das sogenannte Überlebensprogramm von Tamara heißt somit: „Solange ich stehle, habe ich Hände; es ist also lebensnotwendig, daß ich stehle, wenn ich nicht stehle, dann habe ich keine Hände und sterbe." Man könnte die Seelenlogik auch als ein Aneinanderreihen von mehr oder weniger vielschichtigen Bildern verstehen. Durch Schock und Schmerz werden verschiedene Erfahrungen zusammengeschmolzen. Solche verketteten Erfahrungen hemmen uns, da sie unsere Erfahrungen und Erwartungen festlegen. In der Rückführungsarbeit versuchen wir nun, die alten Schocks und die alten Verknüpfungen aufzulösen.

"Solange ich stehle, habe ich noch Hände", heißt also die unbewußte Information, die bei Tamara durch Schock eingefroren ist. In unserer Arbeit geht es oft um das Auftauen solcher eingefrorener Informationen oder Postulate, wie wir es in der Fachsprache nennen. Jeder von uns hat mehr oder weniger viele solcher eingefrorener Informationen. Je weniger wir davon haben, desto freier und glücklicher leben wir und desto leichter können unsere Energien fließen.

Heute geht es nun darum, daß Tamara dieses schreckliche Erlebnis von damals „auftaut", indem sie es nochmals anschaut und diesmal mit all den dazugehörenden Gefühlen, hier sind es Haß, Trauer, Verzweiflung und Unverständnis, zu Ende bringt.

Zur vollständigen Heilung, d. h. Beenden des „Stehlzwanges" (soweit er noch von damals herrührt), ist es nun wichtig, daß das Kind nach der Erfahrung des Schmerzes, der Wut und der Aggression, die es in dem damaligen Leben gab, seine Hände dort, wo es sie verloren hat, wiederfindet und an seinem Körper anbringt.

Um dies auf verschiedenen Ebenen zu erleben, wird es auch gemalt (Abb. T5b). Damit hat das Leben sozusagen einen anderen Abschluß bekommen, ohne daß das Erlebte verharmlost oder ungeschehen gemacht worden ist.

Die Erleichterung nach solch einer „Reparatur" ist deutlich zu spüren.

Ich habe alles nicht so mitgekriegt

5. und 6. Sitzung

Fassen wir zusammen, was bisher mit Tamara bearbeitet wurde: Sie beendete das Ursprungstrauma im Zusammenhang mit Kleptomanie in einem früheren Leben; sie bearbeitete die erste Auseinandersetzung mit dem Stehlen in dieser Inkarnation; und wir stellten den inneren Kontakt zu ihrer leiblichen Mutter her, wodurch wir ihr zu mehr Gefühl für ihre eigene Identität verhalfen. Noch nicht ans Tageslicht gebracht und bearbeitet ist die Situation, die den Stehlzwang schließlich ausgelöst hat.

Zur Vorbereitung wenden wir uns dem Adoptivvater zu, den Tamara im Alter von fünf Jahren verliert. Seine Verabschiedung und die Auflösung möglicher Gefühlsblokkierungen aus dieser Zeit sind Thema der nächsten beiden Sitzungen.

Zunächst lasse ich Tamara sich selbst malen, wie sie sich in ihrem Geburtsland fühlt, und daneben, wie sie sich in dem Land fühlt, in das ihre Adoptiveltern sie mitgenommen haben. Hier fällt auf, daß Tamara in ihrem Geburtsland zwar nicht fröhlich, aber doch recht kräftig, stabil und vollständig erscheint (Abb. T6a, s. S. 66). Die Heilungsarbeit, die wir bisher vorgenommen haben, zeigt schon ihre Wirkung.

In dem Land, in dem die Adoptiveltern wohnen, solange der Vater noch lebt, malt sie sich ohne Hände (Abb. T6b – die Hände kommen erst später hinzu). Ihr Kommentar zu den fehlenden Händen scheint zunächst absurd. Sie sagt: „Mir fehlen die Hände, weil es mir gut geht." Wie ich eben beschrieben habe, spricht unser Unbewußtes in Bildern, und die Logik der Bilder ist eine andere, als wir sie mit unserem bewußten Denken nachvollziehen können.

Wenn wir den Gedanken, den Tamara hier ausspricht, umkehren, dann würde es heißen: „Wenn ich Hände hätte, dann würde es mir schlecht gehen." Wie wir aus der letzten Sitzung wissen, bedeutet „keine Hände haben" – sie sind abgehackt: Schmerz, Schock, Tod. Die Sprache des Unbewußten bedient sich nun dieses Bildes und sagt damit: „In dem Land meiner Adoptiveltern gibt es Schmerz, Schock und Tod; wenn ich mich ohne Hände male, dann spüre ich es nicht, denn dann bin ich tot, d. h. gefühllos. *Mit* Händen müßte ich den Tod meines Vaters spüren."

Ich lasse sie nun die Hände an die Arme malen und nachspüren, wie sie sich dann fühlt. Ich sage zu ihr: „Mache deine Augen zu und stelle dir vor, du bist jetzt dieses vierjährige Mädchen in Xland, das seine Hände wieder hat. Wie fühlt sich das an? Sage es mir nicht, sondern male es

daneben, sobald du es fühlst." Sie malt ein trauriges, mageres Kind mit grauer und lilafarbener Kleidung (Abb. T6c). Sie benutzt die Farben, die Kinder oft verwenden, wenn sie Probleme ausdrücken. Auf der Suche nach der Ursache der Traurigkeit des Kindes kommen wir langsam auf den Tod des Vaters. Es ist nicht einfach, an diese Gefühle heranzukommen, da Tamara sich „an nichts erinnert" und meint, daß sie „alles nicht so mitgekriegt" hat.

Wenn ein Schmerz zu groß wird, sei er seelisch oder körperlich, dann schützt sich unser Organismus durch Schock, d. h., er schaltet unsere Gefühle und damit auch unsere bewußte Wahrnehmung ganz aus. Damit bewahrt er uns vor einem körperlichen und seelischen Zusammenbruch. Das erklärt auch, warum Kinder, die sexuell mißbraucht oder auf andere Weise mißhandelt werden, oft so scheinbar „normal" weiterleben können. Sie spalten diese Erlebnisse ab, halten sie sozusagen im Schock, so daß sie nicht gefühlt und meist auch nicht bewußt erinnert werden.

Da jedoch solche Gefühlsblockierungen dem Betreffenden immer sehr viel Energie abziehen und Herde für Krankheiten und psychische Störungen sind, arbeite ich mich mit Tamara behutsam an den alten Schmerz heran. Im Schutze und der Geborgenheit des Therapiezimmers können alte Schocks durch Wiedererleben und anschließender Umwandlung aufgehoben und die heilende Kraft des Schmerzes in Gang gesetzt werden.

In der 5. Sitzung lasse ich Tamara vorbereitend ihren Lebenswillen und ihre seelische Kraft spüren (T6d), um dann in der

6. Sitzung mit ihr gemeinsam nochmals die einzelnen Schritte des Sterbens des Vaters nachzuvollziehen. Als er berufsunfähig wird – er kann nicht mehr ins Büro –, wie die Eltern sich lieben und die Mutter ihn begleitet, seine Krankenhausaufenthalte und schließlich sein Tod (Bett in Grau gehüllt – Abb. T7).

Wir verabschieden uns vom Vater, und Tamara kann erstmalig zum Ausdruck bringen, wie traurig sie über seinen Tod ist und wie sehr er ihr fehlt. In dieser Sitzung gibt es viel heilende Trauer und Tränen.

Tamaras Urerfahrung ist: „Ich werde verlassen, keiner kümmert sich um mich, wenn ich traurig und einsam bin." Die neue Erfahrung, die ich nun mit dem Kind zu erarbeiten versuche, ist: „Ich fühle mich in meiner Trauer und meinem Schmerz nicht verlassen, sondern angenommen und beschützt." Da in der damaligen konkreten Situation die Mutter nicht verfügbar ist, weil sie selbst unter Schock steht, versuche ich Tamara mit sich selbst und ihrer inneren Heilkraft zu verbinden.

Ich frage sie: „Was würdest du mit einem Kind tun, das seinen Vater verloren hat?" „Ich würde es auf den Arm nehmen und trösten", gibt sie zur Antwort.

Ich lasse nun Tamara sich selbst malen, wie sie ihr eigenes „inneres Kind" auf dem Arm hält und tröstet, d. h. den Teil von ihr selbst, den sie im Schock in Xland zurückgelassen hat. Indem sie die Heilung selbst vornimmt, hat sie eine wichtige Erfahrung in Bezug auf ihre eigenen inneren Heilkräfte gemacht.

In den Sitzungen mit Tamara fehlt die Arbeit mit dem leiblichen Vater. Das

T7

Thema taucht nicht spontan auf, so daß wir es für eine Familienaufstellung aufsparen, die wir bei Gelegenheit machen werden.

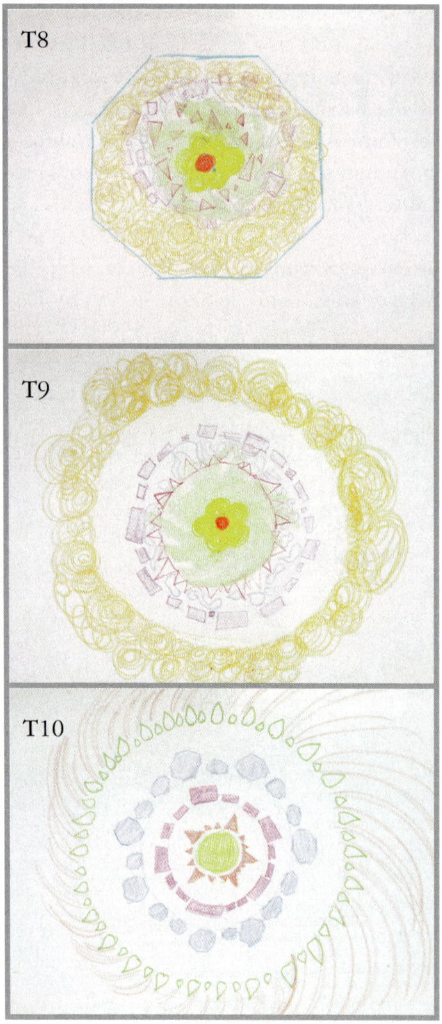

Der Tanz um die Mitte

7. Sitzung

In dieser Sitzung arbeite ich mit Tamara weiter an der Heilung des Schmerzes und der Trauer, die sie als kleines Kind erfahren hat. Ich versuche nochmals auf eine andere Weise, die begonnene Nach-Innen-Wendung und das Verbinden mit den Heilkräften der eigenen Seele fortzuführen und zu vertiefen. Dazu benutze ich die meditative Methode des Mandala-Malens. Das Mandala ist ein uraltes Symbol, das immer wieder zum Heilen, zum Meditieren und für Rituale verwendet wurde.

*„Mandala heißt Kreis. Jeder Kreis hat eine Mitte und diese ist das Ziel.“** Ingrid Riedel drückt es in ihrem Buch „Formen“ so aus: *Mandala-Bilder wollen den einzelnen in den umfassenden Rhythmus des kosmischen Lebens einbeziehen und erleben lassen, daß man sich nicht verliert und verirrt, sondern immer wieder zu seinem Zentrum kommen kann.“* C. G. Jung nennt den Mandala-Kreis auch *„Zauberkreis“*.

Ich erzähle Tamara von der Heilkraft und der Bedeutung des Mandala. Sie vertieft sich mit all der ihr eigenen Hingabe in das Malen und hat am Ende drei Mandalas gemalt (Abb. T8, T9, T10).

Die Bilder sprechen für sich. Vom ängstlichen, eher etwas chaotisch anmutenden Aneinandergedrängtsein bis hin zu einem freien, fast tänzerisch anmutenden Bild. *„Unser Leben ist ein ständiger Tanz um die Mitte.“**

Tamara hat nach dieser Sitzung zu Hause noch weitere Mandalas gemalt.

---

* Dahlke, R.: Mandalas der Welt

Grau sind die Bedenken

8. Sitzung

Inzwischen sind acht Wochen Sommerpause vergangen. Tamara wird in drei Tagen in die Realschule überwechseln, d. h. in einen neuen Klassenverband kommen. Sie wird zwar einige Kinder, die mit ihr in der anderen Schule waren, kennen, aber viele Kinder werden ihr auch fremd sein; diese Vorstellung macht ihr große Angst. Ich gehe auf das Thema ein, und wir arbeiten in dieser Sitzung an dem aktuellen Problem.

Bei dem Gedanken an die neuen Kinder hat Tamara „so ein komisches Gefühl hier (im Bauch), da kribbelt es so." Sie malt diese Stelle rot (linke Figur – Abb. T 11).

Ich male die Umrisse einer menschlichen Figur auf das Blatt Papier und sage zu Tamara: „Stelle dir vor, das ist eure Schule. Sie hat einen Körper so wie wir; sie ist ein großer Organismus, in dem alle Teile zusammenarbeiten, so wie die Zellen und Organe in unserem Körper. Jetzt male dich einmal hinein." (Sie geht in eine kleine Privatschule, in der durch einen christlichen Geist ein ungewöhnlich guter Zusammenhalt besteht; das veranlaßt mich, die Schule als Körper darzustellen.)

Sie zeichnet sich an verschiedenen Stellen als grünen Punkt ein. „Ich wandere herum", sagt sie. „Zum Arbeiten bin ich in den Händen, zum Denken im Kopf und zum Laufen in den Beinen." Dann malt sie noch andere Personen in den verschiedensten Farben dazu. Ich fordere sie auf, jetzt alle neuen Schüler dazu zu malen.

T11

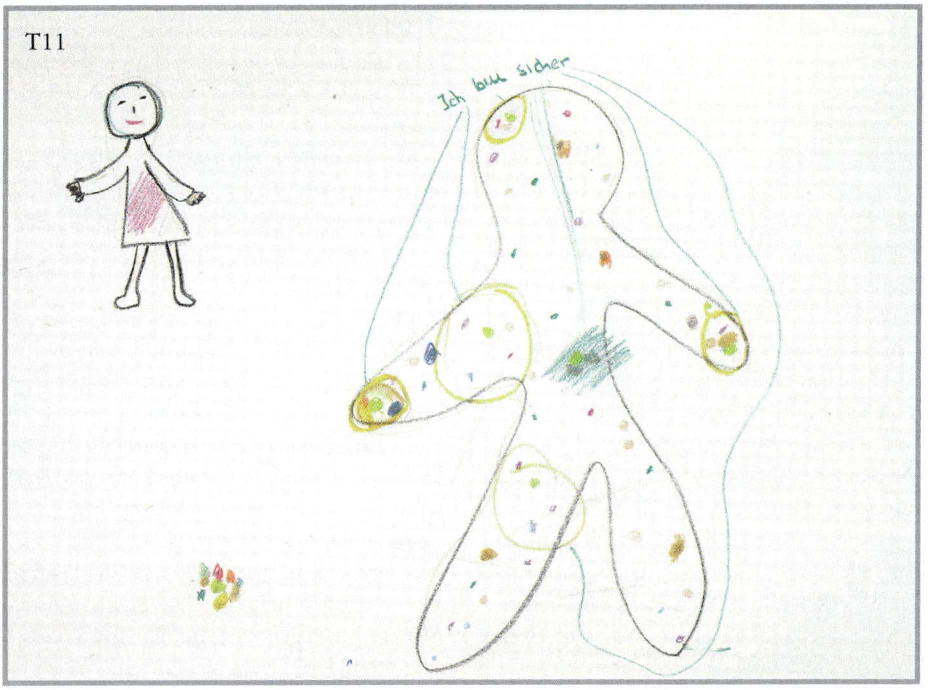

„Sie sind grau", meint sie. „Und was bedeutet die Farbe grau hier für dich?" „Grau sind die Bedenken", antwortet sie. Als Worte des Bedenkens fallen ihr ein: „Ich weiß nicht; wirklich? Stimmt das? Ist das wahr? Schlecht; nicht vertraut sein; denken an das, was passiert; daß ich verunglücke; daß was schief geht; oh Gott, oh Gott!"

Nach der Stelle befragt, „wo etwas schiefgehen kann" im Körper, sagt sie: „In den Händen." Wir spüren zu dem Grün in den Händen in der „Schulfigur". „Sie fühlen sich unbegrenzt an", weil „die Grauen zerstören die Grenzen, dann kann ich nicht mehr zu meinen Freunden."

Mit diesen Informationen, die aus dem Unbewußten aufgestiegen sind, könnte ich nun in das frühere Leben zurückgehen, in dem Tamara beim Auftauchen von „Fremden" „verunglückt" ist. Ich entschließe mich jedoch, mit Tamara in der aktuellen Situation zu bleiben und die Heilarbeit mit Bildern aus der heutigen Wirklichkeit fortzusetzen.

Am wichtigsten scheint mir Tamaras Aussage: „Die Grauen zerstören meine Grenzen, dann kann ich nicht mehr zu meinen Freunden." Dabei gehe ich davon aus, daß wir, indem wir beginnen, uns „grenzenlos" zu fühlen, dabei sind, in die jenseitige Welt hinüber zu gehen, d. h. zu sterben. Wir lassen unsere Freunde auf der Erde zurück. Eine Begrenzung haben heißt also leben, im Körper eingebunden sein. Mit anderen Worten, die neuen Kinder in der Klasse verursachen so etwas wie Todesangst bei Tamara. Meine Aufgabe besteht jetzt darin, Tamara dazu zu verhelfen, daß sie sich auch sicher und begrenzt fühlen kann, wenn fremde Menschen auftauchen.

Sie findet schließlich heraus, daß „wenn eine Begrenzung da ist, dann kann ich selbst entscheiden, wer rein zu mir darf und wer nicht". Die Begrenzung macht sie durch gelbe Kreise sichtbar, die sie überall da, wo sie sich in dem „Schulkörper" aufhält, um sich zieht.

Dann beschäftigen wir uns ausgiebig mit den Grauen, die die Grenzen zerstören. (Noch kurz ein paar Worte zur Farbinterpretation: Grau heißt anonym, unerkannt, uneindeutig. Hier ist sicher auch „das Grauen" symbolisch in dem Wort enthalten.)

Um uns besser mit den Grauen unterhalten zu können, malen wir sie außerhalb des Schulkörpers. Tamara findet heraus, daß die Grauen in dem Moment, in dem sie mit ihnen Kontakt aufnimmt, „plötzlich eine Farbe bekommen". Sie ist über dieses Erlebnis überrascht und hocherfreut. Nacheinander nimmt sie nun mit allen Kontakt auf und übermalt sie mit der Farbe, die sie dadurch bekommen. In dem Moment, in dem sie die Grauen aus der Anonymität holt, verlieren sie ihren Schrecken und ihre Bedrohung.

Wir setzen die Heilarbeit im Schulkörper fort. Sie beschäftigt sich auch dort mit jedem einzelnen Grauen und erweckt seine Farbe. Sie schreibt die Worte „ich bin sicher", d. h., ich kann mich abgrenzen, ich kann beurteilen und entscheiden, wen ich in meinen (gelben) Kreis mit hinein nehmen will und wen nicht. An den verschiedenen Plätzen im Schulkörper, also in unterschiedlichen Situationen, nimmt sie jeweils mit anderen Personen engeren Kontakt auf. Zum Schluß schickt sie durch grüne Linien die Energie der Worte „ich bin sicher" zu den einzelnen Plätzen, an denen sie sich befindet. Die Stelle in ihrem Körper, die sich zu Anfang „so komisch angefühlt hat", malt sie grün an. Wir vergleichen das ruhige, harmonisierende und heilende Grün mit dem unruhigen Rot, das die Stelle vorher hatte (linke Figur – Abb. T11).

Tamara fühlte sich nach dieser Sitzung ganz sicher und hatte mit den Neuen in der Schule keinerlei Probleme. Auch später sind in ähnlichen Situationen keine Unsicherheiten mehr aufgetaucht.

Eine neue Richtung geben

9. und 10. Sitzung

Tamara ist mittlerweile erheblich erwachsener geworden. Sie hat den verdrängten Teil ihrer Persönlichkeit, die Leidensbereitschaft, angenommen und integriert. Zu der kindlich-naiven Fröhlichkeit, die gepaart war mit mangelnder Kritikfähigkeit, ist ein Stück Ernst hinzugekommen. Das bedeutet, daß sie jetzt zu echter Freude fähig ist. Khalil Gibran* drückt das so aus:

Eure Freude ist euer Leid ohne Maske.
Und derselbe Brunnen,
aus dem euer Lachen aufsteigt,
war oft von euren Tränen erfüllt.
Und wie könnte es anders sein?
Je tiefer sich das Leid in euer Sein eingräbt,
desto mehr Freuden könnt ihr fassen.

Die alten Wunden, aus denen die Kleptomanie erwachsen ist, haben wir versorgt, sie können langsam heilen.

Wenn wir unser Verhalten verstehen und einordnen können, dann werden wir sicherer, weil wir es bewußt handhaben können. In den letzten beiden Sitzungen versuche ich deshalb, mit Tamara das Reaktionsmuster, das in diesem Leben die Kleptomanie ausgelöst hat, sichtbar zu machen.

Wir schreiben genau auf, bei welchen Personen und in welchem Umfeld sie etwas weggenommen oder das Bedürfnis verspürt hat, etwas wegzunehmen. Sie beschreibt die betreffenden Freunde mit all ihren Eigenschaften und in welch emotionalem Umfeld sie zu Hause leben. Dazu malen wir auch die Familien auf und lassen sie durch Farben in Beziehung treten. Wir haben auf diese Weise sieben Familien gemalt und untersucht.

Bei der Suche nach der Familie, in der das Stehlen zum erstenmal aufgetreten ist, machen wir eine interessante Entdeckung. Es beginnt bei einem Mädchen, das auch aus einem anderen Land adoptiert wurde, ein schreckliches Schicksal hinter sich und Probleme mit ihrem Adoptivvater hat. „Sie hat Probleme wie ich, sie klaut aber nur große Sachen."

Betrachten wir nun die Zeichnung (Abb. T12, s. S. 72), dann stellen wir fest: In der Familie der Freundin hat der Vater einen violetten Oberkörper und schickt violette Farbe an seine Adoptivtochter. Die Mutter hat keine Verbindung zu dem Kind, und die Tochter schickt den Adoptiveltern jeweils Blau.

Das heißt aus der Sicht der Adoptivtochter: „Mit dem Vater habe ich Probleme, von der Mutter erhalte ich keine Unterstützung." Sie selbst sendet die Botschaft: „Ich brauche mehr gefühlsmäßige Anteilnahme (Blau des Wassers, d. h. der Gefühle), sonst möchte ich nicht mehr hier auf der Welt sein (Blau des Himmels)." Diese Annahme wird noch unterstützt durch die

* Gibran, K.: Der Prophet

T12

hellblaue Farbe, in die sie selbst gekleidet ist.

Mit den Erfahrungen, die wir gesammelt haben, rekonstruieren wir die Gesamtsituation: Tamara ist in der Pubertät, einer Wandlungsphase, in der sie besonders anfällig und verletzbar ist. Der Großteil ihrer Kräfte wird von diesem Umwandlungsprozeß beansprucht. In dieser Phase trifft Tamara auf eine Person, die ein ähnliches Schicksal hat wie sie selbst, d. h., es wird ihr ein Spiegel vorgehalten. Ihr Spiegelbild erschreckt sie sehr und reaktiviert alte Gefühle von Verlassenheit und Alleingelassenwerden.

Wir wissen, daß Kinder, die einen Elternteil früh verloren haben, nicht nur Schmerz, sondern auch Wut gegenüber dieser Person empfinden. Sie sind ihr böse, weil sie sie im Stich gelassen hat. Stehlen ist der aktive, d. h. der Wutanteil an der Reaktion auf das Alleingelassenwerden.

Tamara zeigt sich mit der Freundin solidarisch, indem sie das Symptom der Freundin, nämlich „Stehlen", aufgreift. Das Stehlen wiederum reaktiviert sofort das frühere Leben, in dem sie durch Stehlen ihre Hände verliert. Todesangst erfaßt sie und das sogenannte Überlebensprogramm „Solange ich stehle, lebe ich noch" manifestiert sich, d. h., der Stehlzwang ist etabliert.

Unsere Analyse ergibt weiter, daß Tamara nie bei Freunden, sondern immer nur bei Freundinnen in Versuchung gerät (Identifikation).

Schließlich finden wir folgendes Auslösemodell, das ihr helfen kann, sich rechtzeitig zu schützen:

Sie gerät in Versuchung,

- wenn die Familienmitglieder streiten,
- wenn Tamara in der Familie nicht geschätzt wird und sie sich allein fühlt,
- wenn es in der Familie Probleme mit dem Vater gibt oder
- wenn „die Stütze, der Mann fehlt".

Wir spielen die einzelnen Situationen durch, und Tamara findet jeweils gangbare Wege, wie sie sich aus den Problemen der Familie heraushält, also die Probleme in der Familie läßt und nicht auf sie eingeht.

Vor allem bei älteren Kindern und bei Erwachsenen ist der letzte Schritt in der Therapie häufig der, daß wir nochmals einen Bezug zur heutigen Situation herstellen und alte „automatisierte" Verhaltensweisen durch Imaginationen, Aktivitäten, Rituale oder dergleichen unterbrechen und damit dem Verhalten eine neue Richtung geben.

Unsere Entfernung vom Hier und Jetzt diente nur der Absicht, wirklich ins Hier und Jetzt zu kommen. Wir entfernen uns nicht aus der Gegenwart, wir bekommen sie überhaupt erst dadurch in den Griff, daß wir den Umweg machen.
THORWALD DETHLEFSEN

Mein Kind ist adoptiert

Abschließend noch einige Gedanken zum Thema Adoption, da ich aus eigener Erfahrung weiß – einer unserer beiden Söhne ist adoptiert –, wie wenig Hilfe und Rat Adoptiveltern von außen bekommen, wenn es um das Thema leibliche Eltern geht.

Zur Zeit der Adoption haben wir uns keinerlei Gedanken darüber gemacht, wie wir die leiblichen Eltern unseres Sohnes in sein Leben einbeziehen könnten. Wir hatten die Vorstellung, wenn wir gute Eltern für das Kind sind, dann ist für das Kind alles in Ordnung. Wir waren uneingeschränkt glücklich darüber, ein Kind zu haben.

Als unser Sohn elf Jahre alt war, sagte er eines Abends zu mir: „Mama, meine Mutter ruft jeden Abend nach mir. Es geht ihr sehr schlecht, weil sie nicht weiß, wie es mir geht. Ich muß sie sehen."

Ich mußte voller Beschämung feststellen, daß ich mir nie sonderlich viele Gedanken über die Frau gemacht hatte, der wir soviel Glück verdankten. Ich hatte nie darüber nachgedacht, daß auch sie eine fühlende Mutter war und möglicherweise sehr darunter litt, von ihrem Kind getrennt zu sein.

Mir wurde schlagartig klar, daß ich diese Mutterstellung nicht einfach übergehen konnte und daß es nichts gab, was mir ihr gegenüber irgendwelche Vorrechte einräumte. Ich wußte augenblicklich, daß mein Sohn Recht hatte und wir Kontakt zu seiner Mutter aufnehmen mußten.

Ich benötigte allerdings noch drei Monate innerer Arbeit, bis ich ganz bereit war, „mein Kind" mit einer „anderen Frau" zu teilen. Diese innere Arbeit war nötig, damit die Begegnung des Kindes mit seiner Mutter frei und unbelastet, ohne Rücksicht und Schuldgefühle mir gegenüber, ablaufen konnte. Als Psychologin wußte ich natürlich, daß ein Kind nicht nur hört, was ich sage, sondern auch weiß, was ich im Inneren fühle.

Spätestens in dem Moment, als sich diese beiden Menschen, Mutter und Kind, erstmalig gegenüberstanden und „erkannten", wußte ich, wie wichtig diese Begegnung für unseren Sohn war. Natürlich hat er später auch seinen Vater kennengelernt.

Übrigens sagte mir seine Mutter am Ende unseres ersten Gespräches: „Wie bin ich so froh, daß ich jetzt weiß, daß es meinem Sohn gut geht. Jeden Abend mußte ich an ihn denken und konnte oft nicht einschlafen, weil ich mir Sorgen machte, daß er in eine Familie gekommen ist, in der er geschlagen wird." Ein besseres Beispiel für die enge, unlösbare Verbundenheit zwischen Mutter und Kind gibt es wohl kaum. Die Signale der Mutter kamen bei ihrem Sohn an.

Es hat ihm sehr gut getan, seine Eltern kennenzulernen, und er hat uns diesen Schritt in jeder Beziehung gedankt, indem er sich zu einem freien, liebesfähigen, verantwortungsvollen und mutigen Menschen entwickelt hat.

Ich habe dieses Erlebnis natürlich oft Adoptiveltern erzählt und bekam häufig folgende Antwort: „Wir haben unser Kind gefragt, ob es seine Eltern kennenlernen will, es hat aber eine Begegnung strikt abgelehnt." Im Verlauf der Auseinandersetzung mit diesem Buch wird hoffentlich deutlich, daß Kinder sehr oft nicht das sagen, was sie fühlen, sondern das, wovon sie glauben, daß es die Eltern hören wollen oder daß es sie am wenigsten verletzt.

Eine andere Schwierigkeit steht einer Begegnung zwischen den leiblichen Eltern und unseren Kindern oft im Wege. Die leibliche Mutter oder der leibliche Vater wollen das Kind nicht sehen. Auch die Mutter unseres Kindes zögerte lange. „Ich habe es fast nicht fertig gebracht, weil ich mich vor Dir und vor allem vor meinem Kind so sehr geschämt habe," gestand sie mir später einmal. Es wird also sehr darauf ankommen, mit wieviel Achtung, Verständnis und Taktgefühl eine Adoptivmutter oder ein Adoptivvater der leiblichen Mutter und dem leiblichen Vater des Kindes gegenübertreten.

Es gibt natürlich auch immer wieder Fälle, in denen kein realer Kontakt möglich ist, wie z. B. bei Tamara, dann bleibt als Ersatz immer noch die Rückführungsarbeit.

Es gibt keinen Tod, nur das Hinübergehen in eine andere Welt.
CHIEF SEATTLE

FABIAN

Auch wenn sie lacht, sieht man die Tränen in ihren Augen

Ängste, allein das Haus zu verlassen

Fabian ist zehn Jahre alt, als er wegen seiner Ängste zum ersten Mal zu mir kommt. Wir werden in drei Sitzungen an seiner Zeit im Mutterleib, an Geburt und Babyzeit arbeiten, bis er – zum ersten Mal in seinem bisherigen Leben – angstfrei allein das Haus verlassen kann. Zwei Jahre später wird er noch einmal zu mir kommen; die Sitzung wird uns in ein früheres Leben führen.

Fabian ist seit vier Monaten auf dem Gymnasium. Er ist ein kreatives, begabtes Kind und hat auch auf der höheren Schule sehr gute Noten, ohne sich sonderlich anstrengen zu müssen.

Die Familie wohnt auf dem Land, eingebunden in eine intakte Großfamilie. Sowohl die vielen Geschwister der Mutter als auch die des Vaters leben in nächster Nähe. Alle haben wieder viele Kinder, und es herrscht ein reger und lebendiger Austausch.

Trotz dieser günstigen Rahmenbedingungen leidet Fabian von klein auf unter schweren Trennungsängsten. Mit Eintritt in die Grundschule verstärken sich diese Ängste, weil das Kind täglich das Haus verlassen muß. Später, nach dem Wechsel aufs Gymnasium, muß Fabian mit dem Bus in einen anderen Ort fahren. Damit wird seine Angst so unerträglich, daß er nicht mehr allein ohne Mutter in die Schule gehen kann. Er selbst schildert es so: „Wenn ich rausgehen muß und die Haustür fällt zu, meine ich, jetzt ist es aus, jetzt haben mich alle vergessen, jetzt bin ich alleine." In der Schule sitzt er dann oft weinend da, „vor Angst, weil ich fürchte, daß die Mama sterben könnte, wenn ich so lange weg bin."

Fabian ist kein wehleidiges Kind, er versucht mit aller Kraft gegen seine Angst anzugehen und schämt sich seiner „Schwäche". In seinem Gesicht hat die Angst schon deutliche Spuren hinterlassen. Er wirkt zu ernst und hat Sorgenfalten auf der Stirn. Alle bisher unternommenen allopathischen, homöopathischen und psychotherapeutischen Heilversuche sind erfolglos geblieben.

Zunächst suche ich in der Krankengeschichte nach Fakten: Wurde das Kind einmal allein gelassen, war es einmal länger allein von zu Hause weg, z. B. im Krankenhaus, oder war die Mutter einmal in Lebensgefahr? Zunächst läßt sich nichts dergleichen finden. Erst als ich nach Schwangerschaft und Geburt frage, finden sich viele angstbesetzte Ereignisse. Ich höre, daß die Mutter, als sie mit Fabian im sechsten Monat schwanger war, erfuhr, daß ihr Vater Darmkrebs hatte, ferner, daß die Operation des Vaters am Tage der Geburt von Fabian stattfand.

Im sechsten Monat fühle ich ganz viel Angst

1. Sitzung

Zunächst bitte ich Fabian, die Augen zu schließen und sich vorzustellen, daß er morgens aus dem Haus geht. Ich lasse ihn alle Gefühle beschreiben, die er auf dem Weg zur Schule und dann auch in der Schule und auf dem Weg nach Hause hat. Wenn Fabian aus dem Haus geht, „bläst sich mein Bauch auf wie ein Luftballon, und ich bekomme Schmerzen im Bauch", „wenn ich im Bus bin, dann wird es etwas besser, in der Schule gehen die Schmerzen erst weg, wenn die Schule beginnt." Ich frage ihn, was er gegen die Schmerzen und die Angst mache; er sagt: „Ich denke immer, in der sechsten Stunde ist die Schule zu Ende und dann darf ich nach Hause, aber das hilft nicht immer."

Obwohl der „aufgeblasene" Bauch, der „Schmerzen hat", schon auf die Geburt hinweist, sammle ich noch etwas mehr Material, bevor ich anfange. Ich lasse ihn seinen Namen einmal mit der linken und einmal mit der rechten Hand malen. Die „bewußte" Hand – bei ihm die linke, da er Linkshänder ist – malt ihn in Grün, also ganz harmonisch, die „unbewußte" Hand jedoch malt seinen Namen in Hellblau, was heißen könnte, ich möchte eigentlich nicht hier auf dieser Welt sein. (Natürlich läßt die Tatsache allein, daß er mit der unbewußten Hand seinen Namen hellblau malt, niemals diesen Schluß zu. Ich nehme es als einen ersten Hinweis, der sich jedoch keinesfalls bestätigen muß.) Auffällig ist auch, daß er beide Male seinen Vornamen erheblich größer malt als seinen Nachnamen.

Auf die Frage: „Was glaubst du, wann hat deine Angst angefangen?" sagt er: „Ich habe einmal einen Fernsehfilm gesehen, in dem ein Kind geraubt und umgebracht worden ist. Die Kleider von dem Kind sind an die Mutter geschickt worden." Es ist offensichtlich, daß ihn die Tatsache, daß die Kleider an die Mutter geschickt worden sind, mehr bewegt als der Tod des Kindes. Anschließend erzählt er unvermittelt, daß seine „Tante vor einem Jahr ein Kind gekriegt hat". Ich schließe die Frage an: „Und du hast Angst ... ?" „Daß meine Eltern sterben und nicht mehr kommen, weil sie gestorben sind", ist seine Antwort. Mit diesen Informationen, nämlich: Geburt, Verlust eines geliebten Menschen, Angst vor Verlust und Trauer, führt uns Fabian genau zu den Gefühlen, die es bei seiner Geburt im Zusammenhang mit dem Großvater gab.

Um Fabian in seine Geburt zurückzuführen, verwende ich eine von Tineke Noordegraaf entwickelte Technik. Ich zeichne einen großen Kreis auf das Blatt Papier und sage: „Stelle dir einmal vor, das ist der Bauch von deiner Mama, und jetzt male dich da rein." (Abb. F1) Ich sage absichtlich nicht: „Male dich als Baby da rein", weil ich damit das Kind festlegen würde, sich als Baby zu fühlen. Mich interessiert, wie fühlt sich das Kind, wenn ich ihm den Bauch seiner Mutter als Aufenthaltsort anbiete? Ist das Kind imstande, den Platz als Schutz anzunehmen, oder fühlt es sich eher wie ein Fremdkörper im Bauch an? In den drei Bildern, auf denen er sich jeweils im Bauch

F1

der Mutter gemalt hat (Abb. F1, F4, F5) zeigt sich eindrucksvoll, was ich damit aussagen will.

Bei der Zeichnung, die er jetzt anfertigt, malt er sich nicht als Baby. Er ist bekleidet und wirkt eher wie ein größeres Kind.

In der nächsten Sitzung, bei seiner Geburt, malt er sich eindeutig als Baby (Abb. F4, F5).

Was zu diesem Wandel geführt hat, will ich jetzt beschreiben.

Nachdem Fabian mit seiner Zeichnung fertig ist, bitte ich ihn, die Augen zu schließen und seine Hand auf das Baby im Bauch zu legen. Ich frage nacheinander: Fühl mal, wieviel Angst gibt es im ersten, im zweiten, im dritten usw. bis zum neunten Monat? Ich lasse ihm viel Zeit, genau nachzuspüren. In den ersten beiden Monaten gibt es keine Angst, erst im dritten „ein bißchen". Das ist verständlich, da die Mutter in der Regel erst im dritten Monat sicher weiß, daß sie schwanger ist. „Ganz viel Angst" fühlt er im sechsten und siebten Monat (in der Zeit in der die Familie erfährt, daß der Vater der Mutter an Krebs erkrankt ist), im achten und neunten Monat ist es dann wieder ein „bißl schwächer" – wahrscheinlich der natürliche Schutz der hochschwangeren Frau.

„Jetzt fühl genau, bei wem ist mehr Angst, bei dir oder bei der Mama?" Er fühlt die Angst ganz deutlich „bei der Mama". Nachdem ich ihn die Mutter habe malen lassen (Abb. F2a), untersuchen wir diese Angst der Mama gründlicher und erfahren, daß es da zwei verschiedene Angstthemen gibt.

Im Bauch der Mutter gibt es die Worte „ich habe Angst, daß das Baby davonläuft", d. h. durch einen Abgang weggeht oder „läuft". Außerhalb des Bauches lauten die Worte der Angst: „Ich habe Angst, daß der Opa stirbt."

Fabian spricht länger über den sterbenden Großvater: „Zwei Jahre lang hat er immer auf der Couch gelegen. Man hat es fühlen können, wie weh ihm alles getan hat." Als er davon spricht, kommen ihm die Tränen. Was ist die Ursache dafür, daß der Junge noch heute, nach neun Jahren, so stark mit den Schmerzen des Großvaters verbunden ist?

Zunächst lasse ich Fabian deutlich spüren, daß es sich hier um Ängste der Mutter handelt und nicht um seine eigenen. Wir versuchen die eigentlichen Gefühle des Babys im Bauch zu fühlen, d. h. Wärme, Sicherheit, Geborgenheit. Dann legen wir einen „Müllcontainer" an (Abb. F1), in den wir alle alten Ängste der Mutter schütten. Zunächst atmen wir die Gefühle hinein, dann werfen wir die Gedanken der Angst hinterher, indem wir die Worte in die Tonne schreiben. Er schreibt: „Ich hab Angst, damit (daß) einem von uns was passieren kann." Hier finden wir wieder die hellblaue Farbe. Er legt dann von sich aus noch einen zweiten Container an, in den er allgemein menschliche Ängste wirft, wie Tod, Krieg, Krankheit, Angst.

Als nächstes lasse ich ihn „Oma und Opa" malen (Abb. F2b). Anhand der Farben, die er benutzt hat, erkennen wir, daß „Grau die Farbe der Angst" ist, d. h., sowohl Opa als auch Oma und Mama haben Angst. Wir lokalisieren die Angst noch, indem wir sie bei den drei Personen einzeichnen. Dabei fällt auf, daß die Krankheit des Großvaters die gleiche Farbe hat wie Fabian im Bauch der Mutter, weiterhin, daß die Farbe Rot, die eigentlich Leben bedeutet, bei Oma und Mutter aber die Angst ausdrückt. Das könnte bedeuten: „Leben macht Angst." Eine weitere Bemerkung des Jungen verdeutlicht nochmals, wie tief das Kind in die Trauer um den sterbenden Großvater verwickelt ist. Fabian ist wieder tief bewegt, als er sagt: „Seit der Opa tot ist, hat die Oma Angst. Auch wenn sie lacht, sieht man Tränen in ihren Augen." Das Kind beobachtet offensichtlich genau, wieviel Schmerz, Angst und Trauer es bei Großmutter und Mutter gibt.

Allein die Tatsache, daß Schwangerschaft und Krankheit sowie Geburt und Operation zeitlich zusammenfallen, veranlaßt das Kind zu glauben, es sei für die Krankheit und den Tod des Großvaters verantwortlich. Kurz gefaßt heißt das, „wäre ich nicht geboren, wäre er nicht gestorben". Auf solch tragische, unbewußte Verstrikkungen stoßen wir in der Rückführungsarbeit immer wieder.

In dieser Sitzung versuche ich, dieses Schuldgefühl durch ein Ritual zu durchbrechen. Wir malen um jede Person einen Schutzkreis und stellen uns dazu vor: „Jeder hat seinen Schutzengel, jeder kann deshalb seine Trauer selbst bewältigen. Oma, es ist dein Schmerz, weil du deinen Mann verloren hast, und Mama, es ist dein Schmerz, weil du deinen Papa verloren hast. Ich habe mit der Krankheit und dem Tod von Opa nichts zu tun, ich bin gesund, und mir geht es gut." Tränen der Erleichterung fließen dem Jungen über das Gesicht, während er die Schutzkreise malt und wir die Sätze sprechen.

Ich freue mich, daß ich am Leben bin

2. Sitzung

Heute kommt Fabian mit leichten Kopf- und Bauchschmerzen in die Sitzung. Ich lasse ihn sich selbst mit den Kopf- und Bauchschmerzen malen. Es ist deutlich zu sehen, daß es sich hier um ein Baby handelt und nicht um einen zehnjährigen Jungen (Abb. F3).

Damit ist das Thema Geburt für heute vorgegeben. Einen weiteren Hinweis darauf, daß wir heute an der Geburt arbeiten sollen, gibt er, als ich ihn nach den Worten der Angst im Kopf frage. Er sagt: „Ich habe Angst, daß ich krank auf die Welt komme." Wir malen den Bauch mit dem Baby darin, kurz bevor die Geburt beginnt (Abb. F4).

Daneben bringen wir einen Meßstab an, wieviel Angst es noch gibt. Wir sehen, daß das Angstbarometer nicht mehr ganz oben ist, aber es gibt noch genug Angst.

Der nächste Schritt ist die Geburt selbst. Mit dem heutigen Wissen, daß das Baby gesund auf die Welt kommt, können wir nun zunächst die Angst vor Krankheit dem Großvater zurückgeben, dazu malen wir den Großvater in seinem Bett daneben und atmen ihm die Angst vor Krankheit zurück. Die Bauchschmerzen atmen wir der Mutter zurück.

Jetzt kann er sich ganz auf seine Geburt konzentrieren, in der es natürlich für das

F3

F4

Baby Kopfschmerzen gibt. Diese Schmerzen orten wir als seine eigenen. Er malt sehr eindrucksvoll, wie eng der Geburtskanal ist und wie sich seinem Kopf etwas entgegenstellt (Abb. F5).

Wir spielen noch einige Male Geburt, indem er durch den im Kapitel Clara näher beschriebenen Jersey-Schlauch krabbelt. Ich verbinde ihn – nachdem ich symbolisch die Nabelschnur abgeschnitten habe – mit dem großen Glück und dem Stolz, die seine Mutter und sein Vater über seine Geburt empfinden, und weiter mit der großen Freude von Oma und Opa über das erste Enkelkind. Damit versuche ich, das Programm von Angst vor Krankheit und Tod (des Großvaters) in Freude am Leben umzuwandeln. Er spielt sehr gut und begeistert mit. Mit dem Gefühl, „ich freue mich, daß ich am Leben bin", schließen wir die zweite Sitzung.

Ich bin mit der Mama in Gedanken verbunden

3. Sitzung

Fabian fährt mittlerweile ohne weiteres allein in die Schule. Er hat „nur noch ein ganz kleines bißchen Angst manchmal, ... z. B. am Montag, da haben wir so blöde Fächer". Ich lasse ihn assoziieren:

T.: „Ich habe Angst, daß ...?"
F.: „... ich zu lange weg bin."

T.: „Was ist das Schlimmste, das passieren könnte, wenn du zu lange weg bist?"
F.: „Daß ich zu wenig Zeit zum Spielen habe."

Die Angst, die er in der ersten Sitzung äußert, nämlich seine Eltern könnten sterben, wenn er länger weg ist, ist einer Antwort gewichen, die Lebensfreude enthält – ich möchte spielen und interessante Fächer in der Schule haben. Dennoch forsche ich auf dem Pfad, „ich habe Angst, daß ich zu lange weg bin", weiter, und wir finden ein Erlebnis aus der Babyzeit, das uns hilft, Fabian noch sicherer auf seinen neuen Weg in die Unabhängigkeit zu führen:

Es ist Herbst, und Fabian ist sechs Monate alt. Die Mutter ist beim Einkaufen und läßt den Kinderwagen mit dem Baby darin vor dem Geschäft stehen. Fabian malt die Mutter (Abb. F6) und sich selbst (Abb. F7) jeweils auf ein gesondertes Blatt, womit er die räumliche Trennung andeutet.

Plötzlich bekommt die Mutter Angst: „Meinem Fabian könnte etwas passieren, jemand könnte ihn mitnehmen." Ich frage Fabian, ob er das merkt, daß die Mutter plötzlich solche Angst hat. Er bejaht und beschreibt, wie Mutter und Kind trotz räumlicher Trennung doch „irgendwie miteinander verbunden sind". Er drückt das durch Farben aus. Mutter und Kind sind durch die lebendige Farbe Rot verbunden, die Angst kommt beim Kind als schwarze Farbe an. Wie wir in der vierten Sitzung sehen werden, bringt Fabian das Thema „im Augenblick der Gefahr allein gelassen werden" als karmisches Programm mit, deshalb kommt diese Angst der Mutter bei dem Kind so stark an.

Wir wissen, daß Kinder mindestens zwei Jahre lang energetisch sehr eng mit ihren Müttern verbunden sind. Sie lösen sich nur langsam aus dieser Aura, in die sie neun Monate lang eingehüllt waren. Wie sensibel Babys auf die Gefühle in ihrer Umge-

F6 F7

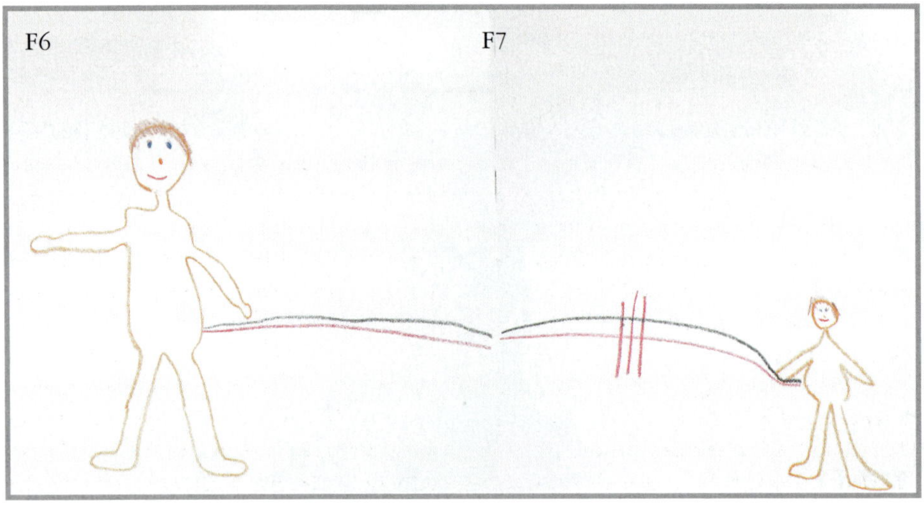

F8

bung reagieren, schildere ich am Ende dieser Sitzung.

Im weiteren Verlauf der Sitzung stellen wir nun fest, daß Fabian diese enge Verbindung zur Mutter auch heute noch hat. Wenn etwas durch ein Trauma festgemacht wird, gibt es an dieser Stelle normalerweise keine Weiterentwicklung mehr, d. h., Fabian ist an dieser Stelle ein Baby geblieben. Unsere weitere Arbeit besteht also darin, genügend Sicherheit zu finden, daß diese „Abnabelung" stattfinden kann. Wir trennen zum zweitenmal eine Nabelschnur durch, diesmal keine körperliche, sondern eine emotionale. Wir finden ein neues Zusammengehörigkeitsgefühl zwischen Mutter und Kind. Fabian erlebt, daß die emotionale Nabelschnur einen zu engen Spielraum läßt, das Kind also nicht allzu weit von der Mutter getrennt leben kann.

Jetzt, mit dem Eintritt in das sogenannte „Flegelalter", in dem sich das Kind auf eigene Abenteuer begibt, ist solch eine enge Verbindung hinderlich. Wir finden eine neue Kontaktmöglichkeit, diesmal nicht mehr über den Bauch (wie auf Abb. F6, F7), sondern über die Gedanken. Es ist für ihn befreiend zu erleben, daß die Gedanken bis um die ganze Welt reichen und wir doch noch verbunden sein können. Wir machen das in dem letzten Bild deutlich. Er ist zunächst körperlich mit der Mutter verbunden, die beiden halten sich an der Hand, und dann geht er weg, aber er spürt immer noch die gedankliche Verbindung (Abb. F8).

Zwei Monate nach dieser Sitzung hatte ich ein Abschlußgespräch mit den Eltern. Fabian hat keinerlei Probleme mehr, in die Schule zu gehen, und er ist ein fröhliches, lebhaftes Kind geworden. Die Mutter, die das Gefühl hatte, wegen ihrer Nervosität selbst eine Therapie zu benötigen, fühlt sich entspannt und ruhig.

Hier nun das Experiment, mit dem sichtbar gemacht werden kann, wie sensibel Kinder nicht nur auf die Gefühle ihrer Mütter, sondern ganz allgemein auf Energien reagieren, die Erwachsene aussenden. Der Kontakt zur Umwelt läuft bei Kleinkindern noch über Kanäle, die bei den meisten Erwachsenen verschlossen oder nur noch geringfügig geöffnet sind.

Eine Gruppe von Psychologen stellte ein schlafendes Baby in ihre Mitte. Auf ein Handzeichen hin sollten alle Psychologen an eine aggressive Situation denken, der Kopf sollte dabei gesenkt sein und keiner durfte einen Laut von sich geben. Allein die Kraft solcher Gedanken genügte, daß das Baby aus dem Schlaf erwachte und zu schreien begann. Als die Psychologen auf erneutes Handzeichen hin ihre Gedanken auf schöne, harmonische Dinge lenkten, beruhigte sich das Baby wieder und schlief ein. Dieses Experiment zeigt, daß die Energie unserer Gefühle und unserer Gedanken beim Kind auch ohne Sprache oder direkten Kontakt ankommt.

Wie Sie gesehen haben, werden bei der Geburt eines Babys alle Geschehnisse, insbesondere die Gefühle und die Gedanken der Mutter, vom Unbewußten des Kindes als Eigenerfahrung gespeichert und können prägend für das ganze Leben des Neugeborenen sein.

An dieser Stelle ein Wort an die Mütter, die jetzt möglicherweise voller Sorge an die Entbindung ihrer eigenen Kinder denken, an die Schmerzen, die Ängste, die Einsamkeitsgefühle, die Verzweiflung, die Schwäche, die sie dabei empfunden haben mögen. Ich sagte eben, diese Erlebnisse können für das ganze Leben prägend sein, sie müssen es jedoch nicht. Nach meinen bisherigen Beobachtungen scheint es so zu sein, daß diese Erfahrungen zwar in unserem Unbewußten gespeichert werden, aber ohne weiteres verkraftet werden können, wenn sie nicht auf „fruchtbaren Boden" fallen; mit anderen Worten, wenn das Kind keine karmische Vorbelastung zu dem von der Mutter erlebten Gefühl mitbringt.

Wenn eine Mutter z. B. bei der Entbindung denkt: „Diese Mistkerle von Männern, sie wollen ihren Spaß haben, und wir Frauen müssen die ganze Scheiße ausbaden." (Originalzitat), kann das bei dem neugeborenen Mädchen später zu einem gestörten Verhältnis zu Männern führen und bei dem neugeborenen Jungen zur Unsicherheit seiner eigenen Männlichkeit gegenüber. Dies geschieht jedoch nur dann, wenn ein entsprechendes Erlebnis aus einem früheren Leben durch die Gefühle der Mutter reaktiviert worden ist. Gibt es keine karmische Belastung, dann muß das Neugeborene noch mehrmals in seinem Leben ähnlichen Gefühlen ausgesetzt werden, bis die entsprechenden Unsicherheiten und Ängste zutage treten.

Wenn ein Kind z. B. im letzten Leben durch eine Vergewaltigung umgekommen ist, dann genügt in der Regel eine geringfügige Konfrontation mit dem Thema Mißbrauch (z. B. das Baby erlebt, wie der Vater die Mutter etwas unsanft verführt), daß sich das Kind mißbraucht fühlt und entsprechende Ängste und Vorstellungen entwickelt, wenn es mit Sexualität in Berührung kommt.

Der ist mit seinen Gedanken schon im nächsten Leben

oder

Jedes Jahr war wie eine wunderschöne Blume

4. Sitzung

Zwei Jahre später ruft Fabians Mutter erneut an. Fabian habe nach den Sommerferien plötzlich wieder Angst, in die Schule zu gehen. Als ich einen Termin für ihn finde, ist die Angst schon wieder vorbei. Er selbst gibt zwei Gründe für die neu aufgetauchte Angst an. Einmal habe ihn ein Klassenkamerad gewaltig unter Druck gesetzt, zum anderen – und das ist sicher der Hauptgrund – wurde eine mehrtägige Klassenfahrt ins Schullandheim angekündigt. Die Vorstellung, seine Eltern so lange verlassen zu müssen, reaktivierte alte Angst.

F.: „Ich habe erst später erfahren, daß man nicht mitfahren muß. Seitdem daß ich das weiß, ist mir ganz anders, seither ist alles wieder gut."
T.: „Gut. Würdest du denn gerne in so ein Schullandheim mitgehen wollen?"
F.: „Ja, das schon."
T.: „Sollen wir heute mal versuchen herauszufinden, was wir tun können, daß du dich traust?"
F.: „Ja."
T.: „Vielleicht ist das ja schön, mit Klassenkameraden zusammen zu verreisen"?
F.: „Ja."
T.: „Zwar hast du keine Angst mehr, in die Schule zu gehen, aber wenn du daran denkst, für ein paar Tage alleine von zu Hause weg zu sein, dann kommt sie wieder, kann das sein?"
F.: „Ja, schon."

Wir sprechen zunächst über seine Stier-Sonne-Energie im Horoskop, die Zähigkeit und Kraft dieser Tiere. Wir finden Bereiche, wo er diese Kraft gut spürt und ausdrückt, z. B. im Fußball. Diese Vorbereitung erleichtert uns eine Rückverbindung mit seiner Kraft, falls uns die Arbeit in ein Trauma mit zu viel Angst führen sollte.

T.: „Also jetzt machen wir uns mal auf die Suche nach dem Grund, warum du so viel Angst bekommst, wenn du hörst, daß du ins Schullandheim gehen sollst. Beginnen wir, indem du einen Strich hier in die Mitte des Blattes machst. Gut, jetzt male auf die eine Seite den Fabian, wenn er sich gut fühlt, und auf die andere Seite, wie er sich fühlt, wenn er ins Landschulheim soll. Laß einfach die Hand malen, das kennst du ja schon."
F. beginnt mit der rechten Figur und malt sie in violetter Farbe (Abb. F9a).
T.: „Welcher ist das ?"
F.: „Der Schlechte."
T.: „Ja, das habe ich mir gedacht."
F. beginnt die linke Figur mit der gleichen Farbe zu malen (Abb. F9b).
T.: „Fühl mal, hat der die gleiche Farbe?"
F.: „Ja."

Als er fertig ist, suchen wir nach den Unterschieden zwischen den beiden Figuren.

Über die Ängstliche sagt er: „Die Augen sind so weit auf. Der sieht völlig erschreckt aus, der Gesichtsausdruck." Und: „Die Hände, da sind nur Striche." Neben der Angst sieht er auch etwas „Wut" in seinem Gesicht. Schließlich stellen wir fest, daß der Ängstliche und Wütende auf der rechten, der Zukunftsseite steht, d. h., er versperrt dem „Fröhlichen" den Weg.

T.: „Wollen wir mal sehen, wer das ist?"

F.: „Ja."

T.: „Fühl dich mal in ihn hinein, von wo geht die Angst aus, fühl das mal in deinem Körper."

F.: „Aus dem Magen."

T.: „Aus dem Magen, ja, mal das einmal auf ein neues Blatt."

F. malt einen violetten Punkt hin (Abb. F10).

T.: „Ja, was ist das für eine Farbe?"

F.: „Auch Violett."

T.: „Ja, fühl jetzt mal, welche Farbe hat die Angst, und male mit dieser Farbe einfach mal so viel Angst auf das Blatt, wie es hier gibt."

F. nimmt Schwarz und übermalt alles.

T.: „Hmhm. Wenn der, der Angst hat, da drin wäre, wo wäre der?"

F. übermalt den violetten Punkt mit Schwarz.

T.: „Hmhm, der ist also total eingehüllt, dann muß der schon viel Angst haben. Fühl mal, wo fängt die Angst an? Von wo breitet die sich aus?"

F. schreibt „Anfang" hin.

T.: „Gab es so viel Angst schon einmal in deinem jetzigen Leben? So umhüllt und mit dem Anfang da?"

F. denkt länger nach und schüttelt dann den Kopf.

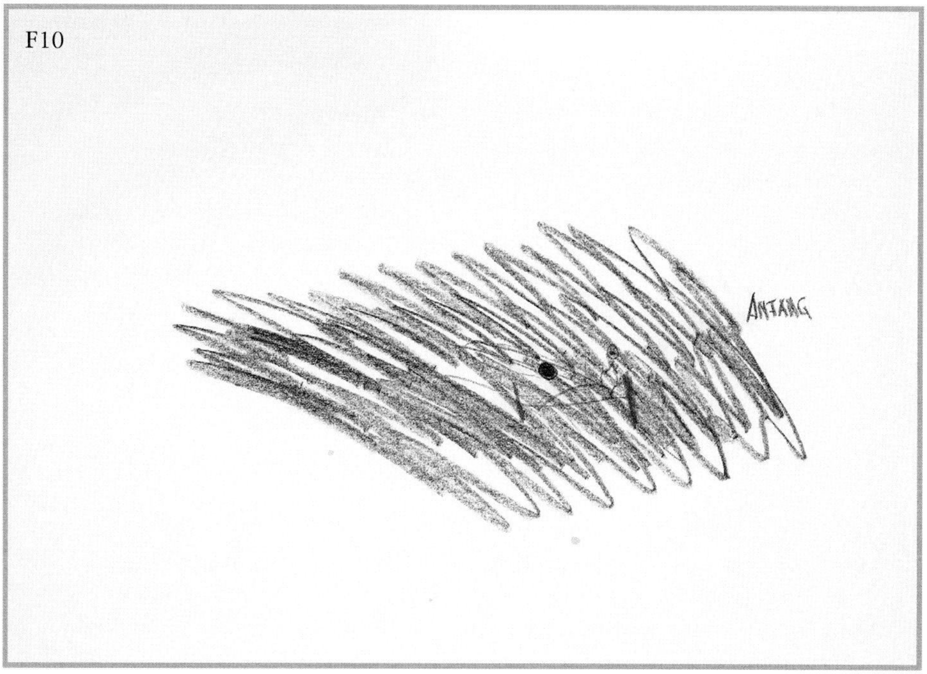

F10

T.: „Hmhm. Kannst du dir vorstellen, daß du schon einmal gelebt hast?

F.: „Ja, schon."

T.: „Vielleicht kommt diese Angst hier aus einem früheren Leben? Ist dir das zu verrückt, die Vorstellung?"

F.: „Nein."

T.: „Gut. Manchmal kommt eine Angst, die wir nicht verstehen, aus einer Erinnerung an früher, aus einem früheren Leben. Wollen wir einmal untersuchen, ob das so ist?"

F.: „Hm." Er wirkt etwas ungläubig, daß es möglich sein soll, das herauszufinden.

T.: „Jetzt schauen wir mal, was damals so viel Angst gemacht hat, damit wir das beenden können, damit du nicht, wenn du Landschulheim hörst, wieder so viel Angst kommt. Wollen wir das einmal versuchen?"

F.: „Vielleicht, daß man schon todkrank war und daß man gewußt hat, wie lange man noch lebt."

T.: „Aha, daß es mit einer schweren Krankheit was zu tun hat, ja das könnte sein. Das kann ich mir gut vorstellen. Jetzt male mal mit deiner falschen Hand, das ist deine rechte, die Person, die hier in solch einer furchtbaren Angst ist. Nimm die Farbe, die paßt, und laß die Hand das malen. Wir nehmen die ungeübte Hand, weil die leichter an diese alten Erinnerungen herankommt. Unser Verstand weiß es ja nicht mehr, und das Denken ist bei dir mehr in der linken Hand."

Fabian nimmt eine rote Kreide und malt in das Schwarz einen Menschen im Bett sitzend.

T.: „Sitzt du in diesem Bett?"

F.: „Ja."

T.: „Weißt du was, laß deine rechte Hand das noch ein bißchen größer malen, damit wir es besser untersuchen können." Ich gebe ihm ein neues Blatt Papier.

F. malt weiter mit der roten Farbe (Abb. F11).

T.: „Gut. Ist dieser Mensch männlich oder weiblich?"

F.: „Männlich."

T.: „Erwachsen oder ein Kind?"

F.: „Ein Kind."

T.: „Wie alt könnte das Kind sein? Schau es dir mal an."

F.: „Zwischen 8 und 13."

T.: „Ja. Jetzt lege mal deine Hand da drauf und fühle in deinen Körper. Stelle dir vor, du bist jetzt der. Wo hat der Schmerzen, oder wo geht es ihm schlecht?"

F.: „Am Herz."

T.: „Am Herz, hmhm, fühl mal wie das ist, wenn man da Schmerzen hat."

F.: „So Stechen."

T.: „Hmhm, so Stechen. Was macht dem am allermeisten Angst? Was wäre für so einen Jungen der Herzprobleme, Herzschmerzen hat, am allerschlimmsten?"

F.: „Wenn er schon genau wüßte, wann er stirbt."

T.: „Ja."

F.: „Die Menschen werden fast achtzig Jahre alt, und er muß schon so jung sterben."

T.: „Ja, das ist schrecklich. Fühl mal an dein Herz und sage, ich sterbe bald, ich sterbe bald."

F11

F. hält die Hand auf sein Herz und sagt fast flüsternd: „Da meint man, man spürt fast kein Herzklopfen mehr."

T.: „Ja, sag noch mal, ich habe Angst, daß ich sterbe, und fühl, wie sich das anfühlt."

F.: „Ich habe Angst, daß ich sterbe."

T.: „Und noch mal."

F. sagt es erheblich lauter als vorher.

T.: „Und noch mal."

F.: „Ich habe Angst ... aua!"

Er zuckt zusammen, weil er tatsächlich einen Stich in der Brust verspürt hat. Durch das Wiederholen von Sätzen, die an das Trauma gebunden sind, kommen wir am schnellsten in die tatsächlichen Gefühle von damals.

T.: „Ja gut, jetzt kannst du es gut fühlen, so wie es sich damals angefühlt hat, und wieviel Angst es gab. – Was ist das Schlimmste, wenn du stirbst?"

F.: „Daß ich besonders viel zu leiden habe, bevor ich sterbe."

T.: „Mußt du viel leiden?"

F.: „Ich weiß nicht."

T.: „Was brauchst du, wenn du stirbst?"

F.: „Den Glauben, daß man nach dem Tod einfach im Weltall ist und dann weiterlebt."

T.: „Kannst du ihm erzählen, daß er weiterlebt und jetzt Fabian heißt?

F.: „Ja." Ich lasse ihm Zeit, das in Gedanken zu tun.

T.: „Weißt du, wie du damals geheißen hast?"

F.: „Michael." Er schreibt den Namen auf das Bild.

T.: „Gut. Also der Michael hat wahnsinnige Angst, daß er stirbt, und dann stirbt er auch. Wie geht es ihm, wenn du ihm sagst, daß er in dir weiterlebt, daß es nicht zu Ende gegangen ist?"

F.: „Besser."

T.: „Jetzt fragen wir den Michael einmal, ob Menschen bei ihm sind, wenn er stirbt, oder ob er allein ist."

F.: „Ich glaub' schon, daß seine ganzen Eltern und Verwandten bei ihm sind."

T.: „Wünscht er sich das, oder ist das so?" Das ist eine Testfrage, um zu sehen, ob er nur ausweicht.

F.: „Er wünscht sich das, aber die sind gegangen."

T.: „Fühl mal, wie stark er sich wünscht, wenn er Angst hat und stirbt, daß jemand da ist."

F. spürt länger nach. „Er hätte nichts lieber auf der Welt."

T.: „Ja, das glaube ich, er hätte nichts lieber auf der Welt. Wenn man Angst hat, dann braucht man jemanden. Fragen wir ihn mal, wo seine Eltern sind, wenn er stirbt. Er würde sich wünschen, daß sie alle da sind. Aber wo sind sie wirklich?"

F.: „Im Wohnzimmer."

T.: „Ja, male das Wohnzimmer mal daneben. Ich mache einen Trennstrich."

F.: „Das ist der Vater."

T.: „Hmhm, der Vater sitzt im Stuhl. Was meinst du, warum du die alle schwarz gemalt hast?"

F.: „Weil die Eltern machen sich Sorgen, und sie haben Angst."

T.: „Ja, genau, das kann man sehen, alles ist schwarz, auch die Stühle und der Tisch." F. sagt nichts.

T.: „Wie ist das für ihn, wenn er weiß, daß die Angst um ihn haben? Viel Angst und viel Traurigkeit."

F. gibt keine Antwort.

T.: „Vielleicht hat der, als er starb, gedacht, die denken nicht an ihn?"

F.: „Ja." Er kämpft mit den Tränen.

T.: „Der denkt vielleicht, ich bin ganz allein, die sind nicht da, die sorgen sich nicht um mich. Aber jetzt weißt du es anders und siehst, was die sich für Sorgen machen. Du denkst ans Leben, ans Lebendigsein, weil du dich ganz rot gemalt hast, und die haben Angst, daß du sterben könntest, das sieht man daran, daß die schwarz sind. Aber in dem Moment, wo du stirbst, sind sie nicht da."

F.: „Ja."

T.: „Das ist schrecklich, jetzt verstehen wir auch, warum du da so in Angst gehüllt bist (Abb. F 10). Jetzt können wir versuchen, dem zu helfen, daß er ein bißchen weniger Angst hat beim Sterben. Wenn der keine Angst mehr hat, dann hast du auch keine mehr. Kannst du dir das vorstellen?"

F. ist sichtlich bewegt und antwortet nicht.

T.: „Weil er hat furchtbare Angst gehabt und hat sich so gewünscht, daß seine Eltern bei ihm sind. Er möchte nicht alleine sein, wenn es ihm so schlecht geht. Und der Fabian fühlt genauso, wenn er ins Landschulheim geht. Er hat Angst, er könnte alleine sein, wenn irgend etwas passiert. Kann das sein?"

F.: „Ja."

T.: „Ja, so ein Gefühl, so eine Vorstellung kann entstehen, wenn man in einem früheren Leben mit so viel Angst stirbt. Gut, dann malen wir jetzt die letzte Minute, wo du noch lebst."

F. malt sich in schwarzer Farbe im Bett liegend (Abb. F12).

F12

T.: „Da gibt es Angst, das sieht man an der Farbe. Was können wir ihm jetzt für eine Vorstellung geben, daß die Angst weniger wird?" Ich male eine Sprech- bzw. Denkblase über seinen Kopf.

F. malt Vater, Mutter und Kind in die Sprechblase und schreibt die Namen daneben. Bei sich selbst schreibt er: „Michael im späteren Leben."

T.: „Heißt das, daß das nur ein Übergang in ein anderes Leben ist?"

F.: „Ja, daß er das weiß."

T.: „Ja, sehr gut hast du das gemacht. Du hast Vater und Mutter jetzt einfach hergeholt. Fühle mal, wie es ihm dann geht, wenn Mama und Papa da sind, und er weiß, daß er weiterlebt?"

F. spürt intensiv nach und sagt dann: „Besser."

T.: „Fühl, wie es besser geht. Kann er dann ohne Angst sterben?"

F.: „Zum größten Teil."

T.: „Ein bißchen unheimlich ist Sterben immer, ja, das glaube ich auch."

F. malt die Stelle, an der sein Herz ist, rot.

T.: „Ja, da, wo das Herz ist, ist es rot. Ist das die Stelle, die du als letztes fühlst, bevor du stirbst?"

F.: „Ja."

T.: „Gut, fühl das und fühle, wie du stirbst."

F. ist ganz in seinen Gefühlen.

T.: „Jetzt gib dir alle Farben, die du um dich herum brauchst, um ich gut zu fühlen, wenn du tot bist."

F. malt rote, blaue und gelbe Kreise um sich herum und sagt dann: „Der ist mit seinen Gedanken schon im nächsten Leben."

T.: „Toll, und wie sind diese Gedanken, mit oder ohne Angst?"

F.: „Ohne."

T.: „Ist ein gutes Gefühl, so ohne Angst?"

F.: „Ja."

T.: „Verstehst du jetzt, warum du Angst bekommen hast, als du ins Landschulheim solltest?"

F.: „Ja."

T.: „Wenn noch mal Angst hochkommt, dann stellst du dir immer vor, wie wir das hier gemacht haben. Das hilft."

F.: „Ja."

Mit den nun folgenden Worten versuche ich einer Enttäuschung vorzubeugen, falls die Angst vor der Fahrt in das Landschulheim noch nicht ganz behoben ist. Auch soll er nicht unter Erfolgszwang geraten.

T.: „Das letzte Mal haben wir der Mama, der Oma und dem Opa ihre Angst zurückgegeben, das hat geholfen, daß du keine Angst mehr hast, in die Schule zu gehen. Jetzt wo du erfahren hast, daß du ins Landschulheim sollst, also weit weg von den Eltern, ist die Angst wiedergekommen. Das heißt, wir hatten noch nicht alles gefunden, was Angst macht. Heute haben wir wieder etwas Wichtiges gefunden. Sollte die Angst doch noch einmal auftauchen, dann müssen wir noch weiter suchen, weil es dann noch etwas gibt, von diesem oder von einem früheren Leben, das wir noch anschauen sollen."

F. malt noch einen Teppich mit Blumen vor das Bett.

T.: „Der Teppich will uns wahrscheinlich noch etwas erzählen."

F.: „Hm."

T.: „Wie waren deine Gedanken, als du ihn gemalt hast?"

F.: „Daß er sich dauernd das letzte Mal an seinem Teppich sich gefreut hat."

T.: „Aha, da hat er sich gefreut, zum Abschied den schönen Teppich mit Blumen anzuschauen?"

F.: „Ja."

T.: „Dann ist das letzte, was er sieht, Blumen?"

F.: „Ja."

T.: „Das ist schön. Weißt du, was die Neun bedeutet, die neun Blumen?"

F.: „Daß man sehen kann, daß er neun Jahre alt war."

T.: „Ja, jedes Jahr war wie eine wunderbare Blume."

Bei dem Teppich fällt auf, daß er nicht nur neun Blumen hat, sondern auch je neun Fransen an jedem Ende. Das ist sicher kein Zufall. *„Die Zahl neun ist die letzte der Grundzahlen. Sie ist die Grenze. Der religiöse Mensch sagte dazu Gnade oder Allgüte. Die Mystiker früherer Zeiten nannten sie die große Alchimistin. Sie nimmt und gibt nichts und verwandelt alle zeitlichen Erscheinungsformen in ihre Ursubstanz zurück."** Wir können also annehmen, daß er mit der Zahl Neun zum Ausdruck bringt, daß er sich auf das Mysterium des Todes eingelassen hat und die Gnade und das Wunder, die damit verbunden sind, tief innen erfahren hat.

Wir verabreden, daß er sich vier Wochen vor der Reise ins Landschulheim nochmals bei mir meldet, damit wir gemeinsam überlegen können, ob er noch Unterstützung braucht. Bis dahin ist noch ein halbes Jahr Zeit, in der die Arbeit in der Tiefe wirken und der Heilungsprozeß voranschreiten kann.

Als ich Fabian zu gegebener Zeit anrufe, spricht er davon, wie sehr er sich auf die Fahrt freue und daß er keinerlei Angst mehr habe. Aus dem Landschulheim schreibt er mir, daß es ihm gut gehe und er viel Spaß habe. Er hatte weder Angst noch Heimweh verspürt.

* Paris, E.-G.: Der Schlüssel zur esoterischen Astrologie

Jede Krankheit ist ein unpassender Versuch, ein Problem zu lösen.
MORRIS NETHERTON

ARIADNE

Ich habe ein Mama-Bein und ein Papa-Bein

Knochenwachstumsstörung an einem Bein

Das Mädchen, von dem ich als nächstes berichten will, ist fünf Jahre alt und kommt aus einem Mittelmeerland. Ariadne hat eine Knochenwachstumsstörung. Seit ihrem ersten Lebensjahr haben die Oberschenkelknochen des rechten Beines aufgehört zu wachsen. Sie hat schon drei sehr schmerzhafte Operationen am Bein mit monatelangen Krankenhausaufenthalten hinter sich. Die Operationen sollen dazu dienen, das Wachstum der Knochen anzuregen, das Bein zu strecken und zu begradigen. Ariadne gilt bisher als weitgehend therapieresistent, das Wachstum konnte nicht angeregt werden. Die Eltern sind verzweifelt über diese jährlich notwendigen Operationen, die dazu von viermonatigen sehr schmerzhaften Nachbehandlungen begleitet sind. Bevor sie nun das Kind dem nächsten Martyrium aussetzen müssen, wollen sie alternative Methoden versuchen.

Die ärztliche Diagnose zum Zeitpunkt der Behandlung bei mir lautet: *„Morbus Ollier mit varischer Fehlstellung von 45 Grad sowie Beinverkürzung rechts von 5,5 cm."* Im Befund wird über acht Zeilen hin genauestens in Graden aufgeführt, wie die einzelnen Knochen gegeneinander gedreht und verschoben sind.

Zum Krankheitsverlauf schreibt der Arzt: *„Ich habe mit der Mutter besprochen, daß eine weitere Verschlechterung im Laufe des weiteren Wachstums unausweichlich ist. Es sollte versucht werden, durch eine weiterreichende Schienenbehandlung (Kniegelenkführungsschiene für tags, Beinkorrekturschiene für nachts) eine Verschlechterung zumindest hintan zu halten. Ganz vermeiden lassen wird sie sich nicht."*

Mit der Fallgeschichte von Ariadne verlange ich dem Leser viel Toleranz und Vorurteilslosigkeit ab.

Hier geht es um eine schwere körperliche Erkrankung, und wir sind noch nicht gewöhnt, bei solchen Störungen auch psychische Anteile in Betracht zu ziehen.

Für mich stellt sich zunächst die Frage, ob sich der Aufwand der weiten Reise und die Belastung lohnen, die eine erneute Therapie für das Kind bedeuten. Wenn sich solche Fragen stellen und nicht viel Zeit für die Therapie zur Verfügung steht, kann es sein, daß ich vor Beginn der Therapie mit der Seele des Kindes Kontakt aufnehme. Ich lasse mir dann Informationen über die inneren Zusammenhänge des Problems geben und frage nach, ob ich mit meiner Therapiemethode helfen kann. Dadurch können in der Regel Sackgassen vermieden und Probleme, die im Augenblick noch nicht bearbeitet werden können, erkannt und ausgegrenzt werden.

Wie ich mit der Seele des Kindes Kontakt aufnehme, möchte ich hier nicht im einzelnen ausführen. Wer selbst schon viele Rückführungen gemacht hat – und das ist Voraussetzung für einen guten Reinkarnationstherapeuten – kann diese Fähigkeit erlernen. Der Schritt vom Erinnern an Erfahrungen aus eigenen früheren Leben bis zum Einklinken in die früheren Leben anderer ist nur eine Erweiterung der eigenen inneren Wahrnehmung. Allerdings bin ich heute immer noch erstaunt, manchmal fast erschüttert, wenn die Informationen, die ich auf diese Weise erhalte, von den Klienten – wie im Falle von Ariadne – bestätigt werden oder sich in der Realität beweisen.

Dieser Informationsquelle bediene ich mich aber nur in Ausnahmefällen, da ich großen Wert darauf lege, daß sich der Klient alles selbst erarbeitet und ich ihn nicht durch mein Wissen unbewußt suggestiv beeinflusse. Auch ich selbst kann unbefangener arbeiten, wenn ich ohne Vorinformationen bin.

Hier nun die Antworten, die ich auf meine Fragen erhielt:

Die Wachstumsstörung von Ariadnes Bein habe mit dem Anhaften an ein früheres Leben zu tun. In dem entsprechenden Leben habe sie als Ehefrau eines Herrschers (heute ihr Vater) in einem afrikanischen Land gelebt. Während politischer Auseinandersetzungen sei ihr Mann bei einem Ritt durch eine öde, heiße Ebene gefangen genommen und lange ohne Kopfbedekkung der prallen Sonne ausgesetzt, schließlich an einem Baum mit den Füßen nach oben aufgehängt und den Löwen zum Fraß überlassen worden. Seine Frau, heute Ariadne, habe dem schrecklichen Schauspiel beiwohnen müssen. Der Löwe habe am rechten Bein, dort wo das Kind die Wachstumsblockierung hat, zu fressen begonnen.

Ariadnes Liebesprogramm von damals, das bis in das heutige Leben hineinreiche, laute: „Könnte ich dir nur deinen Schmerz abnehmen, lieber ich als du." Dieses traumatische Leben sei durch eine Operation, die der Vater an seinem Bein vornehmen lassen mußte, reaktiviert worden. Wie ich später von der Mutter höre, wurde ihr Mann tatsächlich am Knie operiert, und danach brach Ariadnes Krankheit aus.

Weiter erfahre ich im Kontakt mit Ariadnes Seele, daß der Vater sehr viele Probleme habe und Ariadne glaube, ihm helfen zu können, wenn sie sich (durch Operationen) verletzen ließe. Deshalb nehme sie auch alle Schmerzen so klaglos hin. Das größte Problem sei, daß diese Opferrolle, d. h., „ich opfere mich für dich", schon sehr lustvoll geworden sei und sie einen Teil ihres heutigen Selbstbewußtseins daraus beziehe. Das kranke Bein stelle mittlerweile so etwas wie eine Art Existenzberechtigung für das Kind dar. Während der Arbeit mit der Mutter wird deutlich, daß diese Existenzberechtigung, die das Kind sich mit dem kranken Bein erkauft, etwas mit der Mutter zu tun hat. Sie können das unter „Arbeit mit den Eltern" nachlesen.

Nach diesen Informationen ist mir bewußt, daß es nicht leicht sein wird, dem Kind zu helfen, da ich auf die uneingeschränkte Mitarbeit beider Eltern angewiesen bin. Die Mutter ist zwar sehr aufgeschlossen, der Vater jedoch ist ein sehr verstandesbetonter, realitätsorientierter Mann, der zudem kein Deutsch kann.

Trotz dieser Schwierigkeiten entschließe

ich mich, mit der Therapie zu beginnen, da das Kind eine ungewöhnlich weit entwikkelte Seele zu sein scheint.

Ariadne kommt insgesamt sechsmal zu mir, verteilt auf zwei Wochenenden. In diesen sechs Sitzungen arbeite ich mit Ariadne ausschließlich an dem eben beschriebenen Leben. Nur langsam kann sie das ganze Drama in ihr Bewußtsein vordringen lassen. Die Erfahrung hat gezeigt, daß Menschen ganz besonders traumatisiert und damit blockiert sind, wenn sie zusehen müssen, wie ein geliebter Mensch langsam zu Tode gefoltert wird. Wenn sie selbst die Folter erleben, ist das zwar auch sehr schlimm, aber das Trauma läßt sich leichter auflösen. Der hilflose Zuschauer jedoch erlebt tiefe Ohnmacht, verbunden mit dem unerlösten Gefühl, „ich muß helfen"; dazu kommen tiefe Schuldgefühle.

Voller Staunen erlebe ich in dieser Therapie, wie das Kind sich mit den Informationen in seinen kranken Zellen verbindet, sich mit ihnen auseinandersetzt und schließlich den Zellen sozusagen neue Anweisungen gibt. Ich erhalte eine Ahnung davon, wie sich alte Traumen in den Zellen unseres Körpers als Blockaden festsetzen. Theoretisch hatte ich natürlich davon gewußt, Ariadne, und später auch Lucas, liefert uns entsprechende Bilder zum tieferen Verständnis.

Erster Behandlungsteil

Nicht unsere Vorleben sind es, die uns Probleme verursachen, sondern unser Anhaften daran.
ÖSTLICHE WEISHEIT

Das Pferd und der Löwe in der Savanne
oder
Morgen frißt er dann weiter

1. Sitzung

Ariadne ist für ihre fünf Jahre sehr groß. In Sprache, Ausdruck, Körpergröße und vor allem in ihrer ernsthaften Gesammeltheit würde man sie für mindestens zwei Jahre älter halten. Ihre Gehbehinderung ist deutlich sichtbar. Das rechte Bein ist nicht gerade. Am Knie macht es einen Bogen nach außen und wirkt in seiner Beschaffenheit eher wie ein Gummibein.

Ihr Vater stammt aus einem Mittelmeerland, ihre Mutter ist Deutsche. Die Familie lebt in der Heimat des Vaters. Sie werden erkennen, daß Deutsch die zweite Sprache des Kindes ist.

Ariadne weiß wie alle Kinder, die zu mir kommen, genau den Grund für ihren Besuch bei mir. Sie tritt mir völlig unbefangen entgegen und ist sofort bereit, ohne die Mutter mit mir ins Therapiezimmer zu kommen. Sie schaut sich kurz dort um, geht sofort auf ein bewegliches Holzkrokodil zu und beginnt zu erzählen, daß sie bei den Großeltern in Deutschland und denen in ihrer Heimat je ein Dinosaurierskelett hätten, das der Vater gebaut habe. Ariadne spricht sehr viel, auch während sie malt. Ich bringe hier nur die Dialoge, die zum unmittelbaren Verständnis nötig sind.

T.: „Willst du einmal so einen Dinosaurier malen?“
A.: „Ich kann, nein, ich kann nicht ein Skelett, sondern ich kann sehr gut die Pferde malen.“ Sie bestimmt also ganz klar den Einstieg.
T.: „Möchtest du ein Pferd malen?“
A.: „Ja, weil ich gehe auch auf die Pferde.“ (Abb. AR1)
T.: „Du reitest gerne?“ Aus dem Vorgespräch mit der Mutter, weiß ich, daß Ariadne eine Reittherapie macht.
A.: „Ja.“

AR1

Sie malt das Pferd in violetter Farbe, einer Farbe, die, wie wir wissen, Kinder oft benutzen, um belastete, unharmonische Gefühle oder Situationen, die sie ändern möchten, auszudrücken.

T.: „Hmhm, schön. Und du, bist du da drauf?“
A.: „Ja.“ Sie malt sich auf dem Pferd sitzend und erzählt dabei von den verschiedenen Pferden, die sie in ihrer Reittherapie schon geritten hat.

Wenn die Information stimmt, die ich durch den Kontakt mit Ariadnes Seele erhalten habe, dann spielt das Pferd für das Trauma des Kindes eine große Rolle. In der beschriebenen Inkarnation begann das Drama ihres damaligen Mannes mit seinem Ritt durch eine öde, heiße Ebene. Die erste Aufmerksamkeit des Kindes gilt dem Krokodil, Symbol für Aggression und Gefressenwerden. Darauf folgt die Erinnerung an ein Skelett, d. h. an Knochen, dem einzigen, was übrigbleibt, wenn ein Tier (oder wie hier: ein Mensch) gefressen wird. Das Kind geht also ohne Umschweife in das belastete Leben. Das ist eine Beobachtung, die ich bei dieser Therapieform immer wieder mache. Wenn das nötige Vertrauen hergestellt ist und der Therapeut dem Kind mit der entsprechenden Ernsthaftigkeit und Gesammeltheit begegnet, dann taucht das Leben, das hinter dem Problem steht, unmittelbar auf, so als hätte das Unbewußte nur darauf gewartet, endlich mit diesem Thema zu Wort zu kommen. Indem ich ganz auf das eingehe, was das Kind mir anbietet, umreißt es mir spontan das äußere Bild des Dramas. Die Schwierigkeit wird darin bestehen, mit dem Kind dann auch tatsächlich durch alle Stationen des Leides hindurchzugehen und es zu beenden.

Als sie das Pferd fertig hat, sagt sie spontan:

A.: „Ich kann ein schönes Bild malen."
T.: „Ja?"
A.: „Die Savanne kann ich malen."
T.: „Sehr gut, dann male die Savanne." (Abb. AR2)
A.: „Wenn die ganz alt sind, die Pferde, wenn sie Urpferde sind, dann töten sie die Pferde und dann essen sie das Fleisch."
T.: „Ach so?"
A.: „Ich habe auch die Masern gehabt."
T.: „Jetzt gerade?"
A.: „Nein, mehr früher. Wir haben eine Foto in Stuttgart von die Masern, da war ich ganz rot."

Sie bietet mir verschlüsselt die weiteren Themen aus dem früheren Leben an: Töten und Fressen sowie am ganzen Körper gerötet sein (damals durch die Sonne, heute durch die Masern).

Als sie die Landschaft fertig gemalt hat, sagt sie:

A.: „Da ist ein Pferd und da ist ein Löwe und da ist ein Baum und die Sonne geht auch auf." (Im Original sind der Löwe, links vom Baum, und das Pferd, rechts, deutlich zu sehen.)

T.: „Gibt es da auch einen Menschen?"
A.: „Nein."
T.: „Oder ist da ein Reiter?"
A.: „Nein, nein, das ist ein Pferd, das ist nicht ein Pferd, das es gibt für Menschen. Das ist ein Pferd, der lebt auf die Berge."

An der Heftigkeit, mit der sie abwehrt, daß es da Menschen geben könnte, kann man erkennen, daß ihr diese Vorstellung noch zu problematisch ist.

AR2

T.: „Was passiert hier? Hier ist ein Löwe, und hier ist ein Pferd, was könnte da passieren?“

A.: „Nichts.“

T.: „Sagen die Grüß Gott?“

A.: „Ja, die sind Freunde.“

T.: „Hm, die sind Freunde. Und wenn sie keine Freunde wären, was würde dann passieren?“

A.: „Daß der Löwe frißt das Pferd.“

T.: „Kommt das auch mal vor?“

A.: „Du kannst das abschneiden und an die Wand hängen. Dann ist das Zimmer mehr schöner.“ Sie wehrt die Vorstellung von Gefressenwerden ab, indem sie ein anderes Thema einführt.

T.: „Ja, genau. Das ist ein ganz schönes Bild. Wenn das nicht Freunde sind, wird das Bild dann auch schön?“

A.: „Nein, das wird nicht schön.“

T.: „Was passiert dann?“

A.: „Der Löwe frißt das Pferd.“

T.: „Kommt das vor?“

A.: „Ja“

T.: „Und hier?“

A.: „Ich glaube, nein.“

Sie wendet sich unvermittelt verschiedenen Stofftieren im Zimmer zu. Außerdem erzählt sie von einem Tigerkostüm, das sie in ihrer Heimat hat. (Sie holt sich Mut.) An der Abwehr ist zu erkennen, daß wir mitten im Trauma sind. Sie hat sich schon sehr weit vorgewagt, deshalb bedränge ich sie nicht weiter, sondern versuche auf einem anderen Weg das Trauma einzukreisen. Da sie sich besonders für den großen Plüschbären, der auf dem Kinderhaus liegt, interessiert, biete ich ihn ihr als Schutz an. Sie nimmt das Angebot dankbar an, und wir legen ihn neben sie.

A.: „Ja. Das war alles, was ich malen kann.“

AR3a AR3b AR3c

T.: „Ja, gut. Kannst du auch dein Bein malen, damit wir sehen welche Farbe es hat?“

A.: „Ich glaube schon.“

T.: „Male einmal das operierte Bein.“ (Abb. AR3c) Neben das operierte malt sie gleich noch das gesunde Bein (Abb. AR3b). Als das Bild fertig ist, sagt sie:

A.: „Nein, das ist nicht das Knie, das ist der Knochen.“

T.: „Welches Teil ist das?“

A.: „Das Bein, und das ist der Fuß.“

T.: „Wo ist da der Himmel, und wo ist der Boden?“ Ich stelle diese Frage, da sie die Füße nach oben zeichnet.

A.: „Da ist der Boden.“

T.: „Aha, das steht auf dem Kopf, der Fuß ist oben und das Bein unten?“

A.: „Ich glaub', ja.“

Dieses Bild weist darauf hin, daß da jemand die Füße nach oben streckt. Nach meiner Vorgabe müßte derjenige an den Beinen aufgehängt sein. Am Anfang sagt sie, daß sie nur die Knochen gemalt habe. Erneut bringt sie das Thema „Knochen“ in den Blick. Dann wird genau herausgearbeitet, welche Farben die Beine haben. Das operierte Bein ist grün und rot (3c) und das gesunde blau und lila (3b). Die Farbgebung überrascht zunächst, da grün und rot sehr lebensbejahende Farben sind, wobei blau und violett eher „abgehoben“ und problematisch sind. Dieser Widerspruch wird sich später aufklären. An dieser Stelle habe ich auch noch keine Erklärung dafür, warum Ariadne das kranke Bein „gesund“ und das gesunde Bein „krank“ malt.

T.: „Welches Bein fühlt sich schöner an, das da oder das da? Fühl mal?“

A.: „Ich glaube mehr Mama-Bein.“ (Abb. AR3c = das Operierte)

T.: „Mama-Bein?“

A.: „Ja, ich habe das so genannt, und das ist das Papa-Bein (Abb. AR3b), weil das mehr stark ist und das mehr größer ist.“

T.: „Stimmt. Also du hast ein Mama- und ein Papa-Bein?“

A.: „Ja.“

T.: „Gibt es auch ein Ariadne-Bein?“

A.: „Ein Ariadne-Bein? Nein.“

T.: „Wie würde das aussehen?“

A.: „Anders.“

T.: „Würde anders aussehen?“

A.: „Ja.“

T.: „Wie würde ...“ Sie ist offensichtlich irritiert und unterbricht mich.

A.: „Jetzt, jetzt, jetzt, jetzt nur fffffür das Mama-Bein muß ich das machen, nicht machen.“

T.: „Verstehe. Wie würde das Ariadne-Bein aussehen?“ Ich mache einen weiteren Versuch.

A.: „Ariadne-Bein?“

T.: „Ja“

A.: „Weißt du, ich mag nicht mehr malen.“ Es wird ihr zu heikel.

T.: „Verstehe. Male vielleicht nur, wie das aussieht, und ich male dir die Farbe rein. Wie würde das Ariadne-Bein aussehen?“

A.: „Da.“ Sie malt die äußere Form (Abb. AR3a).

T.: „Und die Farbe?“

A.: „Ich schreibe noch meinen Namen.“

Sie schreibt von rechts nach links, es ist aber von links nach rechts zu lesen. Das könnte bedeuten, daß das frühere Leben in einem arabischen Land gewesen ist, in dem von rechts nach links geschrieben wird. (Den Namen habe ich aus Gründen der Diskretion gelöscht.) Dann gibt sie mir die

Anweisung, daß ich das Ariadne-Bein hautfarben am Bein und pink am Fuß ausmalen soll.

T.: „Wie würde das Ariadne-Bein wachsen?“
A.: „Ich glaube auch wie Mama-Bein, operiert.“
T.: „Auch wie Mama-Bein, operiert?“
A.: „Mein Papa, der war operiert an dem Bauch und an dem Bein.“

Es fällt ihr zu ihrer eigenen Operation die des Vaters ein; sie bringt hier beide unbewußt in Zusammenhang. Wir werden an die Information erinnert, daß ihres Vaters Operation Ariadnes Trauma reaktiviert hat. Außerdem teilt sie mir mit, daß sich das Ariadne-Bein auch opfern würde, d. h., operiert werden müsse.

T.: „Hmhm. Welches ist das stärkste Bein, fühle mal?“ Sie ordnet die Beine nach deren Stärke: Ariadne-, Papa-, Mama-Bein, d. h., das Ariadne-Bein ist das stärkste.
T.: „Aha, so stark ist das Mama-Bein und so stark das Papa-Bein, und wie stark ist das Ariadne-Bein?“ Ich lasse es sie nochmals zeigen, damit sie verinnerlicht, daß ihr eigenes Bein am stärksten wäre.
A.: „Weil ich bin viel in Fahrt gegangen. Mein Opa ist in den Himmel gegangen, nur meine Oma ist geblieben.“ (Eltern des Vaters) Ich verstehe diese Aussage als Mitteilung, daß es bei dem Bein nicht nur um Verletzung (Operation), sondern auch um Sterben geht.
T.: „Hmhm. Ist hier auch ein Bein im Himmel?“
A.: „Nein. Jetzt mag ich spielen.“ Ich lasse sie noch nicht ausweichen:
T.: „Wie herum sind sie besser, so oder so?“ Dabei halte ich das Blatt einmal so, daß die Füße nach unten zeigen, und einmal so, daß sie nach oben zeigen.
A.: „So, auf dem Kopf.“ Damit teste ich, ob sie dabei bleibt, daß die Füße nach oben zeigen. Dann wendet sie sich dem Kasten mit Tieren zu.
T.: „Welche Tiere brauchst du für die Beine?“
A.: „Welche Tiere? Die Ariadne ist ein Tiger.“
T.: „Hmhm, und welche Tiere brauchen wir noch?“
A.: „Ein Reh, ein Giraffe und ein Tiger.“ Sie stellt sie nacheinander auf die gemalten Beine. Das Reh auf das Mama-, die Giraffe auf das Papa- und den Tiger auf das Ariadne-Bein.

Wir stellen fest, daß der Tiger das stärkste der drei Tiere ist. Sie meint, der Tiger habe „gerade zwei Pferde gefressen“ und „morgen frißt er dann weiter“. Zwischendurch wird dann auch einmal der Tiger vom Hai gefressen.

Auffallend ist, daß sie für sich selbst die Wildkatze wählt, also das Tier, das den großen Schmerz ausgelöst hat. Indem sie selbst zur Wildkatze wird, bekommt sie symbolisch Macht über das Tier. In vielen einfachen Kulturen wird solch magisches Verhalten allenthalben praktiziert. Zu rituellen Festen verkleiden sich die Menschen in die jeweils gefürchteten Tiere oder Wesen und vollführen wilde, ekstatische Tänze. Die Erinnerung an solche alten Bräuche findet sich bei uns noch im Fasching.

Ariadne spielt mit Aggression und

Geborgenheit, Macht und Ohnmacht, Täter- und Opferrolle und identifiziert sich abwechselnd mit dem einen und dem anderen. Indem sie selbst entscheidet, welche Rolle sie im Augenblick übernimmt, tritt sie ein Stück aus dem Bannkreis der Unabänderlichkeit der Situation; die Heilung hat begonnen. Wir können erwarten, daß Ariadne, so gerüstet, sich in der nächsten Sitzung schon näher an das Trauma heranwagt.

Wir beschließen die Sitzung damit, daß sie in das Mama-Bein die Stelle einzeichnet, an der es angefangen hat, nicht mehr Ariadne-Bein zu sein.

Ein Teil will wachsen und der andere Teil sagt nein

2. Sitzung

Die Mutter berichtet, daß Ariadne heute gern wiederkommt. Die Tatsache, daß die Kinder in der Regel sehr gern zu den Sitzungen kommen, obwohl wir oft an sehr grausamen, traumatisierenden Leben arbeiten, bestärkt mich immer wieder in der Annahme, daß die Seele des Kindes diese Arbeit braucht und sucht.

Das Kind betritt das Therapiezimmer und wendet sich sofort wieder, wie gestern, dem Krokodil zu, d. h. dem Tier mit großem Maul und vielen Zähnen, das im Kasperltheater oft als Symbol für „Gefressenwerden" verwandt wird. Sie findet das Krokodil „lustig".

T.: „Willst du einmal ein Krokodil malen?"
A.: „Ja." Als sie fertig ist, sagt sie: „Ich kann auch einen Dinosaurier malen."
T.: „Ja?" Wir sehen, sie hat heute den Mut, sich dem Thema Aggression und Gefressenwerden zu stellen.
A.: „Mein Lieblingsdinosaurier. Ich kann nur drei Dinosaurier malen." Sie malt alle drei und unterscheidet dann: „Das ist ein Dinosaurier, der frißt nur Fleisch, und der frißt nur Gras und Blätter und der auch. Der ist Nummer eins, und der frißt Fleisch." Sie schreibt die Zahlen 1, 2, 3 neben den entsprechenden Dinosaurier (Abb. AR4).
T.: „Wo ist sein Fleisch?"
A.: „Das ist sein Fleisch."

Sie deutet auf die beiden pflanzenfressenden Dinosaurier. Es handelt sich um „einen Mann und eine Frau". Der Fleischfresser beginnt seinen Fraß (diesmal) mit der Frau (Nr. 2). Als ich frage, ob die beiden einverstanden seien, daß sie gefressen werden, sagt sie:

A.: „Nein ... doch, das wollen die, weil der braucht auch zu essen."
T.: „Ja, das stimmt, der braucht auch etwas zu essen. Aber sagt der nicht, friß lieber jemand anderen, oder sagt der, friß mich?"
A.: „Friß mich, sagt die." Sie macht hier ihr freiwilliges Opfer deutlich.

Ich arbeite mit ihr weiter an dem Thema „Gefressenwerden", indem ich frage, wo er anfängt zu fressen und ob es da viel Schmerzen und Blut gibt. Sie läßt sich zunächst darauf ein. Als es ihr zu sehr unter die Haut geht, fängt sie an, ihn zu verteidigen: „Der muß das fressen für seine Kinder."

Sie malt noch vier Kinder dazu und iden-

tifiziert sich schließlich mit dem größeren Kind, das „auch schon spitze Zähne hat".

Zwei gegensätzliche Impulse können wir hier gleichzeitig beobachten. Zum einen gibt Ariadne ihrem Gefühl *„Ich opfere mich für dich, damit es dir gut geht."* Ausdruck, zum anderen schlüpft sie in die Rolle des Täters, denn dort ist sie sicher. Nachdem Fressen und Gefressenwerden, Täter- und Opfersituation deutlich genug herausgearbeitet sind, stelle ich wieder die Beziehung zu Ariadnes Beinen her:

T.: „Jetzt schauen wir noch mal dein Bein an." Ich hole das Bild aus der letzten Sitzung. „Hat das Bein dir noch etwas erzählt?"
A.: „Nein, nichts mehr."
T.: „Hier, weißt du noch, was das ist?" Ich deute auf den Markierungspunkt im Knie, die Stelle, an der das Bein angefangen hat zu sagen, ich will nicht wachsen.
A.: „Ja."
T.: „Da hat es angefangen."
A.: „Hmhm."
T.: „Fühl mal, was erzählt das hier?"
A.: „Das ist selbe, das hat viel Fahrrad gefahren und viel Gymnastik gemacht, das war alles."
T.: „Aha, viel Fahrrad gefahren und viel Gymnastik gemacht, und dann fängt es an, nicht zu wachsen."
A.: „Ja." (Die Knieoperation des Vaters hatte etwas mit Sport zu tun.)
T.: „Meinst du, wir können einmal in das Bein reinschauen?"
A.: „Mmmmmm, ja."

Ariadne zeigt mir ihre Narbe und

beschreibt rein äußerlich, was gemacht wurde. Wir sprechen über die Operation, daß es weh getan hat, und daß sie nicht wieder operiert werden möchte. Wir stellen nochmals fest, daß das das Mama-Bein ist, und dann frage ich:

T.: „Und wenn das das Ariadne-Bein werden kann, wächst es dann ganz gut, so daß es nicht mehr operiert werden muß?"

A.: „Ja."

T.: „Ich glaube, dazu müssen wir das Bein einmal untersuchen, damit wir rausfinden, wie das geht."

A.: „Hm." Sie wirkt ungläubig.

T.: „Fühle mal an die Stelle, wo das begonnen hat."

A.: „Ja, angefangen?"

T.: „Ja, wo das Bein gesagt hat, ich wachse nicht mehr."

A.: „Unter das Knie."

T.: „Aha, unter dem Knie hat es plötzlich angefangen zu sagen, ich wachse nicht mehr?"

A.: „Unter das Knie."

T.: „Kannst du mal die Augen zumachen und dir vorstellen, daß du unter das Knie gehst, an die Stelle innen, wo es angefangen hat?"

A.: „Ja." Sie macht die Augen zu und vertieft sich offensichtlich. „Ja, der hat mir etwas gesagt."

T.: „Ja?"

A.: „Jetzt mag der ein bißchen Fahrrad fahren und nicht mehr das Magnet machen." (Sie macht z. Z. eine Magnettherapie bei einem Heilpraktiker, mit dem ich eng zusammenarbeite.)

T.: „Gut. Kannst du das Teil da innen malen, das gesagt hat, du sollst Fahrrad fahren und keinen Magnet machen, und das gesagt hat, du sollst nicht mehr wachsen?"

A.: „Das war so groß." Sie malt ein eiförmiges Gebilde auf das Blatt (Abb. AR5).

T.: „Hmhm, und welche Farben hat das?"

A.: „Der hat das, und der hat das." Sie holt einen fleischfarbenen und einen lila Stift aus der Schachtel.

T.: „Gut. Kannst du das einmal malen?"

A.: „Ja." Sie halbiert das „Ei" und malt eine Seite fleischfarben und eine lila aus.

T.: „Welcher Teil sagt, du sollst nicht mehr wachsen, der oder der oder beide?"

A.: „Das da." (In Lila)

T.: „Also das sagt, du sollst nicht mehr wachsen?"

A.: „Ja."

T.: „Wieviel gibt es von denen, die sagen, du sollst nicht mehr wachsen?"

A.: „Ähm, vier."

T.: „Willst du sie alle einmal hinmalen?"

A.: „Eins, zwei, drei, vier, fünf, ja."

T.: „Also dieser Teil sagt, du sollst nicht mehr wachsen?"

A.: „Alle diese Teile sagen, du sollst nicht mehr wachsen." (Alle Teile in Lila.)

T.: „Ja. Gibt es da auch Teile drin, die sagen, du sollst wachsen?"

A.: „Nein."

T.: „Wie würden die aussehen, wenn sie sagen würden, du sollst wachsen?"

Sie meint, die Teile müßten „kleiner" sein und „eine andere Farbe haben". Ich frage sie, ob sie einmal ein solches Teil aufmalen könne, das sagt, es wolle wachsen, damit die anderen sich wieder erinnern können, wie sie aussehen müßten, falls sie wachsen wollten. Sie möchte es lieber in den großen

AR5

Kreis als außerhalb malen, damit die anderen es besser sehen können.

Das Gebilde wird hälftig rot und grün, beides Farben, die Lebensenergie ausdrükken, wobei Grün eher die passive und Rot die aktive Lebensenergie symbolisiert. Man könnte auch sagen, die Hautfarbe wird zu Grün und das Violett zu Rot.

Wir vertiefen die Erfahrung, daß sich im Bein zwei Teile streiten. Ariadne meint, daß nur im Schlaf dieser Streit aufhöre. Sie differenziert noch, indem sie sagt, „nicht wenn Ariadne schläft, sondern wenn das Mama-Bein schläft". Durch den Streit findet das Bein aber „keine Ruhe". (Wir wissen, daß der Mensch tatsächlich vorwiegend im Schlaf wächst.)

T.: „Wenn das Mama-Bein ein Ariadne-Bein wird, kann es dann gut genug schlafen, daß es auch wachsen kann?"
A.: „Ja."
T.: „Geht das, können wir das machen?"
A.: „Ich glaube, das geht nicht."
T.: „Nein?"
A.: „Hm."
T.: „Das geht nicht?"
A.: „Vielleicht können wir das machen ein andermal."
T.: „Genau, für heute haben wir schon sehr viel gemacht, da hast du recht."

Sie geht zum Puppenhaus und spielt das Drama aus dem früheren Leben mit den Puppen im Puppenhaus: Die Eltern werden auf dem Weg zur Stadt von Dinosauriern bedroht, bis der Papa „erschöpft" ist und „nicht mehr kann". Diesmal wird der Vater allerdings nicht gefressen. Schließlich bietet sich sogar der Hai als Taxi an, d. h., er transportiert die Eltern in seinem Maul sicher über den Fluß in die Stadt. Wie wir wissen, geschieht Heilung in der Reinkarnationstherapie unter anderem dadurch, daß wir die traumatische Geschichte wiedererleben und diesmal anders enden lassen, d. h., wir befreien den Klienten aus der Ohnmacht oder besser: aus der Einseitigkeit der Beurteilung entsprechender bedrohlicher Situationen. Indem Ariadne die Eltern erleben läßt, daß der Angreifer (hier der Hai) auf dem Weg in die Stadt nicht unbedingt töten muß, sondern auch Begleiter und Beschützer sein kann, ist sie von sich aus aus der Unausweichlichkeit der Situation herausgetreten.

Was bedeuten nun die eiförmigen Gebilde auf Ariadnes Zeichnung? Sie erinnern sich, daß das Kind die Formen malt, nachdem ich sie gebeten habe, mit den Teilen unter dem Knie Kontakt aufzunehmen „die gesagt haben, sie wollen nicht wachsen". Wie wir wissen, geschieht Wachstum in unserem Körper durch ständige Zellteilung. Das Knochenwachstum nun geht so vor sich, daß Knorpelzellen einen Teil abspalten, der sich dann zu Knochengewebe verfestigt. Genau dies findet nach medizinischer Diagnose bei Ariadne nicht statt. Ariadne hat diesen Prozeß dadurch ausgedrückt, daß sie den violetten Teil der Zelle, also den Teil, der sich abspalten und zum Knochen umwandeln sollte, sagen läßt: „Ich will nicht wachsen". Der gesunde Knorpelteil hat deshalb auch die „gesunde" Hautfarbe, während der Teil, der sich weigert, in der Problemfarbe Lila gemalt wird.

Wir sind bei unserer Arbeit am Ort des Geschehens angelangt. Ich bin gespannt, welche Postulate für das Programm *„Nein, wachse nicht"* verantwortlich sind.

Immer wieder beeindruckt mich, wie selbstverständlich Kinder sich ein Bild von dem Inneren ihres Körpers machen können und wie nahe diese Bilder an die Wirklichkeit herankommen.

Das Bild in der Wachstumszelle

3. Sitzung

Ariadne betritt das Zimmer und geht zielstrebig auf den Zeichenblock zu. Wieder bewundere ich das klare, ernsthafte und konzentrierte Verhalten dieses kleinen fünfjährigen Mädchens.

A.: „Jetzt malen wir wieder ein bißchen."
T.: „Ja, wo haben wir gestern aufgehört?"
A.: „Die haben gesagt, nein."
T.: „Die haben gesagt, nein, ich will nicht wachsen."
A.: „Ja."
T.: „Hast du in der Zwischenzeit mal an diesen Teil gedacht, der wachsen will?"
A.: „Ja. Diese möchte wachsen." (Die rotgrünen Teile)
T.: „Was sagen die zu denen?"
A.: „Du mußt auch sagen, nicht wachsen."

Wir vertiefen uns nochmals in die Impulse, die die einzelnen Zellteile aussenden in bezug auf „Wachsen" und „Nicht-Wachsen". Die unbewußte Aufforderung, „Wachse nicht!", ist noch vorherrschend. Dieser Teil läßt sich auch nicht so leicht „überreden". Wir sprechen auch darüber, daß der Teil, der „den Knochen macht", nicht wachsen will.

T.: „Wäre es wichtig, daß die ja sagen und die auch?"

A.: „Ja."

T.: „Hmhm. Dann schau'n wir doch einmal in ein solches rein, damit wir wissen, was da los ist, warum das nicht wachsen will."

A.: „Ja. Soll ich malen, was da drin ist?"

T.: „Ja, damit wir wissen, warum es nein sagt. Ist da ein Bild drin?" (In der Zelle)

A.: „Ja, da ist ein Bild, wo ein Mädchen oder ein Junge sagt nein, und dann sie sagen auch nein."

T.: „Hmhm, male einmal das Bild, male die, die da nein sagen. Damit wir mit denen einmal reden können."

A.: „Das war ein Junge und ein Mädchen." Sie macht einen Bilderrahmen und malt eine große Figur als Mädchen und eine kleinere als Jungen (Abb. AR6a).

A.: „Das Mädchen war mit den Größe von dem Jungen."

T.: „Das Mädchen und der Junge waren gleich groß?"

A.: „Ja."

T.: „Wer sagt nein, der Junge oder das Mädchen oder beide?"

A.: „Beide. Das Mädchen hat zweimal ja gesagt und der Junge einmal, aber jetzt sagen die nein."

T.: „Wer sagt, du sollst nicht wachsen, beide?"

A.: „Nein, der Junge." Schließlich legt sie sich fest, daß das Mädchen wachsen will, der Junge hingegen nicht.

T.: „Jetzt verstehe ich. Frag ihn mal, was ist passiert, daß er nicht wachsen will."

A.: „Was ist passiert? Er sagt nichts."

T.: „Nichts?"

A.: „Nichts. Der macht so mit dem Kopf." Sie schüttelt den Kopf.

T.: „Er will nichts sagen. Will er vielleicht ..."

A.: „Vielleicht kannst du mit ihm reden?"

T.: „Ja, vielleicht, aber er sagt mir auch nichts. Frag ihn mal, ob er es durch deine Hand da hin malen kann? Versuche, ob deine Hand das malt, was er nicht sagen kann."

A.: „Ja, ich male jetzt meine Hand." Sie bittet um meinen Kugelschreiber und umfährt damit ihre Hand (Abb. AR6b).

T.: „Hm. Was könnte das für eine Hand sein?"

A.: „Das ist meine Hand."

T.: „Will die wachsen?"

A.: „Ja. Das war diese Hand (linke), jetzt male ich diese (rechte). Diese habe ich gerade."

T.: „Ja, will die auch wachsen?"

A.: „Mhmhm, nein, die will nicht wachsen."

Auf direktem Wege kamen wir nicht weiter. Jetzt haben die beiden Hände symbolisch die Rollen der beiden Personen übernommen, das verschafft dem Kind mehr Abstand, und es kann auf dem „gefährlichen" Weg weitergehen. Wir behandeln die Hände jetzt so, als wären es die Personen von vorhin. Durch meine Fragen nach „Wachsen" und „Nicht-Wachsen" stellen wir klar, wer welche Person ist. Die rechte Hand ist der Junge und die linke das Mädchen.

T.: „Macht das Spaß?"

A.: „Für diese Hand macht das Spaß, nicht zu wachsen und für diese macht das Spaß wachsen. Diese Hand geschenkt nichts an die anderen Kinder, aber die linke Hand, und da sind andere Hände,

AR6b AR6a

die sind auch Kinder. Diese schenkt und diese schenkt nichts."

T.: „Aha diese schenkt, und diese schenkt nichts. Also diese Hand ist wie dieses Bein, das will nicht wachsen, das will nichts hergeben."

A.: „Ich glaube, ja."

Hier verbinde ich bewußt Schenken mit Wachsen. Wachstum heißt immer, sich von etwas Altem trennen, es hergeben. Das Kind nennt es „schenken".

T.: „Und diese Hand ist wie dieses Bein, das will wachsen."

A.: „Ja."

T.: „Und diese Hand schenkt nichts her?"

A.: „Ja."

T.: „Das Bein auch nicht?"

A.: „Das Bein, ja (das Gesunde), aber das nicht (das Kranke)."

Ich suche nun mit dem Kind nach dem Grund für das „Nicht-Schenken". Es stellt sich heraus, daß die rechte Hand (sie steht für den Jungen und für das kranke Bein) gern schenken würde, daß die anderen Hände (= anderen Menschen) diese „Hand nicht mögen" und deshalb „die Geschenke nicht (an)nehmen". Darüber ist die rechte Hand „sehr traurig". Als Grund dafür gibt Ariadne an:

„Weil der möchte schenken etwas, und die anderen kommen nicht zu ihm, und die sagen nichts zu ihm. Die mögen ihn nicht." Einerseits weigern sie sich, zu ihm zu kommen und Geschenke in Empfang zu nehmen, andererseits bezeichnen sie die Hand als „schlimm und böse", weil sie keine Geschenke macht. Darüber hinaus wird deutlich, daß die rechte und die linke Hand sich sehr gern mögen und tief miteinander verbunden sind.

Wir wissen, daß in manchen arabischen Ländern das Annehmen und das Verweigern von Gastgeschenken eine große Rolle spielt. Es ist nicht wichtig herauszuarbeiten, was im Detail vorgefallen ist. Entscheidend ist, was sich auf Energieebene abspielt, zum einen der Ausschluß aus der Gruppe, zum anderen der fehlende Austausch zwischen Geben und Nehmen nicht funktioniert. Genau das spielt sich energetisch auch in Ariadnes Bein ab. Die Knorpelzellen geben eine Substanz ab, damit sich daraus Knochen bilden; die Substanz, oder „das Geschenk" wird nicht angenommen, bleibt unbearbeitet liegen.

T.: „Wer sagt das, daß das eine schlimme Hand ist?"

A.: „Die Polizei sagt das."

T.: „Was macht dann die Polizei mit der Hand?"

A.: „Dann macht sie ihn in ein Gefängnis." Sie fängt spontan an das Gefängnis zu malen (Abb. AR7).

T.: „Ist das ein Gefängnis, was du da malst?"

A.: „Die darf nie mehr raus!"

Dieser Satz ist sehr wichtig. Es handelt sich hier um einen sogenannten „Abschlußbefehl" in Form einer „ewigen Wahrheit". Mit solchen Sätzen können Zustände, in denen wir uns gerade befinden, besiegelt und für ewig festgemacht werden. Hier würde das bedeuten, daß das Gefühl eingesperrt zu sein, sich wie in einem Gefängnis fühlen, als Grundgefühl mit in die nächsten

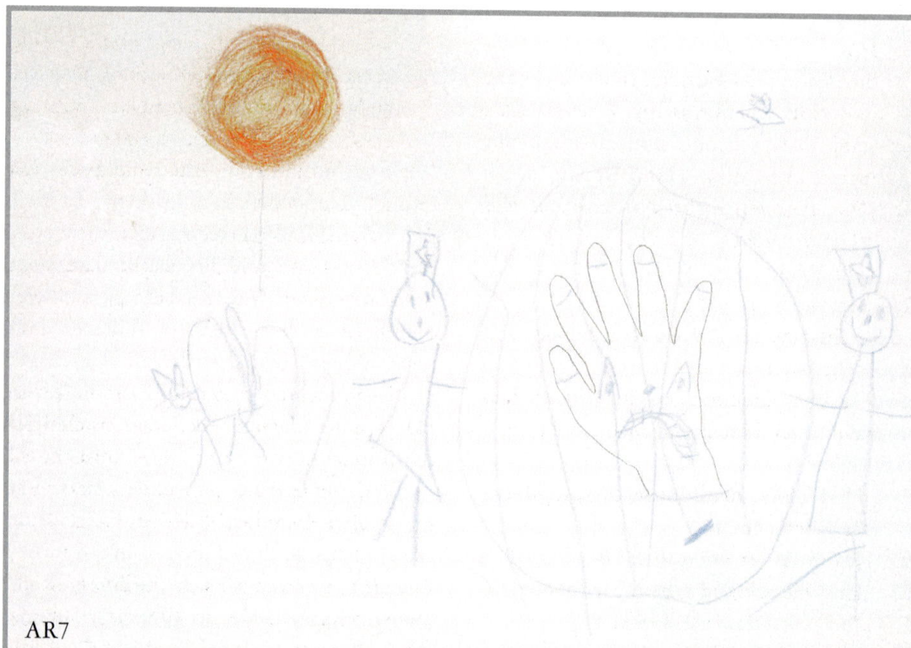

AR7

Inkarnationen genommen wird. Alle Sätze, die zum Inhalt haben, daß etwas ewig anhalten wird, wie z. B. „nie" oder „für immer", wirken in dieser Weise, wenn die dazugehörigen Erfahrungen in dem traumatischen Leben tatsächlich nicht beendet werden. Bevor solche Postulate nicht aufgelöst sind, scheitern alle unsere Therapieversuche an der inneren Überzeugung *„es hört nie auf"* oder, im Falle von Ariadne, *„die Hand darf da nie raus"* bzw. *„mein Mann (heute ihr Vater) wird nie frei sein"*.

Hier hebe ich den Abschlußbefehl auf, indem wir ganz bewußt eine Befreiung inszenieren.

T.: „Die darf nie mehr raus. Was sagt die (Mädchen) denn, wenn diese Hand nie mehr raus darf."

A.: „Nein, diese darf nicht raus."

T.: „Mag die das, daß die da drin ist?"

A.: „Ja, weil die nichts sagt zu die anderen Hände." Es gibt keine Abwehr, die Schuld wird angenommen.

T.: „Mag die Hand das, im Gefängnis zu sein?"

A.: „Nein."

T.: „Was könnten wir machen, daß sie was schenken kann, daß die anderen sie auch mögen?"

A.: „Ich weiß das nicht."

T.: „Fühl mal, wie traurig diese Hand ist."

A.: „Sehr traurig."

T.: „Ja, das glaube ich auch. Wer möchte denn, daß diese Hand nicht mehr traurig ist?"

A.: „Der Junge, nein, nicht der Junge, das Mädchen."

T.: „Kann sie der Hand helfen?"

A.: „Ich glaube nicht."

T.: „Wer kann der Hand helfen?"

A.: „Niemand. Weil die Polizei ist bei dem Gefängnis. Das ist die Polizei. Das ist der Hut, das ist der Stern, das ist die Polizei." Sie besiegelt noch einmal die Tatsache, daß hier keine Hilfe möglich ist, indem sie den Polizisten daneben malt.

T.: „Das sehe ich, das ist schwierig, da kann er wirklich nicht raus."

A.: „Das Vogel kann nicht raus aus dem Fenster." Sie malt einen Vogel über das Gefängnis.

T.: „Der (Vogel) kann auch nicht raus?"

A.: „Doch, der ist so klein, guck einmal."

T.: „Also wir müßten zaubern. Wir müßten ihn verwandeln, in einen Vogel vielleicht."

A.: „Vielleicht oder in ein Hund, der kann auch durch."

T.: „Vielleicht ist das hier unsere Zauberkugel, mit der wir ihn verwandeln können." Ich male eine gelbe Kugel auf das Blatt.

A.: „Ja." Sie sichert sich meine Hilfe, indem sie mich die Kugel orange ausmalen läßt. Sie verwandelt währenddessen die Hand in eine Katze (nicht in einen Hund). Sie malt „die Hand, die schon halb Katze ist".

T.: „Wie fühlt sich das an?"

A.: „Sehr langsam." Sie drückt damit aus, daß dieser Verwandlungsprozeß Zeit braucht.

Dann möchte sie „spielen". Bevor ich sie jedoch auf anderer Ebene, eben durch Spiel, die Heilarbeit fortsetzen lasse, versuche ich noch, die Energie der befreiten Katze mit den Zellen Kontakt aufnehmen zu lassen.

T.: „Ja, laß uns vorher noch fragen, ob die wachsen wollen, wenn die Katze befreit ist."

A.: „Magst du jetzt wachsen? Ja, mit die Katze, er sagt, mit die Katze schon."

T.: „Toll, können wir jetzt mit der Katze auch mal hier rein?" (Zu den Zellen in Bild 5)

A.: „Ja, dann sagen die, ja ich will wachsen, wenn die Katze reinkommt."

T.: „Müssen wir die Katze noch reinmalen, damit wir auch sehen, daß sie das tut?"

A.: „Da kommt die Katze rein, da ist der Eingang." Sie malt die Katze in das Bild mit den Zellen aus der letzten Sitzung. „Da ist sie schon reingekommen, die sehen noch nicht die Katze. Die kommt noch ein bißchen hier rein da, und wenn sie da ist, dann sagen sie alle, ich mag wachsen, ich mag wachsen."

T.: „Toll. Jetzt haben wir den aus dem Gefängnis befreit."

A.: „Ja, und für alle Tage bleibt das eine Katze, für alle Tage, die Hand hat sich gezaubert in eine Katze und es bleibt alle Tage in eine Katze gewandelt."

Sie hebt hier von sich aus den Abschlußbefehl auf. Katze sein heißt jetzt, nicht eingesperrt sein. Ich mache es nochmals bewußt:

T.: „Jetzt wird sie nicht mehr eingesperrt. Geht das?"

A.: „Ja."

T.: „Toll. Welche Farbe kriegen sie jetzt, daß sie wachsen?"

A.: „Hmhm, jetzt haben sie die gleiche Farbe."

T.: „Wollen sie alle vielleicht ein klein bißchen Katzenfarbe?"

A.: „Ja." Sie gibt allen die Farbe.

T.: „Jetzt fühle noch dein Bein, ob es das auch verstanden hat."

A.: „Ja, alle zwei haben das verstanden."

T.: „Toll. Fühle, ob es jetzt wachsen will. Was sagt das Bein?"

A.: „Ja." Sie fängt an leise zu singen.

T.: „Jetzt können wir spielen und zwischendurch fühlen wir immer wieder einmal, ob die Katze noch da ist."

A.: „Ja."

Sie geht zum Puppenhaus und spielt, daß sich Freunde treffen, sich gegenseitig zum Essen einladen und sich beschenken. Sie spielt also nochmals ausführlich das Geben und Nehmen und sich Wohlfühlen in der Gemeinschaft. Sie spielt das zu Ende, was in der Sitzung noch gefehlt hat, nämlich das Beenden der Feindschaft und das Lösen des Problems mit Geben und Nehmen.

Ich möchte noch auf die besondere Heilwirkung der *Katze* hinweisen. Es ist nicht von ungefähr, daß sie die Katze wählt, also genau das Tier (der Löwe ist eine Wild-*Katze*), das in der Savanne die Pferde bzw., wie wir in einer der folgenden Sitzungen erfahren werden, den an den Füßen Aufgehängten frißt. Indem sie die (Wild-)Katze zu ihrem Freund macht, bannt sie die Angst. Hier geschieht etwas, was wir aus der Homöopathie kennen. Hier wie dort wird Ähnliches mit Ähnlichem behandelt. Was mich verletzt hat, kann mich auch heilen.

Nebenbei sei noch bemerkt, daß Ariadnes Vater eine ungewöhnlich enge Beziehung zu Katzen hat. In dem Kapitel „Arbeit mit den Eltern" wird eine interessante, fast unwahrscheinliche Erfahrung wiedergegeben, die der Vater in diesem Leben mit einer Wildkatze gemacht hat. Sie wird das Gesamtbild abrunden und die enge karmische Verflechtung zwischen Vater und Kind nochmals bekräftigen.

Hiermit ist der erste Behandlungszyklus beendet. Weitere drei Sitzungen folgen sechs Wochen später. Ein erster Heilungsimpuls ist gesetzt.

Zweiter Behandlungsteil

In jedem Patienten steckt auch ein Arzt, und wir Ärzte erreichen dann unser Bestes, wenn es uns gelingt, unsere Patienten in Kontakt mit ihrem eigenen inneren Arzt zu bringen.
ALBERT SCHWEITZER

Die Beine sind in der Küche

4. Sitzung

Zunächst bin ich gespannt, ob die Bereitschaft der Zellen zu wachsen noch anhält. Schon nach wenigen Minuten wird jedoch deutlich, daß der Heilimpuls noch nicht ausgereicht hat. Ich nehme mir vor, in den wenigen Sitzungen, die uns noch verbleiben, zum einen das Kind aus der Ohnmacht des passiven Zuschauers zu befreien, zum anderen das Verhältnis zwischen Geben und Nehmen zwischen Vater und Tochter in Ordnung zu bringen. Bisher glaubt die Tochter, dem Vater geben und sich für ihn opfern zu müssen. Wenn es gelingt, das Verhältnis so umzukehren, daß der Vater seiner Tochter gibt und sie es annehmen kann, dann ist das Kind aus seiner vermeintlichen Schuld entlassen. Erst wenn sie sich dem Vater gegenüber nicht mehr schuldig fühlt, kann sie ihrem Bein die Erlaubnis geben, tatsächlich ordnungsgemäß zu wachsen.

Ariadne begrüßt mich heute mit einer Geschichte von „Bienen, die stechen". Sie signalisiert mir damit, daß sie heute bereit ist, genau hinzuschauen, wo es „Einstiche" bzw. Verletzungen gibt. Mutig stellt sie sich dann auch bald dem schwersten Trauma, dem „Fressen der Beine". In welche Bilder sie es kleidet und wie sie es aufbereitet, so daß sie es seelisch verkraften kann, ist sehr eindrucksvoll.

Im Spielzimmer angekommen, fragt sie: „Was ist das? Das sieht aus wie das Koffer von ein Pirat." „Ja, genau wie die Schatztruhe von einem Piraten", antworte ich. In meinem Zimmer steht eine große eisenbeschlagene alte Truhe, in der Kostüme zum Verkleiden als Pirat, Ritter, König, Zauberer, Batman, Indianer, Cowboy, Prinzessin, Hexe usw. zu finden sind. Das erste, was ihr ins Auge springt, ist ein Dreizack mit schwarzem Schaft und roter Gabel. „Oh, was ist denn das? Das ist von einem Teufel, das," sagt sie erstaunt.

Zunächst wehrt sie ab, daß sie für unsere gemeinsame Arbeit etwas aus der Truhe gebrauchen könnte. Sie wolle sich alles nur ansehen. Schließlich holt sie sich Pfeil und Bogen und versucht mit großer Geduld die Handhabung dieser Waffe zu erlernen. Wenn sie einmal trifft, juchzt sie vor Vergnügen. Sie findet es „lustig" und sagt: „Ich habe nie so ein Spielzeug gesehen." Nach einer Weile frage ich:

T.: „Was willst du malen, eine Biene oder einen Pfeil- und Bogenschützen?"
A.: „Einen Pfeil- und Bogenschützen."

Alternativangebote sind ein guter Trick, um Kinder für etwas Neues zu gewinnen, wenn sie in eine Sache vertieft sind.

Der Schütze, den sie malt, besteht allerdings nur aus einem Kopf, aus Armen und

Pfeil und Bogen, der Körper und die Beine fehlen zunächst (Abb. AR8).

T.: „Das ist der Kopf, und das sind die Arme, und was ist das?"
A.: „Das ist der Pfeil und das der Bogen."
T.: „Und wo ist der Mensch, der da schießt?"
A. gibt keine Antwort.

Das Unbewußte läßt diesen traumatisierten Teil einfach weg. Wenn er nicht da ist, dann kann es auch nicht weh tun. Es dauert sehr lange, bis sie wahrnimmt, daß Beine und Körper fehlen, d. h., sie erkennt es erst, als ich sie ganz direkt darauf hinweise.

Um eine Heilung zu erreichen, d. h., um den Schock aufzulösen, der das Wachstum von Ariadnes Beinen hemmt, müssen wir jedoch das Trauma anschauen, nochmals durchleben und diesmal anders enden lassen.

Immer wieder frage ich Ariadne, was dem Mann noch fehlt. Zunächst meint sie „die Mütze". Das ist verständlich, da die fehlende Kopfbedeckung das erste ist, unter dem der Mann aus dem früheren Leben leidet. Sie findet den Mann „schwach" und stärkt ihn, indem sie sich nacheinander Ritterhelm, Brustschild und Schwert anlegt. Selbst als ich auf die Stelle deute, an der die Beine und der Körper fehlen, und frage, was da fehlt, sagt sie „das Gesicht" und malt Augen, Nase und Mund ein.

Schließlich frage ich: „Und wo hat der seinen Bauch ... und wo hat der seine Beine? ... Jetzt wissen wir, warum der schwach war. Ohne Bauch und ohne Beine

AR8

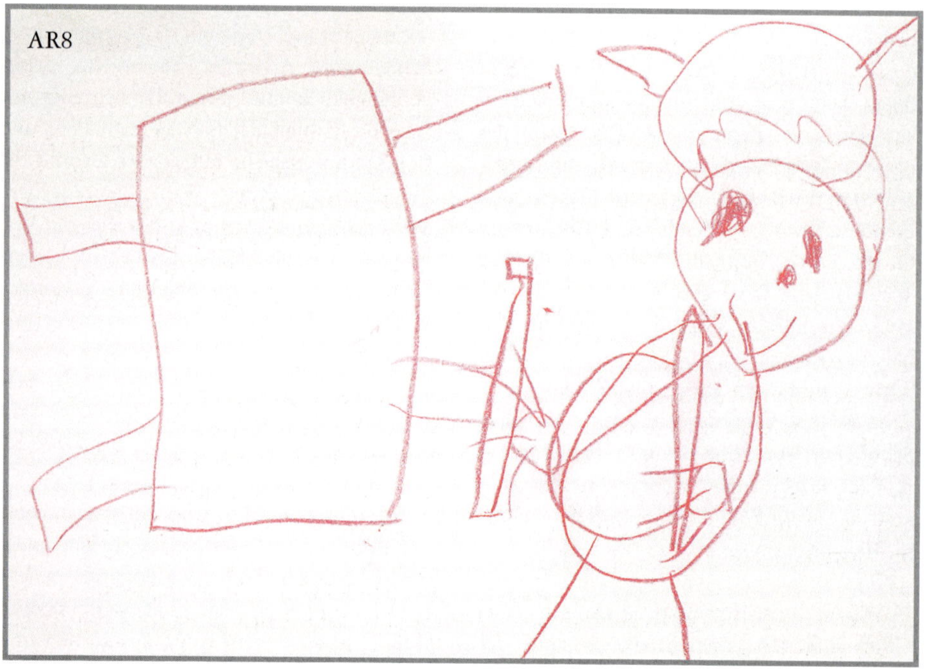

AR9

kann man nicht so stark sein." Während ich spreche, ist sie ganz still. Ich mache längere Pausen zwischen den Bemerkungen, um ihr Zeit zu lassen, es zu verarbeiten. Sie reagiert lange nicht, dann fängt sie an, Bauch und Beine zu malen. „Das ist der Bauch", sagt sie, die Beine malt sie, ganz entgegen ihrem sonstigen Verhalten, wortlos.

„Wo hatte er die Beine wohl gelassen? Hatte er die vergessen?" frage ich. Sie bejaht und nimmt Pfeil und Bogen, um auf meine Stoffkatze zu schießen, die auf der Couch sitzt.

Nachdem sie die (Raub-)Katze symbolisch getötet hat, mache ich nochmals einen Vorstoß:

T.: „Der hatte da keine Beine, das müssen wir einmal untersuchen."
A.: „Der hat die gelassen in die Küche."
T.: „Aha, die hatte er da gelassen."
A.: „Ja."
T.: „Dann wollen wir mal untersuchen, warum die nicht hier waren, und was die in der Küche machen."
A.: „Die waren in die Küche. Jetzt male ich die Küche und die Beine."
T.: „Ja, male die Küche, in der die Beine sind." (Abb. AR9)
A.: „Dieses sind die Beine."
T.: „Liegen die am Boden?"
A.: „Ja, auf dem Teppich."
T.: „Aha. Und was machen die da?"
A.: „Die ...? Ich weiß nicht."
T.: „Geht es ihnen gut da auf dem Teppich?"
A.: „Ja, das ist weich, der Teppich."
T.: „Die fühlen sich da gut. Wie geht es dem Bein?"

A.: „Gut."
T.: „Und dem?"
A.: „Nicht so besser ..., jetzt ist es schon stark geworden." Sie glaubt, wenn es stark ist, dann bohre ich vielleicht nicht weiter.
T.: „Gut, daß es stark geworden ist. Aber wir wissen noch nicht, wo es verloren gegangen ist." Nach vielen Ablenkungsmanövern sagt sie schließlich:
A.: „Sie gehören dem Mann", und, „sie sind in der Küche zum Essen".
T.: „Wer will sie kochen?" Ich benutze absichtlich das Wort „kochen", da es weniger verfänglich ist als „essen"; deshalb kann sie darauf eingehen und sagt:
A.: „Ein Monster."
T.: „Ein Monster?"
A.: „Nein, nicht ein Monster, ein, ein, ein Teufel."
T.: „Oh je! Hat die denn jemand dorthin gebracht zum Essen?"
A.: „Ja, auf den kleinen Tisch."
T.: „Und dann sollen die gegessen werden?"
A.: „Ja, von dem Teufel." Ich lasse sie den Teufel in die Küche malen. Während sie malt, sagt sie: „Der steht auf dem Kopf."
T.: „Aha, der steht auf dem Kopf, klar, Teufel machen das so."

Wieder erscheint das Bild, daß das Opfer an den Füßen aufgehängt ist. Das heißt, das Opfer sieht das Monster, den Teufel falsch herum.

Wir sprechen über das Aussehen des Teufels, seinen langen Arm, die Gabel und seine „Draculazähne". Es ist einfacher, den Löwen in einen Teufel umzuwandeln, das verschafft mehr Abstand. Die Reißzähne des Raubtieres werden in der Form von Vampirzähnen an den Teufel angebracht.

T.: „Welches Bein wird als erstes gegessen?"
A.: „Das hier." Es ist das rechte, das auch ihr krankes Bein ist.
T.: „Was macht der jetzt, wenn seine Beine vom Teufel gefressen werden?"
A.: „Ja, und wenn der Teufel den faßt, dann mit dem Messer ... jagt der den Teufel mit dem Messer aus dem Haus. Und dann, wenn er da und da, und dann macht er ihn tot." Sie ist bei der Vorstellung kurz verwirrt und wechselt dann in die Angreiferrolle über.

T.: „Ja, wollen wir das einmal malen, wie er das macht?"
A.: „Ja, da hinten." Sie dreht das Blatt um und malt auf die Rückseite (Abb. AR10).
A.: „Da ist der Teufel, nicht mehr auf dem Kopf."
T.: „Hmhm, jetzt ist er nicht mehr auf dem Kopf."

Das heißt, sie befreit das Opfer zunächst aus der unbequemen Lage. Der Mann hat „ein Messer, und mit dem Messer macht er so. Und der Stiel von dem Teufel wird abgemacht und dann, und dann, ja und dann ist das kaputt (der Dreizack). Dann macht der den tot." Ich fordere sie auf: „Ja, male das mal, wie er ihn tot macht."

Wir spielen das Töten des Teufels sehr ausführlich. Nachdem sie ihm das Messer zweimal ins Herz gestoßen hat und er dann „tot auf den Boden fällt", lasse ich sie den Teufel auf dem Boden liegend malen, damit auch sichtbar wird, daß er tot ist (Abb. AR11).

Sie könnten jetzt fragen, warum folge ich dem Kind so schnell in die Aggressorrolle, warum muß das Töten des Teufels in all den Einzelheiten gespielt werden und warum lasse ich das Kind nicht zunächst körperlich nachspüren, wie sich das anfühlt, gefressen zu werden, d. h., warum lasse ich diesmal das Erleben auf der Körperebene aus? Im Falle von Ariadne wäre das ein großer Fehler. Sie ist nicht das Opfer, sondern Zuschauer; *ihr* Bein wurde nicht gefressen. Ich lasse sie deshalb nie den Schmerz des Beines spüren, sondern versuche, sie immer wieder mit der Kraft in ihren Beinen zu verbinden. Ihr Bein ist mit dem Bein des Opfers identifiziert, d. h., sie tut so, als wäre es ihr Bein. Genau diese Identifikation möchte ich auflösen.

Zeuge einer Gewalttat sein zu müssen, ohne helfen zu können, ist noch traumatischer oder hat weitreichendere Folgen, als selbst Opfer oder Täter zu sein. Es entstehen Schuldgefühle, die meist viel stärker sind als die, die in Leben entstehen, in denen wir wirklich die Täter sind. Das erklärt auch, warum ich sechs Sitzungen brauche, um die Schuldgefühle aufzulösen, die Ariadne veranlassen, in diesem Leben ihr Bein zu opfern. Der Augenzeuge hat nur ein Bestreben, nämlich den Tätern Einhalt zu gebieten. Erst wenn ihm das wirklich gelingt, kann die Energie wieder fließen. Indem Ariadne so heftig gegen den Teufel vorgeht, befreit sie das Opfer von der Qual und sich selbst aus der Ohnmacht. Es geht darum, daß das Kind das wirklich fühlt und erlebt.

Wir werden sehen, daß selbst in dieser Sitzung noch nicht genug „gemordet" worden ist. Der Teufel ist nicht so leicht umzubringen, obwohl er zweimal ins Herz getroffen wird. Sie sagt zwar anschließend,

AR11

daß „der Mann" sich jetzt sicher fühlt; das Bild, das ich sie zur Kontrolle malen lasse, macht aber eine andere Aussage. Erst das abschließende Teufeltötespiel in der sechsten Sitzung bringt die Energie wirklich in Fluß.

T.: „Und wie fühlt der sich jetzt?" (Der Mann)
A.: „Sicher."
T.: „Jetzt fühlt der sich sicher?"
A.: „Ja, und mal ich den."
T.: „Ja, das ist gut, wir fragen ihn, wie er aussieht, wenn er sich sicher fühlt." (Abb. AR12)
A.: „Ich male nur sein Gesicht. Der Schnurrbart."
T.: „Hmhm, wenn er keine Beine und keinen Körper hat, ist er sicher, weil sie dann nicht gefressen werden können. Fühlt sich das sicher an?"
A. antwortet nicht, malt aber daraufhin einen Körper dazu.
T.: „Jetzt fühlt er sich sicher?"
A.: „Ja."
T.: „Aber er hat immer noch keine Beine. Sind die immer noch in der Küche?"

Sie malt daraufhin auch die Beine. Als ich feststelle, daß die Beine recht dünn seien, meint sie: „Ja, die sind gewachsen", was so viel heißt wie: „Sie brauchen Zeit, um zu wachsen, sie beginnen gerade erst damit."

Auffällig ist, daß sie, sobald wir von Schwäche und Stärke sprechen, schießen will, d. h., das Gefühl von Kraft erleben möchte, so auch jetzt.

Ich lasse sie spüren, wie sich das anfühlt, wenn der Teufel tot ist und die Beine nicht mehr gefressen werden können.

Sie bewaffnet sich wieder und ist glücklich mit der Rüstung, schaut sich im Spiegel an, lacht und freut sich über ihren Anblick: „Ich sehe lustig aus." „So kann keiner mehr irgendwelche Beine fressen", sage ich. „Ja!" ruft sie lachend.

Im weiteren Verlauf der Sitzung erschießt sie mich voller Wonne von allen Seiten. Mal als Ritter, mal als Wikinger oder Robin Hood. Besonderen Spaß macht es ihr, auf mein Knie zu schießen.

A.: „Das Knie schieße ich jetzt."
T.: „Oh je, mein Knie! Welches Knie, vom Mama- oder vom Papa-Bein?"
A.: „Das Papa-Bein, schon wieder von hinten."

Sie ist überglücklich und befreit und hüpft die Stufen in meinem Zimmer hinauf und hinunter. Es fällt ihr schwer, die Sitzung zu beenden.

Ich schließe die Sitzung, als sie mich ins Herz trifft, indem ich sage:

T.: „Jetzt hast du dem Teufel genau ins Herz geschossen."
A.: „Ja, genau ins Herz."
T.: „Gut, dann kommst du morgen wieder."
A.: „Ja, und ich kann dich schießen."

Manch einer wird derartige Rollenspiele als befremdend empfinden. Erwachsene, die selbst nie Kinder sein durften, können solche Spiele leicht als bedrohlich und vielleicht sogar als Untergrabung ihrer Autorität empfinden. Rollenspiele müssen von

AR12

innen heraus gelingen, ansonsten sollte man beispielsweise Puppen einsetzen.

Aber das ist so, da kann man nichts ändern.

5. Sitzung

Ariadne kommt strahlend zur Sitzung. Die Mutter sagt, sie habe ihr Kind noch nie so fröhlich und frei erlebt. Mir scheint, wir haben eine gute Grundlage geschaffen, um in dieser Sitzung die direkte Ablösung des Kindes aus der Schuld des Vaters zu versuchen.

Ariadne kündigt heute an, daß sie „immer dasselbe machen wolle", nämlich schießen. Ich spiele dieses Spiel eine Weile mit, dann frage ich sie, wie es ihrem Bein gehe. „Gut, besser, sicher." Diese Aussage überprüfe ich, indem ich sie erneut ihre Beine malen lasse. Sie setzt sich zum Malen den Wikingerhelm auf und stellt den fauchenden Wolf neben sich (Abb. AR13).

Die „Beine sind ganz groß", erläutert sie. Sie nimmt dazu das Blatt hochkant. Diesmal bekommt das kranke Bein die violette Farbe. Als ich sie frage, wem die Beine gehören, sagt sie: „Diese zwei gehören mir." Um sicher zu gehen, frage ich, ob das nicht das Mama-Bein sei. Sie spürt lange nach und sagt dann: „Diese zwei, die haben immer den gleichen Namen. Mama-Bein gesund ist, da heißt das nichts." Ich frage, ob es dann vielleicht Ariadne-Bein heiße. „Nein, dann heißt das nie mehr und auch das." Sie will damit sagen, daß ihre gesun-

AR13

AR14

den Beine überhaupt keinen Namen mehr brauchen.

In dem Moment, in dem sie sich ganz zu sich selbst bekennt, kommen die Bilder ihres eigenen Todes aus dem Leben hoch, das wir gerade bearbeiten. Sie leitet es mit den Worten ein: „Ich sehe etwas ..." Sie scheint überrascht, über das, was sie „sieht".

Es ist der Name „ARUEALIS". „So heiße ich", sagt sie und: „Meine ganze Familie, alle mit dem Namen ARUEALIS müssen ausgelöscht werden." Dazu schreibt sie den Namen auf und streicht ihn durch. Wieder schreibt sie von rechts nach links (Abb. ARl4).

Nebenbei sei erwähnt, daß ein Satz wie „die müssen ausgelöscht werden" sicher nicht zum üblichen Sprachgebrauch des Kindes gehört. Er scheint direkt zum Postulat oder Abschlußbefehl aus dem damaligen Leben zu gehören.

Dann erlebt sie ihren eigenen Tod durch den Biß einer Schlange in den Oberarm.

Wir gehen nur kurz auf die Angst und den Schmerz ein, den sie bei dem Biß durch die Schlange empfindet, und betonen, daß zwar der Name ausgelöscht werden könne, die Seele jedoch niemals. Ich bearbeite die Todeserfahrung nur kurz, da es mir vorrangig erscheint, in der wenigen noch verbleibenden Zeit Ariadne aus der Schuld dem Vater gegenüber zu befreien. Sollte der Tod nicht gut genug bearbeitet sein, wird er wieder auftauchen.

Nachdem wir uns die Schlange zum Helfer gemacht haben (ich erinnere an die Gedanken über homöopathische Wirkung, Ähnliches mit Ähnlichem zu heilen) und sie sich die Schlange „zum Schutz" umgehängt hat, fahre ich mit dem Thema Vater fort.

T.: „Brauchst du noch andere Tiere, wenn du jetzt dich, den Papa und die Mama malst?"

A.: „Also meinen Papa male ich immer als eine Katze." Sie setzt zum Malen wieder den Wikingerhelm auf. Zunächst malt sie die Mutter und dann den Vater. (Abb. AR15)

A.: „Das ist mein Papa, der springt gerade. Auch ich springe mit dem Papa."

Sie zeigt mir ihre Hüpf- und Springkünste auf der Couch. Ich verstehe es als eine Demonstration, daß sie Sport treiben kann, ohne Gefahr zu laufen, verletzt zu werden. „Ja, auf dem Bett kann ich so auf die Knie und dann wieder hoch“, betont sie, um zu zeigen, daß das Knie außer Gefahr ist. „Toll, also da sehe ich wirklich, daß du deinen Beinen gut erzählt hast, daß sie stark werden dürfen und wachsen,“ sage ich anerkennend.

Noch einmal prüfe ich, oder lasse sie spüren, wem die Beine gehören:

T.: „Also wem gehören jetzt diese Beine?“ Ich zeige auf das Bild, auf dem sie ihre beiden Beine gemalt hat.

A.: „An mich, das habe ich doch schon gesagt.“

T.: „Ein Mama-Bein gehört der Mama und ein Ariadne-Bein gehört der Ariadne.“

A. lacht. „Nein, ein Kind gehört zu die Mama.“

T.: „Genau. Das Kind Ariadne gehört zu seiner Mama in Xland, und es hat Beine, die zu ihr selbst gehören. Welche Farbe haben dann die Beine?“ Sie fängt wieder an zu schießen, Dann nimmt sie den Wikingerhelm, setzt sich und stellt den Helm an ihre Füße. „Wer bekommt jetzt Kraft von dem Helm?“

A.: „Die Beine und der Kopf.“

T.: „Kannst du fühlen, wie die Beine jetzt Kraft von dem Helm bekommen?“

A.: „Oh, sehr!“

T.: „Ja, das glaube ich, das ist ein starker Helm. Welche Farbe haben die Beine jetzt?“

AR15

A.: „Das Rot.“ Sie legt noch Pfeil und Bogen an ihre Beine.

T.: „Gut, dann fühle deine Kraft, wenn an den Beinen der Helm und der Pfeil und Bogen liegen, der den Teufel schießen kann.“

A.: „Ich weiß nicht.“

T.: „Fühlst du es nicht mehr?“

A.: „Nein.“

Ich habe den Aggressor ins Spiel gebracht, hier den Teufel. Ihre Kraft hält ihm noch nicht stand, wie wir sehen.

T.: „Was ist passiert, daß du es nicht mehr fühlst?“

A.: „Laß mich da fühlen.“ Sie fühlt auf ihrer Zeichnung. „Ja. Das Mama-Bein und das Papa-Bein. Immer noch die gleiche Farbe.“

T.: „Vielleicht kann die Mama ein bißchen von ihrer Farbe zur Ariadne geben, als Stütze, dann kann Ariadne ihre eigenen Beine haben.“

A.: „Ja!“ ruft sie erleichtert aus.

Es ist mein erster Versuch, ihr dazu zu verhelfen, daß sie ihre Kraft aus ihren Eltern beziehen kann. Als nächstes lasse ich sie im einzelnen fühlen, wer von wem Kraft bekommt.

Die Mutter bekommt Kraft vom Vater und Ariadne von der Mutter. Die Mutter schickt ihr von ihrem „Bauch aus Kraft in das Mama-Bein“. Ariadne malt entsprechende Verbindungslinien. Ich lasse sie die Kraft spüren, und sie freut sich über das neue Gefühl. Als ich sie frage, von wo aus der Vater ihr Kraft sendet, weicht sie aus in: „Ich weiß nicht“. Schließlich frage ich:

T.: „Und wie ist es beim Papa? Braucht der Kraft von dir, oder gibt er dir welche?“

A.: „Er? Er, so ist die Verbindung. Er gibt der Mama Kraft und die Mama an mich.“

T.: „Aha. Und gibst du auch jemandem Kraft?“

A.: „Ja, dem Papa.“

T.: „Du gibst dem Papa die Kraft?“

A.: „Ja. Die alle Kraft, ich mag nicht. Also wenn so ein ..., wenn so Mama-Bein ist, und dann die ganze Stärke wird wachsen, die ganze Stärke ist wach, und die Mama gibt so, dann alles zu Papa-Bein.“ Sie gerät in Verwirrung.

T.: „Dann gibst du es zum Papa?“

A.: „Ja, die ganze Masse.“

Ein tiefer Seufzer läßt erkennen, wie schwer die Verantwortung für sie wiegt, die sie glaubt, dem Vater abnehmen zu müssen.

Als ich sie frage, wer am meisten Kraft besitze, sagt sie zunächst: „Der Papa.“ Dann aber sofort anschließend: „Nein, ich habe mehr.“

Obwohl sie das Bewußtmachen ihrer Opferhaltung sehr anstrengt, muß ich die Erfahrung gründlich herausarbeiten.

Schließlich geht sie zur Waage und fragt: „Weißt du, jetzt möchte ich was machen. Ist das eine Waage hier? Ich möchte das probieren. Was ist mehr schwer, das Krokodil oder die Schlange.“ Sie legt auf eine Waagschale die Schlange und auf die andere das Krokodil. „Die Schlange ist leicht. Das ist die eins und das ist die zwei.“

In der Symbolsprache heißt das: „Was wiegt schwerer, was ist schwerer zu ertragen, der Tod durch eine Schlange oder durch ein Raubtier“? Die Entscheidung fällt für das Raubtier. Sie macht mir mit der Schlange Angst, um nochmals zu demonstrieren, daß die Schlange auch „schwer wiegt", d. h., große Angst macht.

Dann hält sie die Schlange an ihren linken Oberarm und sagt:

A.: „Die beißt so da rein."
T.: „Fühl mal, wie das ist."
A.: „Da hab ich viel Angst, weil die kann mich tot machen."
T.: „Ja, das stimmt. Fühl mal, wie das ist."

Sie weicht nicht aus, sondern spürt gut nach, wieviel Angst und Schmerz es auch beim Tod durch einen Schlangenbiß gibt. Nachdem ihr Tod erneut ernst genommen wurde, machen wir weiter.

T.: „Brauchen wir die Schlange, wenn wir jetzt noch mal mit dem Papa reden?"
A.: „Ja, die gehört mir."
T.: „Gut. Ariadne, wollen wir das hier jetzt in Ordnung bringen? Der ist so groß. Der Papa ist ganz groß und hat viel Kraft. Wie ist das, gibt der Große den Kleinen, oder gibt der Kleine den Großen?"
A.: „Also die Großen den Kleinen."
T.: „Ja, genau."
A.: „Hier aber den Kleinen den Großen."
T.: „Hier ist das anders? Vielleicht müssen wir das ändern. Vielleicht könnte der Papa dem Kleinen was geben und nicht das Kleine dem Großen?" Ich zeige dabei auf das Bild, das sie gemalt hat.
A.: „Hm. Aber das ist so!"
T.: „Das ist so, und das kann man nicht verändern?"
A.: „Nein."
T.: „Sag mal. Du bist der große Papa."
A.: „Was ist in das Haus?"

Sie geht in das Kinderhaus, sucht sozusagen Schutz. In dem Haus beschäftigt sie sich mit den drei Kissen, die Tierköpfen nachempfunden sind. Ich lasse ihr diese Beschäftigung eine Weile und versuche es dann noch ein drittes Mal:

T.: „Jetzt ist unsere Zeit bald zu Ende. Kannst du noch sagen: Bitte Papa, gib mir von deiner Kraft?"
A.: „Ja, aber jetzt mag ich ein bißchen spielen."
T.: „Gut, wir schauen noch, wieviel Kraft der Papa dir geben kann, und dann spielen wir. Bitte Papa, gib mir Kraft."
A.: „Liebe Papa, gib mir Kraft."
T.: „Und was sagt er dann?"
A.: „Ich weiß nicht, der ist in Xland."
T.: „Dann machen wir das morgen fertig. Und fragen ihn morgen noch mal?"
A.: „Ja."

Ich bleibe deshalb so beharrlich am Thema, weil ich zumindest den Boden dafür schaffen will, daß sie morgen die Verantwortung für den Vater aufgeben und sich seiner Kraft und Verantwortung anvertrauen kann. Sollte es gelingen, würde das einen großen Heilungsschritt bedeuten.

Die Sitzung klingt aus, indem sie nochmals voller Begeisterung schießt.

Der Papa ist kein Panther, der ist eine Maus

6. Sitzung

Ariadne bringt heute einen alten, verwaschenen „rosaroten Panther" mit (die Comicfigur aus dem Vorspann zum gleichnamigen Film).

Sie geht sofort auf die Schachtel mit Pistolen zu, holt eine heraus und sagt: „Da kann ich viel schießen. Heute möchte ich die Waage schießen." Sie schießt mit großer Freude die Teller von der Waage und geht anschließend zum Kasten mit den Tieren. Sie holt den Löwen und das Löwenkind heraus, untersucht beide genau und legt sie dann wieder zurück. Nachdem sie die Waage zerstört hat, die in der letzten Sitzung gesagt hat, daß ihr Tod weniger Gewicht hat als der ihres damaligen Mannes, ist der Löwe nicht mehr weiter wichtig. Befriedigt kommt sie zum Tisch.

T.: „Ariadne, heute sind wir zum letzten Mal zusammen, dann fährst du wieder nach Xland. Laß uns sehen, was wir noch alles in Ordnung bringen müssen."

A.: „Ja!" ruft sie begeistert und schießt dabei auf mich.

T.: „Müssen wir heute noch viel schießen?"

A.: „Ja."

Schießen ist heute offensichtlich sehr wichtig, aber es muß in einen therapeutischen Zusammenhang gestellt werden, wenn es die gewünschte Heilwirkung haben soll. Es ist jetzt nicht leicht, sie zur Arbeit zu bringen, da sie fortwährend schießen will. Ich mache verschiedene Anläufe. Nachdem sie einige Male auf die brennende Lampe geschossen hat, die wir als Sonne identifiziert haben, gelingt es mir schließlich.

T.: „Fühle mal in dein Bein. Wie ist das jetzt in deinem Knie, was sagen die über ‚Wachsen' und ‚Nicht-Wachsen'?"

A. fühlt eine Weile und sagt dann: „Noch immer nicht gut."

T.: „Noch immer nicht. Da fehlt noch was?"

A.: „Ja."

T.: „Wollen wir das heute noch machen?"

A.: „Ja."

T.: „Gut. Vielleicht können wir das hiermit machen?" Ich deute auf die Zeichnung mit den Zellen aus der zweiten Sitzung (Abb. AR5).

A.: „Ich glaube nicht."

T.: „Nein? Was glaubst du, wie wir es machen könnten?"

A.: „Ich weiß nicht". Während sie das sagt, spielt sie mit ihrem rosaroten Panther (wieder eine Wildkatze).

T.: „Vielleicht mit dem rosaroten Panther?"

A.: „Ja."

T.: „Dann malen wir einmal den rosaroten Panther."

A.: „Ja." Sie schießt unter dem Tisch auf meinen Fuß. Nachdem ich nicht reagiere, sagt sie: „Ich habe deinen Fuß geschossen, hast du das gemerkt?"

T.: „Natürlich habe ich das gemerkt."

A.: „Ohne zu sagen?"

T.: „Nein, ich habe diesmal nichts gesagt. Ich schreie nicht immer. Wo kommt der rote Panther hin?"

A.: „Jetzt mag ich den lassen schießen, den roten Panther." Während sie malt singt sie: „Jupi, jupi, jupi ... Ich habe auch die Kassette mit dem rosaroten Panther." (Abb. AR16a)

T.: „Und seine Beine werden nicht gegessen in der Küche?"

A.: „Nein." Sie lacht.

T.: „Dann kann er uns helfen."

A.: „Ja."

T.: „Fragen wir ihn mal?"

A.: „Ja." Sie schießt zwei Pfeile ab und holt sie wieder. „Juphei, juphei, juphei! Mit diesen kann ich einen Sprung machen." Sie springt die Stufen in meinem Therapiezimmer herunter. „Jetzt habe ich viele."

T.: „Gut, jetzt hast du alle Pfeile gesammelt, wir lassen sie hier liegen, bis wir fertig sind."

A.: „Ja."

T.: „Ist das ein Vater, eine Mutter oder ein Kind?"

A.: „Eine Mutter."

T.: „Wo ist der Vater?"

A.: „Der Vater ist eine Arbeit gegangen."

T.: „Hmhm, und wo ist das Kind?" Sie malt es. Schließlich malt sie nach einigen Ablenkungsmanövern auch den Vater.

A.: „Und das sind zwei. Ja, jetzt male ich noch einen hin, dann sind es vier."

T.: „Wen malst du da noch hin?"

A.: „Den Papa."

T.: „Richtig, den brauchen wir auch noch." A. seufzt, während sie malt.

T.: „Wer hilft wem?"

A.: „Der Papa gibt dem Kraft." (Der Mutter)

T.: „Aha."

A.: „Hmhm. Er gibt die Kraft die Mama und auch das Kind."

T.: „Der Mama gibt er es auf die Nase und dem Kind in die Hand?"

A.: „Ja."

T.: „Gibt die Mama auch Kraft?"

A.: „Ein bißchen an den Papa." Sie malt die entsprechenden Linien.

T.: „Ja genau. Gibt es noch jemanden, der Kraft gibt?"

A.: „Nein."

AR16b

AR16a

T.: „Nur der Papa und die Mama ein bißchen an den Papa."

A.: „Ja."

T.: „Und die Mama, gibt die nichts dem Kind?"

A. lacht und malt es sofort. „Ja, ich hab das schon gemalt." (Sie meint in der letzten Sitzung.)

T.: „Hmhm. Und das Kind, gibt das auch was?"

A. lacht, „Ja, braun. Das Kind gibt auch etwas an den Papa."

T.: „Sonst gibt das Kind nichts mehr?"

A.: „Nein."

T.: „Sag mal, du bist mein Papa, du bist der Große und ich bin die Kleine."

A.: „Hm."

T.: „Wie fühlt sich das an?"

A.: „Der Papa, der ist nicht eine Panther, sondern eine Maus."

Wie wir sehen, hat die Seele in der Zwischenzeit weitergearbeitet. Sie kann heute von ihrem Vater Kraft annehmen, sie traut ihm aber immer noch nicht genügend zu. Es fällt ihr schwer, ihm die Verantwortung zu übergeben.

T.: „Der ist kein Panther, sondern eine Maus?"

A.: „Ja."

T.: „Und die Panther, fressen die Mäuse?"

A.: „Nein."

T.: „Sag: Papa, du bist der Große."

A.: „Papa, du bist der Große."

T.: „Und ich bin nur ein Kind."

A.: „Ja."

T.: „Du bist groß, und ich bin klein, und du kannst mich beschützen."

A. lacht. „Ja."

T.: „Wie fühlt sich das an?"

A.: „Sicher."

T.: „Wer kann dir Kraft für die Beine geben?"

A.: „Die Mama."

T.: „Gut, dann male das."

A. malt von der Mutter-Hand grüne Energie zu ihrem Bein.

T.: „Und jetzt sage: „Bitte Papa, gib mir auch Kraft für meine Beine!"

A.: „Bitte Papa, gib das auch Kraft an meine Beine." Sie malt von seinem Bauch aus grüne Energie an ihre Beine. Sie begleitet es mit einem tiefen Ausatmen und sagt: „Jaaaaa."

T.: „Gut, wie fühlt sich das an?"

A.: „Sicher."

T.: „Gut, fühl das." A. fühlt andächtig.

T.: „Schau mal, jetzt malen wir hier das noch mal hin." Ich male den Kreis, in den die „Zellen" gehören. (Abb. AR16b)

A.: „Ich mag ein bißchen schießen."

T.: „Ja, das machen wir gleich. Ich habe das nochmal hingemalt, diesen Teil von deinem Bein."

A.: „Ja."

T.: „Wie sehen die Teile jetzt aus? Male die rein, die ja sagen und die, die nein sagen."

A.: „Ich male ja. Grün und rot."

T.: „Gut, fühle wie es aussieht, wenn du von Papa und Mama Kraft bekommst."

A.: „Ja."

T.: „Fühl, wie die Kraft von Papa und Mama da rein geht."

A.: „Ganz gut."

T.: „Ja."

A.: „Nein, das war nicht." D. h.: ‚Ich habe kein Nein gespürt.'"

T.: „Gibt es immer noch: ‚Nein, ich wachse nicht?' Frag mal dein Bein, ob es noch nein gibt."

A.: „Ja und das nein. Das immer nein."

Wieder scheint die Umprogrammierung nicht gelungen zu sein. Sie hat jetzt zwar die „gesunden" Farben von der ersten Zellzeichnung gewählt, sagt aber, daß alle Roten immer noch nein sagen. Sie steht auf und geht zur Hupe und zur Ratsche, traut sich aber nicht, allzuviel Lärm zu machen. Ich lasse sie nochmals Kraft von Papa und Mama nehmen, aber sie bleibt dabei, daß alle Roten nein sagen. Schließlich frage ich:

T.: „Für wen brauchst du das Nein?"
A.: „Für den Teufel."
T.: „Verstehe, und wie heißt das, nein ...?"
A.: „Nein, hör auf?"
T.: „Was können wir da machen, daß er aufhört?"
A.: „Ich muß den noch schießen."
T.: „Ja, wenn der tot ist, dann brauchst du kein Nein mehr?"
A.: „Ja, aber der ist in dem Haus drin."
T.: „Wollen wir sehen, ob wir den Teufel finden?"
A.: „Ja, der ist in das Haus."
T.: „Und was machen wir da?"
A.: „Der ist versteckt." Sie beginnt in das Haus zu schießen.
T.: „Schießen wir ihn ab, damit wir kein Nein mehr brauchen?"
A.: „Ich glaube, ich habe ihn."
T.: „Getroffen?"
A.: „Vielleicht."
T. (Ich schreie für den Teufel): „Aua! ... Ich glaube du hast ihn ein bißchen getroffen."
A.: „Vielleicht an den Popo habe ich ihn getroffen." Sie schießt wieder. „Ich habe schon wieder getroffen."
T.: „Au!"
A.: „Jetzt habe ich ihn mehr getroffen, schreie immer mehr laut."
T.: „Wer schießt denn in mein Haus? Aua!"

Ariadne freut sich und schießt weiter. Nachdem wir dieses Spiel eine Weile gespielt haben, frage ich:

T.: „Wollen wir nachschauen, ob wir ihn erschossen haben?"
A.: „Noch zwei. Ich glaube wir haben geschossen. Hä, hä, hä."
T.: „Jetzt kann er gar nicht mehr richtig schreien." Ich grunze nur noch leise, wenn sie in das Haus schießt.
A.: „Wir haben ihn erschossen."
T.: „Toll, dann malen wir ihn tot dahin, damit wir sehen können, daß er auch wirklich tot ist." (Abb. AR17)

Sie malt einen großen Teufel auf das Blatt und beschreibt, wo sie ihn überall abschießt. „Wo wir geschossen, dann mache ich einen Pfeil". Nacheinander schießt sie in „die Zähne, das Ohr, das Herz, die Finger, den Popo, das Schwänzchen." „Der Popo ist hinten, dann male ich auf den anderen Blatt hinten." Sie dreht das Blatt um und malt den Teufel nochmals von hinten. Dann schießt sie noch an das Bein, und wir sagen ihm, daß er jetzt keine Beine mehr fressen kann (Abb. AR18).

Ich bitte sie: „Fühl mal, ist er jetzt tot?" Sie fährt andächtig mit ihrer Hand über das Blatt und sagt: „Ja."

Ich hole das Blatt mit den Zellen (Abb. AR16) und frage: „Fühl mal jetzt hier drauf, was sagen die Zellen jetzt?" Sie fühlt mit der gleichen Andacht und sagt dann

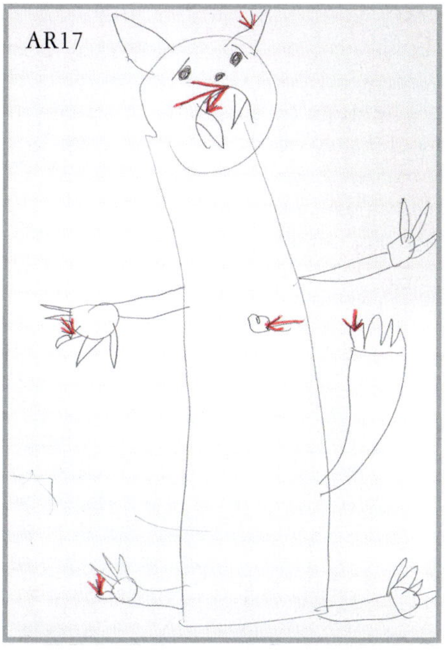

strahlend: „Die sagen jetzt alle ja. Schreib das dahin!"

Bevor sie geht, schießt sie noch den beiden Katzen auf meiner Couch „an den Kopf" und dem Teufel nochmals „ins Gesicht".

T.: „Fühl mal, ob jetzt alles ja sagen kann?"
A.: „Ja, alles, ja, ja, ja, ja, ja."

Sie geht singend und „jippi, jippi"-rufend davon. Aus dem überaus ernsten Mädchen der ersten Sitzung ist ein fröhliches Kind geworden. Die Mutter wird später bestätigen, daß dieses Gefühl angehalten hat.

Die Arbeit mit dem Kind ist jetzt vorerst beendet. Ich weiß aus Erfahrung, daß diese Arbeit eine lange Tiefenwirkung hat. Man kann damit rechnen, daß die Behandlung noch neun Monate lang nachwirkt. Unser Körper reagiert am langsamsten, auf geistiger und auf Gefühlsebene zeigt sich die Wirkung schneller.

Im folgenden werde ich jetzt die aufschlußreiche, aufregende Arbeit mit den Eltern schildern.

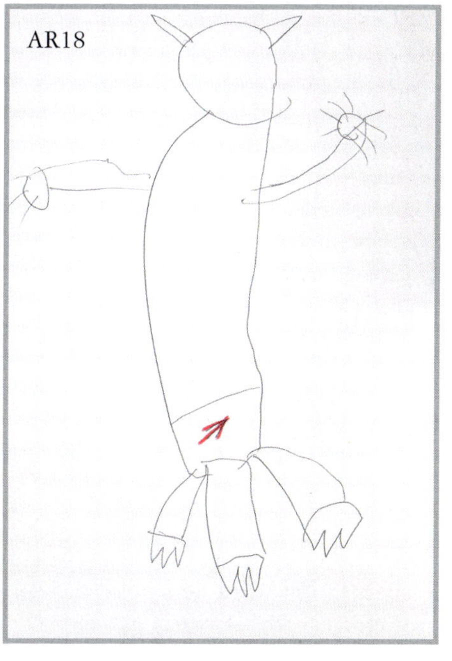

Arbeit mit den Eltern

Jeder Moment ist das Ganze, und es ist so, wie es ist, vollkommen. Nur im Augenblick, im Hier und Jetzt ist es zu erfahren.
PLATON

1. Der Vater

Zunächst hatte ich fast ausschließlich mit der Mutter von Ariadne zu tun. Frauen können sich in der Regel leichter auf ungewöhnliche, scheinbar irrationale Themen einlassen. Nachdem die Arbeit mit Ariadne vorerst beendet war, meldete sich die Mutter zu einer dreitägigen Intensivtherapie bei mir an. Sie wollte ihren Anteil an der Behinderung ihrer Tochter bearbeiten. (Eine Intensivtherapie erstreckt sich über drei Tage, an denen täglich zwischen drei und sechs Stunden Therapie gemacht werden, je nach Bedarf. In der Abgeschiedenheit eines Bergdorfes, in der ich oft arbeite, gibt es in den Pausen genügend Möglichkeit der Sammlung und der Nacharbeit.)

Ich war sehr überrascht, als sich der Vater kurzfristig entschloß, auch mitzukommen, um sein Karma mit seiner Tochter zu bearbeiten. Überrascht war ich deshalb, weil er in einem Beruf arbeitet, in dem nur Fakten und Tatsachen zählen. Bald sollte ich eine erstaunliche Geschichte erfahren, die die schnelle Bereitschaft zur Mitarbeit erklärte. (Wir unterhielten uns in Englisch.)

Der Mann hatte vor knapp zwanzig Jahren ein seltsames Erlebnis, das ihn ungeheuer mitgenommen und sein Selbstverständnis und seine Identität bis zum heutigen Tage in Frage gestellt hatte. Er hatte bisher keine schlüssige Erklärung dafür gefunden. Auch wagte er sich niemandem anzuvertrauen, da er fürchtete, für „verrückt" gehalten zu werden. Selbst dem Therapeuten, der ihn später wegen einer Depression behandelte, hatte er die Geschichte nicht erzählt. Jetzt, da er von dem Leben hörte, das ich mit seiner Tochter bearbeitete, war er sehr betroffen. Es keimte eine erste Hoffnung auf, daß er nach fast zwanzig Jahren vielleicht doch noch eine Erklärung für sein außergewöhnliches Erlebnis finden könnte.

Hier nun seine Geschichte:

Nach seinem Studium verbrachte der Mann einige Zeit in Paris, um die Sprache des Landes zu erlernen. Er lebte dort in einer Wohngemeinschaft mit zwei Frauen seiner Nationalität. Er fühlte sich in dieser Wohngemeinschaft nicht wohl, konnte jedoch aus finanziellen Gründen keine andere Unterkunft finden. „Ich hatte immer das Gefühl, die Frauen sind Hexen." Eines Abends ging er in die Küche und schnitt sich ein Stück von einem Kuchen ab. Als er hineinbiß, hatte er ein Büschel schwarzer Haare im Mund. „Die Haare waren gebündelt und hatten etwa die Größe einer Walnuß. Sie waren dunkel und stark gekräuselt, so daß sie mich an Schamhaare erinnerten. Abgesehen davon, daß ich mich schrecklich geekelt habe, geriet ich von dem Moment an in einen Ausnahmezustand, so als hätte ich harte Drogen genommen. Der Zustand hielt drei Tage an, und in dieser Zeit passierten schreckliche Dinge." Er kann sich bis heute nicht erklären, was damals mit ihm geschehen ist. Der Kuchen schien frisch gekauft, da er in einer Folie eingeschweißt war, „die Hexen konnten also keine Drogen eingebacken haben".

Während der Mann erzählt, was in den drei Tagen passiert ist, gerät er in heftige innere Erregung, und es wird deutlich, daß er immer noch Angst hat, daß ihm so etwas wieder einmal unvermittelt geschehen könnte.

In der Nacht, in der er das Stück Kuchen gegessen hatte, konnte er nicht schlafen, und er beschloß, am nächsten Morgen aus der Herberge mit den „Hexen" auszuziehen. Bei der Abmeldung geriet er mit der Dame an der Rezeption so in Streit, daß diese die Polizei holte. In seinem übererregten Zustand legte er sich auch mit der Polizei an und wurde auf das Polizeirevier gebracht. Dort, als er mit den anderen Festgenommenen zusammengesperrt wurde, geriet er völlig außer sich. Er sah in seinen Mitgefangenen plötzlich Löwen, die darauf aus waren, ihn anzufallen und zu fressen. In der Panik entleerte sich sein Darm. Mit den Exkrementen beschmierte er sich sein Gesicht, in der Hoffnung, daß die wilden Tiere ihn so stinkend zu unappetitlich finden könnten, um ihn zu fressen.

Er wurde daraufhin einem Psychiater vorgestellt. Auf dem Weg zum Arzt durch lange Flure ging seine überreizte Phantasie wieder mit ihm durch. Er glaubte sich im KZ zu befinden, sah überall Stacheldraht, Wachposten und Schäferhunde. Er war sich sicher, der Arzt wolle ihn für Experimente an seinem Gehirn mißbrauchen. In seiner Angst schlug er den Arzt ins Gesicht und wurde dann selbst von zwei Pflegern zusammengeschlagen. Als er mit gebrochenen Rippen und zerschlagenem Nasenbein wieder zu sich kam, lag er auf dem Fußboden einer Einzelzelle, ohne Licht, das einzige Mobiliar war eine Matratze auf dem Fußboden. Nach circa zwei Tagen, genau konnte er es nicht ausmachen, wurde er wieder aus der Zelle geholt. Der Spuk war vorbei. Er war wieder „normal" und wurde entlassen, nachdem er eine kleine Geldstrafe gezahlt hatte.

Hier endet die Geschichte.

Wir haben hier ein besonders eindrucksvolles Beispiel, wie traumatische Erlebnisse aus früheren Leben unvermittelt auftauchen und verwirren können, wenn genügend äußere Umstände zusammenkommen, die das alte Trauma reaktivieren. Der Vater von Ariadne befand sich in einer ungesicherten Situation, er hatte wenig Geld, mußte in einer miesen Herberge das Zimmer mit Frauen teilen, die ihn abstießen und von denen er glaubte, daß sie Hexen seien, dazu kam eine kulturelle und sprachliche Umstellung. Auf diese labile Gefühlslage traf nun das Erlebnis mit den „Schamhaaren" im Kuchen. Eine Kettenreaktion wurde ausgelöst, die Haare reaktivierten ein altes Magierleben in ihm, Polizeigewalt rief das Leben in ihm wach, in dem er von einem Löwen gefressen wurde, und der Weg zum Arzt schließlich schloß ihn an ein Leben im KZ im Hitlerdeutschland an.

Die ärztliche Diagnose für solche Zustände würde lauten: „Kurze psychotische Episode." Eine Erklärung für diese Episode würde jedoch nicht gegeben werden können. Wenn wir solche Episoden jedoch nicht erklären und deshalb nicht in unsere Persönlichkeit einordnen können, dann entstehen schwere Identitätsprobleme. Zurück bleibt eine unterschwellige Angst und eine tiefe Verunsicherung. Leider konnte ich in den drei Tagen Intensivtherapie mit dem Vater die entscheidenden Leben nicht bearbeiten. Es gab verständlicherweise viel Angstabwehr. Mit dem Leben, in dem er von einem Löwen gefressen worden war, hat sich offensichtlich ein Leben verkoppelt, in dem an seinem

Gehirn medizinische Experimente durchgeführt worden sind. Er konnte sich in so kurzer Zeit nicht all diesen tiefen Ängsten stellen. Es wäre natürlich nicht sonderlich schwer gewesen, ihn in diese belasteten Leben zu führen. Sein Unbewußtes hat jedoch keine Erlaubnis erteilt, und das war für mich ausschlaggebend. Dennoch war die Arbeit mit dem Vater sehr fruchtbar. Er konnte sein Erlebnis in Paris einordnen und damit viel unbewußte Angst auflösen, und er konnte an seine gesunden und stabilen Energien angeschlossen werden. Für die Gesundung der Tochter war das eine wertvolle Hilfe.

Nachdem ich weiß, wieviele alte Ängste dieser Mann überwinden mußte, um zur Therapie zu kommen, bin ich voller Achtung dafür, was er aus Liebe zu seiner Tochter auf sich genommen hat.

2. Die Mutter

Auch die Arbeit mit der Mutter war sehr tiefgreifend und hilfreich. Erst jetzt wurde mir klar, warum Ariadne ihr krankes Bein „Mama-Bein" genannt hatte. In der Familie der Mutter gibt es ein Programm das heißt: *„Es darf mir nicht gut gehen,* wenn es mir gut geht, dann mache ich mich schuldig, dann bin ich wertlos." Ausgelöst wurde diese Vorstellung durch verschiedene Ereignisse: Der Onkel der Mutter erkrankte mit 13 Monaten (übrigens auch Zeitpunkt des Ausbruchs der Krankheit bei Ariadne) an Kinderlähmung und ist seither linksseitig gelähmt und taubstumm. Die Schwester des Onkels (= Großmutter von Ariadne) wuchs mit der Information auf: „Wie kannst du froh sein, wenn es ihm so schlecht geht?" Die Mutter von Ariadne hat nun, um eine Existenzberechtigung zu haben, sich selbst ein körperliches Problem geschaffen, eine besonders starke Akne im Gesicht. Auch ein behindertes Kind gibt ihr Lebensberechtigung.

Wir sehen, wie dieses Kind in Liebe mit seinen Eltern verquickt ist, es hat sich auch noch bereit erklärt, der Mutter zu helfen. Sie sagt: „Es ist dein Bein." Damit will sie ausdrücken: Wenn ich dir diese Behinderung gebe, dann darfst du fröhlich sein, hast eine Existenzberechtigung und brauchst nicht selbst behindert zu sein.

Es gelingt sehr gut, mit der Mutter diese Familienverstrickung zu bearbeiten. In der letzten Sitzung versuche ich, die Mutter noch an ein Leben anzuschließen, in dem sie sich sicher, selbstbewußt und mit gutem Selbstwertgefühl erleben kann. Sie kann sich absolut nicht vorstellen, daß das gelingen könnte, da sie solche Gefühle aus ihrem jetzigen Leben nicht kennt. Sie ist dann sehr erstaunt und erfreut darüber, daß sie sich alsbald in einem Leben wiederfindet, in dem sie als eine sehr starke, selbstbewußte und gleichzeitig mütterliche Frau einen großen Gutshof allein leitet. Mit dieser Energie kann sie langsam ihre alten Unwertgefühle und Opferprogramme auflösen. Sie hat damit eine Erfahrung an der Hand, die sie immer wieder abrufen kann, wenn die alten Schuld- und Unwertgefühle erneut auftauchen. So können langsam die alten Erfahrungen durch die neuen ersetzt werden. Entscheidend für die Rückführungsarbeit, wie wir sie handhaben, ist, daß die Klienten nicht nur eine Vorstellung, ein Bild erhalten, sondern sie bekommen eine hautnah erlebte Erfahrung mit. Die Mutter hat in allen Einzelheiten durchlebt, wie diese Frau, die sie in einem früheren Leben war, Probleme gelöst und Menschen geführt hat, wie sie mit einem Behinderten auf ihrem Hof umging und wie Freude und Lachen neben Schmerz und Mühsal lebendig sein durften.

Viel Freude und Lachen mit ihrem Kind sind nun auch die Medizin, die ich der Mutter verschrieben habe. Wenn die Mutter soweit sein wird, daß sie von innen heraus sagen kann, „auch wenn es eine Behinderung gibt, darf ich mich freuen“ und „wir brauchen keine Behinderung mehr, um eine Lebensberechtigung zu haben“, dann dürfen die Mutter ihre Akne und das Kind sein Bein gesunden lassen.

Hier ist vorläufig meine Arbeit beendet. Kind und Eltern haben den Zugang zu ihren inneren Heilquellen gefunden. Jetzt braucht es Zeit für die Heilung.

Ausklang

Die Operation erfolgte acht Monate nach der letzten Sitzung mit Ariadne. Die Erfahrung zeigt, daß eine durch die Reinkarnationstherapie in Gang gesetzte Heilung des Körpers bis zu neun Monate dauern kann, bis sie abgeschlossen ist. Die Zeit, die Ariadnes Bein zur Heilung hatte, war also knapp bemessen, vor allem deshalb, weil es sich um eine so schwere Krankheit handelt.

Kurz bevor ich das Buch zum Druck gebe, erreicht mich ein Brief der Mutter, den ich abschließend teilweise zitieren möchte:

„Ich schreibe Dir, weil ich eine so gute Nachricht habe, daß ich es selber kaum fassen kann. Es ist vorbei – Ariadne hat ihren Kampf gewonnen. Der Apparat ist seit drei Tagen ab, das Bein gerade und der Knochen o.k. Wir sind so erleichtert, es hat alles so wunderbar geklappt! ... Unsere Chirurgen meinen, es könnte der letzte Eingriff gewesen sein, denn die Wachstumsfuge hat sich regeneriert. Eine Erklärung dafür hatten sie nicht. Wir hatten sie vor der Operation auf einen weichen (weich wie ein Brötchen hatten uns immer die früheren Chirurgen gesagt) Knochen vorbereitet – sie fanden ihn fest ...“

Eure Kinder sind nicht eure Kinder.
Sie sind die Söhne und Töchter der Sehnsucht des Lebens nach sich selber.
Sie kommen durch euch, aber nicht von euch,
und obwohl sie mit euch sind, gehören sie euch doch nicht.
Ihr dürft ihnen eure Liebe geben, aber nicht eure Gedanken,
denn sie haben ihre eigenen Gedanken.
Ihr dürft ihrem Körper ein Haus geben, aber nicht ihren Seelen,
denn ihre Seelen wohnen im Haus von morgen,
das ihr nicht besuchen könnt, nicht einmal in euren Träumen.
Ihr dürft euch bemühen, wie sie zu sein,
aber versucht nicht, sie euch ähnlich zu machen.
Das Leben läuft nicht rückwärts, noch verweilt es im Gestern.
KHALIL GIBRAN

CLARA

Wenn Papa und Mama streiten, will ich nicht auf diese Welt kommen

oder

Die Entführung

Opposition gegen die Eltern, Schulprobleme, Insemination

Die Geschichte von Clara habe ich ausgewählt, weil sie eine Schilderung enthält, wie ein Kind seine eigene Zeugung – hier eine künstliche Befruchtung – erlebt. Ich bringe sie auch, um zu zeigen, daß jede Therapieform, und sei sie noch so gut, ihre Grenzen hat.

Das Kind kommt insgesamt elfmal zu mir. Es gelingt mir, die Beziehung zwischen Eltern und Kind zu normalisieren, nicht aber, die Schulprobleme zu lösen.

Clara ist zehn Jahre alt und wird zu mir gebracht, weil die Eltern „nicht mehr mit ihr fertig werden". „Sie geht oft in totale Verweigerung und ist dabei so stark, daß wir nicht mehr wissen, was wir machen sollen. Leider sind dann Schläge oft das letzte Mittel, das uns bleibt. Sie ist oft so unverschämt, das können wir uns doch nicht bieten lassen," klagt die Mutter. „Sie wehrt sich gegen die Regeln und Ordnungen im Hause und in unserem täglichen Zusammenleben. In der Schule klappt es weder mit den Leistungen noch mit ihren Klassenkameraden."

Als erstes biete ich Clara meine Hilfe an und frage sie, was sie von mir erhofft und erwartet. Clara antwortet mir: „Wir streiten soviel zu Hause, vor allem mit der Mami. Ich bin so frech, ich möchte weniger frech sein". Als ich sie frage, was das heiße, frech zu sein, sagt sie: „Ich mache nie das, was die Mami will".

Bei dieser Antwort fällt auf, daß das Kind die volle Verantwortung für das Problem übernimmt. Man könnte diese Antwort auch folgendermaßen umformulieren: „Ich habe ein Problem, weil die Mama ein Problem mit mir hat. Ich mache mir Sorgen, weil die Mama Sorgen mit mir hat."

Manch einer mag jetzt fragen, ja, wenn das so ist, warum ändert das Kind sein Verhalten nicht einfach? Stellen Sie diese Frage bitte zurück; ich hoffe, daß sie beantwortet ist, wenn ich meine Ausführungen über Clara abgeschlossen habe.

Clara ist das von der Mutter lange ersehnte einzige Kind. Vor Clara hatte die Mutter drei Fehlgeburten. Das Mädchen ist schließlich durch Insemination, d. h. künstliche Befruchtung, entstanden. Der Vater wollte zunächst keine Kinder. Er war erst mit einem Kind einverstanden, als seine Frau Kinder zur Vorbedingung für eine Eheschließung machte. Äußerungen des Vaters wie etwa: „Ich habe dir gleich gesagt, du schaffst das nie, ein Kind zu erziehen" verletzen die Mutter sehr und lassen sie an ihrem Selbstwert zweifeln.

Die Familie lebt traditionsbewußt, und die Eltern wollen dem Kind die bestmögliche Erziehung angedeihen lassen. Dazu gehört „Abhärtung" und nicht „Verwöhnung", was man bei sogenannten „ungezogenen" Kindern heute erwartet.

Lieber Papa, ich nehme dir deine Traurigkeit ab

1. Sitzung

Clara ist ein sehr intelligentes, hübsches, lebendiges zehnjähriges Mädchen. Sie tritt mir offen und voller Neugierde entgegen. Es geht eine leichte Unruhe von ihr aus.

In der ersten Sitzung versuche ich, mit Clara das dynamische Gefüge ihrer Familie sichtbar zu machen. Dazu gebe ich ihr einige verschieden große Holzfiguren zur Auswahl und sage ihr: „Suche dir aus diesen Figuren deine Familie aus, und stelle sie so auf das Blatt Papier (DIN A2), wie es richtig ist. Laß dir Zeit, und fühle genau, wo jeder steht." In der Regel verstehen Kinder sofort, worauf es ankommt, und so beginnt auch Clara ohne Zögern mit der Aufstellung.

Dabei gehe ich von der Annahme aus, daß ein Kind die Figuren so aufstellt, wie es die innere Dynamik der Familie erlebt. (Diese Technik entstand in Anlehnung an die Familienaufstellung von Bert Hellinger.)

Wenn die Familie aufgestellt ist, umkreisen wir jede Figur mit einem Kugelschreiber und entfernen die Figuren wieder vom Papier. In den Kreis schreiben wir den Anfangsbuchstaben des jeweiligen Familienmitgliedes. Die nächste Anweisung an das Kind lautet: „Welche Farbe hat der Papa, die Mama, du selbst? Fühl genau." Nachdem das Kind die Kreise mit der entsprechenden Farbe ausgemalt hat, bitte ich schließlich: „Und jetzt male noch die Gefühle, die der Papa für die Mama und die Mama für den Papa hat, nimm die richtige Farbe." Ich lasse die gefühlsmäßige Verbindung zwischen allen Familienmitgliedern malen und ergänze noch: „Wenn es keine Verbindung gibt, brauchst du keine Linie malen." Dieser Technik bediene ich mich, weil ich glaube, daß Kinder ihre Gefühle besser in Farben als in Worten ausdrücken können.

Auf Abb. C1 sehen Sie, wie Clara die Familiendynamik erlebt.

Bevor ich mich dem Bild zuwende, möchte ich nochmals in Erinnerung rufen, was ich schon in der ersten Sitzung von Annabel über Farben gesagt habe: Es gibt keine allgemein verbindliche Aussage, welche Bedeutung eine bestimmte Farbe hat. Es gibt Grunderfahrungen unserer und anderer Kulturkreise, auf die auch ich zurückgreife. Entscheidend für die Deutung ist, welche Bedeutung das Kind einer bestimmten Farbe in einem bestimmten Zusammenhang beimißt. Ich werde das im folgenden zeigen.

Zunächst betrachte ich die Farben, in denen die Personen auf Claras Bild erscheinen.

Die Mutter (M) zeigt sich in einem hellen Blau. „Blau ist die Farbe des Himmels und des Wassers, womit Ferne und Tiefe ausgedrückt wird." Im Erleben des Kindes entrückt die Mutter damit ein Stück der unmittelbaren Greif- und Erfahrbarkeit und wird idealisiert.

Der Vater (P) ist lindgrün und pink. Grün ist die Farbe der Mitte und hat deshalb eine harmonisierende und ausgleichende Wirkung, wobei das Gelbgrün des Vaters auch etwas Forderndes, Drängendes und Unduldsames in sich birgt. Diese Energie wird umkleidet von Pink, der Farbe mit

C1

der höchsten Schwingung auf der Farbskala. Dadurch bekommt auch der Vater etwas Unwirkliches. Pink ist die Farbe der Verzauberung.

Eindrucksvoll ist dagegen das leuchtende, aggressive Rot. Es zeigt, mit welcher Wucht Vater und Mutter aufeinander prallen. In dem explosiven Spannungsfeld zwischen Vater und Mutter steht nun das Kind. Es trägt einen grünen Punkt im Zentrum und ist ansonsten hälftig schwarz und gelb.

Das Grün, das Clara in ihrem Zentrum erlebt und auch an den Vater sendet, ist „das Grün der Heilung und Harmonisierung". Wir sehen daran, daß sie dem Vater sehr zugetan ist.

Was Clara mit dem gelb/schwarz ausdrücken will, versinnbildlicht sie uns auf beeindruckende Weise durch die „beiläufig" daneben gemalten Symbole.

Hier finden wir eine Art Peace-Zeichen, das Yin/Yang-Symbol und das Kreuz, drei uralte Symbole für Frieden. Das Peace-(Friedens-)Zeichen dient seit den Sechzigerjahren vielen Jugendlichen als Emblem. Es ist ein Symbol, das wahrscheinlich aus keltischer Zeit stammt.

Das Yin/Yang-Zeichen ist das alte taoistische Symbol für Harmonie in der vollkommenen Verbindung zwischen der männlichen (Yang = weiß bzw. gelb) und der weiblichen (Yin = schwarz) Energie.

Das Kreuz ist ein sehr altes Symbol. So wie Clara es gezeichnet hat, d. h. mit unterschiedlich langen Armen, ist es ein zentrales christliches Zeichen für Erlösung. Allgemein ist das Kreuz ein *„Integrationszeichen für spannungsreiche Gegensätze. Es schließt sie zu einer übergreifenden Form zusammen."* *

* Riedel, I.: Formen

Die Farbe, die Clara dem Kreuz gibt, entspricht der alten Vorstellung, daß die horizontale Linie die Erde, das Weibliche, und die vertikale den Himmel, das Männliche, verkörpert.

Diese Bilder aus dem Unbewußten legen den Schluß nahe, daß Clara versucht, im Spannungsfeld der Eltern als ausgleichende, harmonisierende Kraft zu wirken. Nicht selten erlebe ich in meiner Praxis, daß Kinder aus Liebe zu ihren Eltern die seelische Verantwortung zu übernehmen versuchen. Warum und wann das geschieht, werde ich an anderer Stelle ausführlich behandeln.

Abermals kann man hier fragen: „Wie kann das sein, das Kind folgt nicht, ist aggressiv und aufsässig, steht das nicht in krassem Widerspruch zu der eben erwähnten, harmonisierenden Kraft?"

Vordergründig ja, aber von der Seelenebene aus betrachtet meint das Kind folgendes: „Liebe Mama, lieber Papa, streitet lieber mit mir als untereinander. Ich möchte nicht, daß ihr euch gegenseitig verletzt, bitte fügt lieber mir die Schmerzen zu, ich trage sie gerne für euch." Unterstrichen wird diese Vermutung durch eine Bemerkung von Clara, daß Schwarz ihre Lieblingsfarbe sei und sie dem Papa das Schwarz abnehmen wolle.

Zurück zur Familiendynamik, wie Clara sie erlebt. Das Mädchen gibt der Mutter Silber und bekommt Gold. Diese beiden Farben drücken aus, daß es sich hier um sehr wertvolle Geschenke handelt. In einer Beziehung, in der Gold und Silber vorherrschen, besteht allerdings die Gefahr, daß kein lebendiger Austausch stattfindet, d. h., daß jeder den anderen mit Glacéhandschuhen anfaßt.

Ein Kind muß empfangen, um ein reifer, verantwortungsvoller Erwachsener werden zu können, der seinerseits zu geben bereit ist, ohne jeweils gleichzeitig etwas dafür zu fordern. Kinder, die zuviel geben müssen, haben weniger Chancen, später Verantwortung übernehmen zu können. Es muß also in der Therapie versucht werden, dem Kind die Vorstellung abzunehmen, es sei für seine Eltern verantwortlich.

Der erste Versuch einer solchen Heilung ist die nächste Anweisung. Ich lasse Clara die Familienmitglieder so aufstellen, daß sie sich ganz wohl fühlt. Sie findet eine schöne Lösung. (Abb. C2)

Die Eltern als Paar stehen dicht beieinander und in der Mitte gegenüber das Kind. Bei dieser Aufstellung weisen alle drei die gleichen Farben auf, Gelb und Gold sowie Schwarz und Silber, d. h. Harmonie auf der irdischen und auf der spirituellen Ebene. Diese Farbgebung ist möglich geworden, weil jedes Familienmitglied den richtigen Platz bekommen hat. Um die drei Personen malt sie noch so etwas wie eine Aura, eine „Schutzhülle", in der alle Grundfarben enthalten sind. Lediglich Blau ist durch Gold und Silber ersetzt.

Das Kind ist so erfüllt von der Arbeit in der Sitzung, daß es am nächsten Tag sofort wiederkommen will. Für mich ein Zeichen, daß das Kind in der Tiefe seiner Seele spürt, wie hilfreich diese Arbeit für seine seelische Gesundung ist.

Der nächste wichtige Therapieschritt wird durch die Familiendynamik im ersten Bild vorgegeben. Es muß versucht werden, die Spannungen zwischen den Eltern aufzu-

C2

heben, soweit sie etwas mit der Tochter zu tun haben. Wir wissen, daß eine Partnerschaft nur dann gelingen kann, wenn es ein Gleichgewicht von Geben und Nehmen zwischen den Partnern und keine, geheimen Vorwürfe gibt. In der Beziehung zwischen den Eltern von Clara gibt es ein eindeutiges Ungleichgewicht. Die Mutter wird zur Schuldigen, sobald das Kind Probleme macht. „Du hast es ja gewollt, jetzt sieh zu, wie du damit fertig wirst", ist der Vorwurf, der ständig mitschwingt, egal, ob er vom Vater ausgesprochen wird oder nicht. Er besteht unabhängig davon, wie gern der Vater seine Tochter hat. Wenn Schwierigkeiten auftauchen, und das bleibt in keiner Erziehung aus, wird die Mutter schuldig. Sie kommt dadurch ihrem Mann und dem Kind gegenüber in einen enormen Leistungsdruck. Das Verhalten des Kindes wird zum Maßstab dafür, ob die Mutter das Kind zu Recht hat oder nicht. In der vierten Sitzung wird sich zeigen, wie stark dieser Leistungsdruck der Mutter auf das Kind übergegangen ist.

Auf Dauer wird sich solch ein Ungleichgewicht – hier in der Verantwortung für das Kind – immer nachteilig auf eine Beziehung auswirken. Die Partner werden sich zwangsläufig immer weiter entfremden.

Clara ist beider Eltern Kind, beide haben sich bewußt dafür entschieden, aus welchen Motiven auch immer. Beide Eltern sind bei der Entstehung des Kindes gleichermaßen beteiligt, also auch gleichermaßen verantwortlich. Erst wenn der Vater bereit ist, seinen Teil der Verantwortung ganz zu übernehmen, wird sich das Spannungsfeld zwischen den Partnern auflösen können und das Kind aus der Verantwortung entlassen.

In diesem Zusammenhang verstehen wir jetzt auch, was Clara meint, wenn sie dem Vater das Schwarz abnimmt. Sie versucht die Verantwortung zu übernehmen, die der Vater eigentlich tragen müßte, um das Gleichgewicht zwischen den Eltern wieder herzustellen. „Ordnungen der Liebe" nennt Bert Hellinger solche „Liebesdienste". Auch verständlich wird jetzt, warum das Kind seine Eltern nicht unmittelbar annehmen und die Energie nicht ungehindert fließen kann, d. h., warum die Eltern idealisiert werden müssen (Gold, Silber, Pink) und nicht ganz greifbar (Hellblau) sind.

Das nächste Mal ist der Ausgang versperrt

2. Sitzung

Vier Wochen später haben wir wieder einen Termin. Clara hatte also genügend Zeit, die Erfahrungen der letzten Sitzung in der Tiefe wirken zu lassen. Zum großen Erstaunen der Eltern hat ihre Tochter in der Zwischenzeit auch die Aufnahmeprüfung ins Gymnasium geschafft.

Sowohl das Kind als auch die Mutter berichten strahlend, daß sie schon viel weniger streiten mußten.

Nachdem das Kind geschildert hat, wieviel besser es jetzt mit Vater und Mutter zu Hause geht, frage ich:

T.: „Wollen wir trotzdem noch ein bißchen nachforschen, was noch sein könnte?"

C.: „Ja."

T.: „Wo könnte der allererste Streit angefangen haben?"

C.: „Zwischen meinen Eltern, das weiß ich ganz genau, da war ich ein paar

Monate alt und bin aus dem Hochstuhl gefallen, und mein Vater hat angeboten, mir zum Trost für fünf Mark ein Riesenkuscheltier zu kaufen. Und meine Mutter wollte eigentlich ein Teureres. Und darüber haben sie gestritten."

T.: „Aha, das weißt du noch?"

C.: „Das haben meine Eltern mir gesagt."

T.: „Aha, dann fangen wir einmal mit dem Streit deiner Eltern um dich an."

C.: „Mehr weiß ich davon eigentlich nicht. Damals mußte ich ins Krankenhaus, weil ich bin an eine Ecke geknallt."

T.: „Male einmal deinen Vater und deine Mutter."

C. malt die Eltern als Kreise, so wie wir es in der letzten Sitzung gemacht haben. (Abb. C3)

T.: „Hm, was gibt es da?"

C.: „Ziemlich großen Abstand."

T.: „Ja, das sehe ich auch. Wie kann es passieren, daß die beiden ein Kind haben?"

C.: „Das ist hier in der Mitte. Das verbindet die beiden. Soll ich mich auch einzeichnen?"

Hier spricht sie das aus, was wir bei der Analyse des Bildes aus der letzten Sitzung schon vermutet haben. Sie glaubt, daß sie als Bindeglied zwischen den beiden Ehepartnern dienen muß.

T.: „Hmhm, mal das mal. Mal das mal in Farbe, daß wir es besser sehen."

C.: „Ich nehme einfach irgendwelche Farben. Muß das ganz genau ausgemalt

C3

sein, oder geht das so? Helle freundliche Farben, ich kann den Papa ja nicht schwarz malen, der wäre ja beleidigt."

T.: „Hat der Papa ein bißchen schwarz?"

C.: „Eigentlich nicht. Habe es nur gedacht, weil schwarz meine Lieblingsfarbe ist."

T.: „Ja, laß Papa und Mama sich mal verbinden, und fühle, ob das ein Kind gibt."

C. malt sich in Form eines Kreises in die Mitte.

T.: „Stelle dir vor, du bist das jetzt hier."

C.: „Komisch, zwischen den Eltern hin und her gerissen zu sein."

T.: „Wie fühlt sich das an?"

C.: „Mama reißt nach da, Papa nach da."

Sie macht nochmals deutlich, daß sie dem Vater die „Dunkelheit" abnehmen will. Indem sie Schwarz zu ihrer „Lieblingsfarbe" erklärt, sagt sie uns in der Symbolsprache: „Ich nehme dem Papa seine Sorgen ab, weil ich ihn liebe." Sie werden in dieser und der nächsten Sitzung immer wieder bemerken, daß Clara sich bei ihren Eltern entschuldigt oder glaubt, ihnen dieses oder jenes nicht zumuten zu dürfen.

T.: „Aha."

C. malt ihren Kreis ganz bunt, wobei sie das Blau der Mutter aus der letzten Zeichnung an den oberen Rand und das Lindgrün und das Pink des Vaters an den unteren Rand malt. Zwischen das Lindgrün und das Pink plaziert sie das Schwarz.

T.: „Wie fühlt sich das an, so bunt?"

C.: „Lustig."

T.: „Gut. Stelle dir vor, da ist die Erde. Da bist du auf die Erde gekommen." Ich deute die Erde durch eine große geschwungene Linie an.

C.: „Und das ist eine Stadt."

T.: „Ja. Jetzt male dich einmal, wie du noch nicht auf der Erde bist. Wie siehst du da aus?"

C. malt und lacht. Die Figur, die sie malt, ist schwarz.

T.: „Da bist du schwarz."

C.: „Ich mach mal einen gelben Ring um mich 'rum, so."

T.: „Aha."

C.: „Genau, orange muß noch dazu. Sieht aus, als ob ein Komet auf die Erde runter kommt."

T.: „Ja, fühl mal, was zieht dich wie einen Kometen da runter?"

C.: „Ich weiß nicht."

T.: „Ja, wissen kannst du es nicht, aber fühlen vielleicht?"

C.: „Mama und Papa."

T.: „Hmhm, genau. Geht das leicht, da rein zu kommen?"

C.: „Nein, glaube ich nicht."

T.: „Geht nicht so leicht?"

C.: „Die Ozonschicht ist ja dazwischen. Da kommt man nicht durch."

T.: „Aha, fühl mal, wie schwer das für dich ist."

C.: „Mittel."

T.: „Was brauchst du, damit du da rein kommst, damit du da leben kannst?"

C.: „Mut zum Leben."

T.: „Fühl mal, wieviel Mut zum Leben hast du, wenn du da bist. Viel oder wenig?"

C.: „Mittel."

T.: „Und wenn du hier bist?" (Zwischen den beiden Eltern)

C.: „Zwischen den Eltern, wenn hier meine Mutter und hier mein Vater wäre, dann hätte ich viel." Sie meint, wenn die Eltern näher beisammen stünden.

T.: „Der Mut zum Leben ist also nicht so ganz groß, weil die beiden so weit auseinander sind?"

C.: „Hmhm." Ich lasse ihr Zeit nachzuspüren.

T.: „Was gibt dir schließlich den Schwung, doch ‘reinzukommen? Fühl mal. Nicht denken, sondern fühlen."

C.: „Ich glaube, daß die Eltern mich dann hierher bestellen."

Hier beginnt nun die faszinierende Beschreibung, wie dieses Kind die künstliche Befruchtung erlebt hat. Sie beginnt mit dem Satz: „Daß die Eltern mich dann hierher bestellen." Diese Zeugung geschieht nicht in liebender Vereinigung der Eltern, sondern damit, daß sie zum Arzt „bestellt" werden.

T.: „Aha. Male dich mal dahin, wo der Mut zum Leben groß genug ist und die Eltern dich hierher bestellen."

C.: „Können das auch zwei Stellen sein?" Es wird deutlich, daß Vater und Mutter bei der „Zeugung" nicht zusammen sind, sie sind an „zwei Stellen".

C.: „Die Farbe sieht man kaum. Genau in der Mitte."

Sie malt das Türkis der Eltern in die Mitte. Daß die Eltern bei der „Zeugung" getrennt sind, drückt sie zusätzlich durch die voneinander weg strebenden Pfeilrichtungen aus.

T.: „Male das vielleicht auf ein neues Blatt, wo du bestellt worden bist und genug Mut zum Leben hast. Wie sieht das aus?" (Abb. C4a)

C4b

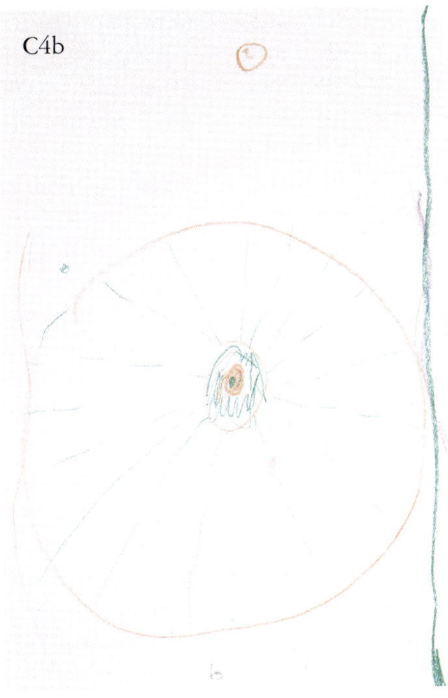

C4a

Als Clara betrachtet, was sie gemalt hat, sagt sie: „Das sieht aus wie ein Schmetterling, wie ein Hundeknochen kann man auch sagen. Es ist ein Hundeknochen halt. Die Ecke muß noch größer sein, ja. Hab' mich hier dauernd vermalt."

Sie malt den „Knochen" und um ihn herum den „Schmetterling". Ob Clara hier doch noch die Vereinigung der Eltern nachholt, d. h., den Knochen als Symbol für den Penis und den Schmetterling als Symbol für die Vagina zeichnet oder ob der Schmetterling im Sinne von Kübler-Ross als Todesnähe, also der Bereitschaft, wieder aus dem Körper auszutreten, zu verstehen ist, wurde nicht hinterfragt. Jedenfalls hat der Schmetterling die gleiche Farbe wie das Baby, das immer wieder raus geht, bis es eingesperrt wird (siehe später).

T.: „Wo gehst du dann rein?"
C.: „Beim Eingang."
T.: „Wo ist der?"
C.: „Hier in der Mitte genau, der Ausgang ist hier."
T.: „Hmhm, wie lange bist du da drin?"
C. lacht: „Hundert Jahre."
T.: „Aha."
C.: „Ich werde ja bestimmt achtzig oder hundert." Sie malt die Zahl hundert in die Mitte.
T.: „Und das ist so länglich wie ein Hundeknochen. Wollen wir jetzt mal den Bauch von der Mama malen?"
C.: „Aber der darf nicht so breit werden, sonst bekommt sie einen Anfall."
T.: „Wenn im Bauch ein Baby drin ist auch?"
C.: „Nein, dann nicht so lang. Sieht aus wie eine Ameise. Sieht jetzt blöd aus." Lacht. „Der Bauchnabel. Sieht aus wie ein Schweinebauch. Entschuldigung Mami!"
T.: „Male dich mal, wie groß bist du, wenn du da rein kommst?"
C.: „Ja, so."
T.: „Gibt es da noch Streit zwischen den Eltern?"
C.: „Nein."
T.: „Gar nicht mehr?"
C.: „Nein, glaube ich nicht."
T.: „Also nur, wenn du da oben bist?"
C.: „Ja."
T.: „Fühl mal, zieht dich der Streit an, oder wie ist das?"
C.: „Der zieht mich da raus wieder." Sie sagt es sehr betont und klar und malt sich, wie sie den „Schmetterlingsknochen" wieder verläßt.
T.: „Aha, der zieht dich wieder raus."
C.: „Da raus, bin hier wütend."
T.: „Ja, fühle, wieviel Wut es gibt."
C.: „Bin ich wütend!"
T.: „Wie oft zieht der Streit dich wieder raus, wieviel Anläufe nimmst du wegen der Wut?"
C.: „Drei." (Die Mutter hatte drei Fehlgeburten!)
T.: „Bis du endlich dann reinkommst?"
C.: „Ja,"
T.: „Hast du noch eine Hilfe, wenn du wieder reingehst?"
C.: „Ja, aber das nächste Mal ist der Ausgang versperrt."

Sie fängt an, das Schwarze (Reagenzglas) in den „Knochen" (Penis) und den „Schmetterling" (Vagina) zu malen. Es ist offensichtlich ihre Form, symbolisch auszudrücken, daß bei der Befruchtung durch Penis und Vagina das Reagenzglas dazwischen geschaltet ist.

T.: „Ach so, das nächstemal ist der Ausgang versperrt?"

C.: „Wenn ich drin bin, dann wird der Eingang verschlossen."

T.: „Verstehe, dann mußt du drinbleiben. Wie sieht das aus, das Versperrte?"

C.: „Schwarz."

T.: „Schwarz, wie ein ... ?"

C.: „Kreuz."

Hier taucht wieder das Kreuz als Symbol auf. Nachdem das Kreuz in der ersten Sitzung Symbol für „den vollkommenen Menschen" war, kann in diesem Zusammenhang das Kreuz im Sinne: *„die Bürde, das Kreuz des Lebens auf sich nehmen"** verstanden werden.

Die Bilder-, d. h. die Symbolsprache ist nicht so eng wie die Sprache unseres Intellekts, sie läßt verschiedene Deutungen zu, je nach Situation und Zusammenhang, in dem sie auftaucht.

T.: „Da kannst du nicht raus."

C.: „Da ist noch was in Dunkelblau."

T.: „Wer versperrt das, mal das mal da unten hin."

C.: „Ich schreibe hin Entführer."

T.: „Ist das ein Entführer?"

C.: „Ja, wenn ich ausreiße, kann ich entführt werden."

T.: „Aha. Was macht der noch?"

C.: „Der entführt mich und sperrt mich ein. Der hat ein bißchen dicke Arme und Beine." Sie malt den „Entführer" – sprich Arzt – hin.

T.: „Also der sperrt dich ein, sonst wärst du wieder weggegangen?"

C.: „Kann sein."

* Riedel, I.: Formen

T.: „Hmhm. Wie fühlt sich das an, jetzt da eingesperrt zu sein?"

C.: „Gut, ich habe keinen Krach mit meinen Eltern."

T.: „Aha, da hast du keinen Krach mit deinen Eltern, und das fühlt sich gut an?"

C.: „Ich kann ja nicht Krach mit meinen Eltern haben, wenn ich nicht raus kann."

T.: „Genau. Die Eltern sind hier so weit auseinander und streiten, und da gehst du dreimal immer wieder raus, bis einer kommt und dich da einsperrt."

C.: „Ich habe so viele Mückenstiche."

Da Clara so ganz in das Zeugungsgeschehen vertieft ist, ist diese Äußerung ungewöhnlich. Ich frage mich, ob das Unbewußte mich auf die Einstiche einer Spritze hinweisen will. Also sage ich:

T.: „Ja, so wie eine Spritze."

C.: „Die habe ich gestern Nacht gekriegt, da war eine Mücke im Zimmer, und mein Vater wollte es nicht glauben." Was hat der Vater wohl bei der Insemination nicht geglaubt?

T.: „Gab es da Streit?"

C.: „Nein."

T.: „Also und dann sperrt da einer zu, und dann kannst du nicht mehr raus. Wie gerne wärst du denn wieder 'rausgegangen?"

C.: „Gar nicht."

T.: „Jetzt möchtest du bleiben?"

C.: „Ja, man kann auch sagen, ich wäre sowieso dringeblieben."

T.: „Diesmal wärst du sowieso dringeblieben?"

C.: „Ja."

T.: „Jedenfalls das Schwarz gefällt dir immer noch?"

C. lacht. „Schwarz ist immer noch meine Lieblingsfarbe."
T.: „Hat der Entführer so ein Schwarz?"
C.: „Nein."
T.: „Bist du jetzt auf den wütend, oder bist du dem dankbar?"
C.: „Wütend!" sagt sie emotional, dann haucht sie „dankbar" hinterher.
T.: „Wütend und dankbar."
C.: „Hmhm."
T.: „Ist das so wie hier bei den Eltern?"
C. lacht befreit: „Ja."
T.: „Also, wir haben festgestellt, da hat der Streit angefangen. Da, wo Papa und Mama sich streiten."
C.: „Ja."
T.: „Spür mal hin, ist das eigentlich dein Streit oder der Streit deiner Eltern?"
C.: „Der Streit ist wegen mir."
T.: „Der ist wegen dir?"
C.: „Ja, nein."
T.: „Könnte ja sein."
C.: „Schmarrn, nicht wegen mir." Sie sagt es flüsternd.
T.: „Könnte ja sein."
C.: „Nein." Sie sagt es in jammerndem Ton. „Meine Eltern streiten sich halt."
T.: „Wie fühlt sich das an?"
C.: „Scheußlich." Ich lasse sie längere Zeit nachspüren, dann frage ich:
T.: „Haben sie schon gestritten bevor du da warst?"
C.: „Ja, das stimmt." Jetzt zeigt sie mir eine Tätowierung (durch ein Abziehbild) auf ihrem rechten Oberarm. Das Bild stellt ein Auge dar.
T.: „Das ist ein Auge."
C.: „Ein Schlangenauge. Das geht nicht ab, das habe ich schon Wochen drauf."
T.: „Wie fühlt sich das an, das Schlangenauge auf deinem Arm?"
C.: „Gut. Auf dem anderen Arm hatte ich einen Schmetterling, aber der ist schon abgegangen."

Indem sie mir ihre Tätowierung zeigt, weist sie mich auf ihre eigene Kraft hin. (Tätowierungen haben immer etwas zu tun mit dem Wunsch, sich stark zu fühlen und nach außen hin stark zu erscheinen.) Ich gehe darauf ein und erzähle ihr von der Schlangenkraft. Der Kraft der Verwandlung, einer Kraft, die sich selbst den Streit zunutze machen kann, um zu wachsen. Ich erzähle von Indianern, die sich auch manchmal ein Tier auf ihre Haut malen, damit sie die Kraft des Tieres nutzen können.

T.: „Und wie ist es jetzt mit dem Streit deiner Eltern, als du hier auf diese Welt kamst, können wir den jetzt beenden?"
C. haut auf das Bild und sagt laut und bestimmt: „Ende!"
T.: „Ich könnte mir vorstellen, daß wir den Streit da beenden könnten, wo er angefangen hat."
C.: „Streit also durchgestrichen, darf ich?"
T.: „Geht das so leicht? Durchstreichen, und dann ist es weg?"
C.: „Schon. Bei uns ist das immer so, wir streiten immer 25 Minuten, dann vertragen wir uns wieder."
T.: „Die beiden wollen ja auch das Kind."
C.: „Ja."
T.: „Aber das Kind geht dreimal wieder weg, weil es da so viel Streit gibt."

Clara antwortet nicht, sondern malt einen violetten Würfel und dann gleich noch einen daneben. Auf den zweiten Würfel malt sie auf die drei sichtbaren Seiten Augen, und zwar 1, 3 und 5.

Zur Symbolik des Würfels: *„... der Würfel bietet ein Symbol für das, was wir das sich inkarnierende Selbst nennen können: nämlich die Tendenz des Selbst, sich im alltäglichen Leben, gerade in und unter dessen Widerständen, Ecken und Kanten zu realisieren".* *

Ich verstehe diesen Würfel als Bereitschaft des Kindes, nun aus eigenem Entschluß ins Leben zu kommen, auch wenn es Widerstände und Streit gibt.

Genau darum geht es mir in dieser Sitzung. Heilung scheint mir dann möglich, wenn das Kind diesmal, wenn wir die Zeugung nochmals durchleben, aus eigenem Entschluß inkarniert und bleibt. Noch bevor ich das Kind an diesen Punkt führe, tut es diesen Schritt von sich aus.

Da dieses Kind so gut an die „ewigen Weisheiten" angeschlossen ist, ist zu vermuten, daß auch die Anzahl der Augen, die auf dem Würfel zu sehen sind, eine tiefere Bedeutung haben.

Bildet man die Quersumme dieser Zahlen, dann erhält man die Zahl neun, *„die Zahl der vollen Substanz ... das Kind verläßt endgültig den Mutterschoß, es tritt endgültig in die Welt der Erscheinungen".* **

T.: „Gibt der Entführer dich so ohne weiteres wieder her?"

C.: „Ja."

T.: „Da ist es entführt worden, da ist es eingeschlossen worden, daß es nicht mehr 'rauskommt, und jetzt kommt es da rein?" (Bauch der Mutter)

C.: „Jetzt ist es da draußen (aus dem Reagenzglas), es fühlt sich da gut." (Bauch der Mutter)

T.: „Besser als da?" (Reagenzglas)

C.: „Ja, da ist es eingesperrt, und da darf es bald raus."

T.: „Aha, laß das Baby sich mal da fühlen." (Im Bauch)

C.: „Es rennt immer im Kreis und irgendwann wird ihm schwindlig."

T.: „Wird ihm schwindlig?"

C.: „Genau, wenn meine Mutter auf dem Riesenrad sitzt, dann wird mir schwindlig. Auf dem Karussell."

Hier erfahren wir, wie sich ein Embryo fühlt, wenn er aus der Ruhe oder besser Unlebendigkeit des Reagenzglases in die Lebendigkeit des Bauches der Mutter verpflanzt wird.

T.: „Wieviel Streit gibt es noch im Bauch?"

C.: „Keinen mehr. Also streiche ich es durch."

T.: „Dieser Streit ist draußen, und da drin gibt es keinen mehr?"

C.: „Ja."

T.: „Weißt du was, ich glaube, wir streichen das gar nicht durch, sondern wir sagen: Das war einmal, und jetzt ist es vorbei. Wir machen hier einen Strich und sagen einfach: Jetzt ist es vorbei. Meinst du, das geht?"

C. (begeistert): „Ja ich suche eine schöne Farbe." Sie wählt ein kräftiges Grün.

T.: „Fühl mal, wie das ist."

C.: „Gut."

T.: „Dieser Streit ist vorbei?"

C.: „Ja."

T.: „Jetzt male dich mal da rein in den Bauch, wie es dir da geht." (Abb. C4b)

C. malt. Verbindet es mit einem genüßlichen „aaaaaaaah, alles strömt zu mir hin".

* Riedel, I.: Formen

** Paris, E.-G.: Der Schlüssel zur esoterischen Astrologie

T.: „Du bist total im Mittelpunkt."
C.: „Und da wird alles abgefangen. Da wachse ich dann immer mehr, immer mehr, ja, ja."
T.: „Und das fühlt sich gut an?"
C.: „Ja."
T.: „Also, wenn das alles weg ist, wie ist es dann mit dem Streit?"
C.: „Bis ich zwanzig Jahre alt bin, keinen Streit mehr."
T.: „Oder wenn ihr mal streitet, dann sind die Streits nicht mehr so lang und so heftig wie früher."
C.: „Ab und zu schon."
T.: „Nicht mehr so Richtige, wo du immer raus und rein gehen mußt. Und wo du entführt wirst, wenn du ausreißt."
C.: „Ja." Sie lacht.
T.: „Gut. Wie fühlst du dich jetzt?"
C.: „Gut, gut, gut!"
T.: „Wollen wir noch sehen, wie du auf die Welt kommst?"
C.: „Nein."
T.: „Ja, ich glaube auch, das heben wir uns für das nächste Mal auf. Jetzt fühlst du dich erst mal ganz wohl da im Bauch."

Da die Geburt noch zu dem in dieser Sitzung begonnenen Heilungsprozeß gehört, bestelle ich das Kind schon nach acht Tagen wieder.

Da drin is' zu heiß, ich will raus

oder

Mach erst deine Schularbeiten

3. Sitzung

An die letzte Sitzung würde sich folgerichtig die Arbeit an der Geburt anschließen. Dennoch bin ich offen, da ich der Seele des Kindes als Führer in unserer Arbeit mehr vertraue als meinem Verstand.

Ich werde auch diese Sitzung ziemlich ausführlich bringen, um Sie erleben zu lassen, wie oft Clara abschweift, wenn es brenzlig wird, wie schwierig es oft ist, sie zum Thema zurückzubringen, und wie wichtig und bedeutungsvoll aber auch zunächst belanglos erscheinende Informationen sein können. Schließlich bitte ich Sie, darauf zu achten, wie häufig sie sich bei ihren Eltern entschuldigt.

Das erste, was mir Clara gefühlsgeladen entgegenbringt ist, sie sei so müde, weil sie in den letzten Nächten so schlecht hätte einschlafen können.

Im Therapiezimmer angekommen, boxt sie auf den Boxball und erzählt dabei von der Klassenfahrt, die sie in der Zwischenzeit gemacht hat und bei der ihre Klassenkameraden sie „wieder so geärgert haben." Wir sprechen eine Weile darüber und ich sehe, daß sie gute seelische Kräfte hat, um sich gegen die Angriffe der Kinder zu wehren. (Sie zeigt es auch bildhaft, durch ihr kraftvolles Schlagen auf den Boxball.)

Deshalb greife ich das erste Thema, die Schlafprobleme, auf.

Ich lasse mir erzählen, wie das ist, wenn sie nicht schlafen kann. Sie schildert, wie sie sich ständig hin und her wälzt und welche Qual ihr die Hitze bereitet.

T.: „Hmhm. Am besten malst du dich mal, wie du da im Bett liegst, damit wir 'rauskriegen, was da los ist." (Abb. C5)

C.: „Ist das egal, welche Farbe, oder hat die Farbe was zu bedeuten?"

T.: „Die Farbe hat immer was zu bedeuten. Nimm die Farbe, die dir ins Auge springt."

C.: „Was hat Dunkelrot zu bedeuten?"

T.: „Ja, was hat es zu bedeuten?"

C.: „Ich weiß nicht. Soll ich das Bett auch malen?"

T.: „Wo liegst du, wenn du nicht schlafen kannst?"

C. lacht. „Ich kann nicht so gut Betten malen."

Dabei erzählt sie, was sie nacheinander malt. In eine Sprechblase malt sie alles, worüber sie beim Versuch einzuschlafen nachdenkt: die Uhrzeiten, Zahlen aufsagen, was ihr helfen soll, einzuschlafen, ihr Kuscheltier-Schäfchen, das „wie ein Wolf aussieht", und sie schreibt das Wort „Schnarch" in roter Farbe dazu.

T.: „D. h., wenn du schläfst, dann wird es rot."

C.: „Ja, kräftig ... gelb ... lila ... orange ... Ich versuche, einen schönen Würfel zu malen."

Hier findet Clara von sich aus wieder zum Würfel der letzten Sitzung zurück. Er zeigt ihre Bereitschaft, in dieses Leben, in diese Wirklichkeit zu treten. Meine Vermu-

C5

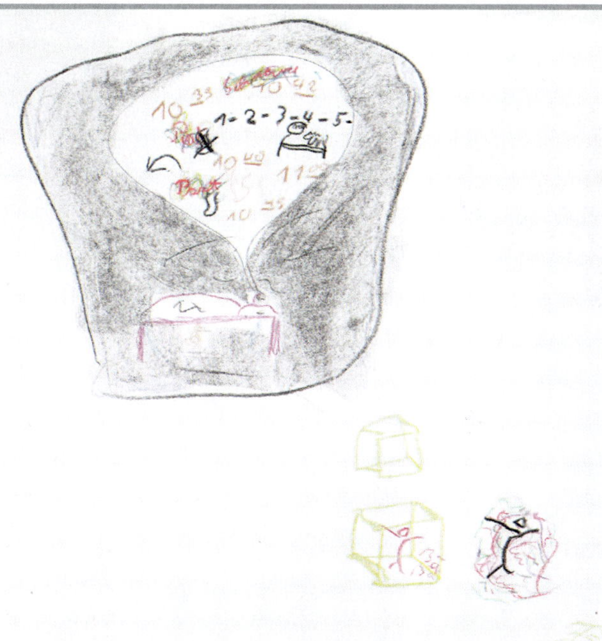

tung, daß mit dem Zeichnen des Würfels auch tatsächlich ihre Geburt gemeint ist, bestätigt sie, indem sie einen Menschen in den Würfel zeichnet und ihn schließlich den Würfel sprengen läßt.

Während der Würfel in der letzten Sitzung violett war, ist er diesmal gelb.

Wie schon erwähnt, benutzen Kinder bevorzugt Violett, manchmal auch Blau, wenn sie ausdrücken wollen, daß eine Situation problematisch ist oder eine Änderung gewünscht wird oder bevorsteht. (Siehe auch das Bett, das sie gemalt hat.)

Heute ist der Würfel gelb, sie ist also bereit, „ans Licht zu kommen".

Wieder spricht sie von ihren Mückenstichen. Die Mutter erzählt, daß die Geburt eingeleitet werden mußte. Das heißt, die Geburt beginnt mit dem „Stich" einer Infusionsnadel.

T.: „Wer ist da drin?" (In dem Würfel)
C.: „Keine Ahnung. Irgend jemand wird es schon sein." Sie läßt die Figur im Würfel „bäh, bäh" machen.
T.: „Wie fühlt sich das an?"
C.: „Weiß ich doch nicht, ich bin ja nicht drin." Sie fängt an, wie ein Baby zu wimmern.
T.: „Was ist das?"
C.: „Das ist wie ein Babyschreien. Das schaut blöd aus."
T.: „Aha, da schreit ein Baby, und das schaut blöd aus. Wie schaut das denn aus?"
C.: „Ziemlich blöd."

Sie ist mittlerweile mitten im Geburtserleben. Von der Mutter habe ich später erfahren, daß ihr erster Gedanke, als sie die Tochter sah, war: „Oh Gott, ist die häßlich." Der Vater, der bei der Geburt anwesend war, habe darauf geantwortet, sie sei doch wunderschön.

Die Erfahrung hat gezeigt, daß das erste, was ein Baby unmittelbar nach seiner Geburt hört und erlebt, prägend für sein ganzes Leben sein kann. Man nennt diese Erscheinung „bonding." Das bedeutet, wir sind an unsere erste Erfahrung in diesem Leben gebunden. Im Tierreich hat der Tier-Verhaltensforscher Konrad Lorenz ein solches Phänomen bei den Graugänsen beschrieben. Die neu geborenen Küken halten denjenigen für ihre Mutter, der sich als erster vor ihnen bewegt. Von der Bindung an diese vermeintliche Mutter lassen sie sich dann schwer abbringen. So hatte der Forscher sich eines Tages als Mutter einer Schar Küken wiedergefunden und hatte recht viel Mühe, dieses Amt gänsegerecht zu erfüllen.

In Claras Fall wäre es wesentlich leichter für das Kind gewesen, wenn die Bemerkung des Vaters vor der der Mutter an das Ohr des Kindes, oder besser in sein Unbewußtes, gedrungen wäre. Obwohl Clara ein ausgesprochen hübsches Mädchen ist, glaubt sie bis heute, sie sei häßlich.

T.: „Und der, wie fühlt der sich?" (Die Figur im Würfel)
C.: „Komisch irgendwie, so träum' ich halt."
T.: „Was träumst du?"
C.: „Ja, wie ein Kind und eine Erwachsene, ja so in Farben gehüllt."

Das Kind beschreibt hier eindrucksvoll eine Tatsache, die wir aus der Rückführungsarbeit kennen. Baby und Mutter sind noch vollkommen verbunden. Das Baby hält die Gefühle und Erfahrungen der Mutter für seine eigenen, es ist noch in die Aura (Farben) der Mutter gehüllt. (Siehe auch Fabian, 3. Sitzung.) Im Verlauf der Sitzung wird dies noch deutlicher.

T.: „Kind und Erwachsene in Farben gehüllt."
C.: „Aber nur da träume ich das. Da in dem Kreuz. Ein Farbengewirr."

Mit Kreuz meint sie den Menschen im Würfel, dessen Körperhaltung an ein Kreuz erinnert. Wieder benutzt sie das Kreuz als Inkarnationssymbol.

T.: „Fühl mal, was macht das Farbengewirr mit dem da drin?"
C.: „Da wird der Würfel gesprengt, bis er da raus kommt."
T.: „Und dann wird er schwarz?"
C.: „Ich habe es nur schwarz gemacht. Ich hätte genauso gut Dunkelblau nehmen können."
T.: „Fühl mal, welche Farbe bräuchte dieses Mädchen, um schlafen zu können?"
C.: „Dunkel."
T.: „Hmhm."
C.: „Ich brauch' auch dunkel, ich kann auch nur im Dunkeln schlafen. So", sie malt um das Bett herum Schwarz, ihre Zeichnung wird einem mütterlichen Bauch immer ähnlicher. „Eigentlich alles, aber das ist jetzt hier das Zimmer. Und ein bißl Dunkelblau, weil ein bißl hell muß es nämlich sein. Jetzt ist es noch ein bißl hell."
T.: „Wie fühlt man sich, wenn es so dunkel ist?"
C.: „Lustig."
T.: „Hmhm. Und wenn es dann plötzlich hell wird?"
C.: „Dann wach' ich auf."
T.: „Ist es dann immer noch lustig?"
C.: „Nein, dann kann man nicht schlafen." Sie streckt sich.
T.: „Stell dir vor, du bist im Dunkeln, und es ist lustig und gemütlich. Fühl mal, wie sich das anfühlt."
C.: „Beschockt."
T.: „Beschockt?"
C.: „Ja."
T.: „Was ist da beschockt?"
C.: „Das ist halt so ein blödes Gefühl. Ich liege ja jetzt nicht drin, erst heute Abend wieder."

Hier wird deutlich, wie leicht Kinder in der Symbolsprache arbeiten können. Clara wechselt ohne Probleme zwischen dem Dunkel des mütterlichen Bauches und dem Schlafzimmer zu Hause hin und her. In ihrem Erleben bleibt sie jedoch immer bei der Geburt.

T.: „Mal nochmal den Raum, wo es dunkel, lustig und gemütlich ist und sich beschockt anfühlt, auf ein neues Blatt." (Abb. C6, s. nächste Seite)
C.: „Mami!" ruft sie wie ein Baby. „So schlaf ich normal, ein bißchen hell." Sie malt gelbe Striche in die Dunkelheit. Dann zeichnet sie ein gelbes Baby in den Zimmer-Bauch. „Das ein bißchen hell, das bin ich."
T.: „Verstehe."
C.: „Ich kann mich auch anmalen, daß es nicht so hell ist. Die Farbe hat jetzt nichts zu bedeuten. Ui, ich habe jetzt eine blaue Farbe bekommen." Malt ein violettes und ein mittelblaues Strichmännchen in das gelbe Baby und verteilt etwas von diesen beiden Farben im dunklen Raum. Sie spricht immer noch wie ein Baby.
T.: „Hmhm, fühl mal, wie du dich da drin fühlst?"
C.: „Mulmig."

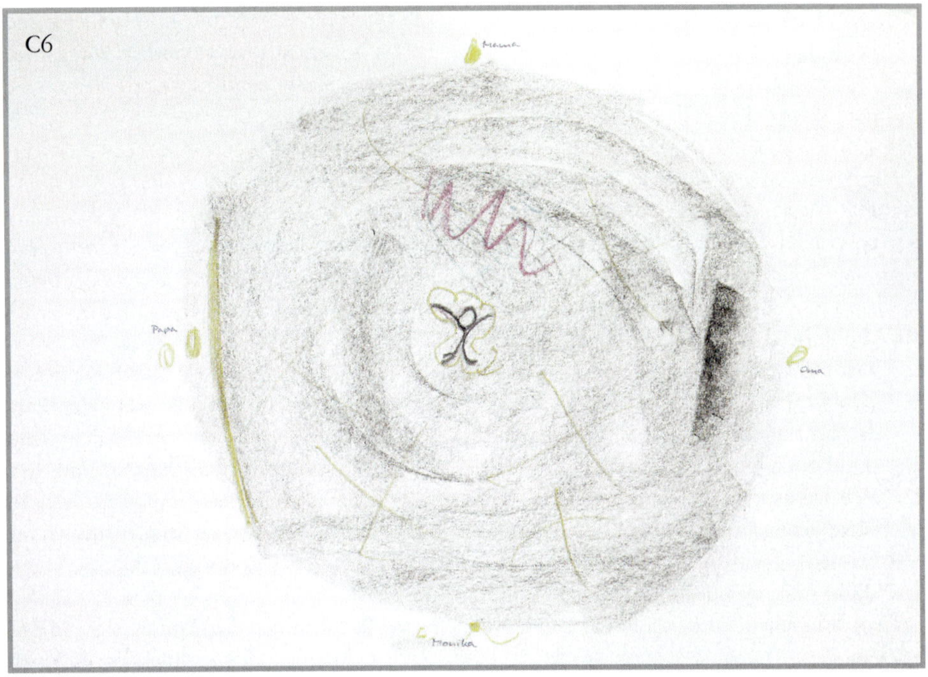

C6

T.: „Mulmig?“

C.: „Ja, weil es so groß und rund ist. Aber ich habe eine Frage: Was ist meine Mutter für ein Sternzeichen?“

Jetzt macht sie einen kurzen Ausflug in die Astrologie, der damit endet, daß sie sagt: „Deshalb vertrage ich mich nicht mit meinen Eltern.“ In Wirklichkeit stellt sie aber die Gefühle der Mutter dar, die sich während der Geburt nicht mit ihren Eltern vertragen hat. Durch solche Gefühle der Mutter zu Angehörigen bei der Geburt können Zuneigungen und Abneigungen festgelegt werden. Das Baby speichert den Satz „Ich vertrage mich nicht mit meinen Eltern“, ohne unterscheiden zu können, zu wem er gehört und in welchem Zusammenhang er steht. Es ist sehr wichtig, dieses Postulat, wie solche Erfahrungsmuster in der Reinkarnationstherapie heißen, aufzulösen, da es sonst immer eine Blockade in der Beziehung zwischen Eltern und Kind geben wird. Diese Erfahrungsmuster wirken immer dann so tief in unser Unbewußtes, wenn wir uns in einer Lage befinden, die sehr schmerzhaft und gefühlsgeladen ist. Geburt und auch Operationen zählen immer dazu.

T.: „Wer ist bei deiner Geburt von deiner Familie da?“

C.: „Alle.“

T.: „Wie fühlst du dich da?“

C.: „Nicht ganz so gut. Der große leere Raum, und weil er rund ist.“

T.: „Und wie fühlt sich der an?“

C.: „Leer.“

T.: „Und wie ist das, wenn es leer ist?“

C.: „Traurig, dunkel, dunkelblau.“

Wenn ein Kind solche Gefühle in Schwangerschaft und Geburt äußert, sind es immer Gefühle der Mutter. Das Kind hat eben beschrieben, wie einsam und unglücklich sich die Mutter kurz vor der Entbindung im Familienklan gefühlt hat. „Leer, traurig, dunkel." (Die Mutter bestätigt später diese Gefühle.)

Sie malt die Familienmitglieder als gelbe Punkte neben den Bauch. Dann sagt sie:

C.: „Ich hätte sie ja gerne näher gemalt."
T.: „Aber da ist Traurigkeit, da kommen sie nicht näher hin?"
C.: „Klar."
T.: „Fühl, welche Traurigkeit ist das, zu wem gehört die, fühl mal da rein?"
C.: „Mama oder Monika. Monika, oder? Ja, Monika."

Die erste Assoziation stimmt meist. Da aber oft die Wirklichkeit zu schwer zu verkraften ist, wird das Problem auf etwas anderes projiziert, d. h. verschoben. Monika ist eine um 15 Jahre ältere Cousine, zu der die Familie wenig Kontakt hat. Es dauert eine Weile, bis Clara die Traurigkeit, in die sie kurz vor ihrer Geburt gehüllt ist, als zur Mutter gehörig wahrnehmen kann.

Während sie spricht, malt sie einen dunklen Strich neben den Vater.

T.: „Was ist das für ein Strich?"
C.: „Da kann man sehen, der Papa ist auch hier." Damit zeigt sie uns, daß auch dem Vater ein Teil der Traurigkeit gehört.
T.: „Und bei ihm ist auch Traurigkeit?"

Sie antwortet nicht. Es dauert noch eine Weile, bis wir gut genug herausgearbeitet haben, daß die Traurigkeit zu Mutter und Vater gehört, und bis wir sie den beiden zurückgeatmet haben. Schließlich sage ich:

T.: „Male dich mal, wenn du alle Traurigkeit abgegeben hast, die nicht dir gehört, wie bist du dann?"
C. quietscht zunächst wie ein Baby. „Eine hellere Farbe als yellow gibt es nicht? Wo ist ein helleres Gelb? Soll ich mich groß malen?"
T.: „So groß wie du dich fühlst, wenn du alle Traurigkeit abgegeben hast, die nicht zu dir gehört." Sie malt sich so hellgelb, daß das Bild nicht wiedergegeben werden kann.
C.: „Oh je, is' des 'ne blöde Farbe. Und dann das hier ist so 'ne Locke. Da habe ich Haare, nicht sehr schöne."

Sie malt sich in der vollen Größe des Blattes. Ihre Bemerkungen zu der Zeichnung deuten darauf hin, daß sie sich noch nicht zugestehen kann, ohne Traurigkeit zu sein.

T.: „Also wenn du alle Traurigkeit abgegeben hast, dann bist du ganz groß und man kann dich fast nicht sehen."
C. lacht. „Doch, aber die Farbe geht so schlecht."
T.: „Also, dann bist du ganz hell, daß man dich fast nicht sieht. Dann bist du fast wie ein Geist, und es geht schlecht."
C.: „Im Dunkeln."
T.: „Wie ist das mit der Dunkelheit, brauchst du sie noch oder kannst du sie zurückgeben?"
C.: „Zurückgegeben. Dann bin ich so froh."
T.: „Kannst du dann schlafen?"
C.: „Ja."

T.: „Also dann gib die Traurigkeit noch mal ab und male den Bauch, wie er aussieht, kurz bevor du rauskommst."

C. malt ihn rot mit orangefarbenem Baby darin. Ein kleiner schwarzer Strich ist noch daneben. (Abb. C7) „Mami, ich hab Angst, laß mich raus", jammert sie.

T.: „Fühl, wieviel Angst es gibt."

C.: „Viel."

T.: „Also, wie dunkel ist es da drin?"

C.: „Rot."

T.: „Hmhm. Was bedeutet Rot?"

C.: „Kampf, Kraft, Kraft fürs Leben."

T.: „Brauchst du sie, um da raus zu kommen?"

C.: „Kann sein."

T.: „Wie gerne bleibst du da noch drin?"

C.: „Da drin is' zu heiß, ich will raus." (Die Mutter hatte zu Ende der Schwangerschaft Bluthochdruck.) Sie gähnt.

T.: „Wieviel Müdigkeit gibt es da?"

C.: „Keine Ahnung, *Volks-Versorgung*." (Durch den Bluthochdruck der Mutter war das Kind unter-*versorgt*.)

T.: „Aha, da ist etwas mit der Versorgung. Fühl mal."

C.: „Mami, laß mich raus!"

T.: „Also da gibt es ein bißchen was Schwarzes, viel Kraft, da ist etwas mit der Versorgung, und du möchtest gerne raus."

C.: „Ziemlich gerne."

T.: „Fühl mal, wo bekommt die Mama die Spritze hin?"

C. malt zu dem Bauch noch einen Oberkörper. „Zeig es nicht der Mama." (Das Bild) Sie lacht. „Entschuldigung, Mami. Sie müssen sagen, daß Sie mich dazu überredet haben. Die schaut jetzt dumm aus."

C7

T.: „Was macht sie gerade, wenn das Baby kommt?"
C.: „Ich möchte raus, gacker, gacker, mach erst deine Schularbeiten."

Das Baby ist noch nicht ganz geboren und soll schon Schularbeiten machen; ein beklemmendes Bild für den Leistungsdruck, unter dem das Kind steht.

T.: „Also du sagst, laß mich raus, und die Mami sagt, mach erst deine Schularbeiten."
C.: „Kann sein."
T.: „Du willst raus, und die Mama sagt nein."
C.: „Genau."
T.: „Fühl mal, wie das ist."
C.: „Komisch. Du bist böse, Mami."
T.: „Sie will nicht."
C.: „Hmhm. Der Speer ist stark." Sie sieht einen Speer, der im Therapiezimmer an der Wand lehnt.
T.: „Fühl mal, wie stark du bist, du willst raus, und da geht was dagegen. So stark wie der Speer?"
C.: „Ich will raus!" sagt sie drängend.

Ich spiele den Gegenpart und sage: „Nein." Darauf sie wieder: „Ich will raus!" Wir spielen dieses Spiel einige Male durch.

T.: „Wer hilft dir, daß du dann doch raus kommst?"
C.: „Papa."
T.: „Sonst noch jemand?"
C.: „Papa, Papa und fünfmal Papa. Der liebe kleine Daddy. Der kommt morgen wieder aus Japan. Bin gespannt auf die Geschenke, die ich morgen krieg'."
T.: „Male den daneben, der hilft, daß du rauskommst."
C.: „Das Bild darf Mami sehen, aber nicht Papi. Das wäre eine Beleidigung. Aus Tokio sieht man halt so aus. Kimono. Fertig."
T.: „Und der hilft, daß du rauskommst?"
C.: „Ich habe die Haare vergessen. Also grüne Haare hat der nicht, der hat sowieso eine halbe Glatze. Kennen Sie schon meinen Papi?"
T.: „Nein." Sie spielt mit ihrer Kette, die sie mitgebracht hat. „Also, du hast ja heute schon eine Kette mitgebracht, bist du da drin auch festgekettet?" (Sie hatte vorher schon einmal davon gesprochen, daß sie am Tisch festgekettet sei.)
C.: „Hmhm. Wenn man die voll auf den Kopf kriegt, dann ist man weg."
T.: „Fühl mal deinen Kopf, wenn du da rauskommst."
C.: „Oh je."
T.: „Und wer hilft hier bei deiner Geburt, wenn dir der Kopf weh tut?"
C.: „Der Arzt."
T.: „Aha, der hilft auch mit, daß du kommen kannst?"
C.: „Nein. Der sagt, bleib drin, bleib drin, bleib drin."
T.: „Du willst raus, aber irgend etwas hält dich drin fest."
C.: „Nein. Ich will raus, ich kann raus, ich möcht raus, ich geh raus!" Sie sagt es bestimmt und kraftvoll.
T.: „Da willst du auf jeden Fall raus, aber da gibt es viel Traurigkeit und da hält dich was fest.
C.: „Ja."
T.: „Kommst du dann raus?"
C.: „Nein."

Hier ist zu beachten, daß zwei Erlebnisse in dem Kind gleichzeitig laufen: einmal der körperliche Geburtsvorgang mit Kopfschmerzen, Geburtseinleitung, nicht rauskommen und das gefühlsmäßige Erleben, das mit Traurigkeit verbunden ist. D. h., aus dem Bauch kommt sie raus, aber aus der Traurigkeit nicht. Beides muß für sich beendet werden.

Ich deute auf den roten Bauch und sage:

T.: „Hier haben wir die Traurigkeit weggegeben. Jetzt fühlst du, wie hier nur noch rot ist. Kommst du dann raus?"
C.: „Da steht ein Schild, ‚Ausgang'."
T.: „Dann mal dich, wie du da rauskommst. Welche Farbe hast du da?"
C.: „Hellrot." Im Bauch, wenn sie herauskommt, wird sie blau.
T.: „Da bist du blau und ganz schön zermatscht, und Augen hast du auch keine."
C.: „Nein."
T.: „Und Mund auch nicht."
C.: „Das kommt alles erst einen Tag später."
T.: „Hmhm, da bist du noch nicht ganz hier, das kommt erst einen Tag später."
C. reagiert nicht.
T.: „Wie fühlt es sich an, wenn man draußen ist?"
C. räkelt sich.
T.: „Aha, da kommst du schon raus, ich merke es. Wunderbar. Wir haben hier einen Schlauch aus Stoff, da kann man nochmals spielen, wie man aus dem Bauch rauskommt."
C.: „Wo ist der?"
T.: „Wollen wir das einmal machen?"
C.: „O.k."
T.: „Dies hier ist eine lange Geburt, das ist ein langer Schlauch, (zehn Meter) und hier ist eine kurze Geburt (drei Meter)."
C.: „Die lange, das macht mehr Spaß."
T.: „Dann fühle, wieviel Kraft du hast für eine lange Geburt."
C.: „Ziemlich viel."
T.: „Und fühl auch, wie es dann ist mit der Traurigkeit und dem Nicht-Schlafen und der Hitze, wenn du da neu geboren bist." Bevor sie durch den Schlauch robbt, sagt sie noch:
C.: „Ich will kein' Kaiserschnitt." (Das hat die Mutter vor der Entbindung gesagt, wie ich später erfahre.)
T.: „Noch mal!"
C.: „Ich will kein' Kaiserschnitt!"

Dann fängt sie an, durch den langen Schlauch zu kriechen. Ich halte ab und zu die Öffnung zu, damit das Geburtsgeschehen deutlicher nacherlebt wird.

Als sie durch ist, sagt sie: „Ich muß noch mal durch."Ich tippe an ihren Bauch und sage: „Nabelschnur ab", und füge freudig hinzu, „es ist ein Mädchen!" Dann lasse ich sie ein paarmal tief atmen.

Das symbolische Abschneiden der Nabelschnur ist sehr wichtig, damit der Geburtsvorgang beendet ist. Indem das Kind bewußt atmet, tritt es aktiv ins Leben. Clara lacht.

T.: „Ganz schön anstrengend, so eine Geburt, was?"
C.: „Ja, ich nehme nachher den kurzen Schlauch." Sie kriecht ganz schnell durch den kurzen Schlauch.
T.: „Das war eine Blitzgeburt." Ich schneide wieder die Nabelschnur ab und lasse tief durchatmen.
C.: "Jaaaaaa!" jubelt sie.
T.: „Was ist das erste, was du fühlst?"
C.: „Erleichterung, überstanden."

T.: „Genau, Erleichterung, dann atme noch ein paarmal ganz tief in die Erleichterung hinein. Wie fühlt sich das Leben jetzt an?"
C.: „Juhu, jiha! Ich werde jetzt zum Cowboy." Sie singt ein Cowboylied, boxt auf den Boxball.
T.: „Toll, fühle deine Kraft. Wieviel Schwarz gibt es jetzt noch?"
C.: „Ich glaube keines mehr."
T.: „Fühl wie das ist."
C.: „Gut."
T.: „Jetzt ist leider die Sitzung zu Ende. Wie würdest du jetzt aussehen, wenn du dich malen würdest?"
C.: „Ich zusammen mit Mama und Papa."
T.: „Und wenn du neu geboren bei Papa und Mama bist, gibt es dann noch Traurigkeit?"
C.: „Nein, überhaupt nicht."
T.: „Fühl das."

Wichtig ist hier, daß die Eltern auch in die „Erleichterung" mit eingebunden sind. Die Traurigkeit und die Hemmung gehörten zu der Situation während der Schwangerschaft und der Geburt. Wenn wir gut gearbeitet haben, dann haben wir diese Gefühle dorthin zurückgebracht, wo sie hingehören, und dort abgeschlossen. Wir sind frei davon und können die Welt neu betrachten.

Vorerst sind die Sitzungen mit dem Kind beendet. Der nächste Schritt wird sein, mit den Eltern zu arbeiten.

Mit Clara vereinbare ich, daß sie erst wiederkommt, wenn sie selbst es möchte. Damit spreche ich ihr mein Vertrauen in ihre eigenen Heilkräfte aus. Dieses Vertrauen hat in sich schon eine Heilwirkung.

Abschließend sei noch bemerkt, daß das Kind weder von den drei Fehlgeburten der Mutter noch von der Insemination etwas wußte. Ich vermute, daß ihr auch nach den beiden Sitzungen diese Tatsachen nicht bewußt sind, da wir sie auf der Seelenebene und nicht auf der Bewußtseinsebene bearbeitet haben.

Am liebsten würde ich immer im Bett liegen

4. Sitzung

In den Sommerferien ging es Clara sehr gut, und die Eltern waren mit ihr zufrieden. Auch in der neuen Schule hatte Clara einen guten Start. Sie geht gern in die Schule und hat bessere Noten als in der Grundschule. Als das Mädchen die erste schlechte Note beim Abfragen in Latein erhält, ruft mich die Mutter an und bittet um einen Termin für ihr Kind. Sie habe Angst, „daß die Schlamperei von der Grundschule wieder anfängt und sie dann nicht mitkommt", gibt sie als Grund an. Der Vater frage Clara abends Latein ab. Bei diesen Aktionen habe es schon massive Zusammenstöße mit Schlägen gegeben. Bisher gibt es allerdings noch keinerlei Anlaß zu glauben, Clara könne es nicht schaffen.

An dem Hilferuf der Mutter wird erneut der Mechanismus deutlich, den ich in der zweiten Sitzung beschrieben habe: Die Mutter hat übertriebene Angst vor Leistungsversagen ihrer Tochter, da daran ihr eigener Wert oder Unwert gemessen wird, wie sie glaubt.

Wie groß der Leistungsdruck und die damit verbundene Verwirrung des Kindes ist, wird in der nun folgenden Sitzung deutlich.

Zunächst spreche ich mit Clara über die neue Schule. Sie berichtet fast ausnahmslos Erfreuliches. Darüber befragt, was ihr jetzt noch fehle, sagt sie: „Ein Abenteuerspielplatz zum Klettern und Toben." An der Antwort erkennen wir, daß wir es mit einem lebendigen, ganz normalen zehnjährigen Mädchen zu tun haben mit altersgemäßen Interessen.

Ich sehe, daß sie sich in der Schule ein Herz auf die Hand gemalt hat, und frage sie, ob das Herz etwas mit Liebe zu tun habe. Sie verneint lachend und meint: „Das heißt, daß Sonntag mein Lieblingstag ist."

T.: „Was würdest du tun, wenn immer Sonntag wäre?"
C.: „Den ganzen Tag im Bett liegen."
T.: „Liegst du in den Ferien den ganzen Tag im Bett?"
C.: „Nein, aber ich würde es am liebsten machen."

Wenn ein lebendiges zehnjähriges Mädchen, das Freude an Abenteuerspielplätzen und Toben hat, soviel Sehnsucht nach dem Tag hat, an dem offiziell nicht gearbeitet wird, und sich obendrein in den Schutz seines Bettes begeben möchte, an den Ort, an dem man am besten vor Anforderungen von außen geschützt ist, dann macht das schon das ganze Drama der Überforderung dieses Kindes sichtbar. Es soll aber noch schlimmer kommen.

T.: „Dann male dich einmal im Bett, damit wir sehen, wie schön das da im Bett ist." (Abb. C8)

Bald stellt sich heraus, daß es doch nicht so schön im Bett ist, d. h., selbst dort findet sie nicht die ersehnte Ruhe. Zunächst steht „das Bett falsch herum", d. h., sie zeichnet das Bett so, als betrachteten wir es unter dem Bett liegend. Dadurch können wir nur den „Abdruck" ihres Körpers sehen und nicht sie selbst. Der Abdruck besteht nur aus Körper und Beinen, der Kopf fehlt. Darauf spreche ich sie später an. Das Bett malt sie in die Mitte des Blattes. Es ist gelb und hat braune Beine.

Das Bett, das falsch herum steht, ist auch noch „unbequem, weil es keine Decke zum Zudecken gibt", und schließlich findet sich unter dem Bett eine Maus (später wird die Maus zur Ratte umbenannt, da sie Ratten „so süß" findet). In den „Karten der Kraft" steht über die „Mausmedizin": *„... weil die Maus so vielen Tieren als Mahlzeit dient, hat sie einen ausgesprochen hoch entwickelten Sinn für Gefahr in jedem Augenblick"*.*

T.: „Und Kopf hast du auch keinen da im Bett?"
C.: „Der ist nicht so schwer, daß er sich durchdrückt."
T.: „Aha, wenn du im Bett liegst, dann bist du kopflos."
C.: „Deshalb sagt die Maus ja ‚aaaah'."

Vordergründig hat Clara eine, wie es scheint, logische Erklärung dafür, daß sie ihren Kopf weggelassen hat. Der Ausruf der Maus zeigt mir jedoch, daß ich hier weiterfragen soll. Ich gehe also davon aus, daß der Kopf weggelassen wird, weil hier ein Problem liegt, und Problemen weichen wir gemeinhin aus. Heilung heißt aber immer, sich dem Problem zu stellen und es

* Sams, J., und Carson, D.: Karten der Kraft

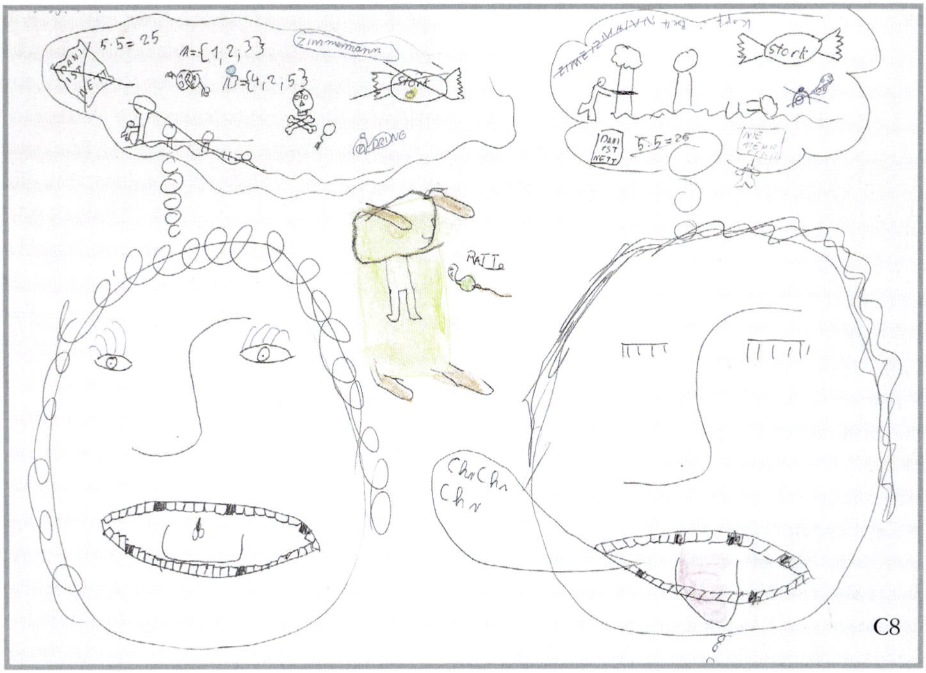

C8

durchzuarbeiten. Ich bitte sie deshalb, auf jede Seite des Blattes einen Kopf zu malen. Auf der einen Seite soll sie darstellen, wie ihr Kopf in der Schule aussieht, und auf der anderen, wie ihr Kopf im Bett aussieht.

Während sie malt, kommentiert sie ständig und hat viel Vergnügen an ihren Einfällen. Sie versucht, sich so wenig wie möglich innerlich einzulassen, indem sie alles lustig findet und ständig Späße macht. Es gelingt ihr jedoch nur äußerlich, Abstand zu halten, ihre innere Unruhe tritt immer deutlicher zutage.

Sie beginnt mit dem Kopf auf der rechten Seite des Blattes, es ist der Kopf, der zu ihr gehört, wenn sie im Bett liegt. Er hat geschlossene Augen, hat einige „schlechte Zähne" (d. h. „ich bin geschwächt", wenn wir die Zähne als Symbol für Lebenskraft ansehen), und es „hängt ihr die Zunge heraus" (sie ist sozusagen am Ende ihrer Kraft). Der Schulkopf unterscheidet sich von dem schlafenden durch geöffnete Augen, „gekämmte Haare" und eine „viereckige Zunge".

Sie malt „Traumblasen", wie sie es nennt, über beide Köpfe und zeichnet abwechselnd hier und dort etwas ein. Interessant ist nun, daß beide Seiten fast die gleichen Dinge enthalten: Einen „Zimmermann, der Bäume absägt" (was das Schnarchen symbolisieren soll), einen Wecker, Mathematikaufgaben, begleitet von den Worten „ich hasse Mathematik", ein Bonbon und einen Zettel, auf dem steht: „DANI IST NETT" Der einzige Unterschied ist auf der Schulseite ein Totenkopf mit einer Bombe daneben und dafür auf der Schlafseite der Gedanke eines Menschen, der heißt: „Nie mehr Schule!"

An der Zeichnung sehen wir, daß das Kind bis in die Träume hinein von der Schule verfolgt wird. Es gibt keine echte Trennung zwischen Arbeit und Ruhe.

Sie beginnt, hier und dort etwas auszustreichen, da es nicht an seinem richtigen Platz sei. An dem, was sie ausstreicht, können wir erkennen, wie chaotisch es in dem Mädchen aussieht, wenn das Thema Schule angesprochen ist.

Sie streicht z. B. den Wecker auf der Schlafseite aus und läßt ihn in der Schule klingeln, sie läßt auf der Schulseite das Wort Zimmermann stehen und streicht es auf der Schlafseite aus, dort wo es eigentlich hingehört. Dani, ihre Schulfreundin, ist nur zu Hause nett und wird in der Schule ausgestrichen. Claras Verhalten wird immer unruhiger, sie kann kaum mehr auf ihrem Stuhl sitzen bleiben. Mir wird klar, daß der Anfangserfolg in der neuen Schule unter diesen Umständen nicht von Dauer sein kann und das Kind weiter therapeutische Hilfe braucht.

Als wir darüber sprechen, daß sie nicht nur in der Schule, sondern anscheinend auch im Traum sehr viel arbeite, sogar ganze Bäume absäge, fallen ihr zwei Alpträume ein, die sie als Sechsjährige, einige Wochen nach der Einschulung, wiederholt geträumt hat. Damals schon hat das Unbewußte angezeigt, daß Clara Hilfe braucht und sich unter Leistungsdruck gestellt fühlt.

In den Träumen wird sie entführt (siehe Zeugung), es wird ihr die rechte Hand abgehackt (sie wird also handlungsunfähig), als sie nach der rettenden Hand des Vaters greifen will (der Vater kann gegen die Entführung nichts machen), „das Haus brennt ab" (sie ist ungeschützt), und ihr „Teddy (Liebe- und Zärtlichkeitssymbol) schmilzt und klebt auf dem Koffer (Symbol für Behälter, hier Reagenzglas und Verreisen) fest". Die Träume weisen darauf hin, daß mit der Einschulung die Erfahrungen, die Clara bei der Zeugung gemacht hat, wachgerufen und bis heute nicht abgebaut worden sind. Es sind Erlebnisse von Getrenntwerden von den Eltern, von Ohnmachtsgefühlen der Eltern über ihre Zeugungs- bzw. Handlungsunfähigkeit, von Leistungsdruck der Eltern, ob es klappen wird, und von fehlender liebender Hingabe bei der Zeugung.

In dieser Sitzung arbeite ich mit Clara an den Träumen weiter. Da es über die Arbeit mit Träumen genügend Literatur gibt, führe ich sie hier nicht näher aus.

Wir finden folgende Sätze und Möglichkeiten der Heilung: „Auch wenn ich von den Eltern weggehe, bin ich sicher und geschützt und behalte meine Handlungsfähigkeit." Wir stellen die innere liebende Verbindung zu den Eltern her, und Clara erlebt, daß diese Verbindung auch bestehen bleibt, wenn sie räumlich von ihnen getrennt ist. „Ich darf die Hilfe meiner Eltern annehmen und darf draußen im Leben kraftvoll, lebensbejahend und erfolgreich sein, euren Leistungsdruck lasse ich bei euch."

Um diese Heilarbeit geht es im wesentlichen in den nächsten sieben noch folgenden Sitzungen. Dazu zählt auch eine Familienaufstellung mit Clara, die sich über zwei Sitzungen erstreckt und auf die ich unter „Arbeit mit den Eltern" noch ganz kurz eingehen werde.

Da ich keine Rückführung in frühere Leben mit Clara mache, verzichte ich darauf, die folgenden Sitzungen zu beschreiben.

Obwohl das Kind sehr gut mitarbeitet, werden seine Leistungen in der Schule immer schlechter, es bleibt unruhig und unkonzentriert und schafft das Klassenziel nur mit Mühe. Auch die Klassenlehrerin von Clara beschwert sich über das Kind und empfiehlt der Mutter, mit Clara eine Psychotherapie zu machen. Ich kann mir nicht erklären, warum unsere gute gemeinsame Arbeit so wenig Erfolg zeigt. Die fehlende Mitarbeit des Vaters genügt mir als Erklärungsgrund nicht. Schließlich gebe ich auf, und die Mutter sieht sich auf meinen Rat hin nach weiteren Möglichkeiten um, wie ihrem Kind geholfen werden könne.

PS.: Jetzt, nachdem ich das Buch praktisch schon abgeschlossen habe, teilt mir die Mutter mit, daß Clara ruhig, fleißig und konzentriert geworden sei, sie schreibe gute Noten, selbst in ihrem Problemfach Latein stünde sie auf einer Zwei. Die Erleichterung und Freude ist groß. Diese 180-Grad-Wendung im Verhalten des Kindes führen die Eltern auf einen vierwöchigen Aufenthalt in einem Lern-Trainingslager zurück.

Ich freue mich natürlich sehr, daß es dem Kind so gut geht. Einmal hat mich Clara seither besucht, und ich konnte mich selbst von der erfreulichen Veränderung überzeugen. Für mich ist unwichtig, auf wessen Konto diese Veränderung im Verhalten des Kindes letztlich zu verbuchen ist.

Ohne die gute Arbeit im Trainingslager in irgendeiner Weise schmälern zu wollen, kommt mir natürlich der Verdacht, ob die verblüffende Wirkung nicht auch als ein Liebesdienst des Kindes an den Vater zu verstehen ist. Das Kind spürt, wie wenig der Vater von Psychotherapie hält und wie sehr er es innerlich ablehnt, therapeutische Hilfe für seine Tochter in Anspruch nehmen zu müssen. Er ist noch von der alten Schule, in der es heißt „hart rannehmen, üben, üben, üben, sich zusammenreißen“. Der Erfolg durch einen Aufenthalt in einem Trainingslager bestätigt ihm die Richtigkeit seiner inneren Haltung. Ob das Kind ihm nicht den Gefallen getan hat, mit dem Offenbaren der Heilung zu warten, bis er recht behalten darf? Wundern würde es mich nicht. Die Liebe der Kinder zu ihren Eltern ist unermeßlich groß, und das ist wunderbar so.

Arbeit mit den Eltern

Die Eltern von Clara, vor allem der Vater, sind geprägt von der Ansicht, daß psychische Probleme etwas Abwertendes an sich haben und den Eltern Unfähigkeit in der Erziehung bescheinigten. Ich respektiere diese Haltung und stimme meine Arbeit mit den Eltern darauf ab. Während die Mutter ernsthaft Hilfe sucht, verhält sich der Vater freundlich, aber zurückhaltend. Er kommt, weil ich ihn gebeten habe zu kommen, aber er läßt sich nicht wirklich ein. Er hält nicht viel von Psychologie und Psychotherapie. Er ist ein sehr intelligenter, hochsensibler Mann, der gelernt hat, seine Gefühle zu verbergen, und er möchte das auch nicht ändern. Seine Tochter liebt er sehr. Ich bitte die Eltern, zunächst getrennt zu mir zu kommen, da ich mir mehr Offenheit erwarte, wenn jeder einzeln zu Wort kommt.

Ich beginne damit, die Eltern zu entlasten. Ich zeige ihnen die Vorzüge, Qualitäten und die Einmaligkeit ihrer Tochter auf. Es gibt keinen Grund, sich Sorgen zu machen, im Gegenteil, die Eltern können stolz auf dieses Kind sein. Als nächstes versuche ich, den Eltern anhand der Zeichnungen von Clara das dynamische Familiengefüge aufzuzeigen, so wie das Kind es erlebt. Ich lasse die Bildergeschichten des Kindes für sich selbst sprechen und gebe nur die nötigen Erklärungen ab, so daß die Eltern die Bildersprache verstehen können. Ich glaube, daß unsere Seele die Bildersprache besser versteht als Worte. Ich gehe davon aus, daß bei den Eltern durch die Bilder in der Tiefe etwas angerührt wird, auch wenn sie selbst es nicht bewußt wahrnehmen. Es wird zum Beispiel nicht darüber gesprochen, warum Clara dem Vater das Schwarz abnehmen will und was das bedeuten könnte. Ich zeige nur auf, daß das Kind dem Vater das Schwarz, das an einer Stelle Traurigkeit genannt wird, abnehmen will, ohne eine Deutung anzubieten. Der Vater hört sich alles genau an, äußert sich aber nicht dazu. (Selbstverständlich habe ich mir die Erlaubnis des Kindes eingeholt, daß ich die Bilder den Eltern zeigen darf.)

Für die Mutter ist es eine große Entlastung, von „offizieller Stelle" zu erfahren, daß sie doch keine schlechte Mutter ist. Sie faßt neuen Mut, wird sicherer in der Erziehung, und die Beziehung zur Tochter entkrampft sich zusehends.

Mit dem Versuch, beide Eltern zu einem Ritual zu bewegen, in dem sie sich noch einmal gemeinsam für ihr Kind entscheiden, scheitere ich. Solch ein Ritual könnte, wie ich glaube, den Erfolgszwang der Mutter in Bezug auf die Erziehung ihrer Tochter am besten auflösen.

Leider kann ich diese heilsame Arbeit mit den Eltern nicht durchführen. Die Abwehr des Vaters gegen die Psychotherapie ist doch zu stark. Unausgesprochen herrscht die Meinung vor, die Therapeutin habe die Aufgabe, das Kind zu reparieren, das sei ihr Beruf, die eigene Psyche solle dabei aber nicht angetastet werden. Mit der Mutter allein kann ich jedoch noch eine sehr aufschlußreiche und heilsame Familienaufstellung machen, in der deutlich wird, daß Clara mit dem Vater der Mutter identifiziert ist. Das heißt, das Kind versucht unbewußt so zu sein und sich so zu verhalten wie der Großvater. Solche Identifikationen gibt es häufig mit Menschen aus der Familie, die nicht geachtet werden, ein schweres Schicksal hatten oder früh gestorben sind. In der Familie von Clara gilt der Großvater als Versager und wird von allen verachtet und gemieden.

In einer anschließenden Familienaufstellung mit Clara wird diese Identifikation bestätigt. Ich lasse das Kind alle Familienmitglieder je auf ein Blatt malen und die Bilder dann im Zimmer verteilen. Der Großvater wird liebevoll in ein strahlendes Herz gemalt. (Abb. C9)

In der Sprache der systemischen Familientherapie bedeutet diese Identifikation:

C9

Lieber Opa, weil alle dich verachten, gebe ich dir durch mein Verhalten die Ehre, ich achte und liebe dich und bringe dich in den Blick, indem ich es so mache wie du, nämlich auch ein Versager bin. Wenn solche Familienverstrickungen aufgedeckt und aufgelöst werden, tritt normalerweise schnell eine Besserung ein.

Es gibt keinen Tod, nur ein Hinübergehen in eine andere Welt.
CHIEF SEATTLE

MICHAEL

Wenn ich quicklebendig bin, sterbe ich

Schulversagen, Antriebslosigkeit, Körperfülle, Asthma, Neurodermitis

Michael glaubt nicht an frühere Leben, als er zu mir kommt. Sie werden erfahren, daß das bei meiner Arbeit keine Rolle spielt. Der Junge wird so schnell von seinen Erlebnissen überwältigt, daß die Frage, ob es sich dabei um frühere Leben handelt oder nicht, völlig unwichtig wird.

Michael gehört zu den Kindern, die, wenn sie nach ihrem Befinden befragt werden, immer sagen: „Es geht mir gut." Er ist elf Jahre alt und schon sehr groß für sein Alter. Er wirkt mit seiner Größe, seiner Körperfülle und mit seinem weichen, kindlichen Gesicht wie ein Riesenbaby.

Nichts scheint für Michael ein Problem zu sein. Er leidet zwar unter Neurodermitis, unter Asthma, hat ständig Mißerfolge in der Schule, hat keine gleichaltrigen Freunde und wird von seinen Klassenkameraden gehänselt, weil er so dick ist. Es hat aber den Anschein, daß er von alledem nicht sonderlich berührt wird, da er meist strahlt und freundlich lächelt.

Die Mutter sagt: „Er macht mir keinerlei Probleme, er ist folgsam, liebenswürdig und beklagt sich nie, aber er ist halt zu langsam und verträumt. Er hat keinerlei Arbeitswillen, wenig Interessen, hängt immer nur untätig bei mir zu Hause herum und würde sich am liebsten ständig etwas aus dem Kühlschrank holen. Er wehrt sich nicht, übernimmt keinerlei Verantwortung und lebt noch ganz im Augenblick, dadurch hat er auch kein Zeitgefühl. Ich glaube auch, daß er für sein Alter zu verschmust ist." Die Mutter ist eine tatkräftige, lebensbejahende, aufgeschlossene Frau, die sich liebevoll um ihre Kinder kümmert. Bei körperlichen Krankheiten ihrer Kinder reagiert sie zuweilen überbesorgt. Michael hat noch einen älteren Bruder, der „genau das Gegenteil von Michael ist, aktiv, strebsam, selbständig". Der Vater kommt mit zum Vorgespräch, die Erziehung der Kinder liegt jedoch vorwiegend in den Händen der Mutter.

Michael hat schon immer gern Flugzeuge gemalt, und Messer, Säbel und Schwerter faszinieren ihn. Die Mutter legt sehr viel Wert darauf, daß sich ihre Kinder sportlich betätigen. Michael kann recht gut Skifahren, auch Schnorcheln und Tauchen machen ihm Spaß. Aktiv ist er aber letztlich immer erst auf Drängen der Mutter.

Antriebslosigkeit, verbunden mit mangelndem Problembewußtsein und kindlichem Verhalten sind zunächst keine guten Voraussetzungen für eine erfolgversprechende Therapie. Einziger Lichtblick ist seine hohe Intelligenz.

Ein Blick in Michaels Horoskop zeigt jedoch, daß der Junge sehr wohl Problembewußtheit mitbringt, und daß seine Probleme wahrscheinlich mit karmischen Verstrickungen zu tun haben. Enorme innere Spannungen scheinen den Jungen in einer Art Pattstellung zu halten. Auf der seelischen Ebene werden diese Spannungen nur in seinem Interesse für Flugzeuge und für aggressive Werkzeuge sichtbar, auf der körperlichen Ebene drücken sie sich in Asthma und Neurodermitis aus. Im Horoskop gibt es außerdem Hinweise, daß Michael den tiefen inneren Wunsch hat und auch die seelische Kraft besitzt, an seiner Problematik zu arbeiten. Entsprechend erfolgreich verläuft dann auch die Therapie. Michael ist insgesamt siebenmal bei mir, verteilt auf ein halbes Jahr. Seit Abschluß der Therapie sind mittlerweile drei Jahre vergangen.

Michael erlebt in der ersten Sitzung einen Flugzeugabsturz im zweiten Weltkrieg. Wenn Sie die Bilder der Flugzeuge betrachten, die Michael dazu malt, wird Ihnen auffallen, daß ihre Form nicht der damaligen Zeit entspricht. Lassen Sie sich dadurch nicht verwirren.

Unser Unbewußtes arbeitet mit Bildern. Es genügt ihm, wenn irgendein Flugzeug auf das Papier kommt. Unser Verstand, der die Bilder, die aus dem Unbewußten aufsteigen, in eine Form bringen muß, greift zuweilen auf ihm bekannte Formen zurück.

Ich bin für das Vaterland gestorben

1. Sitzung

In der ersten Sitzung frage ich Michael – wie ich das in der Regel zu tun pflege –, wobei ich ihm helfen soll. Er meint, daß eigentlich alles in Ordnung sei und er sich wohl fühle, aber die Mutter sage, er sei zu langsam in der Schule und im Sport. Ob er das denn auch finde, frage ich. Er antwortet ausweichend mit: „Naja, es könnte vielleicht besser sein." Die mangelnde Bereitschaft, sich Problemen zu stellen, wird sehr schnell sichtbar. So verwundert seine Antwort auf meine Frage, was er denn am liebsten mache, nicht. Er sagt: „Am liebsten liege ich im Bett und träume."

Seine „schönsten Träume" befassen sich mit Größenphantasien, z. B. daß er an der Olympiade als Skiläufer teilnimmt. Seine „schlimmsten Träume" handeln von Verfolgung und Allein-gelassen-Werden. Nach diesem einleitenden Gespräch bitte ich ihn, sich bei seiner Lieblingsbeschäftigung – im Bett liegend und träumend – zu malen (Abb. M1).

Im Bett liegen und träumen fühlt sich für ihn „ganz normal an". Der erste Traum, der ihm in den Sinn kommt ist: „Ich träume manchmal, daß ich Fliegerpilot, so Aufklärungsflieger bin." Ich male ihm eine Sprech- bzw. Traumblase über das Bett und bitte ihn, den Traum zu malen. Das Gefühl des Fliegens beschreibt er so: „Ganz toll, wenn ich so über Länder, Berge und Schluchten fliege." Oder: „Das ist das Gefühl von Freiheit. In der Luft ist man frei und so. Von oben ist alles viel schöner."

Während er die Schönheit des Fliegens beschreibt und offensichtlich erlebt,

M1

wirft er unvermittelt ein: „Manchmal rede ich dann im Schlaf, sagt meine Mutter, z. B. sage ich, nein, hör auf!" „Aber nur manchmal", fügt er einschränkend hinzu.

Als Information nehme ich also auf, daß etwas mit einem Aufklärungsflieger geschehen ist, das aufhören soll.

T.: „Kannst du dir vorstellen, daß du schon einmal gelebt hast?"

M.: „Nein."

T.: „Gut. Dann phantasieren wir einfach, du hättest schon einmal gelebt und hättest solch ein Flugzeug geflogen. Können wir das mal träumen? Im Traum kann man ja alles."

M.: „Eigentlich schon."

T.: „Wenn wir träumen, daß du schon mal Pilot warst, wie lange ist das dann her?"

M.: „Mit dreißig werde ich das gemacht haben."

T.: „Ja, und wie lange würde das her sein? Sag einfach mal eine Jahreszahl."

M. überlegt laut: „Wenn ich mit 80 sterbe, dann war es ungefähr ..."

T.: „Nicht überlegen, sag einfach die erste Zahl, die dir in den Sinn kommt."

M.: „So 1950 rum, vor 53 Jahren, nein vor 54 Jahren." Er rechnet. „Dann war das 1940."

T.: „Spür noch mal, war es 1950 oder 1940?"

M.: „Es war eher 1940."

Je weniger bewußt überlegt die Antworten kommen, desto sicherer können wir sein, daß diese richtig sind. Aus diesem Grund habe ich das Kind bei seinen Rechenüberlegungen unterbrochen. Die erste Zahl, die er dann sagt, stammt noch von seiner Rechenüberlegung. Er war damals 30 Jahre alt, stirbt mit 80, die Differenz ist 50. Die Antwort „Vor 53 bzw. 54 Jahren" kommt aus dem Unbewußten. Es ist also wahrscheinlicher, daß sie stimmt. Deshalb fragte ich zur Sicherheit nochmals nach.

T.: „Mach mal die Augen zu und träume, und schau dir die Landschaft an, über die du fliegst."
M.: „Ganz toll, so gefleckt, wie auf einem Satelliten, also sehr weit weg von der Erde."
T.: „Dann flieg mal etwas tiefer, damit du besser sehen kannst, damit du die Landschaft erkennen kannst, über die du fliegst."
M.: „Das ist schöner, weil man dann alles sieht."
T.: „Was siehst du?"
M.: „Wenn ich träume, dann eher über Urwald. Manchmal auch über Berge. Einmal bin ich durch eine Schlucht geflogen, so schräg aufgestellt."
T.: „Und was für ein Flugzeug ist das?"
M.: „Ein Aufklärer, ein Erkundungsflug oder mehr ein Freizeitflug. So ein Armeeflugzeug eher."
T.: „Ein Amerikanisches oder ...?"
M.: „Nein, ein Deutsches."

Wir wissen aus einer Bemerkung von ihm bereits, daß es sich damals um einen Aufklärungsflug gehandelt hat. Ganz geheuer ist ihm das nicht, deshalb schiebt er einen Freizeitflug dazwischen.

Es ist nun nicht leicht, ihn zu dem eigentlichen Ereignis zu führen. Immer wieder erzählt er von Träumen, in denen er zwar abgeschossen wurde, aber „wir sind gerade noch in letzter Sekunde mit den Fallschirmen raus, unten sind wir dann gefangen genommen worden und dann bin ich aufgewacht". Auch berichtet er von einer Fliegerfilmgeschichte, in der es um Leben und Tod ging, aber auch im letzten Moment die Rettung kam.

Daß es sich bei diesen Ausführungen nicht um frühere Leben handelt, kann ich nicht daran erkennen, daß das Kind mir sagt, es sei ein Traum oder eine Filmgeschichte, sondern vor allem daran, daß die entsprechenden Gefühle fehlen. Ich beobachte das Kind genau bei seinen Ausführungen und frage nur dann genauer nach, wenn ich bei ihm innere Beteiligung oder Erregung spüre.

Als ich ihn auffordere zu malen, wie es wirklich war, malt er einen „Aufklärungsflieger". Obwohl er kurz vorher versichert: „Nein, da bin ich immer nur alleine geflogen", malt er dann doch ein großes Flugzeug, in dem „viele Leute drin sind" (Abb. M2).

T.: „Kommt man immer noch rechtzeitig raus?"
M.: „Nicht immer, aber ich bin meist rausgekommen."
T.: „Ja, meistens bist du rausgekommen."
M.: „Ja. Ein paarmal bin ich alleine in so einem kleinen Flieger geflogen, und dann haben sie mich ganz abgeschossen."
T.: „Wie du alleine geflogen bist, bist du abgeschossen worden?"
M.: „Ja."

M2

T.: „Laß uns doch jetzt einmal das malen, wo du ganz abgeschossen worden bist. War das in dem großen oder in dem kleinen Flugzeug?"

M.: „In dem kleinen bin ich ... da habe ich furchtbar viel Angst." Erst jetzt kann ich sicher sein, daß wir bei dem entscheidenden Ereignis angekommen sind, da er erstmalig tatsächlich Angst verspürt.

T.: „Wieviel Angst gibt es da?"

M.: „Ganz furchtbar viel."

T.: „Fühle mal die ganze Angst."

M. faßt sich ans Herz und atmet schwer.

T.: „Wovor hast du am meisten Angst?"

M.: „Daß das Benzin in die Luft geht und alles explodiert."

Michael kann die Angstgefühle intensiv spüren, als ich ihn jedoch an seine körperlichen Gefühle anschließen will, weicht er wieder in die Geschichte von vorher aus. Der Einschuß ist hinten, Feuer und Qualm erreichen ihn nicht. Immer wieder versuche ich, ihn mit seinen körperlichen Gefühlen bei dem Absturz zu verbinden, doch er sagt entweder „ich spüre nichts", oder er weicht in andere Geschichten aus. Wie wir wissen, ist Michael Asthmatiker und hat Neurodermitis. Meist sind diese Krankheiten Folge blockierter Körpergefühle aus früheren Leben, in der Regel Erfahrungen von Ersticken bzw. Verbrennen oder Verätzen der Haut. Wenn es mir gelingt, diese Körpererfahrungen dorthin zurückzubringen, wo sie tatsächlich erlebt wurden, dann kann

Michael sie in seinem heutigen Leben loslassen.

Ich gebe nur einen kurzen Eindruck von seinem Vermeidungsverhalten wieder, insgesamt würde es viele Seiten füllen:

T.: „Fühl mal, wenn das Flugzeug da brennt, was ist mit dir, wenn du da drin sitzt?"
M.: „Ich weiß das nicht, ich kann mir das nicht denken, wie das ist."
T.: „Ja, du kannst dir das nicht denken, aber vielleicht kannst du es fühlen. Kannst du es mal mit deinem Körper fühlen?"
M.: „Das ist nur ein ganz kurzer Schmerz, den fühlt man nicht, dann ist alles vorbei."
T.: „Hmhm, und was ist das für ein kurzer Schmerz, den du da nicht fühlst?"
M.: „Der innere Schmerz mehr, also der vom ganzen Körper."
T.: „Ja, fühl mal den inneren Schmerz vom ganzen Körper."
M.: „Das kann ich nicht."
T.: „Was passiert mit dem Körper, wenn man da explodiert?"
M.: „Der wird auseinandergerissen."
T.: „Fühl mal an deinem Körper, wie das ist."
M.: „Das kann ich nicht."
T.: „Wenn das Flugzeug hier brennt, was passiert da drin?"

M. weicht wieder aus; diesmal in eine Geschichte, in der bei einem Flugzeugabsturz keiner überlebt.

T.: „Ja, da ist ganz schön viel Aufregung."
M.: „Hm."
T.: „Was passiert denn mit dem, wenn da Feuer ist da drin?"
M.: „Man kann noch fliegen, aber man kann nicht mehr richtig steuern."
T.: „Hm."
M.: „Und da wackelt dann die Maschine dann so hin und her."
T.: „Gibt es da auch viel Qualm?"
M.: „Na, net so viel, weil das geht ja alles raus, wenn man fliegt."
T.: „Wie ist das mit Feuer, auch nicht?"
M.: „Das ist auch nur außen."
T.: „Fühl mal, wenn das Flugzeug brennt, was ist dann mit dir, wenn du da drin bist?"
M.: „Ich weiß das jetzt nicht." Schließlich bringe ich ihn über das Atmen zum körperlichen Erleben:
T.: „Atme mal tief durch und stelle dir vor, daß es anfängt zu brennen."
M.: „Es stinkt nach Qualm und alles und alles."
T.: „Ja, atme tief und spür das."
M.: „Ich kenn' das schon, weil mein Opa, der macht öfter Feuer und da stinkt das genauso." Er macht einen letzten Versuch, sich nicht einzulassen.
T.: „Ja, daher kennst du das. Jetzt stell dir vor, atme mal tief ein und da kommt jetzt immer mehr Qualm, was passiert dann?"
M.: „Da muß man immer husten, und daß man schlechter Luft kriegt halt. Und wenn man wieder draußen ist, ist man halt froh und atmet erst mal tief durch."
T.: „Und wenn man nicht raus kommt?"
M.: „Entweder es explodiert die Maschine, oder man erstickt im Qualm."
T.: „Und wie ist das mit deinem Atmen?"
M.: „So jetzt? Ja durch das Asthma ist das halt ein bißl schlecht, aber es geht schon."
T.: „Ja, fühl gut, wie schlecht das Atmen geht, wenn da so viel Qualm ist."

Als er zu mir kam, war sein Atem normal. Durch die Erinnerung an den Flugzeugabsturz bekommt er immer stärkere Asthmabeschwerden. Ich versuche, ihn tief in das Körpergefühl eintauchen zu lassen, damit er erfährt, daß sein Asthma heute in das letzte Leben gehört und er sich somit leichter davon trennen kann. Obwohl er mittlerweile schwer Luft bekommt, löse ich das Asthma noch nicht auf, sondern führe Michael vorher noch an das andere Körpergefühl heran, das er von damals in das heutige Leben mitgebracht hat:

T.: „Hmhm, und was passiert mit der Haut, wenn man verbrennt?"

M.: „Die wird also, wird überall ganz rauh und schwarz, ganz hart alles."

T.: „Wie ist das mit deiner Haut?"

M.: „Die ist eigentlich mehr weich und glatt."

T.: „Hast du auch manchmal eine Zeit, wo deine Haut ziemlich rauh und hart ist?"

M.: „Hm, ja, wenn ganz viele Pollen, im Hochsommer, das war vorletztes Jahr, da war es ganz schlimm, da war alles rauh. Des hat so gekratzt, gejuckt immer."

T.: „Hmhm, was ist das letzte, was dein Körper fühlen könnte, wenn du da verbrennst, wenn die Maschine brennt?"

M.: „Was seine Mutter und sein Vater machen, wenn die des erfahren."

T.: „Ja, das glaube ich. Und was ist das letzte, was du körperlich fühlst, wenn du verbrennst?"

M.: „Das kann ich mir jetzt nicht vorstellen."

M3a

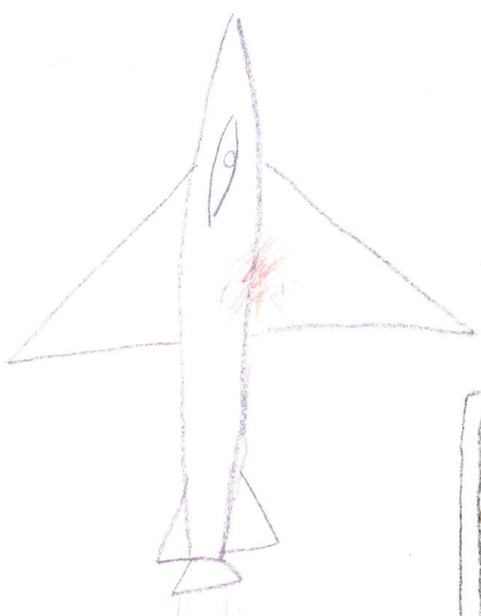

M3b

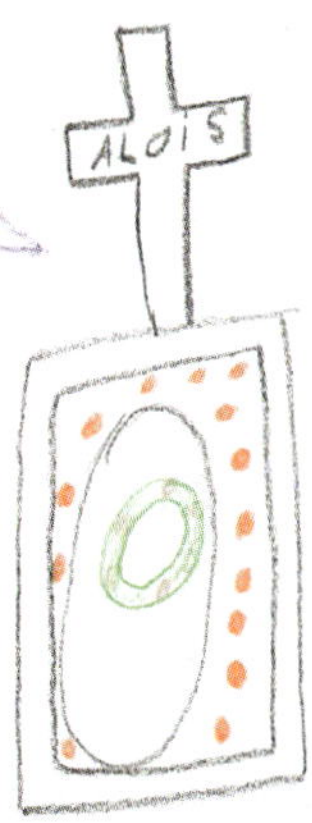

T.: „Vielleicht mußt du das kleine Flugzeug, in dem das passiert ist, erst einmal malen, damit du dich erinnerst, wie sich das angefühlt hat.“ (Abb. M3a)

Nachdem das Flugzeug sichtbar ist, gelingt es etwas leichter, ihn auch in das Gefühl des Verbrennens zu führen. Es stellt sich heraus, daß dieses Körpergefühl eng mit den schmerzlichen Abschiedsgedanken an seine Familie verbunden ist.

M.: „Da fliegt man da so dahin, da bin ich ..., auf einmal macht es pfff, und dann ist alles hoch gegangen, weil da ist Benzin, Motor versagt und alles.“

T.: „Ja, jetzt fühl mal, wie du dich da drin anfühlst.“

M. (Pause, dann): „Voller Angst und mit der Hoffnung, daß es nur brennt, und daß ich gerade noch runterkomme.“

T.: „Genau, fühl mal wieviel Hoffnung hast du?“

M.: „Fast keine eigentlich, weil ich ...“ Er kann nicht weitersprechen, weil Angst und Tränen aufsteigen.

Ich bin innerlich ganz mit seinem Schmerz verbunden und unterstreiche dies noch, indem ich meine Hand teilnehmend auf seine Hand lege, dann vollende ich seinen Satz:

T.: „... weil du ein guter Pilot bist, der weiß, was da los ist.“ Ich lasse ihm Zeit, den Gefühlssturm tief zu erfahren, dann fahre ich fort: „Also es brennt im Flugzeug und deine Haut ...“ Bevor ich zu Ende sprechen kann, sagt er:

M.: „Ich bin mit Asthma und Neurodermitis schon geboren.“

T.: „Ja, genau, mit Asthma und mit Neurodermitis, mit Atembeschwerden und mit verletzter Haut, also mit genau den Gefühlen, die du vor deinem Tod als letztes gespürt hast als Pilot. Es könnte sein, daß diese Gefühle nicht zum Michael gehören, sondern zu dem Piloten aus dem letzten Weltkrieg. Kannst du dir das vorstellen?“ Ich spreche immer noch mit ganz leiser, mitfühlender Stimme.

M.: „Hm.“ Wieder steigen Tränen in ihm auf.

T.: „Und dort bist du noch so jung und willst noch nicht sterben, spürst du, wie traurig das macht?“

M. läßt seinen Tränen jetzt freien Lauf.

T.: „Und du warst so ein begeisterter Pilot und konntest dir gar nicht vorstellen, daß du schon sterben mußt.“

M.: „Und auf einmal macht es Knall, und dann ist es aus“, stammelt er schluchzend.

T.: „Ja, und wenn du stirbst, da gibt es viel Rauch, und dann gibt es verbrannte Haut, so wie Neurodermitis. Und wenn du dann wieder auf die Welt kommst, dann hat dein Körper das noch nicht vergessen.“

M.: „Hm.“

T.: „Jetzt wollen wir einmal etwas machen, damit dein Körper das dort lassen kann, wo es hingehört. Du bist jetzt nicht mehr der Pilot, du bist jetzt der Michael. Dein Körper hat das noch nicht ganz verstanden, dem müssen wir das noch deutlich machen. Welcher Name fällt dir ein, wie hast du damals als Pilot geheißen? Der erste Name, der dir einfällt?“

M.: „Alois.“

T.: „Alois, gut. Also der hieß Alois, und von dem Alois wollen wir uns jetzt einmal verabschieden. Damit der Michael fühlen kann, wie der Michael und der Alois, wie der Alois und sich beides nicht immer vermischt. Sonst bekommt der Michael manchmal keine Luft oder hat eine kaputte Haut oder fliegt in der Luft herum und kriegt nicht mit, was in der Schule passiert, weil er immer noch so fühlt wie der Alois kurz vor seinem Tod."

M.: „Hm."

T.: „Machen wir dazu dem Alois mal ein schönes Grab?"

M. fängt sofort an zu malen (Abb. M3b).

Nachdem er Alois mit einem „Marmorstein" zugedeckt und ihm „einen schönen Blumenkranz" gemalt hat, hat er symbolisch die einzelnen Teile des Körpers wieder zusammengefügt und auf die Erde gebracht. Als nächstes versuche ich, die Gefühle und die Gedanken, mit denen er noch an dem letzten Leben haften könnte, aufzuspüren und zu beenden.

Michael meint: „Ich möchte mich noch von meiner Frau und von meinen Eltern verabschieden." Damit das besser gelingt, lasse ich ihn diese Personen malen (Abb. M4).

Mit der Vorstellung, daß sich die Seelen zum Abschied nochmals verbinden können, hat er keine Schwierigkeiten. Noch eine Überraschung taucht auf. Er stellt fest, daß seine damalige Frau heute noch lebt. Ungeachtet dieser Tatsache, verabschiedet er sich von ihr ebenso wie von seinen Eltern als Alois.

M4a

M4b

Alles, was er seinen Angehörigen noch gern gesagt hätte, „damit er in Frieden sterben kann“, schreibt er in eine Sprechblase über deren Köpfe. Er sagt seiner Frau (Abb. M4a): „Ich werde dich auf ewig lieben“, und zu seinen Eltern (Abb. M4b): „Ich weiß, daß ihr traurig seid, aber denkt immer daran, ich bin in Ehre für mein Land gestorben.“ Alle drei sagen zu ihm: „Ich werde dich nie vergessen, bis wir uns im Himmel wiedersehen.“

Die Gefühle, die Michael jetzt hat, beschreibt er so: „Eigentlich gut, weil er seinen Willen durchgesetzt hat, und daß er jetzt auch in Ruhe seinen Frieden finden kann.“

T.: „Was ist mit einem Michael, der immer noch den Alois neben sich stehen hat? Was meinst du, was dann alles passiert, wenn du mit den Gedanken immer halb beim Alois bist?“

M.: „Das passiert von einem Moment auf den anderen, einen Moment ist man dann bei der Sache, und im anderen Moment ist man dann wieder in seinem Träumeland.“

T.: „Ganz genau, dann rutscht man immer wieder rüber und ist manchmal hier nicht bei der Sache. Meinst du, daß du den Alois jetzt in Frieden verabschieden kannst?“

M.: „Ja.“

T.: „Wir haben seinen Körper wieder in Ordnung gebracht und ihn in ein schönes Grab gelegt. Das hat er dringend gebraucht, damit die Teile nicht immer noch in der Luft herumfliegen.“

M.: „Hmhm.“

T.: „Hast du dem Alois jetzt alles gegeben, was er noch gebraucht hat, um in Ruhe zu gehen?“

M.: „Ich glaube schon.“

T.: „Gut, wenn wir das wirklich zu Ende haben, dann kann der Michael erst richtig sehen, was er in diesem Leben tun will und muß nicht immer mit einem Fuß in dem anderen Leben sein.“

M.: „Hmhm. Meine Mutter hat mir das erzählt, wie Sie dem Jungen geholfen haben, der auch Asthma hatte und immer mit einem Atemgerät rumlaufen mußte.“

T.: „Ja, hat sie das erzählt? Das war auch so ähnlich, der ist in einer Hütte verbrannt und du bist im Flugzeug verbrannt.“

M.: „Und der kann jetzt wieder normal, ohne Atemgerät rumlaufen?“

T.: „Genau. Der Körper braucht ein bißchen Zeit, bis er das alles verstanden hat. Unser Verstand begreift immer etwas schneller als unser Körper. Du hast das jetzt verstanden, aber bis der Körper es versteht, das dauert manchmal ein bißchen länger, dem muß man das etwas öfter sagen. Also, immer wenn du schwer Luft bekommst oder deine Haut anfängt rot zu werden, dann sagst du: ‚Ja Alois, du hattest ein schreckliches Schicksal, ich verabschiede mich von dir in Liebe. Schau, ich bin Michael, und ich bin gesund, die Atemnot und die verbrannte Haut gehören zu dir, ich lasse sie bei dir.‘ Sprich auch mit deiner Lunge und deiner Haut. Sag ihnen, daß sie das verwechseln, daß das alles zum Alois gehört, und den haben wir jetzt ehrenvoll begraben, dem geht es gut.“

M.: „Hmhm.“

T.: „In diesem Leben bin ich Skiläufer, kein Flieger. Und ich will ein guter Skiläufer werden und nicht mit einem

Bein immer noch Flieger sein. Das könnte beim Skifahren gefährlich werden."

M. lacht befreit.

T.: „Gut, dann fühl mal, wie geht es jetzt mit dem Atmen?"

M.: „Schon viel besser." Er atmet fast normal.

T.: „Ja, fühl das gut. Fühl, wie es immer besser wird, immer besser, und wenn es mal wieder etwas schwerer geht, dann verabschiedest du dich noch mal vom Alois, bis er sich immer seltener meldet und schließlich nur noch in deiner Erinnerung ist. Laß alle Zellen in deinem Körper lachen und sich freuen, daß das jetzt vorbei ist."

M.: „Ja. Ich habe mich immer gefragt, warum ausgerechnet ich das Asthma habe."

T.: „Ja das glaube ich, so leicht kommt man ja auch nicht auf die Idee, daß das vom letzten Leben kommen könnte. Jetzt verstehst du es endlich."

M.: „Ja." Er wirkt sehr befreit und erleichtert.

Auch bei Michael begegnet uns wieder ein sogenanntes Überlebensprogramm. Es heißt: *„Solange ich noch Atemprobleme habe und spüre, daß meine Haut brennt, lebe ich noch."* Der Körper hat also ein Interesse daran, diese Symptome aufrecht zu erhalten. Wenn solche Symptome, die einem Überlebensprogramm entspringen, durch starke Medikamente niedergedrückt werden, so ist zu erwarten, daß der Körper einen anderen Ausweg aus seiner Todesangst sucht; seelische Probleme oder tödliche Krankheiten könnten daraus erwachsen. Wir sind noch ganz am Anfang unserer Forschungen, sind aber überzeugt, daß wir im Laufe der Zeit viele neue Erkenntnisse zum Verständnis und zur Heilung seelischer und körperlicher Probleme erhalten werden.

Sie können nicht in die Hölle, bevor sie nicht ihren Mörder gefunden haben

2. Sitzung

Heute wird Michael von seinem Vater gebracht. Dieser überreicht mir ein Bild, das Michael in der Schule gemalt hat. (Abb. M5)

Die „Grausamkeit" der Abbildung verunsichert ihn offensichtlich, und er meint, daß Michael so etwas noch nie gemalt habe. Ob das wohl ein früheres Leben sei, fragt er. Michael habe zu dem Bild gesagt:

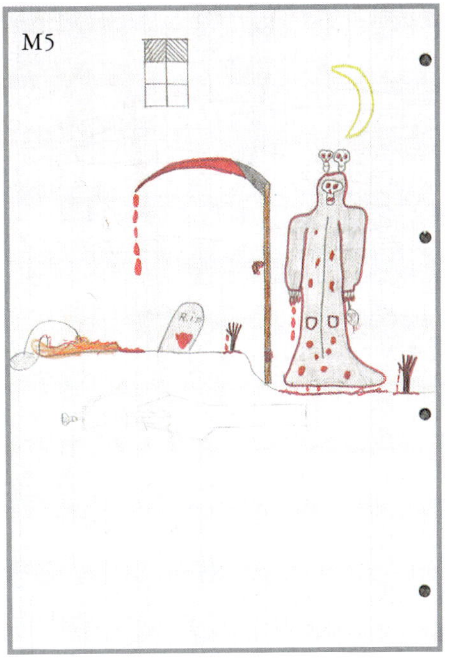

M5

„Sie können nicht in die Hölle, bevor sie nicht ihren Mörder gefunden haben."

Im Therapiezimmer angekommen, läßt Michael das Bild außer acht, das mir der Vater in seinem Beisein überreicht hat, und meint, daß er heute keine gute Laune habe, da er eine Vier im Diktat geschrieben habe. Es ärgere ihn, weil er gern in eine weiterführende Schule gehen würde, die Noten aber zu schlecht seien.

M.: „Ich baue halt immer Mist."
T.: „Was ist das für ein Gefühl, ich baue immer Mist'?"
M.: „Ein ganz normales Gefühl ist das."
T.: „Was ist ein ganz normales Gefühl für dich?"
M.: „Normal ist so wie jetzt, ganz normal, daß alles in Ordnung ist. So wie, das kann man schlecht erklären, das ist für jeden anders."

Im Unterschied zur letzten Sitzung scheint Michael schon etwas mehr Problembewußtsein zu entwickeln.

Dennoch bezeichnet er das Gefühl „ich baue immer Mist" als „ganz normales Gefühl" und findet es ganz „in Ordnung". Als ich ihn genauer in die Versagenserlebnisse hineinspüren lasse, kommen langsam auch unangenehme Gefühle, sowohl emotional als auch körperlich.

Schließlich lasse ich ihn seinen Namen zweimal schreiben, einmal als Michael, dem es gut geht, und einmal als Michael, dem es schlecht geht.

Wir stellen fest, daß der Name des Michael, dem es schlecht geht, zwar in schwarzer Schrift aber größer und kraftvoller geschrieben ist, als der in der roten Schrift des Michael, dem es gut geht. Das scheint mir einer Untersuchung wert.

Als nächstes lasse ich Michael unter seine Namen noch „Ruhe in Frieden" schreiben. Ich nehme dabei Bezug auf die Anfangsbuchstaben, die auf dem Stein in Bild 5 zu sehen sind. Er schreibt den Satz in orange unter seinen schwarzen Namen, meint aber, er gehöre eigentlich unter den roten. Ich notiere mir in Gedanken, daß es hier einige Vertauschungen gibt.

Er nennt Orange „eine Farbe des Lichtes" und Schwarz „die Farbe der Dunkelheit".

Ich bitte ihn, denjenigen, dem der Satz, „ruhe in Frieden", gilt, zu malen.

M.: „Wenn er noch lebt?"
T.: „Genau, daß wir mal sehen, wie der aussieht und wer das ist." (Abb. M6)

Er malt eine blaue Gestalt „die so ungefähr dreißig Jahre alt ist, so ganz normal". Es fällt ihm noch auf, daß sie in „einer hellen Farbe, der Farbe des Wassers", gemalt ist, und daß das Wasser „lebenswichtig" sei.

T.: „Was fällt dir noch auf?"
M.: „Daß man die Hände sieht, die sieht man z. B. da nicht." (Abb. M5)
T.: „Ja, da hat er Hände (Abb. M6), und da hat er keine (Abb. M5)."
M.: „Des sollen halt normale Hände sein, ganz normal."
T.: „Hm, ganz normale Hände, und diese Hände, sind die auch normal?"(Abb. M5)
M. (verwirrt): „Die sind ab, die können nicht in die Hölle, bevor sie ihren Mörder gefunden haben."
T.: „*Die* Hände suchen immer noch nach ihrem Mörder (Abb. M5), hier sind die Hände aber noch ganz normal (Abb. M6)?"
M.: „Ja."

M6

Wir stellen weiter fest, daß ihm „die Haare zu Berge stehen", weil „er Angst hat", und daß er keine Füße hat (er malt sie erst später), also nicht weglaufen kann. Michael ist sehr erschrocken darüber, daß er die Füße „vergessen" hat. Denn „der möchte weglaufen, so weit wie möglich, weil er Angst vorm Tod hat". Die Angst kommt „von überall". Ich frage, wie die Angst aussieht, die „von überall" komme. Er meint sie „könnte wie ein Vogel aussehen, ein großer Vogel, vor dem er Angst hat. Eine Vogelgestalt. Weil der Dracula kann sich auch in eine Fledermaus verwandeln."

Hier sehen wir auch wieder, daß unser Verstand auf bekannte Bilder zurückgreift, um die Gefühle und Erfahrungen aus dem Unbewußten auszudrücken. Dracula ist Symbol für eine besonders aggressive, lebensbedrohende Kraft, gegen die man sich schlecht schützen kann, da sie nachts heimlich, unerkannt auftaucht und sich einschleicht. Sie geht an den Lebensnerv und verändert die Psyche.

Er malt drei solcher Vogelgestalten. Den mit den Hörnern bezeichnet er als „Chef": „Der hat so Hörner, weil der ist noch böser." „Die anderen sind die Helfer von dem." „Er möchte weglaufen, aber die haben ihn schon eingekreist." Er hat am meisten Angst davor, „daß sie ihn auch zu einem Vampir machen." Und er will noch weiter leben, „ganz normal weiterleben."

Sie werden sich sicher erinnern, daß Michael bei jeder passenden und unpassenden Gelegenheit davon gesprochen hat, etwas *„ganz normal"* sei. Wir stellen fest, daß ihn irgend etwas daran hindert, ganz normal weiterzuleben. Ich lasse ihn den Satz, „ich will ganz normal weiterleben", einige Male wiederholen, bis heftige Angstgefühle kommen. Ebenso verfahre ich mit dem Satz, „ich will kein Vampir werden". Seine starke Reaktion legt die Vermutung nahe, daß es hier gewaltigen psychischen Druck geben muß. Es schüttelt ihn am ganzen Körper, und er ist sehr erregt. Das Schlimmste, das ihm passieren kann ist, daß er „plötzlich zu den Helfern des Bösen" gehört.

Als ihm der Druck zu groß wird, beginnt er, in der rechten unteren Ecke des Blattes mit weißer Farbe zu malen. Wieder bin ich tief beeindruckt, wie gut die Heilungskräfte bei Kindern arbeiten. Michael hat eine schlimme Erfahrung vor sich, wahrscheinlich eine gewaltsame, psychische Veränderung. Jetzt malt er mit Wachsmalkreiden eine weiße Grundierung, die er dann mit grüner Farbe abdeckt. Durch eine sogenannte Kratztechnik kann man bei Gelegenheit mit einem spitzen Stift eine weiße Figur hervorholen. Symbolisch heißt das: „Auch wenn ich jetzt von den Vampiren gebissen werde und so schwarz wie die Vampire werde, unten drunter, also im Inneren meiner Seele, bleibe ich weiß. Vorerst schütze ich mein Inneres durch das Grün." Es ist oft wichtig, Kindern einen sicheren Platz zu schaffen, an den sie jederzeit zurückkehren können, um sich Kraft zum Weiterarbeiten zu holen. Hier findet Michael von sich aus eine solche rettende Insel. Diese Technik heißt in der Reinkarnationstherapie „Ankern".

Bevor wir fortfahren, erklärt Michael noch, daß die Bösen schwarz seien und die Guten weiß, und daß er eigentlich zu den Weißen gehöre.

T.: „Ja, gut. Jetzt wirst du die Verbindung zum Weißen nicht verlieren, egal was Schlimmes passiert."

M.: „Ja, das sieht man auf dem Papier auch." Er hüllt auch noch die blaue Figur ganz in Weiß ein.

T.: „Ja genau, das sieht man. Jetzt weiß er, daß wir nie vergessen haben, wieviel Weiß er hat. Es ist nur für kurze Zeit versteckt."

Von den Händen der blauen Gestalt „strahlt Freude ab". Er macht diese sichtbar, indem er „Sonnenstrahlen" um die Figur herum malt. Als ich ihn spüren lasse, was die Bösen denken, wenn er so viel Freude abstrahlt, ruft er überrascht aus:

M.: „Das ist Wahnsinn! Die ärgern sich genauso, wie wir uns ärgern, daß es solche Nazis gibt, die Grabschändung machen. Das war bei uns jetzt auch, da haben sie auch Grabschändung gemacht, bei uns in Xstadt."

T.: „Ja, die Bösen ärgern sich über die Guten, wie die Guten sich über die Bösen ärgern."

Hier ereignet sich etwas sehr Erstaunliches. Der Junge gewinnt eine tiefe Einsicht in menschliches Verhalten. Er erlebt es als große Überraschung, daß der Ärger auf beiden Seiten gleich ist, d. h., er stellt innerlich eine erste versöhnende Verbindung zwischen den Guten und den Bösen her, er überwindet für einen kurzen Augenblick die trennenden Gegensätze. Graf Dürkheim hat solche Erlebnisse, die immer eine heilende Wirkung haben, als „Initiatische Erlebnisse" bezeichnet.

M.: „Da war so ein frisches Grab von so einem kleinen Jungen, so ein Hügel so'n großer. Da sind sie darauf rumgetrampelt, und mit dem Rad sind sie drin herumgekurvt im Friedhof."

T.: „Ja, da gibt es keine Ruhe und keinen Frieden nach dem Tod."

M.: „Ja."

T.: „Und du, bist so einer (Licht) oder so einer (Dunkel)?"

M.: „Schon mehr so." (Lichte Gestalt) Die Antwort läßt offen, daß er auch vom Dunklen etwas hat.

T.: „Ja, da hier bist du auf jeden Fall so einer, daran wollten wir uns erinnern. Und wie war das damals?"

M.: „Da war das Böse doch stärker als das Gute."

T.: „Ja, manchmal scheint das so. Aber wir schauen jetzt mal, ob das wirklich so war, ob das Böse da wirklich stärker war. Also, jetzt wissen wir, das ist ein Guter, das sind die Bösen, die wollen nicht, daß es solche Guten gibt."

M.: „Ja."

T.: „Was machen die mit dem alles, damit er auch zu einem Helfer des Bösen wird?"

M.: „Vielleicht tun sie ihm weh, daß sie ihn kratzen oder irgend sowas."

T.: „Fühl mal an deinem Körper, was sie alles machen. Spüre das mal ein bißchen nach. Weil das war ja damals auch dein Körper. Fühl mal."

M.: „Das ist ganz grauenvoll, was man da verspürt." Er verzerrt das Gesicht.

T.: „Ja, was verspürst du alles?"

M.: „Schmerz und Grauen."

T.: „Ja, wo überall am Körper ist Schmerz?"

M.: „Am ganzen."

T.: „Furchtbar."

M.: „Hmhm, in Jugoslawien drüben, da ist das auch."

T.: „Ja, da gibt es das Böse auch."

M.: „Deshalb mein' ich echt, daß das aufhören soll, warum die das machen, daß sie sich gegenseitig erschießen und des, warum die des machen eigentlich."

T.: „Ja, das ist schwer zu verstehen. Vor allem, wenn man ein Guter sein will, so wie du hier und so wie die meisten Jugoslawen auch, dann kann man das nicht verstehen."

M.: „Hmhm."

T.: „Jetzt mal dich mal dahin, wo sie alles Schlimme mit dir gemacht haben, wie sieht dein Körper dann aus?"

M.: „Mach ich mit Rot die ganzen Stellen da hin." (Abb. M7) Er stellt von sich aus die Beziehung zu der liegenden Gestalt auf Bild 5 her.

T.: „Fühl mal, was sagen sie, wenn sie da kratzen, was sagen sie da immer?"

M.: „Wenn du nicht zu uns kommst, dann werden wir dich noch weiter leiden lassen."

T.: „Schrecklich, was?"

M.: „Hmhm, ja."

T.: „Also das heißt, wenn du nicht böse wirst, dann lassen wir dich weiter leiden?"

M.: „Ja."

T.: „Schlimm, fühl mal, gehst du dann zu ihnen?"

M.: „Lieber würde ich sterben als Guter, als daß ich als Böser sterbe."

T.: „Ja, hättest du gerne diese Kraft gehabt?"

M.: „Ja." Seine Augen füllen sich mit Tränen.

T.: „Manchmal schafft man das nicht, wenn man zu sehr gequält wird."

M7

M. antwortet nicht. Offensichtlich streiten sich in ihm die Gefühle. Er fühlt, daß er hineingezogen wird, möchte es aber nicht zulassen.

T.: „Vielleicht kannst du ihm nachträglich Kraft geben, daß du dich nicht reinziehen läßt?"

M.: „Ja, Gott, daß Gott mir hilft!" ruft er hoffnungsvoll.

T.: „Ja, fühl das mal, Gott hilft mir."

M.: „Ja."

Wir arbeiten noch eine Weile an den widerstreitenden Gefühlen. Schließlich hüllt er seinen blutenden Körper in einen „Lichtstrahl, der von Gott kommt". „Daß er ihm hilft, daß er ihm Stärke gibt und Kraft zum Weiterleben." Mit dieser erneuten Ankerung können wir uns weiter vorwagen.

T.: „Jetzt geh mal zu dem Moment, wo du stirbst, was machen sie da mit dir?"

M.: „Da haben sie mich ja zu dem Sensenmann gebracht, und da sollte er halt mal mich köpfen."

T.: „Hmhm. Also wer hackt dir da den Kopf ab?"

M.: „Der Sensenmann."

T.: „Stehst du da, oder liegst du?"

M.: „Da knie ich so da." Er fängt an, sich kniend zu malen. „Da ist seine Sense. Der freut sich, daß er wieder einen Gehilfen hat."

T.: „Der Sensenmann freut sich, daß er wieder einen Gehilfen hat?"

M.: „Ja."

T.: „Wobei hilft er ihm?"

M.: „Daß er noch andere Leute finden kann."

T.: „Will der noch andere Gute finden?"

M.: „Ja."

T.: „Und da hilft er ihm?"

M.: „Hm." Er ist offensichtlich verwirrt.

T.: „Wie weh haben sie dir getan, daß du ihm hilfst, andere Gute zu finden?"

M.: „Ganz schlimm." Er fängt an zu weinen.

T.: „Ja, wenn man ganz schlimm gequält wird, dann kann so etwas passieren, das kann man nicht aushalten." Nachdem ich ihm genügend Zeit gelassen habe nachzuspüren, frage ich: „Was ist das letzte, was du hörst, bevor dir der Kopf abgehackt wird?"

M.: „Jetzt gehörst du zu den Bösen, jetzt kannst du dich an denen rächen, die dich verabscheut haben oder die dich gehaßt haben."

T.: „Wer sagt das?"

M.: „Der Sensenmann."

T.: „Und du hast plötzlich die gleiche Farbe wie der (Sensenmann)?" Ich deute auf den, der geköpft wird, „wie kommt denn das?" M. antwortet nicht. „Ist das Wut?"

M.: „Nein, Wut nicht, sondern Kraft halt, was Starkes. Er muß stark sein, daß er nicht schreit, bevor er in den Tod geht, und daß er seine ganzen Kräfte sammelt und den Tod mit Würde nimmt."

Wie wir immer wieder sehen, geht es hier um moralische Grundsätze. Gut sein, sich beherrschen, Würde behalten, nicht zu den Bösen überlaufen. Ich lasse ihm hier aus Heilzwecken die Illusion, in Würde gestorben zu sein, da wir schon bearbeitet haben, daß er in der Folter seine Freunde „die Guten" verraten hat, indem er den Bösen hilft, „sie zu finden". Es geht bei Michael um die Heilung von Schuldgefühlen und um Selbstachtung. Er kann in diesem Leben keinen gesunden Egoismus entwickeln, wenn er die vermeintliche alte Schuld nicht auflösen kann.

T.: „Also das letzte, was du hörst heißt, jetzt gehörst du zu den Bösen, und jetzt kannst du dich rächen. Jetzt liegt der Kopf da unten. Fühl mal, wieviel Rache gibt es da noch in diesem Körper?"

M.: „In dem Moment noch fast nichts, weil er ja erst gestorben ist, und er denkt immer noch, hoffentlich läßt der mich jetzt noch am Leben, weil ich bin ja noch so jung und will ja nicht sterben."

T.: „Ja, das ist das letzte, was du denkst?"

M.: „Ja."

T.: „Genau, du bist noch jung. Also das letzte was du denkst, ist, hoffentlich darf ich leben. Und das letzte was du hörst, ist, jetzt gehörst du zu den Bösen, und jetzt kannst du dich rächen."

M.: „Hm."

T.: „Wieviel von dem Satz, den der Mann, der dich tötet, sagt: Jetzt gehörst du zu den Bösen, jetzt kannst du dich rächen. Wieviel davon steckt noch in dir drin?"

M.: „Vielleicht ein ganz kleines bißchen noch. Nicht viel auf alle Fälle."

T.: „Was können wir machen, daß der Gedanke an den Sensenmann zurückgeht und du den Gedanken nicht mitnehmen mußt?"

M.: „Das kann man z. B. hierhin zeichnen." Macht eine Sprechblase und schreibt hinein „Nun gehörst du zu den Bösen und kannst dich an deinen Feinden rächen."

T.: „Ja, gut. Fühle wie es aus dir herausgeht und zu ihm hin. Atme alles aus dir heraus in die Sprechblase." Er tut es mit Hingabe.

T.: „Wollen wir dir noch ein Grab machen, in dem du wirklich in Frieden ruhen kannst?"

M. fängt sofort an zu malen.

T.: „Und wie liegt er da drin, mit oder ohne Kopf?"

M.: „Mit."

T.: „Gut, dann bringen wir das auch wieder in Ordnung." Als ich sehe, daß er die Hände schwarz malt, sage ich: „Aha, die Hände sind jetzt schwarz, gehören die noch den Bösen?"

M.: „Hm." Wir machen uns nochmals bewußt, daß er gefoltert wurde, weil seine Hände Freude ausgestrahlt haben.

T.: „Was können wir machen, daß die Hände wieder dir gehören und Freude aussenden können, ohne daß sie Angst bekommen?"

M. betrachtet voller Ehrfurcht seine Hände. „Daß wir einen Blumenkranz um ihn machen."

T.: „Ja, einen richtigen Heilblumen-Farbenkranz. Fühl mal, welche Farben braucht er?"

M.: „Grün oder sowas."

T.: „Ja, alle Farben die du brauchst, daß du alle Angst verlierst und den Bösen nichts mehr von dir gehört." Er nimmt „Blau für den Himmel, Grün und vielleicht Rot für Kraft, und die Sonne ist noch Gelb".

T.: „Und wie wäre es, wenn wir die Hände und den Kopf noch mal extra heilen, damit der Kopf und die Hände wissen, daß es keine Gefahr mehr gibt?"

M. übermalt Kopf und Hände mit gelber Farbe.

T.: „Fühl mal, wie sich das jetzt anfühlt."

M.: „Schon besser, weil er ja jetzt weiß, daß um ihn Freude ist, daß um ihn Gutes ist."

T.: „Ja, und er weiß jetzt auch, daß die Rache nicht zu ihm gehört, sondern zu dem Sensenmann."

M. „Ja."

T.: „Jetzt fühl mal, ob die Bösen das Gute wirklich besiegt haben?"

M.: „Nein, weil das Gute ist ja viel stärker als das Böse, aber manchmal ist das Gute auch schwächer."

T.: „Fühl, daß die nur deinen Körper quälen und töten können, das Gute in dir können sie aber niemals töten, auch wenn sie dir den Kopf abhacken."

M.: „Jaaa," sagt er befreit.

T.: „Fühlst du das Gute noch in dir?"

M.: „Ja."

T.: „Siehst du, sie konnten es nicht töten. Daran kannst du sehen, daß das Gute immer stärker ist als das Böse."

M.: „Ja."

Er lacht und ist offensichtlich erleichtert und glücklich.

T.: „Möchtest du dich dann auch wieder aus dem grünen Versteck hervorholen?" „Oh ja!" ruft er aus und kratzt eine weiße Figur aus dem Grün auf Abb. M6.

T.: „Gut. Und wie fühlt sich das jetzt an?"

M.: „Viel besser halt."

T.: „Prima, dann sind wir für heute fertig."

M.: „Ja." Er geht zur Waage und bringt sie ins Gleichgewicht.

T.: „Ja, jetzt ist alles wieder im Gleichgewicht."

M.: „Ja."

In dieser Sitzung ist die emotionale Befreiung und Klärung die wichtigste Arbeit. Michael befand sich in einer Gefühlsverwirrung, was ist normal und was ist nicht normal, bin ich gut oder bin ich böse. Aus solchen Gefühlsverwirrungen können u. a. Schuldgefühle entstehen, die uns hindern, ein gutes Selbstwertgefühl und eine gesunde Durchsetzung zu entwickeln.

Ich bräuchte mehr Willen zum Leben

3. Sitzung

Mit den Kindern, die ich bisher beschrieben habe, konnte ich jeweils ein Thema bearbeiten, das sie mir in den ersten Minuten unserer Begegnung angeboten haben. D. h., das Unbewußte hat mir ein Angebot gemacht. Wenn sich nicht unmittelbar ein Einstieg anbietet, benutze ich manchmal kleine Hilfsmittel, mit denen die Bilder der Seele hervorgeholt werden können, die sich mir mitteilen wollen. In der dritten und vierten Sitzung beschreibe ich je ein solches Instrument.

Ich bitte Michael, mir einen Baum zu malen, einen Baum, der ihm gefällt.

In der Symbolsprache heißt das: „Male einen Baum, mit dem du dich identifizieren kannst, der so ist wie du." (Abb. M8)

Der Mensch hat den Baum von jeher als Symbol des Lebens erfahren. Mit seinen Wurzeln zeigt er uns, wie gut wir verwurzelt sind, mit seinem Stamm erzählt er etwas über unsere Lebenskraft und unser Selbstbewußtsein, aber auch über unsere Wunden und Verletzungen (wenn z. B. Äste abgeschnitten sind), die Krone schließlich bringt zum Ausdruck, wie wir in die Welt greifen, d. h., wie wir Kontakt mit der Umwelt aufnehmen.

Michael bezeichnet seinen Baum als Eiche, die auf einer Lichtung steht.

Ich untersuche mit ihm zusammen seinen Baum, d. h., wir betrachten sein Bild von sich selbst. Als ich davon spreche, daß die Wurzeln zeigen, wie gut er sich zu Hause verwurzelt fühlt, malt er noch weitere Wurzeln an den Baum. An der unterschiedlichen Farbe kann man erkennen, wo er angestückelt hat. Diese Korrektur wäre nicht nötig gewesen, da Michaels Baum fest auf klarem Grund verankert ist. Durch die Änderung scheinen die Wurzeln eher wie bloßgelegt.

Der Stamm, so stellen wir gemeinsam fest, ist kräftig und ohne nennenswerte Verletzungen. Die Krone besteht zunächst nur aus einer grünen, wolkenähnlich geformten Kugel, in der ein paar dünne Strich-Ästchen unorganisch und ungerichtet angeordnet sind. Als ich ihm sage, daß die Krone seinen Kontakt zur Außenwelt zum Ausdruck bringt, meint er: „Der wehrt sich nicht, der macht zu", weil die Kugel keinen Austausch zwischen außen und innen zuläßt.

Außerdem sagt er über die Krone seines Baumes noch: „Ich bräuchte mehr Willen zum Leben." Diese Bemerkung nehme ich zum Anlaß, mit ihm auf die Suche zu gehen, wann er den Willen zum Leben verloren hat, da wir doch sehen, daß sein Stamm kraftvoll und seine Wurzeln stark sind, er von daher eigentlich einen sehr guten Willen zum Leben haben müßte.

Es stellt sich heraus, daß der Willen zum Leben schon in der Schwangerschaft verlo-

M8

ren gegangen ist. Wir orten die Gefühle als der Mutter zugehörig, die sie empfindet, als sie mit ihm im sechsten und siebten Monat schwanger ist.

„Sie ist traurig, weil sie sich von ihrem Mann alleine gelassen fühlt." Der Mutter „ist kalt ums Herz" und ihr „Leben hat keinen richtigen Sinn mehr". Ihr Mann „setzt sich hin und döst vor sich hin". Die Mutter bestätigt anschließend, daß solche Gefühle in der Schwangerschaft mit Michael vorherrschend gewesen seien.

Zur Heilung malen wir das Baby im Bauch der Mutter. (Abb. M9)

Daneben kommt die Mutter, die wegen ihrer Traurigkeit in schwarzer Farbe gemalt wird.

Dann lasse ich ihn die Traurigkeit an die Mutter zurückatmen, damit das Baby ohne Traurigkeit auf die Welt kommen kann. Michael empfindet dabei, daß es „immer heller und lebendiger wird". Das neugeborene Baby (links oben) wird dann noch von der Mutter abgenabelt, indem wir die Nabelschnur durch einen roten Strich „abtrennen". Das Kind wird anschließend in schöne Farben gehüllt. Dann wird nochmals die Mutter gemalt, wie sie sich nach der Geburt fühlt, wenn das Neugeborene bei ihr ist. Er malt sie in roter Farbe auf die rechte Seite des Bildes. Sie weist mit einer Hand nach rechts, d. h. in die Zukunft. Obwohl die rote Farbe kraftvoll und die Geste zuversichtlich und lebendig zu sein scheint, bemerken wir, daß ihr die Füße zum Gehen fehlen. Das kann bedeuten, daß wir in der nächsten Sitzung noch

einmal an diesem Thema arbeiten müssen, d. h. irgend etwas noch nicht zur Sprache gekommen ist, etwas, das sie noch festhält.

Wir beenden die Sitzung, indem wir dem Baum seine Äste – und damit symbolisch den Willen zum Leben – zurückgeben.

Aber ich bin doch gar nicht tot

4. Sitzung

Michael spricht zu Anfang der Sitzung davon, daß er in der Schule so schlecht sei und nicht gut genug Skifahren könne. Er berichtet auch von ersten Versuchen, weniger zu essen, um abzunehmen. Er wird deutlich selbstkritischer, problembewußter und macht erste Versuche, sein Leben selbst zu gestalten.

Nachdem er alles vorgebracht hat, was ihm an seiner Person mißfällt, sage ich:

T.: „Aber auf mich wirkst du schon viel lebendiger und aktiver."

M.: „N ... ja."

T.: „Wollen wir schauen, daß wir alle Lebendigkeit, die noch in dir ist, aufspüren?"

M.: „Ja."

Dann rufen wir uns die Arbeit der letzten Sitzung nochmals ins Bewußtsein und geben in der Vorstellung der Mutter erneut ihre Traurigkeit zurück. Dann sage ich:

T.: „Jetzt machen wir mal etwas, was ich bei den Indianern gelernt habe. Schreibe hier ein N hin, was Norden heißt, O für Osten, S für Süden und W für Westen." Während er malt, frage ich: „Hast du schon einmal etwas von einem Medizinrad gehört?"

M.: „Nein. Ist das ein Rad, in welche Richtung man gehen soll?"

T.: „Ja, so ähnlich. Mal gehen wir nach Osten, mal nach Westen, mal nach Süden und mal nach Norden auf unserem Lebensweg. Das Medizinrad ist unser Lebensrad. Jetzt male einfach mal dein Lebensrad. Fühle, welche Farbe du hast, wenn du durch den Norden, Osten, Süden oder Westen gehst. Male einfach einen Kreis mit verschiedenen Farben." (Abb. M10)

Den Süden malt er gelb, „weil da die Sonne ist, und die Sonne ist ja auch Leben", später kommt noch Gold dazu, „weil die glänzt ein bißchen". (Leider wirkt Gold in der Reproduktion eher wie Braun.) Im

M10

Norden „ist es mehr braun, weil da nie die Sonne scheint". Den Osten und den Westen malt er hellgrün, „weil es da fruchtbar ist und viele Bäume wachsen. Und die Bäume bringen auch Arbeit, weil man die abernten muß. Und die Sonne bringt ja auch Arbeit noch, weil die muß man ja erst aufbauen". Schließlich finden wir in allen drei Himmelsrichtungen „Arbeit".

Die Worte, die ihm zu den Himmelsrichtungen einfallen, schreibt er jeweils daneben: Im Süden finden wir „Sonne", „warm", „schön", „Leben", „Energie" aber auch „Arbeit". Im Osten und im Westen steht jeweils „fruchtbar", „Bäume", „Arbeit." Und im Norden gibt es die Worte „kalt", „naß" und „arm".

Ich frage ihn, was er gern in sein Lebensrad hineinmalen würde.

M.: „Sonne wär' schön. Weil die Sonne, die ist ja Leben."

T.: „Ja, genau, und daran können wir auch sehen, daß wir noch viel Lebendigkeit in dir finden werden."

Nun spreche ich mit ihm über die symbolische Bedeutung der Himmelsrichtungen. Zum Osten, dem Symbol für Geburt, sagt er: „Er hat die Farbe der Wesen, schön halt." Darauf frage ich ihn, wie es im Norden aussieht, an dem Ort, bevor er geboren wird (der Ort zwischen den Leben, aber auch Tod und Schwangerschaft.) Er meint, dort sei es „dunkel, kalt und naß" und dort „brauche ich Wärme". „Das muß weg, das darf nicht sein", wehrt er ab.

Bevor ich an dieser Stelle weiterarbeite, sprechen wir noch über den Süden, das Symbol für Kindheit, Spiel und Freude. Als ich ihn sagen lasse: „Ich bin ein Kind und darf spielen", ist er ganz glücklich. Die Arbeit, die er in alle drei „irdischen" Himmelsrichtungen plaziert hat, bringen wir an ihren „richtigen Ort, den Westen", denn dort befindet sich das Erwachsensein.

In allen drei Himmelsrichtungen gibt es also Lebendigkeit, Kreativität und Freude. Im Norden „fehlt etwas", was dort ist, „darf nicht sein", es ist „kalt, naß und arm". Als nächstes begeben wir uns also auf die Suche nach der Ursache dieser Gefühle.

T.: „Und da, wo es kalt und naß ist, bist du noch nicht geboren. Du bist zwar schon hier, aber noch nicht geboren. Jetzt male noch mal den Bauch deiner Mutter, in dem Moment, wo es kalt und naß ist und arm, wo was fehlt."

M.: „Eigentlich gehört es noch nicht zu mir, aber ein bißchen schon."

T.: „Ja, du bist im Bauch von deiner Mama, und was die Mama spürt, spürst du auch, und deshalb gehört es auch ein bißchen zu dir." (Abb. M11a)

T.: „Ist es eigentlich im Bauch kalt?"

M.: „Ne, eigentlich nicht, es soll ja warm sein, soll ja gut für das Baby sein, es soll schön warm sein."

Wir kommen überein, daß die Kälte und das Gefühl „das muß weg, das darf nicht sein", nicht zum Baby, sondern zu jemand anderem gehören müssen. Ich bitte ihn, diese Person neben den Bauch zu malen (Abb. M11b). Er malt die Beine der Person in „dunkler Farbe" und sagt dazu, „weil es so kalt ist, die sind ganz blau vor Kälte." Auf die Frage, wer diese Person wohl sein könnte, meint er: „Vielleicht meine Mutter, daß mit der irgendwas war."

Ich weiß, daß die Mutter bis zum letzten

Tag vor der Entbindung in einem kalten Geschäft stehend arbeiten mußte. Michael ist im Februar geboren, und die Mutter hatte in den letzten Wochen vor der Entbindung sehr viel gefroren und manchmal das Gefühl, sie könne nicht mehr durchhalten. Hier finden wir auch das Thema „viel Arbeit", das wir bei Michael auf dem Medizinrad sehen. Das Programm, „die Arbeit ist mir zuviel", hat Michael mit in sein Leben genommen. Wir atmen die Kälte und das Zuviel an Arbeit an die Mutter zurück, und ich lasse Michael die Sorglosigkeit und Wärme des Bauches fühlen.

Nun fehlen uns noch die Gefühle, „das muß weg" und „das darf nicht sein". Michael meint dazu: „Daß sie (die Mutter) da irgendwie eine schwierige Zeit durchmachen mußte, daß da irgendwas ganz Schlimmes passiert ist." Da ich von der Mutter schon weiß, was während der Schwangerschaft „Schlimmes passiert" ist, kann ich den Jungen zielstrebig zu diesem Ereignis führen.

Auf meine Frage, was das Schlimmste sei, das während der Schwangerschaft passieren könne, meint Michael: „Wenn das Kind im Bauch tot wäre, das wäre ganz furchtbar schlimm für die Mutter, weil sie sich doch so auf ihr Baby gefreut hat." Auch wenn ich von der Mutter nicht erfahren hätte, daß sie im dritten Monat ihrer Schwangerschaft geglaubt hat, ihr Kind im Bauch sei tot – ein Arzt habe ihr diese Diagnose gestellt – dann hätte ich an der heftigen Gefühlsreaktion von Michael ablesen können, daß dieses Ereignis tatsächlich stattgefunden haben muß. Der Arzt sagt: „Das (Kind) muß weg.“ Die Mutter sagt: „Das darf nicht sein.“ Die Mutter als tatkräftige, optimistische Frau, die nicht so leicht aufgibt, ging, bevor sie sich das Kind „wegmachen“ ließ, zur Sicherheit noch zu einem anderen Arzt, der die Diagnose des ersten Arztes widerlegte.

Im weiteren Verlauf der Sitzung gilt es nun, die folgenschwere Verwicklung von Lebendigsein und Tod bzw. von Aktivität und Passivität aufzulösen, die bei Michael durch diese traumatische Erfahrung entstanden ist.

Nachdem wir das Ereignis ans Licht gebracht haben (Michael hatte von dem Drama nichts gewußt), lasse ich ihn zunächst all die Beruhigungstabletten, die die Mutter genommen hatte, ausatmen und anschließend in heftigen Protest gegen den Arzt gehen. Dazu wird der Arzt zunächst aufgemalt (Abb. M11c). Er hält einen Zettel in der Hand auf dem steht: „Das Kind ist tot.“ Michael brüllt den Arzt an, daß er ein „Großmaul“ sei, daß er „keine Ahnung habe“, und wiederholt immer wieder den Satz: „Ich lebe!“ Die Wiederholung im Angesicht des Arztes und seiner Todesnotiz ist deshalb so wichtig, weil dadurch die Todesinformation langsam gelöscht wird. Ich beobachte voller Staunen, wie Michael bei dieser Arbeit langsam von immer mehr Energie und Lebendigkeit durchströmt wird. Er selbst drückt es so aus: „Das ist ein tolles

M12

M13

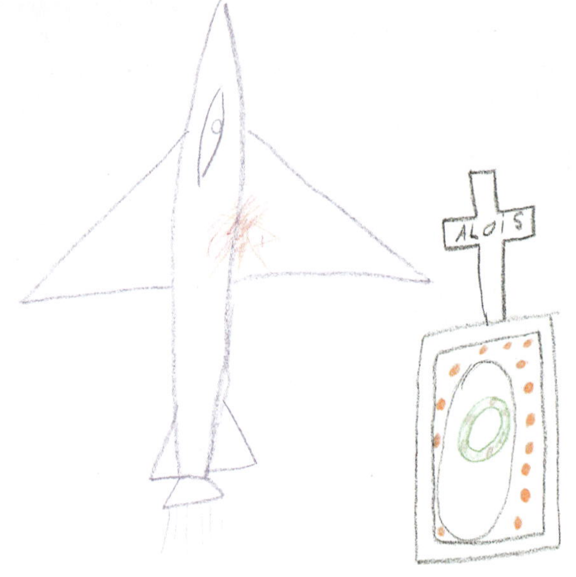

Gefühl, weil dann weiß ich, daß ich noch lebe, und dann bin ich mir auch ganz sicher".

Wir machen die Trennung der Todesnachricht von der Lebendigkeit des Kindes noch dadurch sichtbar, daß Michael den Arzt in einen roten, abgeschlossenen Kreis malt und die falsche Information von dem Kind durch rote Pfeile zum Arzt „zurückschießt".

Anschließend lasse ich ihn sich selbst malen, wie er sich jetzt fühlt. Er malt eine gelbe Gestalt, deren Gesichtsausdruck noch nicht sonderlich fröhlich erscheint. Deshalb frage ich: „Fühl mal, wo an dir ist immer noch ein bißchen von dem ‚ich bin tot'?" Er malt es als schwarzen Fleck in den Bauch (Abb. M12).

Er meint, daß dieser Körperteil bei ihm auch „ganz schlapp" sei. Wir trennen das Gefühl von „ich bin tot" nochmals ganz bewußt ab, und ich mache ihm den Zusammenhang zwischen seiner Langsamkeit in der Schule und dem Programm „ich bin tot" bewußt.

Er atmet den letzten Rest des Programms, *„wenn ich lebendig bin, bin ich tot"*, aus seinem Körper heraus. Er atmet wie ein Weltmeister und lacht und freut sich dabei. Seine enorme Erleichterung ist nicht zu übersehen.

Zum Abschluß lasse ich ihn nochmals ein Bild von sich selbst malen (Abb. M13). Wir sehen, daß er diesmal fröhlich ist und die rote Farbe der Kraft und der Vitalität benutzt.

T.: „Wenn du immer gleichzeitig ein bißchen tot sein mußt, wenn du lebendig bist, und wenn du immer Beruhigungstabletten in dir hast, dann kann das ja nicht klappen. Komisch was?"

M.: „Ja, irgendwie schon."

T.: „Also, was machst du mit der Lebendigkeit, wenn du sie jetzt langsam ganz reinläßt?"

M.: „Werde ich verteilen ins Skifahren und in die Schule."

T.: „Genau, und ins Spielen und mit Freunden etwas unternehmen, anstatt zu essen."

M.: „Genau", sagt er strahlend.

T.: „Das Horoskop ist auch so etwas wie ein Lebensrad, und da kann man sehen, daß du ein schneller Denker bist und ganz viele Ideen hast."

M.: „Ja, den Arzt lassen wir jetzt einfach in der Ecke stehen. Der gehört überhaupt nicht mehr dazu."

T.: „Genau, das war ein Irrtum, ein völliger Blödsinn."

M.: „Ja."

T.: „Ja, ich sehe schon, du wirst immer lebendiger, dann kann die Sonne strahlen auf deiner Brust." Er hat ein T-Shirt an, auf das eine große Sonne gemalt ist.

Er geht strahlend und erleichtert davon. Die Lebendigkeit ist bis heute geblieben, und er ist ein sehr guter Schüler geworden. Er erledigt seine Hausaufgaben selbständig und hat den Übertritt in eine weiterführende Schule problemlos geschafft.

Ich möchte Sie noch auf ein interessantes Detail auf Abb. M11 hinweisen. Ich frage Michael: „Wie sieht das Baby aus?", und er antwortet: „Wie wenn es keine Hände

M14

hätte". Keine Hände haben heißt einmal „Ich kann nichts tun", es heißt aber auch, daß Michael durch die Todeserfahrung im Bauch der Mutter an das Leben angeschlossen wird, das wir als letztes bearbeitet haben. Das bedeutet, daß die Programme aus dem vergangenen Leben schon zu diesem Zeitpunkt in Michael lebendig werden. Wie Sie wissen, nennen wir das Reaktivierung eines früheren Lebens mit all seinen Postulaten.

Oft wundern wir uns, warum bei einem körperlich und seelisch gesunden Menschen scheinbar aus dem Nichts eine vorher nie gekannte Angst, eine jähe Depression, ein unerwarteter Mißerfolg oder eine Krankheit unvermutet auftauchen. Meist hat das mit solch einer Reaktivierung von Programmen aus früheren Leben zu tun. Diese Reaktivierung kann wie bei Michael in der Schwangerschaft erfolgen, sie kann aber auch zu jeder anderen Zeit unseres Lebens stattfinden.

Mutig sein führt zu Schmerz und Tod

5. Sitzung

Es ist fast ein halbes Jahr vergangen, seit ich mit Michael begonnen habe zu arbeiten. Aus dem passiven, willensschwachen Kind ist ein lebendiger, aktiver Junge geworden. Michael hat einen langen Anfahrtsweg, so daß ich so wenig Sitzungen wie möglich anberaume. Ich vertraue darauf, daß seine Seele in den Pausen zwischen den Sitzungen an unseren begonnenen Themen weiterarbeitet.

In diese Sitzung kommt Michael zum ersten Mal gezielt mit einem Thema, an dem er arbeiten will. Er hat sich vorher genau überlegt, wo er noch Hilfe brauchen könnte.

Das Problem heißt: „Ich möchte mehr Mut beim Skifahren haben." Kaum hat er sein Thema in Worte gefaßt, nimmt er eine Pistole und beginnt, auf einen Stoffhund zu schießen, der auf der Couch sitzt. Dieses bisher so friedfertige Kind, „das sich nie wehrt und niemandem etwas zuleide tun kann", wie die Mutter sagte, schießt dem Hund mitten ins Gesicht und sagt dazu: „Ich knall' dich ab!"

Michael bringt in dieser Sitzung von sich aus den Schatten, den Täter in den Raum. Wie wir wissen, ein wichtiger Schritt zur wirklichen Heilung.

So gelangen wir denn auch in ein Leben, in dem er als Amerikaner gegen die „Rothäute" kämpft und sie verfolgt (Abb. M14).

Die Aufschrift R. i. F (Ruhe in Frieden) auf dem Stein rechts im Bild, will wohl darauf hinweisen, daß er auch für diese Taten seinen Frieden finden möchte.

Wie wir an den Gesichtern der Rothäute auf Abb. M 15 (s. nächste Seite) sehen können, verursacht er viel Trauer und Leid. Er wird schließlich in seinen Kampfgelüsten immer aktiver und „mutiger", bis er sich zu weit vorwagt und selbst erschossen und skalpiert wird. Auf dem Bild ist er die lila Figur, über der „Mut" steht, und rechts unten finden wir ihn von der Kugel getroffen und skalpiert. Seinen Skalp hat er oben zwischen den beiden Schützen abgebildet.

Michael hat auf seine Frage, warum es ihm beim Skifahren an Mut mangelt, eine Antwort bekommen. Es gibt ein Leben, in dem er getötet wurde, als er besonders

M15

mutig war. Das Programm, das er aus dieser Inkarnation mitbringt, *„mutig sein führt zu Schmerz und Tod"*, versuche ich aufzulösen. Dazu befassen wir uns mit dem Thema „Mut" etwas genauer und arbeiten anhand von Situationen, in die er sich einfühlen kann, verschiedene Formen von Mut heraus. Wir unterscheiden den Mut, der verbunden ist mit Lebenskraft, Lebensfreude sowie mit Besonnenheit, Verantwortung und Sammlung, von dem Mut, der verbunden ist mit Ehrgeiz, Machtgelüsten, Massenrausch und Besessenheit. Er versteht den Unterschied sehr gut und kann den Amerikaner freundlich und liebevoll verabschieden. Er weiß jetzt, daß er damals Massenrausch und persönlichem Ehrgeiz verfallen ist. Er konnte spüren, wie sich so etwas anfühlt, und hat damit für sein heutiges Leben viel gelernt.

Wir bedanken uns deshalb bei dem Amerikaner, weil er uns den Unterschied zwischen den verschiedenen Möglichkeiten von Mut so deutlich gemacht hat. Ohne ihn könnte Michael kein Verständnis für einen Täter aufbringen, und er wüßte sich nicht zu helfen, wenn er angegriffen wird. Mit dieser Eigenerfahrung hat er zumindest eine Chance, dem Täter aus seiner Aggression herauszuhelfen und sich selbst davor zu schützen, in einen Massentötungsrausch hineingezogen zu werden oder sich in persönlichem Ehrgeiz zu verstricken.

Mit dieser Erfahrung gehen wir nochmals in die heutige Situation. Michael malt den Skihang und stellt sich in den Start (Abb. M16).

Ich bitte ihn, in der Vorstellung die Abfahrt herunterzufahren. Alle Stellen, die ihm Angst machen, dort wo er „besonders viel Mut braucht", malt er schwarz. Ich lasse ihn die Angst als eine Kraft erleben, die, wenn sie nicht zu groß ist, auch zu mehr Wachsamkeit und Aufmerksamkeit führen kann und den Körper in Schwung bringt. Bei dem vorgestellten Abfahrtslauf versucht er sich diesmal nicht gegen die Angst zu wehren, sondern die Kraft der Angst dankbar zu nutzen. Er fühlt, wie er mutig, aber dennoch verantwortlich für seinen Körper und voller Freude in die Kurven fährt, nicht weil er daran denkt, erster zu werden, sondern weil es im tiefsten Inneren Freude macht, die körperliche Kraft und Beweglichkeit zu spüren und den Körper zu beherrschen, so daß schließlich seine Lebensfreude, sein Körper, die Skier, der Schnee, die Erde, alles zu einer Einheit verschmelzen.

Seine Augen glänzen vor Begeisterung und Freude über die tiefe Erfahrung und Erkenntnis.

An den Sitzungen von Michael kann deutlich gemacht werden, was ich über das holographische Modell gesagt habe: Alle wichtigen Themen finden sich in früheren Leben, in der Schwangerschaft, in der Geburt und in der Biographie mehr oder weniger scharf umrissen in den verschiedensten Ausprägungen wieder.

Michael hat an den Themen Orientierungslosigkeit, Mut, Ehre, Einzelkämpfertum und früher Tod gearbeitet.

Orientierungslosigkeit zeigt sich in den Fragen: „Bin ich noch in der Luft oder auf der Erde (Flugzeugabsturz)? Bin ich gut oder böse (Kampf mit Dracula)? Bin ich tot oder lebendig (im Mutterleib)? Bin ich intelli-

M16

gent oder dumm? Bin ich mutig oder feige, aktiv oder passiv? Was ist normal, was ist nicht normal? Bin ich stark oder schwach etc. (in der Biographie)?"

Um *Mut, Ehre, Einzelkämpfertum* geht es als Aufklärungsflieger, als Guter unter Bösen, als Weißer unter Indianern in seinen früheren Leben, die wir bis jetzt kennen. Er erlebt es in der Schwangerschaft, da er mit den Gefühlen der Mutter identifiziert ist. Sie fühlt sich vom Ehemann und seiner ganzen Familie ausgeschlossen und kämpft sich allein durch, indem sie bis zum letzten Tag vor der Entbindung im Familienbetrieb, in ungeheizten Räumen schwer arbeitet und sich nach außen nichts anmerken läßt.

Das Thema *früher Tod* beschäftigt ihn in allen drei Leben. Sie enden jeweils mit dem Satz: „Ich möchte nicht so jung sterben." In diesem Leben ist es gleich die erste Erfahrung, die er macht, er wird schon im Mutterleib für tot erklärt. „Ich habe den Willen zum Leben verloren" war Hauptthema seiner bisherigen Biographie.

In weiteren Rückführungen würden erfahrungsgemäß diese Themen immer irgendwie mitschwingen oder im Zentrum stehen. Vor allem bei Erwachsenen, bei denen die mitgebrachten unbewußten Programme in diesem Leben schon oft genug reaktiviert, damit verinnerlicht und praktisch zum Lebensgerüst geworden sind, ist es wichtig, gezielt und umfassend an diesen Postulaten zu arbeiten und ihre Aussagekraft und Sinnhaftigkeit zu finden.

Meine Krafttiere

6. und 7. Sitzung

In der nächsten Sitzung mache ich eine Chakra-Arbeit mit Michael. Sie soll dazu beitragen, ihn nochmals mit seiner vitalen Lebenskraft und seiner Lebensenergie zu verbinden.

Dazu benutze ich eine Methode, die Eligio Stephen Gallegos entwickelt hat. Er benutzt sie als eigene Therapiemethode und nennt sie „Indianisches Chakra-Heilen".*

Zunächst frage ich dabei das Kind, ob es weiß, was ein Totempfahl ist. Fast alle Kinder bejahen diese Frage. Kindern, die noch nie etwas davon gehört haben, zeige ich einen Spielzeug-Totempfahl. Dann sprechen wir darüber, daß diese Pfähle den Mut und die Stärke der Indianer zum Ausdruck bringen.

Je nachdem, welche Tiere auf dem Pfahl abgebildet sind, gibt es andere Kraft und andere „Medizin", wie die Indianer es nennen. Ich male den Kindern eine Schablone einer menschlichen Figur auf das Blatt und versehe diese mit sechs Punkten. Sie markieren die Stellen im Körper, an denen wir unsere wichtigsten Kraft- oder besser Energiezentren haben. Diese Kraftzentren werden Chakren genannt.

Nun lasse ich das Kind, beginnend mit dem *Basis-Chakra* (etwa in Steißhöhe) nacheinander seine sechs Zentren mit geschlossenen Augen spüren und sage dazu: „Jetzt bitte das Tier, sich zu zeigen, dessen Kraft, dessen Medizin dir an dieser Stelle hilft, das zu dir gehört. Warte einfach, bis dir ein Tier in den Sinn kommt oder bis du eines vor deinem inneren Auge sehen kannst."

---

* Gleichnamiges Buch

M17

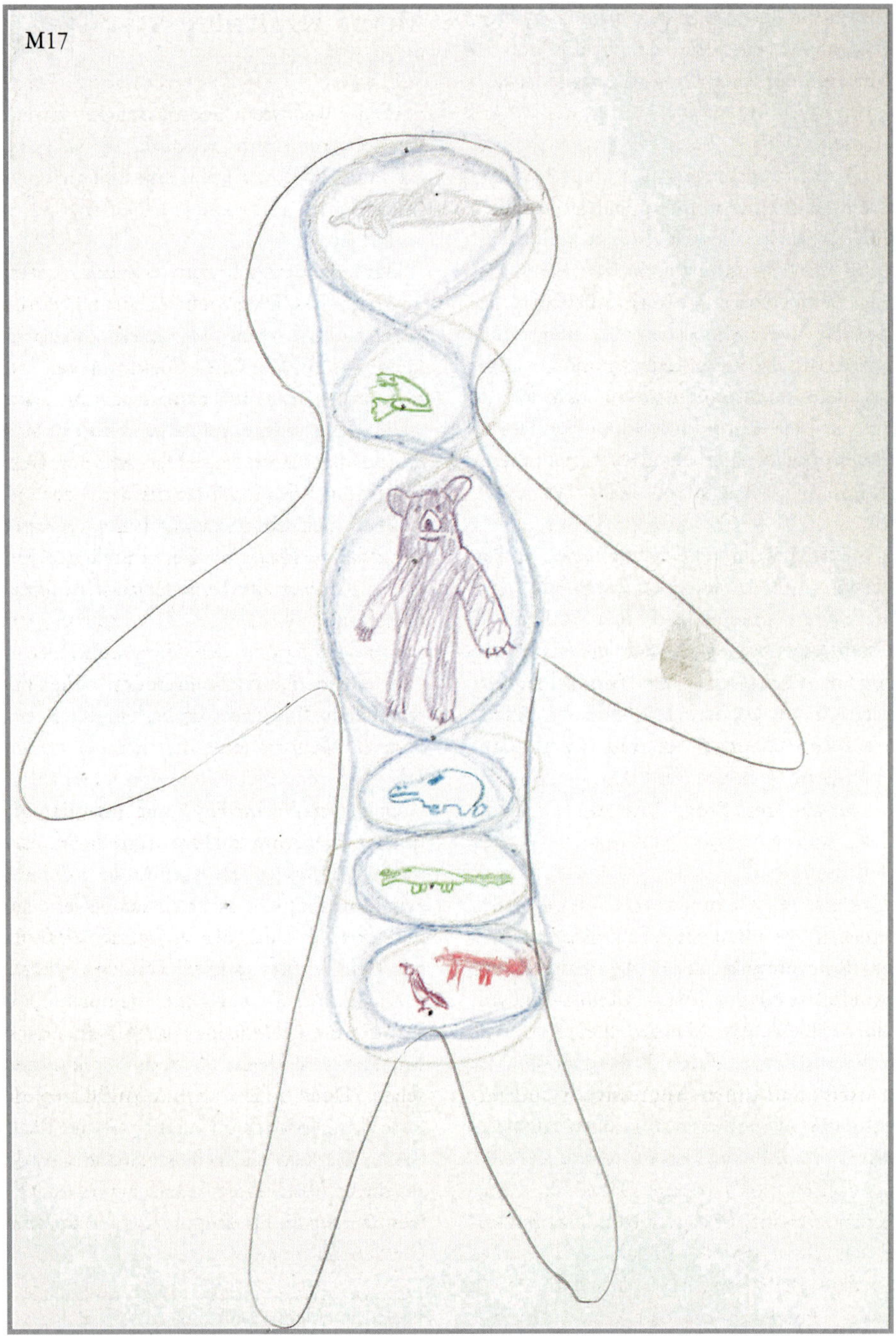

Wenn ein Tier aufgetaucht ist, dann wird es an seinen Platz gemalt und anschließend spüren wir nach, was es uns erzählen will und welche Art von Kraft es dem Kind gibt.

Wir arbeiten von unten nach oben (Abb. M17): Aus dem *Basis-Chakra* beziehen wir unsere Lebenskraft. Michael sieht einen *Falken*. Der Falke gilt als Himmelsbote, der Überblick hat und ein scharfer Beobachter ist. Diese Medizin könnte besser zur Geltung kommen, wenn sie in den oberen Chakren auftauchen würde. Taucht ein solches Tier im Basis-Chakra auf, dann besteht die Gefahr des Wegfliegens oder „Wegträumens", wie wir es bei Michael kannten. Wir geben dem Falken noch ein weiteres Tier zur Seite, das mit seiner Medizin hilft, „auf der Erde zu bleiben". Der *Fuchs* bietet seine Gesellschaft an. Er ist wie der Falke ein scharfer Beobachter, er beobachtet im Wald, der Falke in der Luft, diese beiden Tiere haben eine Seelenverwandtschaft. Was der eine in der Luft kann, kann der andere auf der Erde. Wie weise ist die Seele.

Das nächste Chakra ist das *Sakrum* (etwas unterhalb des Bauchnabels), das Zentrum der Sinnenfreude, der Aggression, der Sexualität und der schöpferischen Energie. Das *Krokodil*, das Michael hier erscheint, zeichnet sich aus durch Ruhe und Geduld einerseits und durch Aggressivität andererseits. Hier offenbaren sich seine widerstreitenden Gefühle, an denen wir gearbeitet haben, in wunderbarer Weise in einer Medizin vereint. Er sage dazu: „Das Krokodil hat einen starken Bauch, weil es alles mit dem Bauch macht." „Aus dem Bauch heraus" handeln, sich auf seinen Instinkt verlassen und die aggressive Energie als positive Kraft erleben, eine gute Medizin. Wie anders ein Krokodil im Chakra-Reigen wirken und erlebt werden kann, können Sie bei Maximilian nachlesen. Auch er hat als Tier (= Totem) ein Krokodil in seinen Chakren.

Wir gehen weiter zum *Solarplexus* (etwas oberhalb des Bauchnabels), dem Zentrum für Ichstärke und Willenskraft. Zunächst meint Michael, dieses Zentrum sei leer. Wir sehen, daß das Postulat „ich habe keinen Willen zum Leben" doch noch nicht ganz aufgehoben ist. Die Seele braucht noch Zeit. Schließlich taucht dann doch ein *Nilpferd* auf, eine sehr kräftige, durchsetzungsfähige Medizin. Wer einmal in Afrika erlebt hat, wie unerbittlich sich die Nilpferde ihren angestammten Weg bahnen, egal was sich ihnen in den Weg stellt, der ist von dieser Kraft beeindruckt. Wie gut, wenn seine Willenskraft Anschluß an diese seine Medizin findet.

Das *Herz-Chakra* ist die nächste Energiequelle. Sie zeigt unsere Liebeskraft und unser Mitgefühl. Michael findet hier den Bären mit seiner mütterlichen Kraft, mit der Kraft aus der Mitte, *„wo die Gedanken zur Ruhe kommen, wir ins Schweigen eintreten und wissen"**. Während der Sitzungen konnten wir diese Medizin, das Wissen aus der Mitte, bei Michael schon durchschimmern sehen. Denken Sie an das Aufblitzen der Erkenntnis, daß die Guten und die Bösen sich nicht so wesentlich voneinander unterscheiden. Solches Wissen kann sichtbar werden, wenn im Herz-Chakra Bärenkraft zur Verfügung steht.

---

* Sams, J. und Carson D.: Karten der Kraft

Das *Kehl-Chakra* enthält die Energie der Kommunikation. Michael trifft dort einen *Frosch* mit einem „riesigen Kehlkopf". Was will er uns quaken? *„Der Frosch lehrt uns, unsere Tränen zu ehren, weil sie unsere Seele reinigen."** Im Kehl-Chakra erfolgt heute bei uns die Reinigung wohl durch Sprache und Kommunikation.

Zuletzt ordnen wir dem *Anja-Zentrum*, dem *Dritten Auge* ein Tier zu. Es ist der Ort der Weisheit. Ein guter Platz für einen *Delphin*, diesem klügsten aller Tiere. *„Ahme den Delphin nach und gleite durch die Wellen des Lachens, um in der Welt Freude zu verbreiten. Atme und erfahre die Lebenskraft, die so freizügig geschenkt ist"**.

Durch eine rhythmische Spiralbewegung von unten nach oben und wieder zurück verbinden wir nun noch alle Tiere zu guter und harmonischer Zusammenarbeit.

Ich weiß, daß es unterschiedliche Auffassungen gibt, welche Eigenschaften welchen Chakren zugeordnet sind. Grund sind meines Erachtens kulturelle und persönliche Unterschiede. Je nachdem, welche Eigenschaften besonders trainiert werden, bauen sich auch unterschiedliche Energien in den Chakren auf. Besonders eindrucksvoll war für mich in diesem Zusammenhang ein Erlebnis in einem Chakra-Seminar, das ein tibetischer Lama hielt. Er ordnete dem Kehl-Chakra die rote Farbe zu und dem Sakrum die hellblaue. Bei uns gilt Rot als Farbe der Vitalität und des Feuers und wird deshalb dem Basis-Chakra zugeordnet. Hellblau gilt als zart und luftig und ist bei uns die Farbe des Kehl-Chakras. Als ich fragte, warum er die vitale Farbe Rot in das Kehlzentrum und die zarte Farbe Blau in das vitale Sakrum (bei uns orange) gelegt habe, gab er zur Antwort: „Warum nicht?" Diese Antwort war sehr wichtig für mich. Warum soll etwas nur so und nicht anders sein? Es wäre gut, den Blick immer wieder einmal zu verändern. Welche Energien muß ich aktivieren, wie muß ich denken und fühlen, damit mein Sakrum hellblaue und mein Kehl-Chakra rote Energie hervorbringt?

Die Eigenschaften, die ich in diesem Buch den Chakren zuschreibe, haben mich die Kinder gelehrt.

Anschließend zeige ich Michael noch, wie er zu Hause die Kraft seiner Tiere nutzen kann, wenn er ein Problem hat. Wir schreiben das Problem in die Mitte des Blattes – hier geht es um seine Körperfülle, die ihn mittlerweile stört (Abb. M18).

Um sein Problem herum sitzen alle Tiere, und das Problem fragt nun alle Tiere nacheinander nach ihrer Meinung und bittet sie um Rat. Leider habe ich die Antworten nicht aufgezeichnet.

Diese Chakren-Arbeit mache ich auch ab und zu mit Erwachsenen. Zum einen gibt sie Aufschluß darüber, welche Probleme es noch gibt, wo wir noch unsicher, schwach oder blockiert sind, zum anderen schließt sie das Kind oder den Erwachsenen an seine inneren Kräfte an und gibt Selbstvertrauen.

In der letzten Sitzung befassen wir uns mit Michaels Familie. Wir bringen sie systemisch in Ordnung. Sie kennen diese Arbeit aus der Darstellung bei Clara. Ich

* Sams, J. und Carson D.: Karten der Kraft

M18

verzichte hier auf die Wiedergabe, da keine wesentlich neuen Gedanken dazukommen.

In der Zwischenzeit sind drei Jahre vergangen. Michael ist auf einer weiterführenden Schule, er ist ein guter Schüler und macht seine Arbeiten ganz selbständig. Er hat Freunde und ist ein lebhafter und ideenreicher junger Mann geworden. Asthma und Neurodermitis bereiten ihm seither keine Probleme mehr. Auch fährt er mittlerweile sehr gut Ski und tritt schon bei offiziellen Rennen an. Das einzige, was ihn jetzt noch stört: „Ich habe noch ein paar Pfunde zuviel.“ Wir überlegen gegenwärtig, ob wir zu diesem Thema nochmals ein bis zwei Sitzungen einplanen.

Frieden heißt, es darf gewesen sein,
Abschied heißt, es war.
BERT HELLINGER

PETRO

Ich habe die unendliche Liebe
oder
Die Delphingeburt

Aggressionen, Unruhe, Neurodermitis

Es sind die bösen Geister, die in seinen Augen sind

1. Sitzung

Ein zarter, feingliedriger, sechsjähriger Junge betritt zusammen mit seiner Mutter mein Therapiezimmer. Er wirkt abwesend, leicht gehetzt, und seine Augen blicken unruhig in die Runde, ohne jedoch, so scheint es, irgend etwas zu fixieren oder wirklich zu sehen. Auch von mir nimmt er nicht sonderlich Notiz.

In einem Vorgespräch schilderte die Mutter folgende Probleme: „Er hat soviel Wut und Aggressivität in sich. Er macht oft seine eigenen schönen Dinge kaputt und quält seine geliebte Katze ganz erbärmlich. Auch zu anderen Kindern ist er aggressiv. Oft ist ihm alles egal, dann macht er vollkommen zu und ist nicht mehr ansprechbar. Er schaukelt und zappelt viel und kann mit sich nichts anfangen." Später erfahre ich, daß Petro seit seinem ersten Lebensjahr an Neurodermitis leidet.

Unvermittelt fängt Petro an, auf den Boxball in meinem Therapiezimmer einzuschlagen. Er begleitet die Schläge mit den Worten: „Gleich kriegst du eine, uff, peng!" etc. Ich lasse ihn eine Weile gewähren und bin innerlich ganz bei der Wut des Jungen. Als ich schließlich sage: „Du hast viel Wut", werden seine Boxhiebe noch stärker. Nach geraumer Zeit bitte ich ihn, seine ganze Wut zu fühlen, und dann, die Wut auf das Papier zu malen. Er unterbricht sofort und fragt, wie er denn das machen solle.

Hier stellt das Kind scheinbar eine Verstandesfrage. Wir Erwachsenen sind versucht, den Kindern entsprechend rational zu antworten. Alle Fragen nach warum, wie, wofür, wieso etc. verleiten Eltern dazu, auf die Verstandesebene zu wechseln. Das Kind wünscht jedoch keine intellektuelle Erklärung, sondern es ist bestrebt, das, was es erfragt, zu erleben, zu erfahren und mit seinem ganzen Wesen zu begreifen. Ich erwähne das hier, da ich immer wieder beobachte, daß Eltern ihre Kinder mit ihren Antworten nicht erreichen. Kinder, die vorwiegend auf der Verstandesebene angesprochen werden, können wir heute allenthalben erleben. Wir bezeichnen diese Kinder als altklug. Sie wurden gezwungen, zu früh die Bilder- und Erlebnisebene zu verlassen und haben damit einen wichtigen Entwicklungsschritt übersprungen. Wir *be-greifen* etwas nur wirklich, wenn wir tatsächlich danach *greifen* können; als Baby mit den Händen, dann auf der Bilderebene und später erst auf der Verstandesebene.

Wenn ich Petro jetzt auf seine Frage antworte, bleibe ich auf der Erlebnisebene und bekomme deshalb eine wichtige Antwort, die von tief innen emporsteigt.

Ich frage also: „Fühl mal, welche Farbe hat die Wut?“ Und als Antwort kommt: „Rot, aber meine Wut ist blau.“

Ich erfahre von Petro, daß seine Wut nicht rot, d. h. kraftvoll ist, sondern blau, d. h. wahrscheinlich mit Trauer verbunden. Das Kind fühlt genau, daß Wut normalerweise rot ist, aber seine Wut fühlt sich anders an.

T.: „Gut, welches Blau hat deine Wut?“
P.: „Dieses.“
T.: „Gut, dann male mal alle Wut, die du hast, auf dieses Papier.“

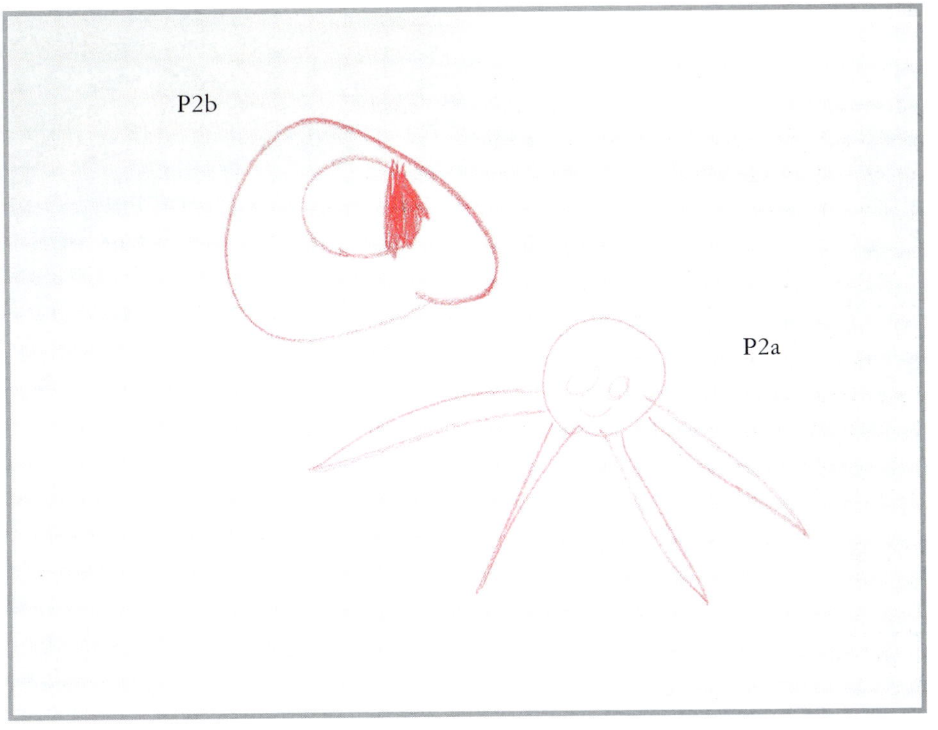

Er malt, ohne zu zögern, seine Wut durch Hin- und Herfahren auf dem Papier. Er ist schnell zu Ende und malt dann noch den Boxball in roter Farbe dazu. Dann sagt er: „Ich bin fertig." (Abb. P1)

T.: „Auf wen hast du Wut?"
P.: „Auf das Boxkissen."
T.: „Auf wen kann man noch Wut haben?"
P.: „Auf einen Jungen."
T.: „Ja, mal den."
P malt einen Kreis mit vier Armen (Abb. P2a).
T.: „Der macht wütend. Was macht wütend an dem?"
P.: „Das da, die Augen."
T.: „Male die Augen mal ganz groß daneben, damit wir sie untersuchen können, was daran wütend macht."
P.: „Ja." (Abb. P2b)
T.: „Was macht wütend an den Augen?"
P.: „Das, der schaut so nach innen." Er macht es durch rote Farbe deutlich (Abb. P2b).
T.: „Was schaut das Auge an?"
P.: „Mich."
T.: „Wenn das Auge sprechen könnte, was würde es sagen?"
P.: „Es ist alles normal."
T.: „Das Auge sagt, alles normal, und was sagst du?"
P.: „Es ist nicht normal."
T.: „Das ist schwierig, das Auge sagt, es ist alles normal, und du sagst, es ist nicht normal."
P.: „Ja." Die Stimme des Kindes wird

deutlich schwächer, es ist den Tränen nahe.

T.: „Was erzählt das Auge?"

P.: „Was Schlimmes."

T.: „Fühl mal, wo fühlst du das Schlimme in deinem Körper?"

P.: „Da, am Herz."

T.: „Ja, fühl mal dein Herz." Er wird noch trauriger und faßt sich ans Herz. Mit meiner Stimme und durch mein Verhalten zeige ich ihm, daß ich ihn ganz gut verstehe und mit ihm fühle:

T.: „Das macht sehr traurig."

P.: „Ja." Nur noch mit Mühe kann er seine Tränen zurückhalten. Nachdem ich ihm viel Zeit gelassen habe, seinen Schmerz tief zu spüren, sage ich:

T.: „Frag mal dein Herz, wie alt du bist, wenn du so traurig bist. Bist du jung oder alt, bist du ein Kind oder ein Erwachsener?"

P.: „Da bin ich hundert."

Mit dieser Frage versuche ich, das Kind in die Zeit zurückzuführen, in der das Erlebnis wirklich stattgefunden hat; d. h., ein erster Schritt der Ablösung des Traumas aus dem heutigen Leben wird versucht.

Mit der Zahl Hundert spricht Petro drei Dinge gleichzeitig aus. Zum einen, daß es sehr lange her ist, zum anderen, daß das Erlebnis viel Gewicht hat, und schließlich, daß er damals kein Kind mehr gewesen ist.

T.: „Mal dich mal, wo du hundert bist. Wenn wir wissen, wie du damals ausgesehen hast, dann können wir das Problem vielleicht besser lösen."

Er will mir erzählen, wieviel Zahlen er schon schreiben kann. (Er hat schon gelernt, auf die Verstandesebene auszuweichen, damit er seine Gefühle nicht spüren muß.) Ich lasse ihn kurz abschweifen, damit er eine Verschnaufpause hat. Dann sage ich:

T.: „Jetzt wissen wir, daß du hundert Jahre alt bist, als dich das Auge anschaut, und das Auge sagt, das ist normal, aber du findest, daß das nicht normal ist." Er geht noch nicht darauf ein und sagt:

P.: „Soll ich alle Zahlen malen, die ich kenne?"

T.: „Schreibe die Zahl Hundert hin, daß wir wissen, wie alt du bist."

P. folgt meiner Aufforderung (Abb. P3).

T.: „Mal dich jetzt da, wo du Angst hast vor dem Auge." Im Schutze der Zahl Hundert kann er sich jetzt einlassen.

P.: „In groß?"

T.: „So groß, wie du bist, als es passiert."

P (kommentiert während er malt): „Hals, Arme, Füße und das Gesicht." Als er fertig ist, fragt er: „Schau ich gut aus?"

T.: „Findest du?"

P.: „Ja."

T.: „Ich auch. Und da bist du hundert Jahre alt. Wo ist da das Auge?" Er malt es daneben.

T.: „Wie schaut das aus?"

P.: „Böse."

T.: „Was will das Auge von dir, tut es dir was, weil du Angst hast?"

P.: „Ja."

T.: „Fühle, wieviel Angst es gibt."

P.: „Tausend Liter."

T.: „Was könnte der dir tun?"

P.: „Erschrecken, Angst machen."

T.: „Fühl an deinem Körper, ob das dir was tut, dein Körper kann es dir erzählen, was damals passiert ist."

P.: „Die bösen Geister, die in seinen Augen sind."

P3

T.: „Vor denen hast du Angst?"
P.: „Ja."
T.: „Sagen die was?"
P.: „Wenn du mir noch einmal die Liebe herbringst, dann wirst du dich an meinen Augen verbrennen."
T.: „Das ist ja schrecklich, dann traut der sich nicht mehr zu lieben, weil er dann verbrannt wird."
P.: „Ja."
T.: „Wie sieht denn dein Herz da aus?"
P.: „Da sind so viele Flammen."
T.: „Fühl mal, wieviel Liebe hast du da?"
P.: „Unendlich."
T.: „Unendlich, aber der sagt, er wird dich verbrennen, wenn du liebst. Wie fühlt sich das an?"
P.: „Ganz schrecklich."
T.: „Ganz schrecklich, das glaube ich auch, ja." Nach längerer Pause, in der er nachspüren kann, hake ich nach: „Wird der dich verbrennen?"
P.: „Wenn er seine ganz starke Liebe hat und ihm davon kein Stück zerbrecht, dann ärgert der das Herz, das ihn ganz hart gestraft hat, und wenn er keine Wut mehr hat, dann ist er verbrennt."

Bei der Erinnerung daran, daß er einmal verbrannt worden ist, gerät er in solche Erregung, daß seine Worte keinen rechten Sinn mehr ergeben. Er will wahrscheinlich sagen: Wenn ich trotz aller Folter („gestraft") in meiner Liebe bleibe, werde ich verbrannt. Erst wenn ich tot („verbrennt") bin, läßt die Wut des Peinigers nach.

T.: „Heißt das, du mußt immer Wut haben, sonst verbrennst du?"

P.: „Ja." Ich lasse ihm wieder Zeit, seine Gefühle und seine Angst tief zu spüren.

T.: „Wie fühlt sich das an?"

P.: „Nicht so gut."

T.: „Ja, das kann ich mir vorstellen." Nach einer Pause: „Meinst du, wir könnten dem helfen?"

P.: „Hm." (Etwas ungläubig)

T.: „Vielleicht braucht der jetzt unsere Hilfe?"

P.: „Hm." Er blickt hilfesuchend im Zimmer umher. Sein Blick fällt auf die alte eisenbeschlagene Truhe.

P.: „Ist das eine echte Schatzkiste?" Wie wir aus Märchen wissen, können „Schätze" Wunder wirken.

T.: „Sieht so aus, gell?"

P.: „Ist sie zugesperrt?"

T.: „Nein. Willst du einmal nachsehen, ob was darin ist, was dir helfen könnte?" (Wie Sie bereits wissen, befinden sich in der Truhe Kostüme zum Verkleiden.) Er öffnet die Truhe.

P.: „Oh, ein Schwert!" ruft er erleichtert aus und legt eine Ritterrüstung an.

T.: „Ja, mach dich mal so stark, daß du ihm helfen kannst und dich ganz sicher fühlst." Er genießt es offensichtlich, sich zu bewaffnen.

T.: „Fühle, wie stark du jetzt bist."

P.: „Ganz stark."

T.: „Das ist gut, dann können wir vielleicht mal die Geister anschauen, sind das böse oder liebe?"

P.: „Böse, und die wollen die unendliche Liebe töten."

T.: „Wieviel Wut gibt es noch von damals, als das passiert ist?"

P.: „Tausend unendlich Millionen."

T.: „Zeig mal wieviel?"

P.: „Wie denn?"

T.: „Soll ich mal die Bösen spielen?"

P.: „Nein, der da." (Boxball) Er fängt nun an, mit seinen Waffen auf den Ball einzustechen. Nach einiger Zeit sagt er: „Ich brauche noch stärkere Waffen." Er holt aus der Truhe einen großen, dikken Hammer aus Gummi. „Da ist noch Liebe drin, die muß ich noch raushauen."

Zu beachten ist, daß er hier die Rolle der Täter übernimmt. Dieses Phänomen, daß Kinder oft von der Opferrolle in die Täterrolle überwechseln, habe ich bei Ariadne näher beschrieben.

Schließlich holt er noch ein Gummimesser aus der Truhe und sticht auf den Ball ein. Nach einer guten Weile bitte ich ihn wieder an den Tisch zum Zeichenblock.

T.: „Jetzt hast du aber schon eine ganze Menge erledigt. Wie viele von denen, die die bösen Augen haben, gibt es?"

P.: „Unendlich viele."

T.: „Wie könnte man die malen und in welcher Farbe?"

P nimmt Rot und sagt: „Ich mache lauter Kreuze." (Abb. P4)

T.: „Das sind aber viele."

P.: „So, das ist der Boß."

Der Boß besteht aus einem lila Kreuz. Es ist viel größer als die Kreuze der anderen, und seine vier Enden laufen jeweils in einer Spirale aus, die an Bischofsstäbe erinnert.

T.: „Der hat so ein Kreuz?"

P.: „Ja."

T.: „Und das sind alles diese Augen, diese bösen Geister?"

P4

P.: „Ja, aber da sind zwei, die sind nicht so böse."

T.: „Das ist gut, daß du weißt, daß nicht alle so böse sind, die ein Kreuz haben. In welcher Farbe willst du dich hierhin malen?"

P.: „In blau." (Durch diese Farbe macht er wahrscheinlich deutlich, daß er mit dem Himmel verbunden ist.)

T.: „Mal dich, wie du die unendliche Liebe hast."

Während Petro einen Ritter malt, fängt er an zu singen. Schließlich umgibt er den Ritter mit einem Kreis und sagt: „Das ist mein Schutzschild".

Es hat ein deutlicher Gefühlswandel stattgefunden. Petro ist sichtlich befreit. Drei Erfahrungen haben zu diesem Wandel geführt: Er ist aus der Rolle des Ohnmächtigen in die Rolle des Mächtigen gegangen, er hat sich in Sicherheit gebracht, und er hat erkannt, daß damals nicht alle gegen ihn waren. Im weiteren Verlauf der Sitzung geht es jetzt darum, daß Petro lernt, in seinem jetzigen Leben zu seiner Liebe zu stehen, ohne erneut in die Todesangst von damals zu geraten. Wir erreichen das dadurch, daß er sich seinen Peinigern nochmals stellt, diesmal aber ohne Angst. Diese angstfreie Gegenüberstellung hat jedoch nur dann heilende Wirkung, wenn das Kind zuvor die Angst und den Schmerz auch wirklich erlebt hat, so wie ich es bei Petro geschildert habe.

T.: „Kann man mit dem Schutzschild auch etwas gegen Geister machen?"

P.: „Ja, da kommt Licht raus, so violettes Licht. Und mit dem Zauberschwert kann man die verscheuchen, und dann sind die alle weg."

Die violette Farbe wird hier wahrscheinlich als Symbol für Transformation verwendet, d. h., wir können davon ausgehen, daß ein innerer Wandlungsprozeß in Gang gekommen ist.

T.: „Reicht das auch für die bösen Geister?"

P.: „Ja."

T.: „Ich weiß, daß es auch noch eine Zauberfarbe gegen die bösen Geister gibt."

P.: „Ja, Gold." Er fängt sofort an, um sich herum Gold zu malen.

T.: „Wie fühlt sich das an?"

P.: „Ganz stark." Um die Verbindung zu heute herzustellen, sage ich:

T.: „Fühl, wie um den Petro auch eine goldene Schutzschicht wächst." Er fühlt mit Hingabe und sagt nach einiger Zeit strahlend:

P.: „Ja, jetzt ist es ganz drumrum. Jetzt bin ich müde."

T.: „Das kann ich mir vorstellen, du hast sehr viel gearbeitet. Unsere Stunde ist jetzt auch zu Ende." Er geht noch einmal zur Truhe und holt eine indianische Friedenspfeife heraus.

P.: „Was ist das?"

T.: „Eine Friedenspfeife. Willst du die Bösen damit anpusten?"

P.: „Ja." Er tut es ausführlich und mit Hingabe. Als er fertig ist frage ich:

T.: „Wie fühlt sich das jetzt an?"

P.: „Gut." Während wir uns verabschieden, sieht er den Kasten mit verschiedenen Tieren darin.

T.: „Wenn du ein Schutztier für dich in dem Kasten findest, kannst du es bis zum nächsten Mal ausleihen, damit es dich beschützt, bis du wieder kommst."

P.: „Einen Hai. Nein, ich möchte lieber einen Delphin. Hast du einen Delphin?"

Hier läßt sich Petro nochmals kurz auf die Polarität ein. Der Hai steht für Aggression und der Delphin für Liebes- und Lebensenergie. Er entscheidet sich selbstbewußt und ohne Angst für die Liebesenergie und für das Leben. Auf die Energie, die „Medizin" der von Petro gewählten Schutztiere, so wie sie indianische Schamanen sehen, werde ich am Ende dieses Kapitels noch kurz eingehen.

T.: „Nein, leider habe ich keinen, ich habe schon so danach gesucht, aber bisher noch keinen gefunden. Die Delphinkraft könnte dir wirklich gut helfen, das kann ich mir gut vorstellen."

P: „Ich habe zu Hause einen."

T.: „Das ist gut."

Er geht, ohne sich ein Tier ausgesucht zu haben. Sein Delphin ist die beste Medizin für ihn. Wieder einmal bin ich fasziniert von der Stärke und Klarheit, mit der Kinder wissen, was sie brauchen, was ihnen hilft und wann es genug ist.

Die Mutter, die den Therapieprozeß miterlebt hatte, ruft mich unmittelbar nach der Sitzung aufgeregt an. Sie könne gar nicht sagen, wie erleichtert sie sei. Kürzlich habe sie ein schreckliches Erlebnis mit Petro gehabt. Sie habe den Vorfall nicht verstehen können und gefürchtet, ihr Kind sei von irgendwelchen Dämonen besessen.

Jetzt endlich habe sie begriffen, was da passiert sei. Sie habe mit ihren beiden Kindern Bekannte besucht, tief religiöse Menschen. Seit vielen Jahren hätten sie eine kleine Marienfigur aus Holz besessen, an der sie sehr hingen, und für die sie einen kleinen Altar in ihrer Wohnung aufgebaut hätten. Als nun die Mutter mit Petro die Wohnung der Bekannten betreten und ihr Sohn den kleinen Altar erblickt habe, sei er wie von Sinnen quer durchs Zimmer gerannt, habe sich auf den Altar gestürzt, die Marienfigur herausgerissen und sie zum Entsetzen aller Anwesenden zerbrochen.

Die Mutter hat unmittelbar verstanden, daß dieser Vorfall mit dem Leben zu erklären ist, das wir eben bearbeitet haben.

Das sensible Kind hatte die Aura tiefer Liebe und Hingabe gespürt, die sich durch die Andacht der beiden Menschen um die Marienfigur gebildet hat. Diese Erfahrung hat ihn unmittelbar mit seiner „unendlichen Liebe" aus seinem früheren Leben verbunden. Mit dieser Liebe wurden allerdings auch die Schmerzen wachgerufen, die er damals wegen dieser Liebe erlitten hat. In der Sprache des Unbewußten heißt das: *„Nicht wieder soviel Liebe, sonst mußt du wieder soviel Qualen erleiden."* Das, was ihn mit dieser unendlichen Liebe verbinden will, muß zerstört werden.

Jetzt versteht die Mutter auch, warum er seine heiß geliebte Katze immer wieder quälen mußte. Die innere Zerrissenheit eines solchen Kindes können wir jetzt erahnen. Von seiner Umwelt kann es keine Hilfe erwarten, vielmehr stößt es mit seinem Verhalten auf Unverständnis und Ablehnung. Wer vermutet schon, daß hinter Aggressivität und Grausamkeit Angst vor der eigenen unendlichen Liebe stehen kann.

Diese „unendliche Liebe", von der Petro in der Sitzung berichtet, bestimmte das Leben der Katharer und Anhänger anderer frühchristlicher Glaubensbewegungen. Ihr Glaube umfaßte Keuschheit, Fasten und vollkommene Liebe und Hingabe an Gott. Ihre Priester wurden nach ihrem Lebenswandel berufen und konnten dementsprechend ihr Amt auch wieder verlieren. Auf Lebzeiten erwählte Priester und kirchliche Machtstrukturen konnten sie nicht anerkennen. Die Inquisition ließ alle auf dem Scheiterhaufen verbrennen. Die Gläubigen leisteten keinerlei Widerstand, treu den Geboten „liebe deinen Nächsten wie dich selbst" und „du sollst nicht töten". Ihre Verfolger sahen sie als von bösen Geistern besessen an; Petro drückt das so aus: „Die bösen Geister, die in ihren Augen sind."

Die Delphingeburt

2. Sitzung

Die zweite Sitzung wird von Tineke Noordegraaf in meinem Beisein durchgeführt. Petro hat Bauchweh und möchte nicht zur Sitzung kommen. Im Wissen, daß die Abwehr nicht ihr gilt, greift die Therapeutin die beiden Themen „ich habe Bauchweh" und „ich will nicht kommen" auf und wird von Petro zu seiner Geburt geführt.

Die wichtigsten Erfahrungen, die Petro bei seiner Geburt macht, sind: „Ich werde frühzeitig aus der schützenden Hülle des Bauches geholt" (die Geburt wurde zwei

Wochen nach dem errechneten Termin eingeleitet), „ich hätte noch etwas Zeit gebraucht“ (Erfahrung der Mutter) und „ich will noch nicht kommen“. Der Arzt, der ihn zwingt, zur Welt zu kommen, wird als sehr aggressiv erlebt.

Die Therapeutin arbeitet diesmal mit Püppchen und Tieren. Sie übernimmt die Rolle des Arztes und arbeitet mit Petro gründlich seinen Widerstand und seine Unlust zu kommen heraus.

Zur Heilung wählt das Kind für den Arzt den Hai und für sich selbst den Delphin. Die „Delphingeburt“ läßt die Therapeutin malen (Abb. P5).

Auf dem Bild ist eindrücklich dargestellt, wie bedrohlich das Kind den Eingriff des Arztes erlebt. Die Therapeutin hilft dem Kind, sich vor diesem Zugriff des Arztes zu schützen, indem es sich wieder „unsichtbar macht“. Das gelingt dadurch, daß Petro den Delphin mit schwarzer Farbe übermalt und ihn damit symbolisch wieder in die dunkle Hülle des Bauches zurück bringt. Jetzt kann er selbst entscheiden, wann er kommen will.

Während er den Delphin durch die schwarze Farbe bedeckt, bewundert die Therapeutin seine Fähigkeit zu verwandeln. Wir können in der nächsten Sitzung sehen, wie tief diese Erfahrung, die eigene Verwandlungskraft zu erleben, in dem Kind nachgewirkt hat.

Das Kind verläßt das Therapiezimmer frei, zufrieden und ohne Bauchschmerzen.

Von der Mutter erfahren wir anschließend, daß der Vater bei der Geburt anwesend war. „Er wollte das Kind nicht und

P5

sagt noch heute, für unsere Ehe wäre es besser gewesen, wenn Petro nicht gekommen wäre." Das bedeutet, auch der Vater möchte, daß das Kind „nicht kommt". Die Ehe der Eltern ist mittlerweile geschieden. Für Petro heißt das, wenn ich unsichtbar geblieben wäre, dann wären die Eltern noch zusammen. Er nimmt damit sehr viel unbewußte Verpflichtung und Verantwortung auf sich.

Sehen wir diese Erfahrung im Zusammenhang mit der letzten Sitzung, dann können wir folgende Parallelen erkennen: Als Katharer hatte man Petro das Recht auf Leben aberkannt, man wollte ihn nicht haben. Das gleiche erlebt Petro, als er in diesem Leben in die Welt kommt, durch seinen Vater. Bei der Geburt gab es außerdem inneren Widerstand gegen die Autorität (heute gegen die Autorität Arzt, damals gegen die Kirche) und es entstand hier wie dort Aggression (eine Geburtseinleitung wird immer als Aggression erlebt).

Die Therapeutin hat dem Kind dazu verholfen, sich wieder unsichtbar zu machen, um selbst zu entscheiden, wann es kommen will. Es geht also jetzt darum, daß die Geburt nochmals bearbeitet, d. h. erlebt wird; diesmal freiwillig und ohne Ohnmachtsgefühle.

Inwieweit dies nötig und für die nächste Sitzung angebracht ist, wird uns Petro zeigen.

Die erste Lebenserfahrung ist unsere Geburt, sie bestimmt unser Grundlebensgefühl. Petro erlebt Aggression (Arzt) und Nicht-Wollen (Mutter, Vater und Petro selbst); das kann sich zu dem Lebensgefühl verdichten, *„ich muß kämpfen und Widerstand entgegensetzen (Nicht-Wollen), um zu überleben."*

Das Blut spritzt wie aus einer Feuerkanone

3. Sitzung

Heute läßt sich Petro gemütlich am Tisch nieder und möchte etwas zu trinken. Er bekommt Zitronenwasser mit Zucker. (Ich hätte natürlich wissen müssen, daß „Neugeborene" Milch brauchen!) Er zelebriert das Trinken jedoch auch mit seinem Zitronenwasser.

Indem Petro etwas zu sich nimmt, gibt er mir zu verstehen, „ich bin freiwillig gekommen", „ich will hier sein", „ich will leben", d. h. Essen als Symbol für Lebensbejahung. Auch äußerlich hat sich das Kind im Vergleich zur ersten Sitzung deutlich gewandelt; es ist nicht mehr so abwesend, erheblich ruhiger und mehr bei sich.

Während des Trinkens erzählt Petro von Dinosauriern, bösen Menschen, Hexen und Robotern, die man alle mit dem Schwert kaputt machen könne. Petro bringt damit zum Ausdruck, daß er im Schutze der „Muttermilch", d. h. der mütterlichen Liebe, mit allen Ängsten und Gefahren der Welt fertig werden kann.

Er hält seine Hände im Pullover versteckt. Hier heißt das, er fühlt sich auch sicher, wenn er untätig ist, nicht kämpft.

T.: „Und der Petro hat heute keine Hände."

P.: „Doch." Er holt sie schnell hervor und zeigt sie mir.

T.: „Ach, die waren nur versteckt." Ich tippe damit das Thema „verstecken" nochmals probeweise an.

P.: „Hast du gedacht, ich habe keine Hände? Ich kann sie verstecken." Er geht zur Hupe, hupt ein paarmal und sagt dann: „Wie Charly Chaplin."

T.: „Willst du Charly Chaplin malen, der seine Hände versteckt hat?

P.: „Nein ich male einen Baum." Er fängt sofort an zu malen (Abb. P6).

Er läßt sich durch meine verwirrenden Testfragen nicht aus der Fassung bringen und malt einen Baum. Damit untermauert er nochmals seine Lebensbejahung; der Baum als Symbol für Leben (siehe Kapitel Michael).

Neben den Baum malt er einen Ritter „mit einem Laser-Schwert, das durch alles durchgehen kann". Nachdem er sich an die Lebenskraft des Baumes und an die Kraft des Ritters, die ihn in der ersten Sitzung aus seinem Schmerz befreit hat, angeschlossen hat, ist er für das nächste Thema gerüstet. Als ich feststelle, daß der Ritter zwar keine Füße (er ergänzt sie später), aber Hände hat, sagt er: „Die sind da drin, daß keiner die Hand abhaut. ‚Wutsch!' macht er dann." Er geht sofort in eine Art Begeisterung und fragt, ob er mir zeigen solle, wie „das Blut wie aus einer Feuerkanone spritzt". Er malt auf ein neues Blatt einen Mann ohne Füße und darüber einen Arm, aus dem das Blut spritzt (Abb. P7).

P.: „Findest du das schön?"

T.: „Das sieht wild aus."

P.: „Gut, gell?"

T.: „Aufregend."

P.: „Es verwandelt sich. Soll ich es verwandeln?"

T.: „Ja. Aha, jetzt verwandelt es sich."

P.: „Kannst du auch so toll verwandeln in der Stärke? Schau mal die Striche an.

P6

P7

Jetzt sieht es aus wie ein Piratenschiff." Er malt mit höchstem Eifer und deckt den ganzen Arm mit roter Farbe ab. „Da, schau mal, wird immer kleiner. Schau her!"

T.: „Jetzt hat es sich aber ganz verwandelt, ich sehe, du hast eine starke Verwandlungskraft", sage ich bewundernd. Als er fertig ist, fährt er liebevoll über das Bild und sagt:

P.: „Wie Wachs gell? So wie sich ein Wal anfühlt oder ein Delphin. Hast du schon mal einen Delphin angelangt?"

Wie Sie sehen, setzt er die Arbeit der letzten Sitzung fort. Er geht von sich aus wieder in die Geburt. Er zeigt mir durch sein Bild, daß es bei seiner Geburt viel Blut gegeben hat und daß er nach Belieben verwandeln kann. Er allein hat jetzt die Entscheidung, und er vermag höchste Aggressivität so zu verwandeln, daß sie weich „wie Wachs" wird. Als nächstes „verwandelt" er die menschliche Figur mit blauer Farbe.

Jetzt, nachdem er sozusagen Herr der Lage ist, fragt er:

P.: „Darf ich den Delphin malen, in den er sich verwandelt hat?"

T.: „Ja."

P.: „Mal du den Hai." Er kritisiert meine Zeichnung und malt es dann doch lieber selbst. „Jetzt mach' ich den Delphin, einen schwarzen Delphin. Nein ein Wal, einen Okerwal (Ocrawal). Ich habe keinen Platz mehr."

T.: „Brauchen wir ein neues Blatt?" (Abb. P8)

P.: „Der ist gerade auf dem Rücken." (Wie die Mutter bei der Geburt). „Das

ist Moby Dick. Kennst du Moby Dick?"

T.: „Ja, der war ganz stark und schlau, den konnte keiner fangen."

P.: „Ja, der ist toll, gell? Jetzt male ich einen Delphin. Machen wir ein Babywal. Den Hai müssen wir auch noch anmalen. Mach das ganz fest, schau so. Die Farbe haben immer die Haie. Wir haben einen Film gesehen über Haie. Der sieht ganz schön gefährlich aus, gell?"

T.: „Der sieht ganz schön gefährlich aus."

P.: „Jetzt male ich einen Delphin. Einen großen oder kleinen?"

T.: „Was brauchen wir denn noch, daß niemand mehr Angst hat vor dem Hai?"

P.: „Jetzt male ich noch die Schwanzflosse und das Auge. Ich bin schon auf einem Delphin geritten in Amerika mit dem Papa, der ist ganz schnell." Das Kind holt durch diese erfundene Geschichte den Vater energetisch dazu.

T.: „Wer ist schneller, der oder der?" (Hai oder Wal)

P.: „Der." (Wal)

T.: „Was machen wir jetzt, da ist ein Babywal und ein Hai."

P.: „Der hilft dem (großer Wal dem Baby), der haut so mit seiner Schwanzflosse."

T.: „Kann der Wal sein Baby genügend gut beschützen?"

P.: „Ja."

T.: „Wie könnte man das malen, daß man sieht, daß der das Baby gut beschützen kann?"

P lacht, nimmt Gelb und malt einen „Schutz" darum.

T.: „Ist das jetzt ganz beschützt?"

P.: „Ja"

Wir sehen, es ist gelungen, das Kind ganz aus der Verantwortung für die Aggression und die Ablehnung herauszunehmen, die es bei der Geburt gab. Die Mutter hat die Rolle der Beschützerin übernommen.

T.: „Und es hat keine Angst mehr?"
P.: „Nein."
T.: „Was passiert mit dem Hai, wenn der das Baby angreifen will?"
P.: „Dann schleudert sie ihn weg. Mit der Schwanzflosse oder mit dem Mund. So, phphph." Er macht es mehrere Male.
T.: „Und der Delphin?"
P.: „Der ist ganz schnell."
T.: „Wenn du eine Verletzung hast, dann kannst du es immer verwandeln."
P.: „Ja", sagt er aus tiefster Überzeugung und sichtlich erleichtert und entspannt. „Sind wir jetzt fertig?"
T.: „Wenn das jetzt alles in Ordnung ist, dann können wir aufhören."

Petro malt noch den kleinen Delphin, wie er allein davonschwimmt. Er hat sich endgültig befreit.

Das Abhacken der Hände hat sicher nicht nur damit zu tun, daß Petro darstellen wollte, wieviel Blut es bei der Geburt gab. Es drückt auch aus, daß er diesmal die Geburt allein mit der Mutter bewerkstelligt, indem er dem Arzt kurzerhand die Hände, die ihn unfreiwillig oder zu früh sichtbar machen könnten, „abhackt."

Wie ich schon an anderer Stelle erwähnt habe, sind Kindertherapien u. a. deshalb so wirkungsvoll, weil die Kinder noch imstande sind, sich ganz mit der Bildersprache des Unbewußten zu verbinden, und keine Skrupel haben, auch aggressive Bilder zu wählen. Dadurch kann die Heilung bei Kindern von innen nach außen erfolgen, während sie bei Erwachsenen oft von außen nach innen versucht wird, der kranke Kern dabei aber nicht oder lange nicht erreicht wird und dadurch immer wieder von innen nach außen „fault".

Ich lasse Petro zum Schluß die Hände wieder an den Körper des Arztes malen. Sollte es ein früheres Leben geben, in dem Petro die Hände abgehackt worden sind, so wäre diese „Reparatur" zur Heilung notwendig gewesen, d. h., wir vollziehen diese vorsorglich. Ich teste damit aber auch, ob der Arzt mittlerweile nicht nur ohne, sondern auch mit seinen Händen ungefährlich geworden ist. Schließlich bringe ich Petro damit auch zurück in seine Handlungsfreiheit.

Nach dieser Sitzung habe ich eine Therapiepause eingelegt, um dem Unbewußten Zeit zu lassen, die neuen Erfahrungen zu integrieren, auszuprobieren und auszudrükken. Zumal die Mutter erzählt hat, daß sich Petro in seinem Verhalten schon wesentlich verändert hat. Er hat keine Einschlafängste mehr, ist ruhiger und gesammelter geworden und zeigt nicht mehr die auffälligen Selbst- und Fremd-Aggressionen. Auch die Vorschulkindergärtnerin habe die Mutter schon angesprochen, wie selbstbewußt, sicher und kameradschaftlich Petro geworden sei.

Indem ich vorerst die Therapie nicht fortsetze, teile ich dem Jungen durch mein Verhalten mit, daß ich ebenso wie er in seine Eigenkraft vertraue. Er hat mir gezeigt, mit wieviel „Stärke" er „verwandeln" kann, und das erkenne ich damit an und nehme es ernst.

Wir verabreden, daß wir ab und zu voneinander hören werden und daß er seine Mutter bittet, einen Termin mit mir zu vereinbaren, wenn er mich wieder braucht.

Mittlerweile ist ein Jahr vergangen. Das Kind ist in die Schule gekommen, und es geht ihm sehr gut. Demnächst wird es zur Behandlung der Neurodermitis nochmals zu mir kommen.

Der nachfolgende Text über die „Medizinkraft“ von Delphin und Wal, die Petro sich als Helfer ausgesucht hat, ist aus „Karten der Kraft“ von Jamie Sams und David Carson:

Delphin – Lebenskraft

Delphin
Atme mit mir.
Atme das Göttliche,
Manna des Universums,
In Eins verflechten wir uns.

Der Delphin hütet den heiligen Lebensatem und lehrt uns, wie wir Emotionen durch seinen Atem entlassen können. Er lehrt uns, wie wir Lebenskraft durch unseren Atem nutzen können. Es belebt jede Zelle unseres Körpers und jedes Organ und überwindet die Grenzen und Dimensionen der körperlichen Welt, so daß wir in die Traumzeit eintreten können.

Ahme den Delphin nach und gleite durch die Wellen des Lachens, um in der Welt Freude zu verbreiten. Atme und erfahre die Lebenskraft, die so freizügig geschenkt ist. Denke daran, daß wir in den Augen des Ewig Einen alle ganz sind.

Wal – Bewahren

Wal
Von den gewaltigen Ozeanen,
du hast alles gesehen.
In Deinem Ruf schwingen
Geheimnisse aller Jahrhunderte.
Lehre mich, Deine Worte zu hören
und die Spuren der Geschichte zu verstehen
vom Beginn unserer Welt.

Wal-Medizin lehrt uns, die Töne und Frequenzen zu nutzen, die uns emotional und physiologisch ins Gleichgewicht bringen. Wenn wir uns daran erinnern, warum der Ton der schamanischen Trommeln heilt und Frieden stiftet, verbinden wir uns mit der Kraft des Wals. Die Trommel ist der universelle Herzschlag und verbindet alle Herzen miteinander.

Es gibt viele Wesen, die verwirrt sind, voller Haß. Der Haß war nie böse. Es ist wie Liebe, die den Weg der Freiheit nicht findet. Gott ist nicht nur Liebe, er ist auch Haß. Alles kommt von Gott, auch der Haß. Haß ist der zusammengeknüllte Teil Gottes, Liebe ist der Teil, der offen ist. Haß ist gefesselte Liebe.

FLAVIO CABOBIANCO, 5 JAHRE*

Wir haben alle einen Liebes- und einen Haßmagneten in uns. Der Liebesmagnet zieht alles an, was Liebe enthält. Wenn wir es zu kontrollieren verstehen, kann die Liebe den Haß wie eine Kapsel umgeben. Die Liebe ist geordnet wie die Buchstaben und Wörter in einem Buch. Der Haß ist ein Durcheinander, ein Wirbel, alles ist vermischt. Ein Mensch ist schlecht, wenn sich seine Haßkapsel öffnet, dann zieht er schlechte Menschen an, und es ereignen sich böse Dinge. Es ist wegen dieser Anziehung der Haßmagneten, daß sie sich streiten und schlecht behandeln, sie lieben sich auf eine verworrene, ungeordnete Weise.

Die Liebe dagegen hilft dir, die Dinge auf eine Art zu verstehen, die nicht über den Verstand geht, sondern über das Herz. Dann zieht man die Leute an, die auch über den Liebesmagneten verfügen. Eure Liebe z. B. hat mir geholfen, hierher zu kommen.

FLAVIO CABOBIANCO, 6 JAHRE*

Gedanken über Aggression

Von der vergleichenden Verhaltensforschung bis hin zur Moraltheologie gibt es kaum einen geistes- oder naturwissenschaftlichen Forschungszweig, der sich nicht mit Ursachen und Wirkungen der Aggression auseinandergesetzt hätte. Die Fülle der Erklärungsansätze ist unübersehbar – wir kennen Aggression als Überlebenstrieb, als Resultat von Erziehung, von Lebensumständen, von Anlage, von Verführung, von religiösem oder weltanschaulichem Fanatismus, als Massenphänomen, usw. –, entsprechend vielfältig sind auch die Meinungen.

Aus Sicht der Reinkarnationstherapie gibt es im wesentlichen zwei Erklärungsmöglichkeiten, auf die ich hier eingehen möchte: Aggression als Folge von *karmischer Verstrickung* und als Folge von *Nichtakzeptanz unseres eigenen Schattens.*

Aggression als Folge von *karmischer Verstrickung* habe ich eben in der Geschichte von Petro geschildert. Welche Auswirkungen das *Fehlen* von Aggression als Folge von karmischer Verstrickung haben kann, werde ich am Beispiel von Lucas zeigen.

Meine Arbeitshypothese lautet, daß unser Handeln, unser Erleben, unsere Erwartungen und Befürchtungen wesentlich durch Erfahrungen aus früheren Leben mitbestimmt werden. Ist in einem früheren Leben etwas unbeendet oder unverarbeitet geblieben, haben wir das Bedürfnis, es in unseren nächsten Leben zu beenden bzw. weiter daran zu arbeiten. Es kann sich um Wünsche handeln wie: „Ich will nie wieder so viel Schmerz erleiden", „Ich will nie wie-

* Cabobianco, F.: Ich komm' aus der Sonne

der so ungeliebt sein" oder „Ich will dies oder jenes unbedingt noch erreichen". Es kann sich aber auch um Abschlußbefehle handeln wie etwa: „Ich werde sterben, wenn ich sehr spirituell bin" (bei Lucas) oder „Ich werde sterben, wenn ich sehr große Liebe entwickle" (bei Petro) oder „Ich werde sterben, wenn ich mich an Orte begebe, an denen es sehr warm ist" (bei mir selbst). Die Folge ist der Versuch, ähnliche Situationen oder Verhaltensweisen zu meiden.

Kurz gesagt: Teile von uns sind durch Schrecken, Schocks, Erwartungen, Wünsche, Überzeugungen noch mit früheren Leben verbunden, die unser tägliches Leben mitbestimmen. Wir sind in die früheren Leben noch karmisch (d. h. durch unser Handeln) verstrickt.

Geraten wir in eine Situation, die in einem früheren Leben zum Tode geführt hat, dann reagieren wir entweder mit psychischer Lähmung, d. h., wir fallen in eine Art Schock, oder wir wehren uns, werden aggressiv. Oft ist diese Reaktion der Situation völlig unangemessen. Hat jemand z. B. in einem früheren Leben Hab und Gut verloren und ist anschließend umgekommen, so kann es sein, daß er jedesmal einen Tobsuchtsanfall bekommt, d. h. in Todesangst gerät, wenn eine Kleinigkeit im Hause kaputt- oder verlorengeht.

Mit unseren Partnern, mit unseren Kindern und meist auch mit unseren Vorgesetzten und Untergebenen haben wir in der Regel eine karmische Verstrickung. Die alten Ängste und Befürchtungen, mit denen wir an diese Personen gebunden sind, aufzudecken und zu bearbeiten, würde viele Konflikte und Spannungen lösen können. Es gibt nicht nur Karma, das uns blockiert, sondern auch Erfahrungen aus früheren Leben, die uns stärken und uns helfen, auf Aggression nicht mit Gegenaggression oder mit Ohnmacht zu reagieren. An der Universität Erlangen wird zur Zeit von Professor Friedrich Lösel an einem interessanten Forschungsprojekt gearbeitet: Der Wissenschaftler befaßt sich mit Menschen, die in ihrer Kindheit mißachtet, mißhandelt und mißbraucht wurden und dennoch „unverletzt" – resilient, wie er es nennt – geblieben sind, d. h., als Erwachsene weder gewalttätig noch asozial, ohnmächtig oder resigniert sind. Die Untersuchung macht deutlich, daß die Erfahrungen, die wir in der Kindheit machen, zwar eine wesentliche Rolle für unsere Entwicklung spielen, daß es aber noch andere Faktoren gibt, die unsere Persönlichkeit prägen. Aus der Sicht der Reinkarnationstherapie liegt es nahe anzunehmen, daß diese „Unverwundbarkeit" etwas mit Karma zu tun hat.

Die andere Ursache für Aggression, auf die ich hier eingehen will, ist die *Verleugnung des eigenen Schattens.* Unter dem eigenen Schatten verstehe ich (in Anlehnung an C. G. Jung) alle Eigenschaften, Verhaltensweisen, Wünsche und Bedürfnisse, die ich mir nicht eingestehe, die ein Schattendasein führen müssen, weil ich sie nicht akzeptiere. Dazu gehören in erster Linie Verhaltensweisen aus früheren Leben, an die ich nicht erinnert werden möchte, insbesondere meine Täterleben. Wir können davon ausgehen, daß wir das, was wir bei anderen am heftigsten bekämpfen und verurteilen, selbst in einem früheren Leben einmal getan haben. Wir bekämpfen es im Außen, damit wir es in unserem Innen nicht anschauen müssen.

Eine Frau, die schlecht über „die Männer" denkt, verurteilt den eigenen inneren Mann, nämlich den Mann oder die Männer, die sie in einem früheren Leben einmal war. Ein Mann, der herablassend über „die Frauen" spricht, wertet die eigene innere Frau ab, seine Weiblichkeit, die so weit entwickelt ist, wie die verschiedenen Frauen, die er in früheren Leben selbst einmal war. Die Frauen, die zur Zeit so massiv an der Emanzipierung der Frau arbeiten, sollten bei ihren Forderungen im Auge behalten, daß sie sich die äußeren Umstände für ihre eigenen nächsten Männerleben schaffen. Ziel einer Therapie kann es also nur sein, den eigenen inneren Mann und die innere Frau miteinander zu versöhnen, dann ist der Kampf der Geschlechter nicht mehr nötig. Dann können wir uns an der wunderbaren Erregung und Belebung erfreuen, die wir durch das andere Geschlecht erfahren dürfen.

Demagogen und Volksverführer kennen die Vorliebe der meisten Menschen, ihren eigenen Schatten in die Außenwelt zu projizieren, und machen sich diese Schwäche zunutze. Wenn der andere als böse verschrien wird, dann können wir uns besonders gut fühlen. Der „Böse" übernimmt dann den Teil von uns, auf den wir böse sind. Wir haben unseren Schatten nach außen verlagert, auf den „Bösen", den Täter, den wir in uns nicht mögen. In diesem Zusammenhang ist die kathartische, reinigende Wirkung von Wettkämpfen, wie z. B. Fußballspielen hervorzuheben. Viel von dieser ungebundenen Schattenenergie kann hier in der Regel auf friedliche Art und Weise abgefangen werden.

Ich glaube, daß wir erst dann wirklich im Gleichgewicht sind, wenn wir auch den Täter in uns akzeptiert haben. Aus diesem Grunde arbeite ich mit meinen Klienten auch immer an den Täterleben.

„Nur wer Gut und Böse ins Gleichgewicht gebracht hat, ist wahrhaft gut, denn er kann sehen, daß alles in Ordnung ist."
THORWALD DETHLEFSEN

Tineke Noordegraaf war es erlaubt worden, in einem holländischen Strafgefängnis mit einem Gefangenen zu arbeiten, der einen Mord begangen hatte. In mehreren Rückführungssitzungen verhalf sie dem Mann dazu, seine Taten als Folge von karmischen Verstrickungen zu verstehen. Er konnte seine Gewalttätigkeit aufgeben und fand seine Selbstachtung wieder. Die noch im Gefängnis zu verbüßende Zeit nimmt er mit dem neuen Selbstverständnis gern auf sich. Er hat sich zum Reinkarnationstherapeuten ausbilden lassen, um seinerseits jetzt seinen Mitgefangenen zur Menschlichkeit und Selbstachtung zu verhelfen. Wenn wir imstande sein werden, auf diese Weise mit dem inneren und dem äußeren Täter umzugehen, dann würde es möglich sein, die Gefängnisse zu schließen.

Einem Mißverständnis möchte ich hier vorbeugen: Es geht nicht darum, den Strafgefangenen für seine Taten zu entschuldigen. Es geht darum, ihn zu seiner Selbstachtung und Würde zu führen, damit er die Verantwortung für sich und die Folgen seiner Taten ganz selbst übernehmen kann. Nur dann kann er die noch verbleibende Strafe freiwillig übernehmen und Therapeut für andere Mitgefangene werden. Es kann ihm zutiefst leid tun, daß er anderen Menschen so viel Schmerz zugefügt hat, in dem Moment aber, in dem wir ihn entschuldigen, wird ihm seine Eigenverantwortung entzogen, spielen wir uns zum Richter auf, halten wir uns für besser und handeln herablassend. Entschuldigung hat nichts mit Liebe und Verständnis zu tun.

Noch eine Grundannahme in der Reinkarnationstherapie ist bei der Beleuchtung der Ursachen von Aggression wichtig. Ich gehe davon aus, daß wir in vielen verschiedenen Leben alle nur möglichen Erdenerfahrungen machen wollen und müssen, bis wir imstande sind, unser Menschsein in all seinen Ausdrucksformen zu verstehen und anzunehmen. Menschsein heißt, in der Polarität leben, d. h. im Wechsel zwischen Freude und Leid, Tag und Nacht, Liebe und Haß. Dies zu akzeptieren und ganz anzunehmen bedeutet, in innerer Harmonie mit sich und der Welt sein und damit zu Mitgefühl und Liebesfähigkeit gelangen. Ich werde den Täter nie verstehen und lieben lernen, wenn ich den eigenen Täter in mir nicht annehmen kann. Ich werde nicht imstande sein, den Mörder aus seiner karmischen Verstrickung zu befreien – so wie Tineke Noordegraaf das getan hat – wenn ich den potentiellen Mörder in mir nicht kenne. Wenn man die verschiedenen Leben als Lernaufgaben ansehen kann, die uns zu mehr Bewußtheit und Liebesfähigkeit verhelfen, dann ist es uns möglich, das eigene Schicksal, das Leid, das uns vielleicht in dieser Inkarnation trifft, als Lernaufgabe und Entwicklungschance zu verstehen und anzunehmen.

Täterleben, die uns alle besonders angehen, haben wir im Jahr des Gedenkens an die Opfer des Dritten Reiches in Fernsehserien gesehen. Was ich auf dem Bildschirm sah, hat mich sehr traurig gestimmt. Ist das alles, was wir unseren Kindern über die Menschen in dieser Zeit zu sagen haben? Helfen diese Darstellungen unseren Kindern zu lernen, wie sie auf friedliche Weise mit ihrem Schatten umgehen können? Die Sendungen waren fast durchweg so aufgebaut, daß eine große Distanz zwischen den Tätern und uns selbst spürbar war. Der Tenor war: Wie schrecklich war das damals, ich kann mir nicht vorstellen, wie Menschen zu solch bestialischen Handlungen fähig sein können. Laßt es nicht mehr zu, daß in unserem Volk wieder so etwas geschieht. Die Bösen, die Anderen, die Nazis, die SS, die, die, die und die. Es wurde nicht davon gesprochen, daß dieses Du auch in jedem von uns schlummert, auch nicht davon, daß es darauf ankommt zu lernen, wie wir Menschen „die Haßkapsel in uns mit Liebe umschließen" können, wie es der sechsjährige Flavio ausdrückt, wenn wir in ähnlich extreme Situationen gestellt werden.

Als der zweite Weltkrieg zu Ende war und die Soldaten vom Feld nach Hause kamen, Onkel, Cousins, Freunde, erwartete ich sie, elfjährig, mit Bangen. Ich dachte mir, wie werden sie aussehen, wenn sie getötet haben? Ich stellte mir vor, sie müßten so etwas wie ein Kainsmal auf der Stirn haben, das ich sofort erkennen würde, und ich war in angstvoller Erwartung. Dann sah ich diejenigen, die noch übrig geblieben waren; sie waren schwach, verletzt, müde. Sie hatten kaum genug Kraft, um Freude für ihr Überleben aufzubringen. Ich stellte also meine Frage zurück, um sie den Männern zu stellen, als sie wieder bei Kräften waren. Meine Frage lautete: „Hast du auch einmal einen Feind mit dem Dolch oder dem Bajonett getötet, oder hast du immer nur mit Bomben und Granaten aus der Ferne geschossen?" Mir schien das damals einen großen Unterschied zu machen. Die Reaktionen der Männer, die ich gefragt habe, waren sehr unterschiedlich. Von barscher Abweisung, ich solle nicht so dämliche Fragen stellen, bis zu Tränenausbrüchen. Sie hatten alle auch im Nahkampf getötet; das hat mich furchtbar erschreckt. Gleichzeitig tröstete mich, wie gut es manchen dieser großen Männer tat – diesen Soldaten, über die ich im Radio so viel Heldenhaftes gehört hatte –, sich einem kleinen Mädchen anzuvertrauen, das eine Frage stellte, die sie selbst im Inneren heftig bewegte. Ich erlebte zum ersten Mal, daß es nicht so einfach ist, zwischen Gut und Böse zu unterscheiden. Da gab es Männer, die andere Menschen getötet hatten und trotzdem ein liebendes Herz haben. Ein Onkel von mir z. B. erzählte mir unter Tränen: „Weißt du, als ich eingezogen wurde, war ich sicher, ich würde immer in die Luft schießen, weil ich nicht töten kann. Am Anfang tat ich das auch, aber liebes Kind, wenn du dann siehst, wie neben dir deine Freunde, deine Brüder schreiend verbluten, weil Granaten sie zerfetzt haben, dann plötzlich kippt etwas in dir, und der Verzweiflung folgt ein anderes Gefühl, und das ist unaussprechlicher Haß. In diesem Haß bist du zu allem fähig, zu allem, zu allem!" Ich wollte nicht so genau wissen, was er für schreckliche Dinge getan hatte, weil ich Angst davor hatte. Ich fühlte jedoch eine tiefe Liebe für ihn in diesem Augenblick.

Ich habe nie einen Menschen getroffen, der ohne Grund aggressiv war. Das war weder der scheinbar völlig gefühlskalte, brutale Mörder, den ich in einem Untersuchungsgefängnis psychologisch untersuchte, noch der kroatische Soldat, der mir bei einer Reise in das Krisengebiet des ehemaligen Jugoslawien voller Haß erklärte, er werde jeden Serben, der ihm in die Finger komme, abschlachten, noch die Mutter, die ihr Kind mit subtilen Techniken psychisch quält.

Aggression ist zunächst einmal Kraft, Lebenskraft, die Kraft des Mars in unserem Horoskop, die Kraft, die sagt: „Ich will leben!" Warum wurde in den Sendungen über das Naziregime nichts darüber gesagt, was genau diese natürliche Lebenskraft in barbarische, menschenunwürdige Kraft verwandelt, damit jeder einzelne von uns lerne, ihr nicht zu verfallen, wenn es wieder einmal eine Zeit der Extreme geben sollte? Solange wir unsere ungeliebten Kräfte nach außen projizieren, wir uns also keine Gedanken darüber machen, warum wir in Wut geraten, wenn unser Kind, unser Mann, unsere Frau, unser Freund dieses oder jenes tut, solange wir uns über das Unrecht, das draußen passiert, aufregen, solange bekämpfen wir das im Außen, was wir im Inneren nicht anschauen wollen.

Ich kannte einen Vater, der seine vier Söhne ganz im Sinne von Frieden und damit natürlich ohne Kriegsspielzeug erzogen hat. Er sagte zu mir: „Heute sind meine Söhne erwachsen, einer hat ein ganzes Waffenarsenal zu Hause, einer ist Berufssoldat geworden, einer Rechtsanwalt und nur einer hat nichts direkt mit Aggression zu tun. Ich sehe heute, daß ich einen gravierenden Fehler gemacht habe. Aggression kann nicht dadurch verhindert werden, daß ich Aggression verbiete."

Diese Erfahrung eines wohlmeinenden Vaters kann ich in meiner Praxis nur bestätigen. Die Kinder, die ganz wild auf Kriegsspielzeug sind, dürfen so etwas zu Hause meist nicht besitzen. Ich bin nicht prinzipiell für Kriegsspielzeug, aber wenn Kinder so etwas verlangen, dann haben sie einen Grund. Wenn sie ihr letztes Kriegstrauma aus der Ritterzeit haben oder als Soldat aus Kriegen neuerer Zeit, dann ist es gut, ihnen die entsprechenden Waffen zu kaufen, damit sie das Trauma von damals auf ihre Weise beenden können. Glauben Sie nicht, daß es jemanden unter uns gibt, der nicht ein altes Trauma mit Kampf und Krieg hat, sowohl als Täter als auch als Opfer. Warum reagieren wir denn so empört und nicht mit helfendem Verständnis, wenn jemand aggressiv ist?

Wenn ein Kind aggressiv ist, fragen Sie sich warum, denn es gibt immer einen Grund, und es macht Sinn. Fragen Sie sich, was müßte mit mir geschehen, daß ich jemanden beißen oder ihm etwas auf den Kopf hauen möchte etc.? Dann verstehen Sie die Gefühle des Kindes, das so etwas tut. Natürlich ist der Grund für Aggression nicht immer sofort erkennbar. Denken Sie an die Aggressionen von Petro oder Clara, deren Geschichten ich gerade erzählt habe. Aggression hat neben den im Moment akuten meist auch karmische Gründe, und sie steht in Beziehung zu unserem Geburtshoroskop. Wir bringen sehr unterschiedliche Aggressionstoleranz mit, und unser eigenes angeborenes Aggressionspotential unterscheidet sich sehr von dem anderer. Auch wenn die tieferen Ursachen von Aggression bei Ihrem Kind nicht unmittelbar erkennbar sind, genügt es schon, wenn Sie dem aggressiven Kind nicht mit Abweisung, sondern mit Verständnis begegnen. Die einzige „Waffe" gegen Aggression ist Liebe, ist Akzeptanz. Das heißt natürlich nicht, daß das aggressive Kind liebend in den Arm genommen werden sollte, im Gegenteil, das wäre keine echte Liebe und würde das Kind mit Recht nur noch wütender machen. Das aggressive Kind braucht eine starke Hand, die es verständnisvoll und sicher aus der inneren Verwirrung herausführt. Beschwichtigung, Ausweichen oder Gegenaggression des Erwachsenen, läßt das Kind sich noch tiefer in die eigene, ihm unerträgliche „Schuld", Angst und Wut verstricken.

Fragen Sie sich auch, ob das aggressive Kind Sie spiegelt. Vielleicht gehen Sie hart mit sich selbst um, vielleicht werten Sie manche Ihrer Verhaltensweisen, Wünsche und Bedürfnisse ab, weil Sie deren ursprüngliche gute Absicht für Ihr Leben nicht verstehen.

Erst wenn ich meinen Schatten, d. h. den Täter, der ich in früheren Inkarnationen war, liebevoll annehmen und verstehen kann, erst dann werde ich imstande sein, mit Kindern und mit meinen Mitmenschen in eben beschriebener Weise umzugehen. Je mehr ich den zerstörerischen Teil meines eigenen Täter-Wesens verleugne, desto verletzbarer reagiere ich, wenn ich angegriffen werde. Nehmen wir unsere eigenen Fehler und Schwächen liebevoll an, dann können wir die Schwächen anderer besser tolerieren. Dann wissen wir, daß wir nicht besser, sondern nur etwas anders sind als der Nachbar.

Friede beginnt in mir und geht über die Erziehung meiner Kinder hinaus in die Welt. Dhyani Ywahoo, eine Indianerin und spirituelle Lehrerin, erzählte einmal, daß ihr jüngerer Bruder als Kind sehr aggressiv gewesen sei. Sie habe ihren Vater gefragt, warum er gegen diese Aggressivität nicht härter vorgehe. Seine Antwort sei gewesen: „Weil ich einen friedlichen Erwachsenen aus ihm machen will."

Erziehung zu Toleranz kann immer nur praktisch, durch Vorbild erfolgen, nie theoretisch.

Wenn wir aufhören, uns über den Täter da draußen zu erheben, und begreifen, daß wir nicht besser und nicht schlechter sind als er, dann haben wir die nötige Freiheit, um das Menschliche in uns zu entwickeln, und dann „*...kann die Liebe den Haß wie eine Kapsel umgeben*".

Das Menschliche ist uns eingeboren als Potential, mit dem Auftrag der Erfüllung.
KARLFRIED GRAF DÜRCKHEIM

Eine Vision über die Liebe

Ich finde mich in einem Haus, das aus vier gleich großen Räumen besteht. Die vier Räume bilden zusammen ein Quadrat. In der Mitte, dort wo die vier Ecken zusammentreffen, befindet sich ein kleiner runder Raum aus Glas. Dort kann man in alle vier Räume blicken.

Der Raum links vorn erstrahlt in einem wunderbaren Licht. Es sei der Raum der Christusliebe, wird mir bedeutet. In dem Raum rechts daneben finde ich geometrische Formen und erfahre, daß das der Raum der Ordnung und der Gesetze sei. Der Raum dahinter scheint in einer Dauerexplosion zu sein. Ich verstehe, daß sich hier das Chaos befindet. Schließlich blicke ich in den letzten Raum, links hinten. Voller Erschrecken erlebe ich hier Folter und Grausamkeit.

„Jetzt hast Du das ganze Haus der Liebe gesehen“, höre ich. „Ja aber, wieso finde ich das Chaos und vor allem die Grausamkeit in diesem Haus?“ frage ich ungläubig. „Frage nicht, sondern nimm es fraglos an und warte“, bekomme ich zur Antwort.

Nachdem ich eine Weile gewartet habe, höre ich wunderbare Klänge, eine Musik, die mich in einen Zustand der Glückseligkeit versetzt. Als ich nachsehe, wo diese unbeschreibliche Musik herkommt, erfahre ich, daß sich ihre Klänge aus den Tönen der vier Räume mischen. In diesem Moment verstehe ich zum erstenmal, was Liebe wirklich bedeutet. Auch weiß ich, daß wir diese Liebe nie erfahren und diese himmlischen Klänge nie hören, wenn wir versuchen, uns in einem dieser Räume bevorzugt aufzuhalten. Der wunderbare Klang ist nur in der Mitte zu hören.

Jeder Kenner der Menschenseele wird mir aber beipflichten, wenn ich sage, daß sie zum Dunkelsten und Geheimnisvollsten gehört, was unserer Erfahrung begegnet. Man hat auf diesem Gebiet nie ausgelernt.
C. G. JUNG

MAXIMILIAN

Keiner hört auf mich, deshalb müssen wir alle sterben

Leichter Autismus* mit Ticks, Grimassieren, Aggressionen und partiellem Mutismus*

Maximilian ist elf Jahre alt. Er und seine Mutter haben schon einen langen Leidensweg hinter sich, bis er in meine Praxis findet. Eine lange, ergebnislos verlaufene Psychotherapie, verschiedene Schulwechsel sowie allopathische und homöopathische Medikamente – nichts verschaffte Erleichterung, sein Verhalten blieb gleichermaßen auffällig und seine Erziehung schwierig.

Seit einem Jahr besucht er eine kleine Privatschule, die sehr persönlich auf die Kinder eingeht. Er fühlt sich zum ersten Mal wohl in einer Schule. Seine Lehrerin ruft mich an, sie komme mit Maximilian nicht zurecht, und er müsse die Schule verlassen, wenn er sein Verhalten nicht ändere. Er störe den Unterricht, indem er dazwischenrede, sei aggressiv zu anderen Kindern, äffe sie nach, sei gehässig und schadenfroh, wenn ein Kind einen Fehler mache. Er grimassiere oft, reiße den Mund auf, als wolle er schreien, dann käme aber kein Laut heraus. Ab und zu stoße er Laute aus, die an Tierstimmen erinnerten. Wenn er etwas gefragt werde, antworte er meist nicht, und wenn er einmal antworte, dann verfalle er in eine Kleinkindersprache. Er habe keinen Kontakt in der Klasse und in einem Soziogramm habe er keine Stimme bekommen.

Allerdings sei er intelligent und habe gute bis durchschnittliche Leistungen. Seine Lateinkenntnisse seien jedoch mangelhaft. „Er kapiert es einfach nicht", sagt die Lehrerin.

Die Mutter berichtet, er sei von Anfang an schwer erziehbar gewesen. Sie führt seine Schwierigkeiten allerdings ausschließlich auf ihr eigenes Versagen in der Erziehung und auf mangelnde Zuwendung in der Kleinkindzeit zurück. Sie schildert, sie habe sich in Examensvorbereitungen befunden, als Maximilian geboren wurde. Nach ihrem Examen habe sie als Lehrerin arbeiten und

---

* Autismus: „Kontaktstörung mit Rückzug auf die eigene Vorstellungs- und Gedankenwelt und Isolation von der Umwelt."

Mutismus: „Stummheit bei intakter Wahrnehmung, erhaltenem Sprachvermögen und intakten Sprechorganen." Pschyrembel: Medizinisches Wörterbuch

das Kind in der Zeit anderen Menschen überlassen müssen. Sie habe sich deshalb schuldig und verunsichert gefühlt. Von dem Vater habe sie sich getrennt, als Maximilian ein Jahr alt war. Seinen Vater sieht Maximilian seither nur ein- bis zweimal im Jahr.

Als Maximilian sechs Jahre alt war, hat die Mutter ihren jetzigen Mann geheiratet. Aus dieser Ehe hat Maximilian zwei Halbgeschwister, ein Zwillingspärchen. Die Schwester ist geistig behindert, der Bruder normal.

Es war für mich schnell zu erkennen, daß Maximilian nicht an einer neurotischen Störung leidet, sondern daß es sich um einen leichten Autismus handelt; also einer angeborenen Störung im Sozialverhalten. Leider wird diese Störung in ihrer leichten Form, wie im Falle von Maximilian, sehr oft weder von Ärzten noch von Psychologen rechtzeitig erkannt. Die Kinder gelten als schwer erziehbar, und die Eltern werden für dieses Verhalten ihrer Kinder verantwortlich gemacht; eine schwere Belastung für die betroffenen Eltern und für die Kinder.

In letzter Zeit haben sich verschiedene Medien mit dem Thema Autismus beschäftigt. Ich nenne nur den Fernsehfilm über Bilger Sellin, den Autor des Buches „ich will kein inmich mehr sein", und den Artikel in der Süddeutschen Zeitung über den autistischen Jugendlichen Josef Berghammer. Auch der Film „Rain Man", hat einer breiten Öffentlichkeit eine Vorstellung davon gegeben, was Autismus ist. Es gibt jedoch die verschiedensten Formen und vor allem die verschiedensten Schweregrade von Autismus.

Ich möchte vorweg schon sagen, daß ich mir nicht anmaße zu glauben, daß man mit Reinkarnationstherapie aus einem Autisten ein nicht autistisches Kind machen kann, darin sehe ich auch nicht meine Aufgabe. So wie ich das Temperament eines temperamentvollen Kindes nicht verändern will, so will ich auch dem Autisten nicht seine persönlichen Eigenschaften nehmen. Meine Aufgabe sehe ich im Falle des temperamentvollen Kindes allein darin, dem Kind dazu zu verhelfen, sein Temperament so zu leben und auszudrücken, daß es im Fluß mit seiner Umwelt geschieht und nicht zu Selbst- oder Fremdzerstörung führt. Dem Autisten versuche ich vor allem dazu zu verhelfen, daß er die Angst vor seiner Umwelt weitestmöglich verliert und daß er Zugang und Vertrauen zu seinen eigenen inneren Schätzen findet.

Wie wir im Falle von Maximilian sehen werden, kann durch diese Therapie große Erleichterung geschaffen werden durch Verstehen, Ordnen, Beruhigen, Annehmen.

Da Maximilian insgesamt 27mal bei mir war, kann ich nicht jede Sitzung im Detail beschreiben. Es würde ein eigenes Buch füllen.

Ich werde versuchen, anschaulich zu machen, wie ich mit einem autistischen Kind umgehe; mit seiner großen Angst vor Nähe und Kontakt, mit seiner Angst vor allem Neuen und mit seinem Unverständnis für die Umwelt, mit der wir so selbstverständlich umgehen. Wie ich langsam und behutsam die Türen öffne zu der unfreiwilligen Einsamkeit und Isolation, in der sich Autisten befinden, immer bereit, mich zurückzuziehen, wenn es dem Kind zuviel wird. Auch hoffe ich, daß es mir gelingt, das Glück sichtbar werden zu lassen, das Maximilian empfindet, wenn er sich in seiner Einsamkeit verstanden und angenommen fühlt und wenn wir gemeinsam die Schätze heben, die in dieser Abgeschiedenheit verborgen sind.

Vor der ersten Sitzung erklärt Maximilian seiner Mutter, er möchte auf keinen Fall in die Therapie kommen. Er ist therapiemüde. Ich lasse ihm durch die Mutter ausrichten, daß ich verstehe, daß es ihm schwerfällt zu kommen, daß er es aber doch einmal versuchen solle, da ein Schulwechsel auf dem Spiel stehe. Wenn es ihm nicht gefalle, könne er die Sitzung vorzeitig abbrechen und brauche nicht wiederzukommen. Hier komme ich der Angst entgegen, die Autisten gemeinhin vor allem Neuen haben.

Ich weiß, daß Maximilian mit Erwachsenen kaum spricht, außer mit seiner Mutter. Ich stelle mich also auf ein non-verbales „Gespräch" ein. In den ersten Sitzungen beschränkt er sich auch auf „Hm" für „Ja" und „N" für „Nein".

Du bist mein Vater

1. Sitzung

Da es sich beim Autismus um eine Kontaktstörung handelt, arbeite ich mit Maximilian in den ersten drei Sitzungen an den Beziehungen zu seinen Familienmitgliedern und in der vierten Sitzung an denen zu seinen Klassenkameraden. Erst in der fünften Sitzung führt uns die Arbeit in ein früheres Leben.

Beim ersten Besuch nimmt Maximilian zunächst keinen Kontakt zu mir auf; als ich ihn anspreche, folgt er mir aber ohne weiteres ins Therapiezimmer. Dort angekommen, geht er sofort auf meine Steel Drum zu, ein großes, wohltönendes Musikinstrument. Er bringt es sehr zaghaft und vorsichtig zum Klingen. Hier verhält er sich genauso wie die meisten autistischen Kinder, die ich in meiner Praxis gesehen habe. Er geht sofort, ohne sonst irgend etwas im Raum wahrzunehmen, auf den ersten Gegenstand zu, der ihm ins Auge fällt und beschäftigt sich damit. Die Beschäftigung erfolgt aber eher mechanisch, ohne innere Beteiligung; das Kind scheint an einem Gegenstand Halt zu suchen und zu finden.

Nachdem ich anerkennend geäußert habe, daß das ein schöner Klang sei, lasse ich ihm Zeit, sich mit Hilfe des Musikinstrumentes Sicherheit zu verschaffen. Immerhin hat er den Mut, einen Ton zu erzeugen, ein gutes Zeichen! Ich verstehe es als ein erstes Angebot. Autistische Kinder haben oft großes Interesse an Musik.

Auf die Frage, ob er wisse, warum er hier sei, bekomme ich ebenfalls keine Antwort. Da ich weiß, wie schwer es autistischen Kindern fällt, sich sprachlich über sich selbst zu äußern, und wie unglücklich und verzweifelt sie selbst über diese Sprachlosigkeit sind, versuche ich ihn durch folgende Bemerkung zu entlasten: „Deine Mama hat mir erzählt, daß du nicht gerne über dich selbst redest. Das verstehe ich, und ich werde versuchen, dich so gut wie möglich ohne Sprache zu verstehen." Seine Erleichterung über meine Worte ist nicht zu übersehen. Während er bisher Blickkontakt vermieden hat, strahlt er mich jetzt kurz dankbar an. „Um dir helfen zu können, muß ich natürlich trotzdem ab und zu etwas fragen, aber ich tue das so wenig wie möglich, und es ist auch o.k., wenn du nicht antworten kannst. Ich habe gehört, daß du gut malen kannst. Wir können uns vielleicht durch Malen unterhalten." Er nickt zustimmend.

Jetzt sage ich ihm, was ich von seiner Lehrerin und von seiner Mutter über den Grund seines Kommens erfahren habe und daß ich versuchen will, ihm zu helfen, daß er in der Schule bleiben darf. Als ich die Überzeugung äußere, daß er nicht absichtlich unruhig und frech sei, trifft mich wieder ein Blick tiefer Dankbarkeit. Ein Hoffnungsschimmer blitzt in ihm auf: „Ob es vielleicht doch einen Menschen gibt, der mich versteht, mich aus meiner Isolation befreien und mir meine Andersartigkeit begreiflich machen kann?"

Ich schlage ihm vor, daß wir uns zunächst einmal mit seiner Unruhe befassen, die ihm vorgeworfen wird. Dazu lasse ich ihn das Blatt durch einen Mittelstrich in zwei Teile teilen.

Es wundert nicht, daß er hierfür die lila Farbe benutzt. Nun bitte ich ihn, auf eine Seite den „ruhigen Maximilian" und auf die andere Seite den „unruhigen, der in der Schule stört" zu malen. Ich bitte ihn, die linke Hand zu benutzen, „da sie mehr über unsere tiefen Gefühle und Gedanken ans Licht bringt" (Abb. MA 1).

Indem ich ihm den Vorschlag mache, diese beiden Teile von sich selbst zu malen, erlebt er, daß ich ihm unterstelle, daß er auch einen ruhigen Teil hat.

Er beginnt ohne Zögern mit der linken Hand zu malen. Zunächst zeichnet er den „Ruhigen". Er gibt sich größte Mühe und blickt immer wieder an sich herab, um jedes Detail seiner Kleidung zu erfassen (Abb. MA1a). Auch für den „Unruhigen"

sucht er sich ganz an seinem eigenen Körper zu orientieren (Abb. MA1b). Schließlich ist er überrascht, wie unterschiedlich beide ausgefallen sind.

Wir halten fest, daß der „Unruhige“ wie ein Erwachsener aussieht und der „Ruhige“ wie ein Kind, daß beide nichts hören (er hatte die Ohren vergessen) und daß beide nicht laufen können, weil sie keine Füße haben. Außerdem stellen wir fest, daß die beiden sich eigentlich die Hand geben wollen, durch den Strich aber getrennt sind.

Auf der Suche, wer denn der erwachsene Maximilian sein könnte, kommen wir auf seinen Vater. Er sieht ihn nur selten und leidet darunter. Ursache sind die Spannungen zwischen den Eltern.

Ich betrachte mit Maximilian die Zeichnung und wir finden heraus, daß es Vater und Sohn sind, die sich nicht hören können, weil sie keine Ohren haben, daß sie sich nicht aufeinander zu bewegen können, weil sie keine Füße haben, und daß sie sich die Hand geben wollen, aber keine Verbindung zustande kommt, weil etwas dazwischen ist.

Bildlich wird hier dargestellt, was Maximilian widerfahren ist. Die Spannungen zwischen den Eltern verhindern, daß er seinen Vater sieht. Mit sechs Jahren bekommt er den Namen seines Stiefvaters, dies trennt ihn noch mehr von seinem leiblichen Vater.

Ich versuche, ihn vorsichtig an das Gefühl des Getrenntseins heranzuführen, um anschließend mit der Heilung zu beginnen. Heilung heißt Verbindung herstellen, und je eindrücklicher die Trennung gespürt wird, desto heilsamer kann die Verbindung erlebt werden. Da das Hauptproblem des Autisten Isolation, d. h. Getrenntsein ist, muß hier behutsam gearbeitet werden. Wir versuchen eine Verbindung herzustellen, indem wir durch verschiedene Farben eine geistig-seelische Verbindung malen. Ich lasse ihn fühlen, daß diese Verbindung immer besteht – egal, wie oft man sich sieht und wie weit man voneinander entfernt ist, und daß er den Vater immer in sich spüren könne, da er ein Teil des Vaters wie auch der Mutter sei. Er kann sich gefühlsmäßig ein wenig einlassen, und das beglückt ihn sehr.

Obwohl Maximilian außer „Hm“ für „Ja“ und „N“ für „Nein“ sprachlich nichts äußert, ist der seelische Austausch zwischen uns sehr intensiv.

Maximilian ist während der ganzen Sitzung ruhig, konzentriert und innerlich beteiligt. Ich sage ihm, daß ich in dieser Sitzung den ruhigen Maximilian kennengelernt habe und daß wir gemeinsam versuchen können, diesen Teil auch in der Schule und zu Hause immer mehr zur Geltung zu bringen. Er möchte unbedingt wiederkommen.

Das Bild im Herzen

2. Sitzung

In der zweiten Sitzung mache ich mit Maximilian eine Familienaufstellung der Art, wie ich sie bei Clara beschrieben habe. Zunächst lasse ich ihn nur Vater, Mutter und sich selbst aufstellen, ausmalen und Verbindungslinien malen, anschließend kommen der Stiefvater und die Halbgeschwister hinzu. Ich beschreibe hier nur die wichtigsten Erfahrungen, die Maximilian bei der Aufstellung macht. Sowohl die Mutter als auch Maximilian ändern ihre Stellung und Farbe, als die neue Familie dazukommt. Die Mutter wechselt von Gelb auf Gold, sie bekommt mehr Wert, ist aber auch weniger greifbar. Maximilian wechselt von Hellrot auf Kräftigrot. Dies sieht zunächst sehr vielversprechend aus. Betrachtet man aber das Gesamtbild, dann fällt auf, daß seine Verbindung zur Mutter von Rottönen zu Schwarz übergeht und daß er keine Verbindung mehr zu seinem Vater hat. Das Wichtigste in der neuen Familiensituation ist jedoch, daß Maximilian die gleiche Rotfarbe wie seine behinderte Schwester bekommen hat. Ich verstehe das als deutlichen Hinweis, daß er mit seiner behinderten Schwester identifiziert ist und sich für sie verantwortlich fühlt. Diese Identifikation wird Thema der nächsten Sitzung sein.

In dieser Sitzung versuchen wir zunächst die Heilung seiner Ursprungsfamilie, Vater, Mutter, Maximilian. Wir malen sie in ihrer natürlichen Ordnung, d. h. Mutter neben den Vater und gegenüber Maximilian. Wir besprechen, daß das die erste und wichtigste Familie für ihn ist. Auch wenn sie nicht mehr in dieser Form besteht, kann sie doch im Herzen als Bild weiterbestehen. Mit diesem „Bild im Herzen" kann Maximilian nun in der neuen Familie einen besseren und sichereren Platz bekommen.

(Ich bilde die Familienaufstellung nicht ab, da ich nur auf die wichtigsten Details eingegangen bin, das abgedruckte Bild aber einer eingehenderen Erklärung bedürfte, um verstanden zu werden.)

MA2

Blut, Wasser und Tränen

3. Sitzung

Die Loslösung aus der Identifikation mit der Schwester nehmen wir uns in der dritten Sitzung vor. Zunächst lasse ich ihn sich und seine Schwester malen (Abb. MA2).

Auffällig ist dabei seine Hand, die die Schwester hält. An der Stelle der Berührung ist Verwirrung.

Um mehr Klarheit zu erhalten, bitte ich ihn, sich und seine Schwester nochmals als Farbkugeln zu malen. Er malt die Schwester rot und sich selbst, leicht an sie gelehnt und mit ihr verschmolzen, in Blau (Abb. MA3).

Er beschreibt ihre Farbe als Blut und seine zunächst als Wasser und schließlich als Tränen. Es ist offensichtlich, daß hier schon eine Begegnung aus einem früheren Leben mitschwingt. Mir scheint es aber noch zu früh, Maximilian dem auszusetzen. Deshalb versuche ich eine Heilung auf symbolischem Weg. Dazu bitte ich ihn, zwei Farbkugeln zu malen, die ihn und seine Schwester getrennt darstellen (Abb. MA4).

Während sie ihm auf dem ersten Bild den Weg nach rechts in die Zukunft versperrt, befindet er sich diesmal rechts, d. h., der Weg in die Selbständigkeit ist offen. Sie wechselt von Rot nach Grün, er von Blau nach Schwarz. Er bezeichnet Grün als die Farbe der Blätter, der Bäume, des Lebendigen schlechthin, und Schwarz als Nacht, Alleinsein, Traurigkeit, Geheimnis, Innerlichkeit. Wir beenden die Sitzung mit der Erfahrung, daß seine Schwester gut an

MA3

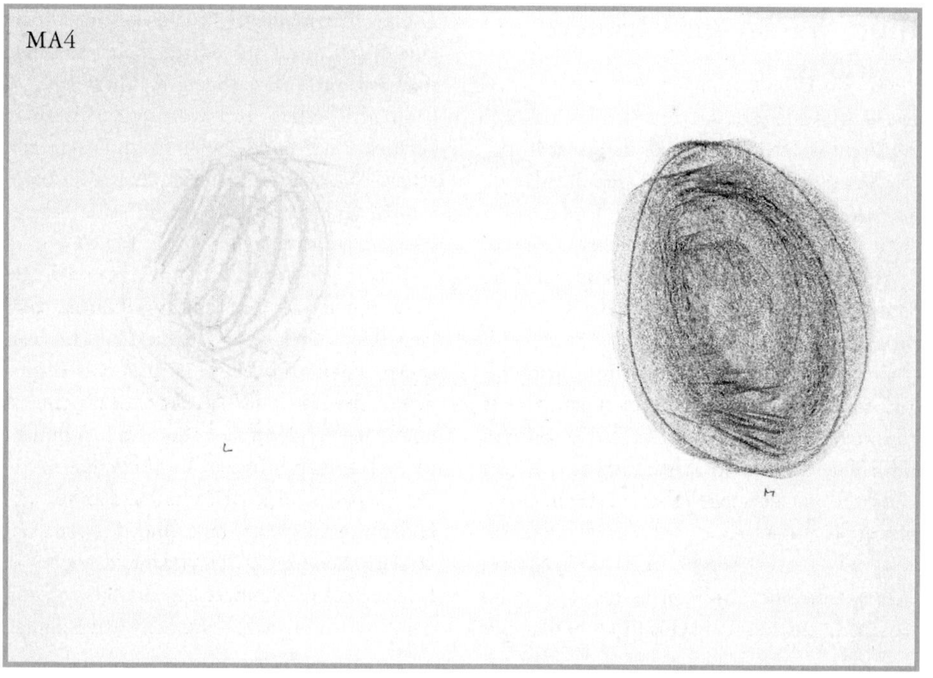
MA4

das Leben angeschlossen ist und seine Hilfe nicht braucht und daß es gut ist, wenn er sich auf dem Weg in die Freiheit mit seiner Tiefe, seiner Traurigkeit, seiner Einsamkeit und seiner inneren Kraft, die daraus erwächst, auseinandersetzt.

In dieser Sitzung hat Maximilian einen ganz wichtigen ersten Schritt in die Freiheit gemacht, indem er einen kurzen Blick in seine tiefen Gefühle zugelassen hat. Erstmalig bringt er einige Worte hervor: „Blut, Wasser, Tränen, Blätter, Bäume, Nacht, Alleinsein". Es sind Worte, die seine Gefühle ausdrücken. Wir sehen daran, wie tief er sich mittlerweile eingelassen hat. Ich drükke ihm gegenüber aus, wie groß meine Anerkennung und meine Hochachtung für seinen Mut sind.

Wo ist mein Platz in meiner Schulklasse?

oder

Ich schicke dir gelbe Farbe

4. Sitzung

In der Schule wurde Maximilian vom Nachmittagsunterricht ausgeschlossen, es hieß, den ganzen Tag könne man ihn nicht ertragen. Man will aber vor einer endgültigen Entscheidung das Therapieergebnis noch abwarten. Es ist schwer, die Lehrer zu überzeugen, daß Maximilian nicht aus Böswilligkeit stört, sondern daß es sich bei ihm um eine angeborene Kontaktstörung handelt. Sie meinen, daß Maximilian von der Mutter verwöhnt sei und daß ihm nur die starke Hand des leiblichen Vaters fehle.

Die Klassenlehrerin schüttet ab und zu telefonisch ihr Herz bei mir aus, wie schwer sie es mit dem Jungen hat, dadurch helfe ich ihr durchzuhalten.

In der vierten Sitzung ändert sich etwas in der Verständigung mit Maximilian. Er möchte mir einiges mitteilen. Da es ihm jedoch noch nicht gelingt, selbst zu sprechen, hat er seine Mutter schon vor der Sitzung gebeten, sie möge für ihn sprechen. Wäre Maximilian ein mutistisches Kind, dessen Sprachlosigkeit als Folge einer neurotischen Störung zu verstehen ist, würde ich auf diesen Wunsch nicht ohne weiteres eingehen, ich würde versuchen dem Kind zu helfen, selbst zu sprechen. Bei einem autistischen Kind nehme ich jedes Angebot, Kontakt aufzunehmen, an. Die Mutter erzählt mir dann, daß die Lehrerin angerufen habe, daß es in der Schule schon besser gehe. Er möchte mich teilhaben lassen an seinem Erfolg und ist sehr stolz.

Diese Nachricht nehme ich zum Anlaß, in die tägliche Schulsituation noch mehr Sicherheit zu bringen. Ich lasse Maximilian sein Klassenzimmer mit allen Schülern malen.

Wie erwartet, ist das für Maximilian keine leichte Aufgabe. Die Zurückgezogenheit eines autistischen Kindes in einer Gruppe wird dabei noch einmal verdeutlicht: Obwohl er sich schon ein Jahr lang in der Klasse befindet, kennt er nicht alle Mitschüler, ist unsicher, wo die Kinder in der Klasse sitzen, und die räumliche Aufteilung gelingt nicht sonderlich gut. Er weiß lediglich, daß 25 Kinder in seiner Klasse sind (Abb. MA5).

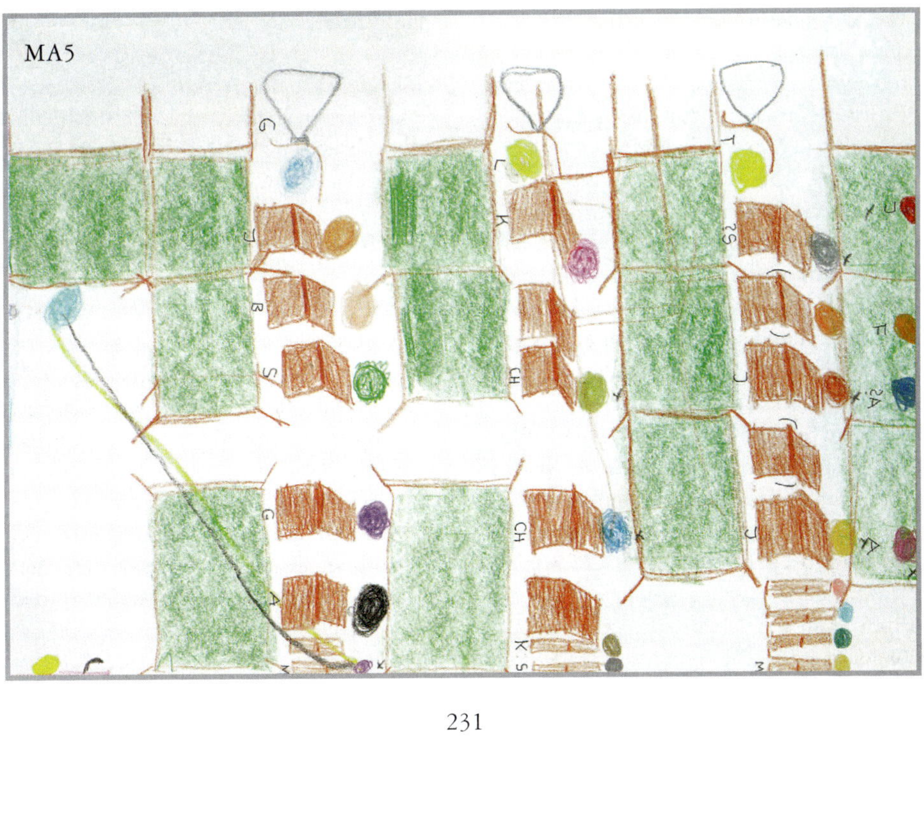

MA5

Schließlich gelingt es ihm mit größter Mühe, ein Bild seiner Klasse anzufertigen und doch fast alle Mitschüler zu bestimmen, auch wenn er sich meist nicht sicher ist und einige Kinder mit Fragezeichen versehen muß.

Der Sinn dieser Arbeit ist, Maximilian mit jedem Kind seiner Klasse innerlich in Verbindung treten zu lassen. Es soll ihm helfen, sich nicht mehr so abgesondert zu fühlen. Der Kontakt wird hergestellt, indem er von jedem Kind den Namen nennt und spürt, welche Farbe das jeweilige Kind hat.

Vom Lehrerpult aus betrachtet, sitzt er vorn ganz rechts außen. Er ist besonders klein ausgefallen und hat die Farbe Lila. Zunächst hatte er vergessen, sich selbst zu malen. Erst auf die Frage, wo er denn sei, drückt er sich klein und unscheinbar in die Ecke, so als solle man ihn nicht sehen. Das Kind, das neben ihm sitzt, ist besonders groß und schwarz gemalt. Es scheint eine deutliche Bedrohung für ihn darzustellen, daß ein Kind ihm so nahe rückt.

In diesem Zusammenhang erinnere ich mich an ein anderes leicht autistisches Kind, das vom ersten Schultag nach Hause kam und seiner Mutter voller Entsetzen berichtete: „Mama, da kann ich nicht mehr hin, da sitzt einer so nah neben mir, bitte melde mich wieder ab."

Zu seiner Klassenlehrerin, zu der er kein gutes Verhältnis hat, lasse ich Maximilian eine Verbindungslinie malen. Diese Linie fällt schwarz, d. h. bedrohlich aus. Auf die Frage, welche Farbe er sich wünschen würde, sagt er „gelb". Er möchte also freundlich und eher auf Verstandesebene mit ihr in Kontakt treten. Auf dem Papier und in der Vorstellung ändern wir die schwarze Farbe in eine gelbe um. Wir sprechen über die Kraft der Vorstellung. Im Unterricht könne er der Lehrerin in der Vorstellung immer wieder gelbe Farbe schicken, das könne sie freundlicher machen, auch wenn es nur in seiner Vorstellung ist. Er will es versuchen.

Ruhet in Frieden, meine Kameraden

5. Sitzung

In dieser Sitzung mache ich mit Maximilian die erste Rückführung in ein früheres Leben. Das Leben wird sein Dazwischenreden und seine Unruhe in der Schule verständlich machen. Ich gebe die Sitzung fast vollständig wieder, um zu zeigen, wie schwierig sich die Arbeit mit Maximilian gestaltet. Eine sprachliche Verständigung fehlt nahezu ganz und ich bin fast nur auf das angewiesen, was er malt.

Heute hat Maximilian gute Nachrichten:

T.: „Wie ist das mit dem Nachmittagsunterricht?"

M.: „Ich darf jetzt wieder bleiben. Zwei Wochen war das, und jetzt darf ich wieder kommen." Die Freude und der Stolz darüber, daß er wieder in die Gemeinschaft aufgenommen ist, bewirken, daß er eine ungewöhnlich ausführliche Antwort gibt.

T.: „Toll, hast du dir das verdient, oder wie kam das?"

M.: „Probieren."

Meine Frage ist etwas ungeschickt, denn sie enthält eine kleine Einschränkung. Sofort zieht er sich wieder zurück und gibt nur das Fragment einer Antwort. An diesem Beispiel kann deutlich gemacht werden, wie verletzbar autistische Kinder oft sind, und wie schnell sie sich zurückziehen oder aus der Fassung gebracht werden können. Ein falsches Wort kann sie zuweilen in höchste Aufregung versetzen, einen Rückzug oder verzweifelten Wutanfall auslösen.

Mit dem Wort „probieren" will er sagen: Sie haben mich noch nicht endgültig wieder aufgenommen, sie wollen es mit mir erneut mit Ganztagsunterricht probieren.

T.: „Die Lehrer meinen alle, daß du das absichtlich machst. Ich sage dann zu ihnen, daß das so über dich kommt, daß du das nicht absichtlich machst. Habe ich das richtig gesagt?"

M.: „Ja."

T.: „Die Mama hat gesagt, daß es zu Hause schon besser geworden ist, und in den Nachmittagsunterricht darfst du auch wieder, da hast du schon ganz viel erreicht."

M.: „Ja," sagt er strahlend.

T.: „Weißt du, was dir die Frau K. (Klassenlehrerin) alles vorwirft?"

M.: „Nein."

T.: „Sie sagt du würdest . . . ?"

M.: „Die anderen stören."

T.: „Ja. Was stört die anderen?"

M.: „Hm..."

T.: „Was meinst du, was andere stören könnte?"

M.: „Hm ... Hm ... Hm ..." Da er nicht antworten kann, wechsle ich wieder die Verständigungsebene.

T.: „Weißt du was, male das einfach mal. Male dich, wie du aussiehst, wenn du andere störst. Welche Farben du hast und wie du aussiehst. Male wieder mit der linken Hand."

M. fängt sofort an zu malen. So zäh er im verbalen Antwortengeben ist, so schnell ist er im zeichnerischen Ausdruck. Als er fertig ist, sagt er „hm" (Abb. MA6a).

T.: „Gut. Nimm mal diese Haltung ein, die du da auf dem Bild hast, fühl mal, wie sich das anfühlt."

M. folgt meiner Anweisung nicht.

T.: „Wen könnte man sich da vorstellen, wie fühlt sich einer, der so sitzt?"

M.: „Hm ... Hm ... Hm ... Hm ..."

T.: „Was sind das für Menschen, die so dasitzen, was fällt dir da ein?"

M.: „Hm ... Hm ..."

T.: „Sind die schüchtern?"

M.: „Nein."

T.: „Eher?"

M.: „Hm ... Hm ..."

Ich übernehme die Haltung der Figur auf dem Bild und sage: „Ich finde, es fühlt sich an, als ob ich der Boß wäre, ich bin hier der Boß! Setz dich auch mal so hin, daß du es auch fühlen kannst."

Er folgt der Aufforderung nicht.

Auch jetzt dränge ich ihn nicht. Zu oft ist er in seinem Leben schon dadurch verletzt worden, daß er nicht so handeln und fühlen konnte, wie sein Gegenüber es erwartet hat.

Es gehört zu den Schwierigkeiten des Autisten, daß es ihm große Mühe macht, sich in andere hineinzuversetzen und Gesten und Verhaltensweisen anderer Menschen zu verstehen. Auch das Gefühl für den eigenen Körper ist oft nicht gut genug entwickelt.

Da ich die Schwierigkeiten von Maximilian kenne, sich eine Vorstellung von der Realität zu machen, überfordere ich ihn nicht. Ich versetze mich in die Person, die er gemalt hat, und mache ihm aus dieser Rolle heraus Angebote, aus denen er auswählen kann. Damit vermeide ich, daß er in Verlegenheit kommt und auf seine Unfähigkeit hingewiesen wird. Gut fühlt er sich, wenn er malen kann. Das Bild gibt ihm Sicherheit und Halt für seine schwache Vorstellungskraft.

Deshalb mache ich jetzt auch ganz selbstverständlich weiter und frage:

T.: „Fühlst du dich so, wenn du das machst, was andere stört?"

M.: „Nein."

T.: „Nein, das ist komisch, obwohl deine linke Hand uns das erzählt hat, fühlst du es nicht. Irgendwas muß da aber dran sein. Die linke Hand weiß viel mehr, als wir wissen. Irgendwas will sie uns da erzählen von ‚ich bin der Boß'. Verstehst du das?"

M.: „Hmhm."

T.: „Wir sehen ihn von hinten. Wie sind seine Haare?"

M.: „Durcheinander."

T.: „Ja, stell dir vor, du bist der jetzt. Mach mal die Augen zu und mache das Gesicht, das er macht." Es ist wenig aus seinem Gesicht abzulesen. Also versuche ich es anders: „Was für Laute macht der, laß ihn mal die Töne machen, die dazu passen."

M.: „Hm ... Hm ... Hm ... Hm ..." Auch das „Hm" unterscheidet sich im Ausdruck nicht von seinen üblichen „Hm". Mit dem nächsten Versuch treffe ich auf etwas, auf das er reagieren kann.

T.: „Sind die laut oder leise?"

M.: „Laut."

T.: „Ja, das glaube ich auch. Wie laut?"

M.: „Hm ... Hm ... Hm ..."

T.: „Kannst du dir vorstellen, daß du schon einmal gelebt hast?"

M.: „Ja!" Er sagt es mit ungewohnt fester und lauter Stimme. Er hegt also keinerlei Zweifel daran.

T.: „Kannst du dir vorstellen, daß du in einem anderen Leben schon mal so warst wie der?"

M.: „Ja."

T.: „Ich glaube auch. Wie alt bist du da?"

M.: „Zehn." (Jetzt ist er elf.)

T.: „Sieht der wie zehn aus?"

M.: „Nein, 13."

T.: „13?"

M.: „Ja."

T.: „Gut. Sind da noch mehr? Laß mal die Hand malen, wenn da noch mehr sind. Wenn ja, wo sind die?"

M. malt einen daneben (Abb. MA6b).

T.: „Wie viele gibt's davon?"

M.: „24."

T.: „Seid ihr so viele in der Klasse?"

M.: „Ja."

T.: „Und damals in dem anderen Leben, wie viele waren es da?"

M.: „Zwölf."

T.: „Zwölf. Fühle mal, mögen die den?" (Abb. MA6a)

M.: „Nicht so gerne."

T.: „Was ist anders an dem, daß die ihn nicht so gerne mögen?"

M.: „Die stören ihn, nein, er stört sie", verbessert er sich sofort.

T.: „Vielleicht stören sie ihn, vielleicht war das erste auch richtig. Fühl mal, ob die ihn stören?"

M.: „Ja."

T.: „Was ist an dem, daß die ihn stören?"

M.: „Er stört sie."

T.: „Hmhm, also was ist an ihm, daß er sie stört. Was tut er, daß er sie stört?"

M.: „Er redet."

T.: „Und die wollen nicht, daß er redet. Worüber redet der? Worüber könnte der reden, wenn er so dasitzt?"

M.: „Hm ... Hm ..."

T.: „Reden die nicht?"

M.: „Doch."

T.: „Dann muß der wohl was reden, was denen nicht gefällt?"

M.: „Dauernd."

T.: „Er redet zuviel? Sind die zusammengekommen, um zu reden?"

M.: „Nein."

T.: „Müssen wir ihn mal fragen, warum er so viel redet. Ist es ihm so wichtig zu reden?"

M.: „Nein."

T.: „Er redet dauernd, obwohl es ihm unwichtig ist? Sitzt er so da, als wäre es ihm unwichtig?"

M.: „Nein."

T.: „Schau, wie wichtig der da sitzt."

M.: „Hmhm."

T.: „Heute in der Schule sagen die vielleicht, es ist nicht wichtig, was der Maximilian redet, aber damals in dem Leben ist es vielleicht doch sehr wichtig gewesen. Vielleicht war es für ihn sehr wichtig, und die wollten das nicht." Ich mache eine Pause, damit er Zeit hat, das Gesagte zu verarbeiten. „Wie sitzen die anderen denn, sitzen die nebeneinander oder voreinander oder wie? Wenn du mit dem da sitzt, wo sitzen dann die anderen?"

M.: „Hinter ihm."

T.: „Male sie mal als Punkte da hin, damit wir sehen, wo die anderen sind.“

M. malt sie nicht hinter sich, sondern vor sich. – Hier wird wieder deutlich, wie schwach die Vorstellungskraft des Kindes ist. In seiner Vorstellung kann er nur die Aufteilung abrufen, wie er sie vom Klassenzimmer her kennt. Wie wir wissen, sitzt er in der ersten Reihe und die anderen Kinder hinter ihm. Sobald er malt, hilft ihm sein Unbewußtes, die fehlende Vorstellung zu ersetzen, er kann die Aufteilung so malen, wie sie in dem damaligen Leben tatsächlich war.

T.: „Also da sitzt du, der Boß, und da sind die anderen. In welche Richtung schauen die?“
M.: „Dahin.“ Er kennzeichnet es durch einen Pfeil.
T.: „Wie ist das, wenn man so sitzt, zwei sitzen da und da sitzen zehn. Wann sitzt man so? Bei welchen Gelegenheiten kommt so was vor?“
M. gibt keine Antwort.
T.: „Wenn das in der Schule wäre, wer wäre das?“
M.: „Die Lehrer.“
T.: „Aha, der Lehrer ist auch so etwas wie ein Boß, und der hat was sehr Wichtiges zu sagen, so wie der da sitzt. Wen stört das, was er sagt?“
M.: „Die da.“ (Alle die ihm gegenüber sind.)
T.: „Die wollen was anderes hören. Fühl mal, wie wichtig das ist, was der denen sagen will.“
M.: „Sehr wichtig.“
T.: „Das glaube ich auch. Du willst ihnen was Wichtiges sagen, und die wollen es nicht hören, was macht man da?“
M.: „Man ärgert sich.“
T.: „Spürst du den Ärger schon ein bißchen?“
M.: „Hm.“
T.: „Fühl mal, du bist der Boß, du hast denen was zu sagen. Ist es auch wichtig für die, oder nur für dich?“
M.: „Auch für die anderen.“
T.: „Was passiert, wenn die nicht hören, was du sagst? Was könnte da passieren?“
M.: „Hm ... Hm ... Hm ...“
T.: „Es ist wichtig für dich, wichtig für die, was passiert, wenn die nicht zuhören?“
M.: „Dann ärgert der sich da vorne.“
T.: „Passiert dann was?“
M.: „Er ruft lauter.“
T.: „Hmhm. Er ruft lauter, weil ihm das wichtig ist, was er denen zu sagen hat. Er wird immer lauter, und die kapieren es einfach nicht?“
M. gibt keine Antwort.
T.: „Wenn sie es nicht kapieren, für wen ist das schlecht?“
M.: „Für die da hinten.“
T.: „Was ist dann schlecht für die?“
M.: „Daß sie es nicht wissen.“
T.: „Wofür könnte es dann schlecht sein? Sind das Erwachsene?“ Mit dieser Frage will ich mich vergewissern, wo er sich im Moment befindet. In der Schulklasse oder bei den Menschen aus dem früheren Leben.
M.: „Nein“, d. h., er ist wieder in der Schulklasse, und ich muß ihn wieder zurückbringen.
T.: „Sehen die wie Kinder aus?“
M.: „Ja.“
T.: „Ich finde, die sehen eigentlich ziemlich erwachsen aus, der Boß und sein Nachbar. Wenn die beiden erwachsen sind, sind die, die da gegenüber sind,

auch erwachsen, oder sind das Kinder?“

M.: „Erwachsene.“

T.: „Wenn die erwachsen sind, was könnte für die so wichtig sein, daß sie es kapieren?“

M.: „Hm ... Hm ...“

T.: „Was könnte für Erwachsene so wichtig sein?“

M.: „Hm ... Hm ... Hm ...“ Er beginnt die Füße unruhig hin und her zu bewegen.

T.: „Deine Füße werden unruhig, die wollen uns etwas erzählen. Wenn es etwas mit den Füßen zu tun hätte, was könnte man sich da vorstellen?“

M.: „Hm ... laufen.“

T.: „Könnte er etwas sagen wollen mit Laufen?“

M.: „Hm ... Hm ...“

T.: „Wir müssen laufen, sonst ...“

M.: „ .. brennt's.“

T.: „Sonst brennt's. Das ist aber sehr wichtig, was passiert, wenn sie das nicht kapieren?“

M.: „Verbrennen sie.“

T.: „Fühl mal, wie fühlt sich das an?“

M.: „Nicht schön.“

T.: „Kapieren die das rechtzeitig?“

M.: „Nein.“

T.: „Was passiert mit dir, kannst du laufen, wenn die nicht laufen?“

M.: „Nein.“

T.: „Hast du die Verantwortung für die?“

M.: „Ja.“

T.: „Fühl mal, wie du dir den Mund fußlig redest, wenn Todesgefahr besteht. Was sagt man da zu denen alles. Ihr ...?“

M.: „Ihr müßt ...“

T.: „Lauter!“

M.: „Ihr müßt!“ Ich lasse ihn immer lauter brüllen. Er geht darauf ein und brüllt beachtlich laut.

T.: „Und was machen die, wenn du so brüllst?“

M.: „Die laufen nicht.“

T.: „Fühle, wie das ist.“

M.: „Schrecklich.“

T.: „Kannst du spüren, daß das wirklich mal gewesen sein könnte?“

M.: „Hmhm.“

T.: „Stell dir vor, wie unruhig und wütend man da wird, ... und die machen es einfach nicht ...“, ich gebe ihm viel Zeit nachzuspüren, „ .. und dann verbrennen alle?“

M.: „Ja,“

T.: „Schrecklich. Male das mal, wie schrecklich das ist, damit wir es endlich beenden können.“ M. malt (Abb. MA7).

T.: „Was könnte da brennen, ein Auto, ein Haus, ein U-Boot, ein Flugzeug?“

M.: „Ein Haus.“

T.: „Was könnte so einen Brand verursachen?“

M.: „Hm ... Hm ..., wenn es heiß ist.“

T.: „Wenn es heiß ist?“

M.: „Wenn trockenes Gras anbrennt.“

T.: „Wie schnell brennt sowas?“

M.: „Sehr schnell.“

T.: „Hat das jemand angezündet?“

M.: „Da hat jemand einen Zigarettenstummel hingeworfen.“

T.: „Seid ihr in dem Haus drin?“

M.: „Ja.“

T.: „Du weißt, daß ihr in Gefahr seid, daß ihr das Haus verlassen müßt. Was könnte es sein, das so schnell geht, daß ihr das Haus nicht mehr verlassen könnt“

M.: „Daß es jemand anzündet.“

T.: „Wer könnte das sein?“

M.: „Krieg.“

T.: „Ja, das könnte sein. Sind das Männer oder Frauen oder beides?“

MA7

M.: „Männer."

T.: „Sind das Zivilisten, oder sind das Soldaten?"

M.: „Soldaten."

T.: „Ist das deine Truppe, die du anführst?"

M.: „Ja."

T.: „Hätte es eine Chance gegeben, wenn die Soldaten von deiner Truppe das gemacht hätten, was du gewollt hast?"

M.: „Ja."

T.: „Jetzt weißt du auch, warum du nicht alleine gehst. Darfst du alleine gehen als Anführer?"

M.: „Nein."

T.: „Du mußt bei ihnen bleiben. Du kannst nur weg, wenn die mitgehen. Was ist das für ein Gefühl?"

M.: „Ein schlechtes."

T.: „Stell dir das vor, die gehen nicht mit, und du weißt, jetzt wird das Haus bald brennen."

M. zeigt keine Reaktion.

T.: „Wie wird das angezündet?"

M.: „Mit einer Fackel."

T.: „Wie viele sind das?"

M.: „Zwei."

T.: „Damit wir das Schreckliche beenden können, sollten wir alle zwölf malen, wie sie tot sind."

M. beginnt mit sich selbst (Abb. MA8).

T.: „Du darfst jetzt mit der rechten Hand malen, weil wir das jetzt ganz bewußt machen wollen." Nachdem er fertig gemalt hat, frage ich: „Was hättest du zu deinen Soldaten noch gerne gesagt?"

M.: „Daß sie aus dem Haus raus müssen."

T.: „Genau, lasse alle sagen: „Du bist unser Anführer, und wir hätten dir folgen sollen!"

M. läßt es jeden einzelnen sagen.

T.: „Kannst du dir vorstellen, daß man im nächsten Leben immer noch weiterredet, wenn das nicht beendet ist? Und daß man Grimassen schneidet, so wie du es damals gemacht hast, als die einfach nicht auf dich gehört haben? Und daß man anfängt zu schreien und dann keinen Ton mehr herausbekommt, so wie dir das manchmal in der Schule passiert?"

M.: „Ja."

T.: „Was meinst du, wie Erwachsene schreien, wenn das Feuer kommt?"

M.: „Wie Kinder."

T.: „Genau. Und jetzt kannst du aufhören zu schreien, Wutanfälle zu bekommen, sauer auf die anderen zu sein, weil jetzt ist es endlich vorbei, jetzt haben sie es endlich kapiert ... Wie sauer bist du noch auf die?"

M.: „Ich bin nicht mehr sauer."

T.: „Was könnte jetzt der Anführer zu denen zum Abschied noch sagen?"

M.: „Hm ... Hm ... Hm ..."

T.: „Soll ich dir einen Vorschlag machen?"

M.: „Ja."

T.: „Wie wäre es, wenn du zu jedem sagen würdest: ‚Alter Kamerad, geh' in Frieden!' Wäre das was?"

M.: „Ja." Er sagt es mit ungewohnt freier, lauter und sicherer Stimme.

T.: „Wie fühlt es sich jetzt an?"

M.: „Gut."

T.: „Gut, können wir sie dann jetzt in Frieden entlassen?"

M.: „Ja."

MA8

T.: „Und wenn du jetzt in der Schule wieder dazwischenreden mußt, sag leise zu dir: ‚Es ist vorbei, alter Kamerad, geh in Frieden.' Abgemacht?"

M.: „Ja."

T.: „Heute bist du der Maximilian, damals warst du der Chef von der Truppe. Wenn wir so schnell sterben, dann begleitet uns das, was da noch zu tun ist, manchmal bis ins nächste Leben. Und wir verstehen nicht, warum wir manche Dinge tun. Ein Teil von uns steht neben uns, und wir wissen nichts davon. Kannst du alles verstehen?"

M.: „Ja."

T.: „Male am besten noch einen Schutzkreis um sie herum, daß sie in Frieden sterben können, und daß sie jetzt Kameradschaft und Freundschaft verbindet." Nachdem er es gemalt hat, sage ich nochmals: „Ruhet in Frieden, meine Kameraden."

M.: „Ruhet in Frieden, meine Kameraden", wiederholt er andächtig.

T.: „Und jetzt atme einmal ganz tief durch." Ich atme mit ihm zusammen, um ihn zu ermuntern. „Jetzt atme dich wieder in den Maximilian. Wie fühlst du dich jetzt?"

M.: „Sehr gut."

Wann tust du mich endlich ins Irrenhaus?

6. Sitzung

Auch diese Sitzung führt uns in ein früheres Leben. Sie hilft uns verstehen, warum Maximilian oft so wild um sich schlägt und Tobsuchtsanfälle bekommt. Zudem erfahren wir, warum dieses intelligente Kind sich beim Lateinlernen so begriffsstutzig zeigt.

Die Arbeit in dieser Sitzung gehört zu den wichtigsten in dieser Therapie. Leider gibt es darüber nur meine handschriftlichen Aufzeichnungen, weil mein Tonband versagte. Die Bilder, die Maximilian gemalt hat, sind sehr eindrucksvoll, so daß hoffentlich trotzdem ein unmittelbarer Eindruck entsteht.

Heute kommen Mutter und Sohn in heller Aufregung zu mir. Die Mutter beklagt sich: „Ich halte das nicht mehr aus, er bekommt Wutanfälle, schreit und tobt nur noch herum, dann macht er dabei so komische Grimassen und Verrenkungen, daß ich nicht mehr weiß, ob er noch normal ist." Maximilian schreit dagegen: „Ich sag dir doch immer, wann tust du mich denn endlich ins Irrenhaus!" Darauf sie: „Wenn das so weitergeht, weiß ich mir wirklich nicht anders zu helfen."

Es stellt sich heraus, daß Maximilian zwei für ihn sehr schwierige und aufregende Anforderungen vor sich hat. Einmal soll er morgen seinen Vater treffen, den er ein halbes Jahr nicht gesehen hat. Die freudige Erwartung, vermischt mit der Angst vor Abweisung, beunruhigt ihn sehr. Zum anderen hat die Schule mitgeteilt, daß er zwar in die 6. Klasse versetzt worden sei, ihm aber empfohlen wird, wegen seiner großen Lücken in Latein die 5. Klasse freiwillig zu wiederholen und eventuell mit Englisch zu beginnen. Die Vorstellung, in eine neue Klasse mit ganz fremden Kindern zu kommen und sich zudem als „Sitzenbleiber" dem Spott der anderen Kinder auszusetzen, versetzt ihn in Panik.

Sein Verhalten macht deutlich, wie viele Ängste in einem autistischen Kind entstehen können, wenn Anforderungen an ihn gestellt werden, die etwas aus dem Rahmen fallen; insbesondere dann, wenn es zu Auseinandersetzungen mit anderen Personen kommt.

Offensichtlich fehlt diesen Kindern das Vorstellungsvermögen, das uns üblicherweise hilft, eine Situation vorweg zu strukturieren und auszuloten.

Ich beruhige ihn damit, daß ich ihm verspreche, zu gegebener Zeit zu helfen. Wenn es besser sei, in der 6. Klasse zu bleiben, dann könne ich ihm auch dazu verhelfen, da die Lehrer sich von mir beraten ließen. Jetzt sei es erst einmal wichtig für ihn, seine Sommerferien zu genießen.

Heute nutze ich die Gelegenheit, mich mit seinen Wutanfällen, in die er bei Aufregung leicht gerät, zu befassen und seine Verrenkungen und Grimassen, die er dabei macht, näher zu beleuchten.

Ich bitte Maximilian, mir die Verrenkungen vorzumachen, die er in der Erregung vollführt. Erstaunlicherweise geht er darauf ein. Das liegt sicher daran, daß er noch unmittelbar mit dem Gefühl verbunden ist.

Er verdreht die Beine, läßt die Arme baumeln, als gehörten sie nicht zu ihm und nimmt einen irren Blick an. Was er noch mache außer solchen Verrenkungen? „Rumschreien, schimpfen, Sachen kaputt machen, Papier zerreißen", sagt er.

Anschließend bitte ich ihn, er möge sich in solch einer verdrehten Stellung malen (Abb. MA9).

MA9

Als er auf meine Frage, wie sich das im Kopf anfühlt, nicht antwortet, lasse ich ihn das Gehirn malen, wenn es sich in diesem Zustand befindet. Die Form mit den beiden Gehirnhälften gebe ich ihm vor (Abb. MA10).

Der erste Eindruck, den das Gehirn vermittelt, ist Verwirrung. Bei näherer Betrachtung können wir folgendes unterscheiden: Maximilian malt in sein Gehirn zwei Kreuzungen. Die Arme des einen Kreuzes verlaufen senkrecht (pink) und waagrecht (grün), die Arme des anderen von links hinten nach rechts vorn (blau) und von rechts hinten nach links vorn (gelb). Wie wir wissen, findet in unserem Gehirn eine Kreuzung der Nervenbahnen statt. Die linke Gehirnhälfte ist die Quelle unseres rationalen Denkens und steuert unsere rechte Körperhälfte, die rechte Gehirnhälfte speist unsere Intuition und regiert unsere linke Körperhälfte. Betrachten wir nun die blau-gelbe Kreuzung in Maximilians Zeichnung, so könnten wir sie als die eben beschriebene Kreuzung der Nervenbahnen verstehen. Bei Maximilian scheinen jedoch die Seiten vertauscht. Blau, die Farbe der Intuition, kommt bei ihm aus der linken, für das rationale Denken zuständigen Gehirnhälfte, und Gelb, die Farbe der Rationalität, fließt aus der rechten, intuitiven Gehirnhälfte. Wir können hier bildhaft sehen, wie schwer Maximilian das Wahrnehmen und das Strukturieren der Welt fallen muß. (Interessanterweise habe ich eine solche Seiten- und Funktionsvertauschung auch bei einem anderen autistischen Kind gefunden. Ich bin sicher, daß bei dieser Arbeit noch einiges Licht auf die

MA10

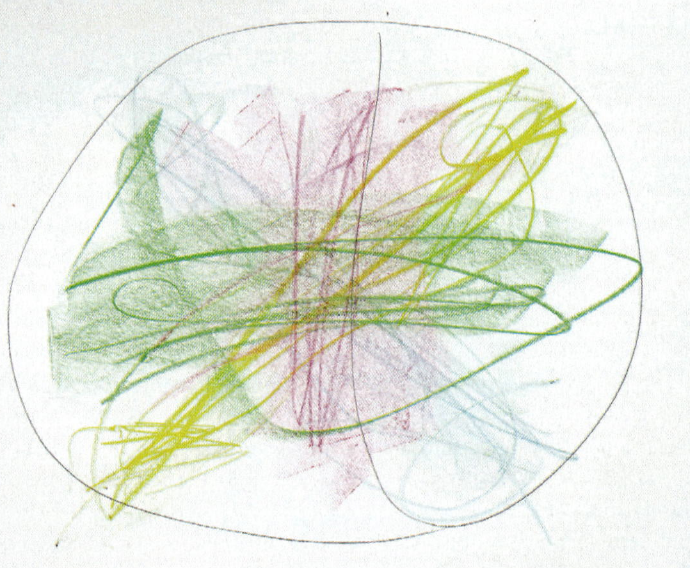

MA11

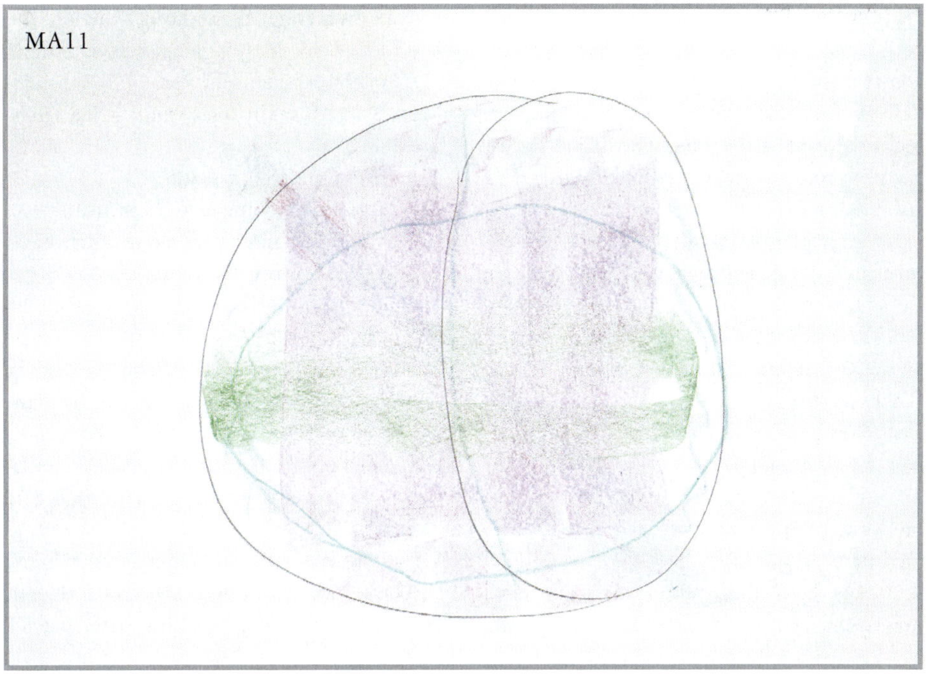

Ursachen und die Behandlungsmöglichkeiten des Autismus fallen wird. Maximilian ist Rechtshänder, also gibt es keine logische Erklärung für die Vertauschung der Seiten. Bei Linkshändern sind die Seiten zuweilen umgekehrt angeordnet.)

Das grün-pinkfarbene Kreuz teilt das Gehirn in vier Teile. Als die Farbe der Wut bezeichnet Maximilian das Grün. Wenn wir uns vor Augen halten, daß die Grünschattierung, die Maximilian benutzt, Ausdruck für Lebensfreude und für harmonischen seelischen Kontakt ist, so gibt uns das noch einen erschütternden Einblick in die verwirrte Seele dieses autistischen Kindes. Das Grün, das für ein harmonisches Zusammenwirken der beiden Gehirnhälften sorgen sollte, schafft nur Verwirrung und läßt Wut entstehen.

In dem Gehirn, das Maximilian als „in Ruhe" befindlich bezeichnet, fehlt das Gelb, und es gibt keine sich kreuzenden Nervenbahnen mehr (nur der blaue Arm ist ganz schwach angedeutet – Abb. MA11).

Das Gehirn ist vielmehr fast ganz mit violetter Farbe ausgefüllt, die von dem Grün wie von einem Ring umfangen wird. Die Außen- und Mittellinie des Gehirns umfährt er mit Blau. Während die Strichführung im ersten Bild aggressiv und wirr ist, finden wir im zweiten Bild eine eher ruhige, flächige Farbgebung.

Die vorherrschenden Farben in dem ruhigen Bild sind „abgehobene", unirdische Tönungen, die, so scheint es, in Aufruhr geraten, sobald der Verstand (gelb) beginnen will, zu strukturieren oder zu erklären.

Wenn wir den Therapieverlauf weiter verfolgen, wird deutlich, was damit gemeint ist.

Jetzt lasse ich Maximilian erneut die verrenkte Körperhaltung einnehmen, in die er gerät, wenn er wütend ist. Er läßt sich darauf ein, und es fällt auf, daß der Oberkörper ganz schlaff ist. Ein scheinbarer Widerspruch zu der gewaltigen Wut.

T.: „Wie fühlt sich das an?"
M.: „Die (Arme) kann ich nicht richtig bewegen."
T.: „Was könnte da sein?"
M.: „Festgebunden."
T.: „Wie, mach mal vor."
M. schlägt die Arme über der Brust zusammen.
T.: „Sag noch mal, wann tust du mich endlich ins Irrenhaus!" Hier greife ich die wütende Bemerkung wieder auf, die er vor der Sitzung seiner Mutter gegenüber gemacht hat.
M.: „Wann tust du mich endlich ins Irrenhaus!"
T.: „Wie fühlt sich das an?"
M.: „Damit er sich nicht wehren kann."
T.: „Male dich mal dort, wo du dich nicht wehren kannst."
M. malt (Abb. MA12).

Man kann unschwer erkennen, daß es sich auf dem Bild um einen Mann handelt, der in einer Zwangsjacke steckt. Maximilian weiß zunächst nicht, was seine Zeichnung bedeutet, da er noch nie eine Zwangsjacke gesehen hat.

Es stellt sich heraus, daß er in einem früheren Leben als junger Mann in einem Ärzteteam arbeitet. Als Jüngster hat er

MA12

MA13

nichts zu sagen. Allerdings glaubt er, bei einem todkranken Mann die richtige Diagnose gefunden zu haben. Er verteidigt seine Anschauung voller jugendlichem Übereifer gegen das alte Ärzteteam. Er glaubt, dem Kranken mit seiner Diagnose das Leben retten zu können. Er kann nicht einsehen, daß er gegen die Übermacht keine Chance hat. Sie sagen: „Die Krankheit gibt es nicht." und „Der Mann kann nicht geheilt werden." Er gerät darüber so in Wut, daß er aus der Klinik „beseitigt" wird. Man bringt ihn in die Psychiatrie und steckt ihn in eine Zwangsjacke.

Das letzte Bild zeigt die Krankheit, um die es hier geht (Abb. MA13).

Ich bitte ihn, den Namen der Krankheit noch neben das Bild zu schreiben. Er schreibt *Cartipus*. Das Wort in dieser Form habe ich im medizinischen Lexikon nicht gefunden. Dafür aber die Begriffe *Cardia*, das heißt Herz aber auch Magenmund, und *Pus*, das heißt Eiter. Daraus läßt sich leicht Cardipus oder Cartipus machen (d und t wurden im Lateinischen öfter vertauscht), also vereitertes Herz oder vereiterter Magenmund. Die Form der Zeichnung würde wahrscheinlich eher einem Magen als einem Herz entsprechen. Nebenbei sei erwähnt, daß Maximilian die beiden Worte im Lateinunterricht noch nicht gelernt hat und keine Vorstellung davon hat, was sie heißen könnten.

Zur Heilung befreien wir den Arzt erst einmal aus seiner Zwangsjacke. Maximilian macht diese Bewegung viele Male nach. Ich bedaure sehr, daß ich nicht fotografisch das glückliche Strahlen festhalten konnte, als er immer wieder die auf die Brust gebundenen Arme befreite. Wir schreiben noch einmal die Worte der Wut, die gegen die Ärzte gerichtet sind, in eine Sprechblase und genießen es, daß ihm diesmal keiner mehr etwas antun kann.

Als nächstes erklären wir den Ärzten, daß sie eine Fehldiagnose gestellt haben, und geben es dem jungen Arzt „schriftlich", daß er die richtige Diagnose gestellt hat (Abb. MA9). Außerdem geben wir ihm die Heilerlaubnis. Dazu schreibt Maximilian die Worte: „Du hast recht gehabt." und „Heile ihn alleine." neben den jungen Arzt. Wir gehen alle Möglichkeiten durch, die er damals als junger Arzt gehabt hätte, dem kranken Mann doch zu helfen, ohne so wütend zu werden. Wir üben diplomatische Gespräche und haben viel Spaß dabei.

Anschließend stellen wir noch den Zusammenhang zwischen der Sprache der Ärzte, nämlich Latein, und seiner Unfähigkeit her, Latein zu lernen. Mit der Anerkennung seiner richtigen Diagnose hoffen wir, daß er jetzt auch die Lateinblockade aufgeben kann.

Zum Abschluß überlegen wir noch, ob er weiterhin die Mutter testen und herausfordern muß, um immer wieder den Beweis zu erhalten, daß sie ihn letztlich doch niemals in die Psychiatrie einweisen würde, so wie die Ärzte das damals getan haben.

Latein wird in der achten Sitzung noch eine Rolle spielen, aber ich kann jetzt schon verraten, daß Maximilian sehr schnell Klassenbester wird und diese Stellung bis heute (zwei Jahre später) hält.

Meine Seele ist mein bester Freund
oder
Was hast du für eine Farbe
7. Sitzung

Mit dieser Sitzung schildere ich, wie es möglich ist, einem autistischen Kind zu helfen, eine angstbesetzte Situation gut zu meistern. Ich ermögliche Maximilian, die Rückstufung in die 5. Klasse anzunehmen.

Nun ist es soweit, die Sommerferien sind zu Ende, und in vier Tagen beginnt die Schule. Die Mutter ist voller Angst und Sorge. Maximilian habe seine Abwehr gegen den Besuch der 5. Klasse nicht geändert. „Er wird nicht in die 5. Klasse gehen, ich kenne ihn, er wird sich schreiend auf den Boden werfen, und ich müßte ihn mit Gewalt in die Schule tragen, das kann ich doch nicht, dazu ist er jetzt auch schon zu groß!?" Aus ihr spricht die ganze Ratlosigkeit und Hoffnungslosigkeit einer Mutter, die bisher mit ihren Sorgen allein gelassen worden ist. Schlechte Erziehung war der gängige Kommentar der Umwelt – leider auch der ärztlichen und psychologischen Ratgeber – bei einem derartigen Verhalten des Kindes. Wer autistische Kinder in solchen Situationen jedoch genau anschaut, der wird die unbeschreibliche Angst in ihren Augen sehen und verstehen, daß ihr Verhalten nicht das Ergebnis einer wie auch immer gearteten Erziehung ist.

Um Maximilian den Wechsel in die 5. Klasse zu ermöglichen, geht es also einzig und allein darum, ihm diese Angst zu nehmen. Wie wir sehen werden, ist es nicht allzu schwer, ihn dazu zu bringen, das neue Schuljahr in der 5. Klasse zu beginnen.

T.: „Das ist wirklich ein Problem mit der Schule. Es wäre schön, wenn du es mal in der sechsten Klasse versuchen dürftest. Ich werde in jedem Falle einmal mit der Schule sprechen, dann werde ich hören, wie sie die Sache beurteilen."

Damit Maximilian nicht ganz blockiert und ich mit ihm arbeiten kann, stelle ich mich zunächst ganz auf die Seite seiner Wünsche. Würde ich das nicht tun, müßte ich gewärtig sein, daß die Angst ihn so zuschnürt, daß er mich nicht hört, wenn ich mit ihm spreche.

T.: „Gut, jetzt fühl mal deine ganze Angst, wenn du dir vorstellst, du müßtest in die 5. Klasse. Fühl dich ganz rein und spüre, welche Farbe deine Angst hat."

M. spürt lange nach.

T.: „Ja, laß dir Zeit, spür genau die Farbe."

M. (nach sehr langer Zeit): „Schwarz."

T.: „Gut, das ist die Farbe deiner Angst. Jetzt nimm das Schwarz in die linke Hand, stelle dir die Angst vor, und male soviel Angst, wie du hast, auf das Papier." (Abb. MA14)

M. fängt sofort an zu malen. Als er fertig ist, sage ich:

T.: „Hmhm, und jetzt fühle dich ganz in die Angst ein." Nach längerer Pause fahre ich fort: „Und jetzt zeichne dich da hinein."

M. folgt der Anweisung ohne Zögern. Nachdem er die Zeichnung beendet hat, frage ich:

MA14

T.: „Ist der von vorn oder von hinten?"

M.: „Von vorn."

T.: „Schau den mal an, wie fühlt sich das an, ganz eingehüllt von Angst?" Als er nicht antwortet: „Schlimm, was?" frage ich voller Mitgefühl.

M.: „Hmhm."

T.: „Was meinst du, was man machen muß, daß man das aushält, soviel Angst?" Er gibt wieder keine Antwort. „Kann man das aushalten, das immer so zu spüren?"

M.: „N."

T.: „Nein, das glaube ich auch, das kann man kaum aushalten. Ich glaube, der braucht dringend Hilfe."

M.: „Hmhm."

T.: „Stell dich mal so hin wie der, damit wir rausfinden können, wie wir ihm helfen können." M. deutet die Bewegung immerhin an.

T.: „Ja, genau, so", sage ich ermunternd und mache die Bewegung in ihrer vollen Ausprägung.

M. „Hm." Ich versuche ihn dazu zu ermuntern, auch aufzustehen, er bleibt jedoch sitzen. Ich dränge ihn nicht und sage:

T.: „Fühl mal mit, wenn ich es mache." Ich unterstelle, daß er es zumindest in Gedanken mitmacht, wenn ich es vormache.

M.: „Hm."

Nun arbeiten wir heraus, daß man bei Angst normalerweise nicht mit ausgebreiteten, erhobenen Armen dasteht. Die Haltung, in der sich Maximilian gemalt hat, spricht eher für Offenheit und Freude, Angst ist darin nicht zu sehen. In dieser Haltung bietet er dem Schwarz, der Angst, sehr viel Angriffsfläche. In einem nächsten Bild lasse ich ihn die Haltung malen, die er einnehmen würde, wenn er bedroht wird und nicht fliehen kann. Es fällt ihm schwer, die Haltung zu finden. Schließlich malt er sich zusammengekauert mit Händen vor dem Gesicht (Abb. MA15).

Hier wirkt er, eingehüllt in das beruhigende, sanfte Blau, eher wie im schützenden Mutterleib als in einer bedrohlichen Situation. Jetzt stimmt zwar die Körperhaltung, nicht aber die ihn umgebende Farbe. Wie ist diese Vertauschung zu verstehen? Hat das wieder etwas zu tun mit der Verwechslung der Funktionen im Gehirn, wie sie Maximilian in der 6. Sitzung gemalt hat? Es würde sich lohnen, in dieser Richtung weiter zu forschen.

Wir kehren zurück zum ersten Bild und ich sage:

T.: „Wenn du so dastehst, sieht dich jeder. Manche Menschen finden das toll, wenn sie da so stehen dürfen und alle schauen zu ihnen hin. Und wie ist das für dich?"

M.: „Nicht so schön."

T.: „Kommt dann Angst?"

M.: „Ja."

T.: „Ja, das kann ich mir vorstellen. Schau her. (Ich zeige ihm sein Zwangsjackenbild. – Abb. MA9) Fühl mal, wieviel Angst gibt es da?"

M.: „Viel."

T.: „Viel, ja. Da stehst du auch im Mittelpunkt, alle schauen auf dich, und dann kommt die Angst."

M.: „Hm."

T.: „Ich glaube, wir müssen dem jetzt helfen, daß er nicht mehr so viel Angst hat. Den können wir da nicht so stehen lassen, mitten in seiner Angst. Jetzt stellen wir uns das einmal übertragen auf die Schule vor, den Schulbeginn am Dienstag."

M.: „Hm."

T.: „Wie stehst du da, wenn du in die Fünfte mußt, so oder so?"

M.: „So." (Abb. MA14)

T.: „So, ja. Und wenn du in die Sechste könntest?"

M.: „So." (Abb. MA15)

T.: „Genau, wenn du in die 5. Klasse kommst, dann denkst du, daß alle auf dich schauen, dann sehen dich alle. Kann das sein, daß das die Hauptangst ist, daß die alle denken, daß du die Klasse nochmal machen mußt, daß du durchgefallen bist und dadurch im Mittelpunkt stehst?"

M. nickt.

Zunächst findet er, daß sie alle „böse" aussehen. Um das genauer zu untersuchen lasse ich über jedes Kind seine zu ihm passende Farbe malen. Dazu zeichne ich je eine „Sprechblase" über die Kinder.

Anhand der Farben gelingt es ihm, Genaueres über die Kinder zu sagen. Der Schwarze blickt „ängstlich" oder „wütend". Wir stellen fest, daß man sowohl bei Angst als auch bei Wut Mund und Augen aufreißen kann. Der Orangefarbene ist „freundlich", weil er die Farbe der Sonne in sich hat, aber auch weil er freundlich schaut, und den Braunen kann wenig erschüttern, da er die Farbe der Erde in sich hat. Den, der Pink über sich hat, erkennen wir als Träumer.

T. (Ich fasse zusammen): „Also einer ist wütend und hat eigentlich Angst,

MA15

einer schaut ganz freundlich, der will sich mit dir vielleicht sogar anfreunden. Einer ist erdig, der nimmt die Dinge, wie sie kommen, der ist also zuverlässig und nicht so leicht aus der Ruhe zu bringen. Und dann haben wir hier noch einen, der hat Pink, den kümmert wenig, was andere machen, der träumt so vor sich hin. Da haben wir also jetzt nur einen, der Probleme machen könnte, der Schwarze. Du hast gesehen, daß er eigentlich auch Angst hat. Die Menschen, die wütend und gemein sind, haben immer Angst. Sie wollen ihre Angst nicht spüren, deshalb greifen sie andere an. Kannst du dir das vorstellen?"

M.: „Ja."

T.: „Dir geht es auch manchmal so, je mehr Angst du hast, desto mehr schreist und schimpfst du, besonders auf die Mama, stimmt's?"

M.: „Ja." (Sehr verständnisvoll)

T.: „Der, der böse ist, hat am meisten Angst. Wenn du das verstehst, fühlt sich das plötzlich gar nicht mehr so schlimm an. Merkst du das?"

M.: „Ja." Er beginnt zu strahlen.

T.: „Ja, und manchmal, damit wir nicht soviel Angst haben, müssen wir ein bißchen psychologisch denken. Psychologisch denken heißt, ich sehe plötzlich viel mehr in der Welt. Hier siehst du nur deine Angst – ich deute auf das entsprechende Bild –, wie Wellen kommt das an. Da 'ne Welle, da 'ne Welle. Merkst du das? Das kann einen ganz schön wegreißen, furchtbar. Aber wenn du dann mal die einzelnen anschaust, vor denen du Angst hast, plötzlich sehen die ganz anders aus. Da gibt es einen, der will Freund mit dir sein, da gibt es einen, der akzeptiert alles, und einen, den interessiert gar nichts, der ist in irgendeiner Traumwelt. Nur einer, den schaust du dir genau an, dann siehst du plötzlich in seinen Augen ganz viel Angst. Wie fühlt sich das an?"

M.: „Gut." Er sagt es mit fester und klarer Stimme, daran kann ich erkennen, daß er alles verstanden und aufgenommen hat.

T.: „Und wenn dir einer blöd kommt, dann denkst du dir, aha, der will sich aufmotzen, weil er sich schwach fühlt und selber Angst hat. Wer keine Angst hat und sich stark fühlt, der braucht auch nicht den starken Mann spielen. Dann wirst du der Maximilian, der die Angst aus dem Irrenhaus ganz verloren hat. Deine Seele weiß es schon, sie ist dein bester Freund."

M.: „Hm."

T.: „Wirst sehen, dann kann das am Dienstag sogar ganz spannend sein. Dann gehst du mal als Psychologe in die Klasse und schaust, wen es da alles gibt, welche Farbe die einzelnen haben, und suchst die vier, die wir heute gemalt haben. Meinst du, das könnte dir ein bißchen helfen?"

M. nickt.

T.: „Dann fühlst du dich plötzlich sicher und ruhig. Du schaust nicht mehr auf deine Angst, sondern auf die Mitschüler. Damit du das gut fühlen kannst, male dich jetzt da oben zu deinen Mitschülern und tritt ganz bewußt aus der Angst heraus. Wo möchtest du dich hinmalen, da, da, da oder da?"

M.: „Da." (links oben)

Als er sich besondere Mühe mit den Augen gibt, sage ich: „Genau, es ist wichtig, gute Augen zu haben, weil du die anderen ja jetzt anschaust."

Er gibt sich die Farben Rot (Lebenskraft) und Schwarz (in Verbindung mit Rot als Schutz zu verstehen und als Wunsch, nach außen stark zu erscheinen). Zu Ende der Sitzung frage ich ihn, ob er es am Dienstag in der 5. Klasse versuchen möchte. Er stimmt voller Zuversicht zu.

Ich versichere ihm nochmals, daß ich seine Klassenlehrerin anrufen werde, damit sie seinen früheren Mitschülern sagt, daß er nicht durchgefallen sei, sondern freiwillig wiederhole. Auch stelle ich ihm in Aussicht, daß ich dafür sorge, daß er in die 6. Klasse zurück kann, sollte es ihm in der 5. nicht gefallen. (Ich hatte mich vorher bei der Rektorin rückversichert, daß das möglich sein würde.)

Es gibt keinerlei Probleme mehr. Maximilian geht am Dienstag anstandslos in die 5. Klasse und fühlt sich erstaunlich schnell sehr wohl in der neuen Gruppe.

In dieser Sitzung habe ich versucht, Maximilian eine Vorstellung von dem zu geben, was auf ihn zukommen wird. Er selbst ist, wie die meisten autistischen Kinder, dazu allein nicht imstande. Das Vorstellungsvermögen scheint zu schwach, es kann keine klaren Bilder hervorbringen.

Latein oder Englisch?

8. Sitzung

In dieser Sitzung geht es um die Entscheidung, ob Maximilian fortfahren solle, Latein zu lernen, oder ob es besser sei, auf Englisch überzuwechseln. Die Lehrer empfehlen, mit Englisch fortzufahren, da seine Lateinkenntnisse so bodenlos schlecht seien.

Ich ziehe es vor, die Entscheidung nicht durch logische Überlegungen zu fällen; ich versuche vielmehr Maximilians Unbewußtes zu befragen. Wie Sie wissen, vertraue ich darauf, daß unsere Seele über mehr Weisheit verfügt, als unser Verstand je aufbringen kann.

Ich lasse Maximilian auf die bewährte, Ihnen mittlerweile vertraute Weise Verbindung mit seinem Unbewußten aufnehmen. Zunächst bitte ich ihn, das Blatt in zwei Hälften zu teilen und anschließend auf eine Seite ein lateinisches und auf die andere ein englisches Wort zu schreiben. Er wählt die Begrüßungsworte „hallo" und „salutat" (= er grüßt). Nun fordere ich ihn auf, sich selbst mit der linken Hand jeweils unter die beiden Worte zu malen. Das Unbewußte gibt uns eine klare Antwort (Abb. MA16).

Betrachten wir, wie er aussieht, wenn er Englisch lernt (Abb. MA16a):

Wir sehen, daß er in seiner schiefen Haltung etwa so aussieht wie auf dem Bild, auf dem er seine Wut darstellt, die ihn ins Irrenhaus geführt hat.

Die Haltung unter dem lateinischen Wort (Abb. MA16b) hingegen ist verhältnismäßig normal, außerdem befindet sich Maximilian mit Latein auf der rechten, d. h. der Zukunftsseite.

MA16a MA16b

Die unglaubliche Lateinkarriere, die Maximilian im Anschluß macht, bestätigt uns, daß uns das Unbewußte sehr gut beraten hat.

Unsichtbare Schätze

9. Sitzung

Maximilian geht es zunehmend besser. Heute versuche ich, das anwachsende Selbstwertgefühl des Jungen in seiner Persönlichkeit zu verankern und für ihn bewußt und erlebbar zu machen. Dazu benutze ich das Ihnen mittlerweile durch Michael bekannte Chakra-Heilen mit Tieren. Zu jedem der sechs Haupt-Chakren (Energiezentren) lasse ich das Kind zunächst ein Tier visualisieren und anschließend malen. Die Tiere geben Aufschluß über die psychische Situation, in der das Kind sich befindet, und helfen gleichzeitig, psychische Heilkräfte im Kind zu mobilisieren. (Abb. MA17)

Im *Basis-Chakra,* dem Zentrum der Lebenskraft und der Aggression, sowie im *Kehl-Chakra,* dem Zentrum der Kommunikation, des mitmenschlichen Kontaktes, finden wir zwei sehr aggressive Tiere, den *Hai* und das *Krokodil.* Beide Tiere sind in unserer Kultur Prototypen für Aggression. Wenn Sie sich die Ängste und die Panik ins Bewußtsein rufen, die Maximilian als autistisches Kind mitbringt, dann wundert uns nicht, daß er glaubt, solche Tiere für das nackte Überleben zu benötigen.

Im *Sakrum,* dem Zentrum der Emotionen, der Kreativität und der Sexualität überrascht er mit der *Schlange,* dem Tier der Weisheit des Schamanen und der Transformation.

Der *Bär* im *Solarplexus* gibt diesem Zentrum der Willenskraft und der Persönlichkeit besondere Stärke und zeigt die Fähigkeit des Jungen zu Selbstreflexion auf.

Neben diesen mächtigen Tieren wirkt die *Maus* im *Herz-Chakra,* dem Zentrum der feinen Gefühle und der Liebe, etwas fehl am Platz. Wie sich herausstellt, mag er dieses Tier, das Symbol für Genauigkeit ist, besonders gern; zu ihr fühlt er sich am meisten hingezogen. Verständlich, denn durch Genauigkeit, Vorhersehbarkeit und Ordnung gelingt es ihm am besten, seine Ängste einzudämmen.

Wieder ein Tier mit mächtiger Medizin finden wir im *Dritten Auge:* Es ist der *Delphin,* Symbol für den Atem des Lebens.

Wir können sehen, daß Maximilian reiche Anlagen mitbringt und es noch einige Schätze zu heben gibt. Bisher hatte er, so scheint es, nur die „Medizin" der Maus, des Hais und des Krokodils zur Verfügung. Ich versuche durch meine Therapie, ihn auch an seine anderen Krafttiere anzuschließen. Vielleicht kann er sogar im Laufe der Zeit den Hai und das Krokodil durch geselligere Tiere ersetzen.

Zu beachten ist noch, daß sich der Hai als einziges Tier außerhalb seines Körpers befindet, das heißt, der Hai schützt ihn nicht nur, sondern er kann ihn selbst auch angreifen. Durch die Linien, die die Chakren miteinander verbinden, haben wir den Hai mit hereingenommen.

Befreiung aus der Zwangsjacke

10. Sitzung

Heute werde ich Zeuge eines ganz besonderen Dramas:

Zunächst erzählt mir die Mutter im Beisein von Maximilian, wie gut es ihm jetzt in der Schule gehe, und wie gut seine Leistungen geworden seien. In Latein z. B. bringe er nur noch sehr gute Noten nach Hause. Dann wechselt Maximilian das Thema. Er hofft auf meine Unterstützung bei der Planung seiner Geburtstagsparty. Seine Mutter möchte die Zahl der einzuladenden Kinder möglichst klein halten, Maximilian jedoch stellt sich mehr Einladungen vor.

Wie für die meisten autistischen Kinder ist für Maximilian eine solche Einladung eine besonders aufregende Angelegenheit, da er im Mittelpunkt steht und mit dieser Aufmerksamkeit nur schwer umgehen kann. Die Mutter erinnert sich an die letzten Geburtstage, die in einem emotionalen Chaos für ihr Kind geendet hatten, und blockt sofort ab. Da sie eine sehr temperamentvolle Frau ist, hat ihre Abwehr Kraft. Strikte Verbote wiederum können in autistischen Kindern unangemessene Wut und Schreien auslösen. Sie sind emotional nicht beweglich genug, um andere Möglichkeiten als die im Moment erwogenen zu sehen oder für möglich zu halten.

Maximilian reagiert prompt mit einem Wutausbruch. Da er während seines Schreianfalles seine Arme nicht in den Ärmeln seines Pullovers hat, ergreife ich blitzschnell die lose herunterhängenden Ärmel und verknote sie am Rücken wie eine Zwangsjacke. Ich spiele den Psychiater, der den schreienden und wütenden Arzt aus dem früheren Leben in die Zwangsjacke steckt. Ich verbinde also seine Wut mit der Situation, in der solche Wut gerechtfertigt war. Dann stellen wir die Verbindung zu heute her, und stellen fest, daß seine übertriebene Reaktion unangemessen, aber verständlich ist, solange es noch Wut und Angst aus dem früheren Leben gibt. An seinem Verhalten sehe die Mutter auch, daß er noch nicht so viele Kinder verkraften könne. Wenn er ihr ruhig und mit guten Vorschlägen komme, dann sei sicher mit ihr zu reden. Wir üben das an Ort und Stelle, und er ist glücklich über die Erfahrung, daß er bei Einschränkungen durch die Mutter nicht in Panik gerät.

In der heutigen Sitzung arbeiten wir nochmals an den Auslösern seiner Wutausbrüche und daran, wie er sich rechtzeitig davor schützen kann. Dazu schließe ich ihn noch einmal an seine kraftvollen Chakra-Tiere an, und wir kündigen dem Hai und dem Krokodil an, daß ihre Hilfe bald nicht mehr nötig sein wird und sie für andere Tiere Platz machen dürfen.

Ich lasse ihn ein weiteres Mal den wütenden und den ruhigen Maximilian zeichnerisch darstellen, sowohl als Person als auch sein Gehirn. Wieder wird die Verwirrung durch Vertauschung der Funktionen der beiden Gehirnhälften sichtbar. Wir versuchen, zeichnerisch-energetisch Ordnung zu schaffen, und ich mache ihm abermals die Ursachen dieser Vertauschung bewußt. Er wird für verrückt erklärt, obwohl er sehr gute Gedanken hat, und stirbt schließlich in einem Gefühl der Verwirrung, in dem er nicht mehr weiß, was richtig und was falsch ist. Wir sind jetzt in der Lage, die alte Ordnung wieder herzustellen.

Da Maximilian ein sehr intelligentes Kind ist, das gut reflektieren kann, helfen ihm logische Erklärungen für sein Verhalten sehr. Sie nehmen ihm die Angst vor sich selbst und vor seinem für ihn selbst bisher unerklärlichen Verhalten.

In einem anschließenden Rollenspiel üben wir lebensnahe Situationen. Ich spiele abwechselnd die nervöse, aufbrausende Mutter, die ihm alles mögliche verbietet und nicht locker läßt, und den Psychiater, der ihn in die Zwangsjacke stecken will. Er spielt erstaunlich gut mit, wehrt sich in angemessener Weise und ist glücklich über seine neu erlernten Verhaltensmöglichkeiten.

Schließlich greift er sogar zur Ratsche und zur Hupe – Dinge, die in meiner Praxis bereit liegen, und macht Lärm. Wir üben immer wieder, wie er sich langsam aus der Zwangsjacke befreit und seine Kraft aus der Körpermitte in Bewegung bringt. Maximilian beginnt, Ansätze von Körpergefühl zu entwickeln. Schließlich stehen wir uns wie Samuraikämpfer gegenüber und üben rituellen Kampf, damit er ein erstes Gefühl für die Stärke und die Ruhe bekommt, die aus der Verbindung mit dem Ch'i aus dem Bauch kommt.

In dieser Sitzung sehe ich zum ersten Mal ein echtes Lachen auf seinem Gesicht.

Der Mann im Bauch

11. Sitzung

In dieser Sitzung arbeiten wir noch einmal an den Streitigkeiten zwischen Maximilian und seiner Mutter. Auf der Suche nach den

MA18

Anfängen dieser täglichen Reibereien werden wir in die Schwangerschaft geführt.

Ich beginne damit, daß ich Maximilian sich selbst und seine Mutter malen lasse (Abb. MA18).

Als erstes fällt auf, daß Mutter und Sohn gleich groß (Schulterhöhe) sind und Maximilian rechts von der Mutter steht, wie er sagt. (Ich vergewissere mich bei ihm, da man es auch andersherum sehen könnte.) Hellinger hat herausgefunden, daß die Person, die rechts steht, die verantwortliche Person ist, die die Führung hat oder glaubt, sie übernehmen zu müssen.

Sein Gefühl neben der Mutter ist Unruhe im Bauch. Über diese Unruhe im Bauch kommen wir zur Schwangerschaft. Auf die Aufforderung, sich als Baby im Bauch der Mutter zu malen, zeichnet er Abb. MA19.

Wie Sie sehen, malt er kein Baby, sondern „einen Mann“ in den Bauch, wie er hinterher feststellt. Er ist also schon im Bauch „erwachsen“. In einer späteren Rückführung, in der wir seine Zeugung bearbeiten, zeigt sich, daß er schon mit dem Gefühl, erwachsen zu sein, ins Leben kommt. Die Schwierigkeiten, die zwischen Mutter und Sohn aus solch einer Vorgabe entstehen können, kann man sich vorstellen.

Als ich der Mutter von dieser Rückführung erzähle, atmet sie erleichtert auf, da sie jetzt viele Verhaltensweisen von Maximilian besser versteht. Von klein auf habe er immer die Verantwortung übernehmen wollen und ihre Anweisungen nie so ganz ernst genommen.

Als nächstes geben wir dem Baby seinen Platz im Bauch der Mutter zurück und

MA19

MA20

stellen den Mann daneben (Abb. MA20).

Dabei erfahren wir, daß der Mann, der jetzt neben dem Bauch der Mutter steht, sein Vater ist. „Er streitet gerade mit der Mutter." Damit kennen wir auch die Umstände, die Maximilians Verantwortungsthema reaktiviert haben. Wie ich von der Mutter weiß, ging es im Streit zwischen den Eltern während der Schwangerschaft vorwiegend darum, daß die Mutter dem Vater vorwarf, daß er nicht genügend Verantwortung für sie und das Kind übernehme.

Maximilian gibt uns also durch das Bild, in dem er sich als erwachsenen Mann in den Bauch seiner Mutter malt, gleichzeitig mehrere Botschaften: „Ich fühle mich schon im Bauch erwachsen und verantwortlich, der Streit der Eltern während der Schwangerschaft zwingt mich in meine alte, karmisch bedingte Verantwortung, und ich werde schon so früh von der Möglichkeit abgeschnitten, wirklich Kind sein zu dürfen."

Wenn wir kurz über die Fülle der Information und die Möglichkeiten, die die Bildersprache in sich birgt, nachdenken, dann wird uns bewußt, wie wichtig es ist, daß unsere Sprache nicht zu sehr versachlicht wird. Auch verstehen wir, wie wichtig Märchen und Parabeln für das seelische Wachstum sind. Sie führen das Kind an die Bildersprache der Seele heran, oder besser, sie erlauben dem Kind, diese Sprache, die es versteht, eine Zeitlang zu sprechen. Die neue Kindergeneration, die keine Märchen mehr hört und die Geheimnisse des Wachstums in der Natur nicht mehr beobachtet, sondern viele Stunden des Tages vor dem Computer oder dem Gameboy verbringt, wird sich wahrscheinlich weit von dieser Möglichkeit der seelischen Reifung entfernen. Diese Kinder können bestenfalls Wissen und Geschicklichkeit erwerben, wie aber sollen sie Mitgefühl und Weisheit lernen?

Zurück zu Maximilian. Die abschließende Heilung versuche ich dadurch, daß er die Verantwortung und den Streit durch Ausatmen und entsprechende Rituale an seine Eltern zurückgibt, um sich anschließend ganz als Baby zu fühlen. Damit er dieses Gefühl nicht wieder verliert, bitte ich ihn, einen Schutzkreis um den Bauch zu malen. Er wählt zwei Farben der Liebe, Türkis und Pink. Das Schwarz gibt ihm Sicherheit und Kraft. Interessant ist, daß Kinder die Aura schwangerer Mütter oft pink malen. Es ist die Farbe mit der höchsten Schwingung auf der Farbskala.

Ich bin in einer anderen Welt

12. Sitzung

In dieser Sitzung arbeite ich mit Maximilian wieder energetisch. Diesmal nehme ich seine Baumzeichnung zu Hilfe. Das heißt, ich gehe davon aus, daß der Baum, den Maximilian zeichnet, seinem inneren Abbild auf Symbolebene gleicht. Jedes Bild hat in sich eine bestimmte Energiestruktur. Wenn ich diese Struktur im Bild verändere, ändert sich entsprechend auch in Maximilian energetisch etwas. Sein Baum ist sehr groß und der Stamm kräftig, die Krone aber nur zu einem Drittel sichtbar. Sie besteht aus einer Kugel (Abb. MA21, MA22).

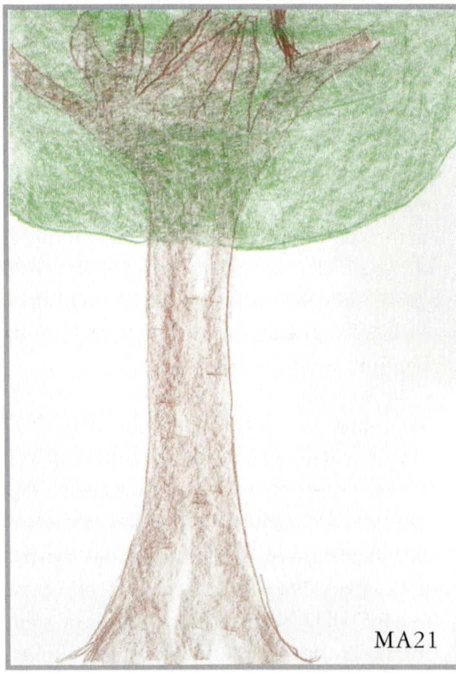

MA21

MA22

Symbolisch heißt das, seine Lebenskraft (Stamm) ist sehr gut, sein Kontakt zur Welt (Krone) jedoch unzugänglich (Kugel) und nicht erreichbar, sozusagen in einer anderen Welt (außerhalb des Zeichenblattes). Ich mache ihm die Bedeutung seiner Zeichnung bewußt, und wir arbeiten daran, daß er sich der Realität besser stellen kann. Dazu gestalten wir unter anderem den Baum um. Jetzt sieht er zwar eher so aus, als würden seine Äste in einer Blumenvase stecken, aber die zwei unteren Äste rechts und links sind kräftig und verheißungsvoll (Abb. MA22).

Ich wage das neue Abenteuer

13. Sitzung

Es gibt ein neues wichtiges Ereignis, das Maximilian sehr beschäftigt. Die Mutter fährt in 14 Tagen für sechs Wochen mit den Zwillingen zur Kur. Maximilian wird mit seinem Stiefvater allein zu Hause sein. Wir arbeiten in dieser Sitzung daran, daß Maximilian seine Mutter problemlos verreisen lassen kann.

Maximilian ist beunruhigt, aber die Panik bleibt aus, die er früher in solchen Situationen gezeigt hat. Das ist ein deutlicher Beweis dafür, wie gut die Therapie schon angeschlagen hat. Maximilian war noch nie mehrere Tage von der Mutter getrennt. Es wird eine schwere Prüfung für ihn werden. Wenn er sie gut übersteht, wird es ihn jedoch einen großen Schritt weiterbringen.

Diesmal hat sein Gefühl die Farbe Grün. Er malt es mitten in das Zeichenblatt (Abb. MA23, s. nächste Seite).

Er nennt das Grün die Farbe des „Frühlings“ und des „Neuanfangs“. Erinnern Sie sich an das Schwarz, in dem er gefangen war, als wir an dem Neuanfang in der 5. Klasse gearbeitet haben? Mit dem Grün hat uns Maximilians Unbewußtes schon mitgeteilt, welche Chancen in der Trennung von der Mutter liegen. Es geht darum, sie zu nutzen.

Ich bitte ihn, seine Gefühle von früher dazu zu malen; er benutzt wieder das Schwarz. Auffällig ist, daß er zunächst das Schwarz in die Zukunft, nämlich auf die rechte Seite malt. Als ich ihn darauf aufmerksam mache, bringt er es in Ordnung, indem er es auf die linke Seite malt. Anschließend zeichnet er sich auf seinen Platz zwischen Vergangenheit und Zukunft.

Im folgenden versuche ich, ihm das Gefühl zu vermitteln, daß ein Neuanfang ein lebendiges, spannendes Abenteuer ist und kein verunsicherndes Ereignis. Das gelingt nicht ohne weiteres. Es stellt sich heraus, daß wir zunächst ein Erlebnis aus der Kindheit bearbeiten müssen, bevor er solche Gefühle der Freude in sich wachrufen kann. Ich gebe diese Kindheitserfahrung nur ganz kurz wieder:

Die Mutter fühlt sich allein, obwohl sie Maximilian als Baby auf dem Arm hat. Daraus entsteht eine Gefühlsunsicherheit bei dem Jungen. Mütterliche Nähe und Allein-Fühlen gehen unbewußt eine Verbindung ein. Die Folge ist, daß sich Maximilian nie sicher ist, ob die Mutter ihn auch wahrnimmt oder nicht. Auch viele Mißverständnisse in der Verständigung zwischen

MA23

Mutter und Sohn erwachsen aus dieser Erfahrung. Erst wenn die Energie zwischen Mutter und Sohn ungehindert fließen kann, kann er sich mit ihr auch dann verbunden fühlen, wenn sie nicht anwesend ist. Nachdem wir diese Kindheitserfahrung aufgelöst haben, ist die Blockade aufgehoben, und es gelingt tatsächlich, in ihm eine leise Freude für das bevorstehende Abenteuer zu wecken.

Er stellt diese Freude und die Bereitschaft, sich von der Mutter freiwillig zu verabschieden, zeichnerisch sehr eindrucksvoll dar: Er malt sich ganz in Grün in einen grünen Kreis, dann malt er einen „Strich" von seinem Nabel nach draußen und schneidet diesen Strich mit einer Schere ab (Abb. MA24).

Wie könnte ein Neuanfang symbolisch besser dargestellt werden als durch das Durchtrennen der Nabelschnur, der Verbindung zum Alten! Wie ausdrucksstark ist das Unbewußte des Kindes!

Ausklang

14. bis 18. Sitzung

Obwohl wir uns in den sechs Wochen, in denen die Mutter auf Kur ist, nur zweimal sehen können (auch ich bin verreist), übersteht Maximilian diese Zeit sehr gut. Er ist stolz und glücklich darüber.

Wir entschließen uns, die Therapie langsam ausklingen zu lassen.

In den noch folgenden Sitzungen arbeiten wir weiter an seinem Kommunikationsproblem zu Hause und in der Schule. Durch die Bearbeitung der Zeugung erfahren wir noch einmal, daß er „schon erwachsen auf die Erde kommt". Wie so häufig in der Reinkarnationstherapie wird uns gezeigt, daß wir die Themen, mit denen wir uns im heutigen Leben auseinandersetzen müssen, auch in früheren Leben finden, wir bringen sie sozusagen als Karma (Handlungsprogramm) mit. Dadurch, daß Maximilian das Thema „Erwachsensein, Verantwortung übernehmen" mitbringt, kann es bei der ersten ähnlichen Erfahrung abgerufen werden. Wir haben gesehen, daß diese Reaktivierung bei ihm in der Schwangerschaft stattfindet. Auch die Themen „ich bin allein" und „alle sind gegen mich" finden und bearbeiten wir in der Schwangerschaft, bei der Geburt und in einem früheren Leben.

Heilen ist eine Kunst

19. bis 22. Sitzung

Gerade in der Zeit, in der wir überlegen, die Therapie zu beenden, beginnt Maximilian, wieder sehr schwierig zu werden. Ich kann mir diese langsam fortschreitende Verschlechterung nicht erklären. Die Arbeit mit dem Kind war sehr tief und heilsam gewesen. Was ist geschehen? Sollte der Heilungsverlauf bei Autisten anders aussehen als bei anderen Kindern? Könnte es sein, daß diese Kinder solche Tiefenarbeit schließlich doch nicht verkraften können? Aber Maximilian ist nicht das erste autistische Kind, das ich mit dieser Methode erfolgreich behandelt habe. Noch nie habe ich bislang so etwas erlebt. Zunächst erkläre ich mir die Verschlechterung als verspätete Auswirkung der langen

MA24

Abwesenheit der Mutter. Auch der Umzug in ein neues Zimmer fällt in diese Zeit und kann kurzfristig als Erklärung dienen. Das Verlassen des alten, gewohnten Nestes ist für Autisten meist sehr schwer. Aber bald ist mir klar, all diese Ansätze reichen nicht aus, die schnell fortschreitende Verschlechterung zu erklären.

Wie die meisten Autisten neigt Maximilian zu Zwangshandlungen. Jetzt aber entwickelt er zunehmend schwerere Zwänge. Niemand darf in seinem Zimmer etwas anfassen oder gar verändern. Er entfaltet einen Reinlichkeitszwang, unter dem er dauernd seine Hände wäscht und die Gegenstände in seinem Zimmer putzt. Er gerät in Panik, wenn seine Zwangsvorstellungen nicht eingehalten werden. Er kommandiert seine Geschwister herum, wird immer reizbarer und steigert sich schließlich bei jeder Kleinigkeit in unverhältnismäßig heftige Wutausbrüche.

In dieser Zeit arbeite ich mit ihm an seinem Karma mit seiner Mutter und seinen Geschwistern. Keines dieser früheren Leben ist so dramatisch, daß es eine Erklärung für sein Verhalten geben, geschweige denn aus der Verwirrung herausführen konnte. Schließlich finden wir bei einer Familienaufstellung eine Großtante, die in der Psychiatrie durch Euthanasie umgekommen ist und deren Existenz in der Familie verschwiegen worden ist. Maximilian ist mit dieser Tante identifiziert, und wir lösen diese Verstrickung sehr gründlich auf. Ich erwarte, daß sich jetzt eine Besserung einstellt. Eine Identifikation mit Personen, die ein solch tragisches Schicksal hinter sich haben, kann zu schweren Persönlichkeitsstörungen bis hin zu Schizophrenie führen.

Aber auch diese Therapie greift nicht, Maximilians Zustand verschlimmert sich zusehends. Als die Mutter mir erzählt, daß er rasend vor Wut das gesamte Geschirr vom Tisch geworfen und dabei Schaum vor dem Mund gehabt habe, schlage ich der Mutter vor, noch einmal ein EEG machen zu lassen, um Epilepsie auszuschließen. Ich mache diesen Vorschlag recht halbherzig, da ich nicht den Eindruck habe, daß Maximilian ein Epileptiker ist. Weder sein Gesamtausdruck noch sein Horoskop geben Hinweise in diese Richtung.

Mir fällt auf, daß die Wutanfälle, die Maximilian hat, nicht mit dieser panischen Angst verbunden sind, die vor der Therapie in solchen Situationen zu beobachten war. Bei allen Schwierigkeiten, die er macht, wirkt er insgesamt doch gefestigter als vor der Therapie. Aber diese Beobachtungen machen alles nur noch unerklärlicher.

Was ist also die Ursache dieser plötzlichen Veränderung? Im Moment bin ich zwar ratlos, aber ich habe das tiefe Vertrauen, daß sich uns die Ursache irgendwann offenbaren wird. Das Unbewußte des Jungen hat so gut mitgearbeitet, es wird uns zu gegebener Zeit die Lösung anbieten. Oft ist es in solchen Krisenzeiten für die Eltern schwer, das Vertrauen zum Therapeuten nicht zu verlieren. Sicherheit, Vertrauen und Ruhe des Therapeuten sind jetzt wichtigstes Rezept.

Ich lasse also nicht locker und frage immer wieder nach, was das Kind in letzter Zeit noch alles erfahren und erlebt hat, und gehe nochmals alle gemeinsamen Sitzungen gründlich durch. Es läßt sich nichts finden, weder durch Befragen der Mutter noch durch die Rückführungen, die ich mit Maximilian mache oder schon gemacht habe.

Schließlich frage ich die Mutter, ob sich Maximilian in ärztlicher Behandlung befindet, d. h. irgendwelche Medikamente einnimmt, die eventuell seinen Zustand erklären könnten. Die Mutter bejaht diese Frage; er werde wegen einer Pilzerkrankung und wegen Heuschnupfen behandelt. Es seien aber nur homöopathische Mittel, die könnten bestimmt nicht schaden, meint sie. Ich lasse mir das Rezept zeigen und stelle fest, daß das Kind nicht weniger als vier homöopathische Arzneien gleichzeitig verordnet bekommen hat, wobei noch dazu jedes als sogenanntes Komplexpräparat wiederum aus einer Reihe verschiedener Einzelmittel zusammengesetzt ist. Das kann nicht gut sein. Die lakonische Antwort zweier homöopathieerfahrener Heilpraktiker, denen ich das Rezept zeigte, war, sie könnten noch ein homöopathisches Mittel dazuschreiben, dann sterbe er.

Die Mutter setzt die Mittel sofort ab und Maximilian wird sehr schnell wieder normal. Alles ist vorbei wie ein Spuk. (Für Fachleute: Die Potenzen bewegten sich zwischen D6 und D30.)

Homöopathische Arzneien geben unserem Körper neue Informationen. Oft wird die Wirkung nicht sofort nach außen sichtbar und vor allem, wie bei Maximilian, kein Zusammenhang zwischen Ursache und Wirkung erkannt. Ich habe erfahren, daß Homöopathie zur erfolgreichen Anwendung neben Wissen ein hohes Maß an Erfahrung und Intuition erfordert. Hier trifft das alte Wort von der Heilkunst wieder zu. Unter Intuition verstehe ich die Fähigkeit, die von unserer rechten Gehirnhälfte erbracht wird, d. h., Gestalten und Muster zu erfassen und deren Bedeutung zu erkennen. In der Allopathie wird vorwiegend die linke Gehirnhälfte eingesetzt, d. h., Details gesammelt, analysiert und damit symptomatisch behandelt. Erst wenn unsere rechte und unsere linke Gehirnhälfte gut zusammenarbeiten, sind wir vollkommen.

Zum Abschluß möchte ich Ihnen noch die Beurteilung wiedergeben, die Maximilian ein halbes Jahr später in seinem Jahresabschluß-Zeugnis stehen hat: *„Maximilian ist ein liebenswerter, an vielem interessierter Schüler. Er hat im Laufe des Jahres immer mehr zu einem ruhigen, ausgeglichenen Verhalten gefunden. Schriftliche Arbeiten erledigt er zielstrebig und konzentriert.“* Und sein nächstes Zeugnis enthält folgenden Text: *„Maximilian ist ein freundlicher Schüler, der eine rasche Auffassungsgabe besitzt und sich gut in die Klasse einfügt. Seine schriftlichen Arbeiten erledigt er mit großer Sorgfalt und Zielstrebigkeit.“* – Ein beglückender Erfolg für ein Kind, das in keiner normalen Schule tragbar schien, selbst nicht in einer Privatschule mit kleinen Klassen.

Ihr achtet euch selbst nicht.
Ihr glaubt nur, was ihr in einem Buch nachlesen könnt.
Ihr müßt lernen, eure Augen zu benutzen.
Ihr müßt lernen, mit geschlossenen Augen zu sehen.
BEEMAN LOGAN, SENECA

LUCAS

Sie wollen, daß ich zu ihnen auf ihren Planeten komme

Ungewöhnlich starke Fieberphantasien, Tumor

In der Einleitung zu Stephen Hawkings Buch „Eine kurze Geschichte der Zeit" wird auf die Fähigkeit von Kindern hingewiesen, noch unbefangen Fragen zu stellen und Dinge für möglich zu halten und auch wahrzunehmen, die wir mit unserem normierten Verstand nicht mehr hinnehmen. Dort heißt es, daß *„viele Teile der Philosophie und Wissenschaft aus solchen Fragestellungen von Kindern hervorgegangen und immer mehr Erwachsene bereit sind, sich mit ihnen auseinanderzusetzen, und gelegentlich auf erstaunliche Antworten stoßen."**

Ich zitiere aus Hawkings Buch, weil die folgende Therapiegeschichte teilweise so ungewöhnlich ist, daß der eine oder andere Leser geneigt sein wird, die Äußerungen des Kindes als Hirngespinste abzutun.

Ich habe mir angewöhnt, alles für möglich zu halten und ernst zu nehmen, was Kinder in der tiefgreifenden Arbeit bei mir erleben. So folge ich dem Kind im ersten Behandlungsteil in spirituelle Welten, die nur schwer zu verstehen sind, und im dritten Behandlungsteil stelle ich nichts in Frage, wenn das Kind mir vom Kontakt mit Wesen von anderen Planeten berichtet. Auch wenn ich mir schwer vorstellen kann, daß Bewohner von anderen Planeten Verbindung zu dem Kind aufnehmen wollen, so maße ich mir nicht an, es besser zu wissen als das Kind.

Im folgenden finden Sie alle Postulate durch Schrägdruck hervorgehoben, um zu zeigen, wie häufig sie in diesem und in früheren Leben in unterschiedlichen Formen auftauchen, und wie stark sie unser Verhalten prägen. Postulate sind aus früheren Leben mitgebrachte Überzeugungen, Lebensprogramme und Erwartungen, die unser Handeln und unsere Geschicke beeinflussen.

Lucas ist zehn Jahre alt. Er kommt zu mir, weil er bei Fieber regelmäßig in beängstigende Zustände gerät, aus denen ihm niemand heraushelfen kann, und die immer erst verschwinden, wenn das Fieber wieder absinkt.

Bei dem Erstgespräch mit der Mutter rfahre ich noch, daß Lucas am linken Bein

* Hawking, S.: Eine kurze Geschichte der Zeit

einen Knochenauswuchs hat, der sich in letzter Zeit sehr schnell vergrößert. Der Tumor befindet sich kurz unterhalb des Knies an der Innenseite des Beines. Die Diagnose lautet: „Gutartige Osteochondrome."

Im medizinischen Lexikon steht dazu: *„Tumor aus Knochen- und Knorpelgewebe; kann maligne entarten"**, d. h. bösartig werden.

Die Therapie von Lucas verläuft in drei Abschnitten und zieht sich über drei Jahre hin. Im ersten Jahr arbeiten wir in neun Sitzungen an den Fieberträumen und versuchen, das Tumorwachstum zu stoppen. Obwohl das gelingt, entschließen sich die Eltern im zweiten Jahr zu einer Operation, da die Wucherung Lucas beim Laufen hinderlich ist. Vor der Operation mache ich mit Lucas zwei Sitzungen, um ihn seelisch auf den Eingriff vorzubereiten. Nach der Operation will die Wunde nicht heilen und platzt immer wieder auf, deshalb schließen wir noch drei Sitzungen an, um die Heilbereitschaft der Wunde zu erhöhen. Im dritten Jahr beginnt die Knochenwucherung erneut, diesmal aber an anderen Stellen im Körper. In neun Sitzungen versuchen wir dann, den Körper dazu zu veranlassen, die Wucherungen einzustellen und die Tumoren zurückzubilden.

Neben Rückführungs- und Energiearbeit habe ich mit den Eltern auch eine Familienaufstellung nach Hellinger gemacht. Außerdem wurde das Kind in allen drei Phasen homöopathisch und mit Farbtherapie behandelt.

Im ersten und zweiten Jahr war keine Zusammenarbeit mit dem behandelnden Arzt möglich. Im dritten Behandlungsabschnitt, nach einem Arztwechsel, entwikkelte sich ein sehr fruchtbarer Austausch.

* Pschyrembel, Klinisches Wörterbuch

Erster Behandlungsteil
Stoppen des Tumorwachstums
und
Bearbeiten der Fieberphantasien

Schicksale bauten sich aus Glück und Glauben,
Abschiede schluchzten auf in Abendlauben, und
über hundert schwarzen Eisenhauben schwankte
die Feldschlacht wie ein Schiff.
So wurden Städte langsam groß und fielen
in sich zurück wie Wellen eines Meeres,
und so geschah Unwichtiges und Schweres, nur,
um für dieses tägliche Erleben
dir tausend große Geheimnisse zu geben,
an denen du gewaltig wachsen kannst,
Rainer Maria Rilke

Wenn keine Knochen wachsen, ist es ganz schlimm
1. Sitzung

Die erste Sitzung führt uns zu den Auslösern des Tumors, außerdem enthält sie fast alle Postulate, die das wilde Knochenwachstum und zum Teil auch die Fieberphantasien betreffen, deshalb bringe ich sie recht ausführlich.

Wir überlegen eingangs, ob Lucas lieber an den Fieberphantasien oder an den Knochenwucherungen arbeiten möchte. Er entscheidet sich für die Wucherungen:

L.: „Ja, weil das Bein tut mir immer beim Reiten so weh, und das ist das Gemeine. Und dann darf ich nicht mehr zum Reiten gehen, nur weil mir das Bein so weh tut."

T.: „Ja, das ist ärgerlich."

L.: „Und zum Reiten gehe ich gerne."

T.: „Ja, das kann ich mir vorstellen. Kann man den Knochen auch äußerlich schon sehen?"

L.: „Ja, das ist geschwollen. Der Knochen ist bis hierhin, so ganz." Er zeigt mir sein Bein. Es ist deutlich zu sehen.

T.: „Also da wächst etwas, was nicht dahin gehört."

L.: „Ja, schau, der Knochen geht da hin, aber der Knochen, der gehört nicht dahin."

T.: „Komisch."

L.: „Finde ich auch, der hat überhaupt keinen Grund."

T.: „Ja, das müssen wir einmal untersuchen. Kannst du dir vorstellen, daß man mit seinem Körper reden kann?"

L.: „Eigentlich nicht."

T.: „Wir könnten es einmal versuchen. Vielleicht weiß er nicht, daß da gar kein Knochen hingehört, und wir müssen ihm das sagen."

L.: „Ja, aber wie?"

T.: „Ja, das ist das Problem, wie schaffen wir das. Vielleicht versuchen wir einmal, dahin zu gehen, wo der Knochen sich entschlossen hat zu wachsen, obwohl er nicht dahin gehört. Kannst du dir das vorstellen?"

L.: „Ja, weiß ich nicht. Aber das hat schon ganz lange angefangen, schon vor einem Jahr."

T.: „Und der Entschluß, daß es wachsen könnte?"

L.: „Das kann schon länger her sein. Ganz lang."

T.: „Das könnte länger her sein, aha. Das sollten wir 'rausfinden, das ist gar nicht so einfach. Aber der Knochen weiß es."

L.: „Der Knochen schon, aber ich nicht."

T.: „Ja, deshalb sollten wir versuchen, mit ihm Kontakt zu bekommen, damit wir mit ihm reden können."

L.: „Hm", sagt er ungläubig.

T.: „Dazu male dich mal auf dieses Blatt Papier. Mal sehen, was wir 'rausfinden."

L. fängt sofort an zu malen. (Abb. L1). Als er fertig ist, sage ich:

T.: „Wie ist das, wenn man so dasteht? Stell dich mal so hin und fühle, wie das ist."

L.: „Schön, aber eigentlich müßte ich die Arme hängen lassen."

T.: „Eigentlich müßtest du die Arme hängen lassen, aber du stehst so da. Was ist das für ein Gefühl, wenn man so dasteht?"

L.: „Freude."

T.: „Stimmt das für dich?"

L.: „Ja."

T.: „Stimmt das auch für den da, oder müßte der eher die Arme hängen lassen?"

L.: „Eher hängen lassen."

T.: „Er hat große Augen, da kann man viel sehen, die Arme weit offen, kann man alles aufnehmen, was kommt, interessiert einen alles. Aber jetzt schau mal, dem fehlt etwas?"

L.: „Dem?" fragt er erschrocken und verblüfft.

T.: „Wo sind seine Beine?"

L.: „Da unten."

T.: „Ich sehe sie nur bis dahin."

L.: „Ja, die sind nicht mehr drauf, die Füße."

T.: „Ja. Zeig mal an deinen Beinen, wie weit die hinreichen."

L.: „Nur bis da." Er zeigt bis kurz oberhalb seines Tumors. D. h., der Tumor wäre auf dem Bild nicht mehr zu sehen.

L1

T.: „Aha. Wie ist das, wenn man nur bis dahin Beine hat?"
L.: „Schlimm."
T.: „Ja.."
L.: „Das mag ich nicht."
T.: „Ja das glaub ich. Das wäre ziemlich schlimm. Fühl mal, wie das wäre."
L.: „Da könnte ich überhaupt nicht laufen."
T.: „Ja, das wäre schrecklich."
L.: „So kurze Beine bloß. Da müßte ich immer im Fahrstuhl fahren."
T.: „Im Rollstuhl, ja."
L.: „Das wäre schlimm."
T.: „Ja, fühl mal, wie schlimm das wäre."
L.: „Das kann ich nicht beschreiben wie. Ganz schlimm, dann wäre ich ganz traurig."
T.: „Hm. Was könnte passieren, daß man keine Beine mehr hat?"
L.: „Im Krieg, wenn die abgeschossen werden oder wenn sie abbrennen oder irgend etwas passiert da oder wenn ... oder wenn es ganz schlimm wird, wenn man sich das Bein ganz fest gestoßen hat."

Wie wir sehen werden, sind ihm diese sogenannten „Einfälle" nicht zufällig in den Sinn gekommen, sondern sie stammen aus verschiedenen Leben, in denen er auf unterschiedliche Weise seine Beine verloren hat. Die Beschreibung, daß das Bein „ganz schlimm wird" hat die höchste Gefühlsladung, deshalb gehe ich heute mit Lucas dorthin.

T.: „Könntest du dir vorstellen, daß du schon einmal gelebt hast?"

L.: „Ja." Er sagt es ohne Zögern.

T.: „Könntest du dir vorstellen, daß in einem früheren Leben irgendwas mit deinen Beinen passiert ist, an dem Teil, den du hier nicht hingemalt hast?"

L.: „Ja." Er wird sofort sehr traurig, und die Tränen sind nah.

T.: „Merkst du, das macht sehr traurig?"

Lucas kann nicht antworten, da er die Tränen zu unterdrücken versucht. Die starken Gefühle zeigen, daß wir auf dem richtigen Weg sind.

Ich setze nach: „Das ist ziemlich schlimm. Ich denke aber, das schauen wir uns jetzt mal an, auch wenn es traurig ist. Vielleicht ist das schon die erste Antwort, die uns dein Körper gegeben hat." Lucas nickt. „Traust du dich mal, in diese Traurigkeit zu gehen, wo das passiert ist?" Er nickt wieder.

T.: „Fühl mal, was du damals warst, ein Mann oder eine Frau oder ein Kind. Das erste, was dir einfällt, wenn du an fehlende Beine denkst."

L.: „Ein ganz kleines Baby."

T.: „Aha, ein kleines Baby, ist es schon geboren?"

L.: „Ja. Aber ziemlich klein noch, ein Jahr vielleicht."

T.: „Ja, mal das mal." (Abb. L2)

L. (erzählt, während er malt): „Hm, rote Augen kann man überhaupt nicht haben."

L2

Ich suche nicht herauszufinden, warum das Kind rote Augen hat, ob es sich um einen Albino handelt, ob die Augen rot vom Weinen sind oder anderes. Ich nehme nur die Bemerkung auf, *„das kann man überhaupt nicht haben“*, d. h., es könnte sich um etwas Ungewöhnliches handeln, das nicht jeder hat.

Als er fertig ist, sage ich:

T.: „Hm, da hat das Baby die Beine noch.“
L.: „Ja.“
T.: „Wo ist seine Mutter?“
L.: „Weiß ich nicht.“

Mit einer Frage nach wo, wann, warum, wie, spreche ich das Kind auf Verstandesebene an. Das Baby kann es natürlich nicht *wissen*, es kann es nur *fühlen*, deshalb stelle ich meine Frage neu:

T.: „Fühl mal, wo die Mutter von dem Baby ist?“
L.: „Ganz weit weg.“ Es stellt sich heraus, daß die Mutter krank ist und das Baby deshalb in ein Heim gekommen ist.
T.: „ Schau dir mal die Beine von dem Baby an, wie du die gemalt hast.“
L. erschrickt: „Das eine ist nicht ganz drauf.“
L.: „Ja, genau, und welches Bein ist das?“
L.: „Das linke.“
T.: „Und an welchem Bein von dir wächst der Knochen?“
L.: „Am linken.“
T.: „Ja, ich glaube, du hast schon gut Kontakt zu deinem Bein aufgenommen. Es hat dir schon viel erzählt. Es hat uns mitgeteilt, es ist etwas mit den Beinen passiert, und am linken Bein hat es angefangen.“
L.: „Hm.“ (Noch etwas skeptisch.) Dann sagt er unvermittelt: „Ein Vierteljahr war es alt.“

Es wird deutlich, daß er beginnt, auf seine inneren Botschaften zu hören und auf sie zu vertrauen.

T.: „Als es begonnen hat?“
L. flüstert: „Ja.“
T.: „Dann gehen wir da mal hin. Was hat da begonnen? Was könnte da passiert sein? Das erste, was dir einfällt.“
L.: „Daß ein spitzer Stein im Bein ist. Da ist da ein Stein rein, und dann ist es zugewachsen, und dann ist der Stein drinnen.“
T.: „Hmhm, und dann?“
L.: „Dann ist er immer weiter drin, bis da vorn hin. Dann ist es geschwollen und immer schlimmer, dann den ganzen Fuß hoch.“
T.: „Was passiert dann mit dem Fuß?“
L.: „Die bringen es zum Arzt.“
T.: „Hmhm, und was sagt der.“
L.: „Erstmal, daß *man da nichts machen kann*.“
T.: „Hmhm, *da kann man nichts machen*. Sag noch mal: *Man kann nichts machen.*“
L.: *„Man kann nichts machen.“*

Wie wir schon wissen, sind alle Informationen, die keine Alternative zulassen, besonders hemmend für unsere Entwicklung. Werden solche Informationen, wie z. B. *„man kann nichts machen“* gegeben, während wir uns in großem körperlichen oder seelischen Streß befinden, dann können sie sich an uns heften und unser weiteres Leben bestimmen. Es ist wichtig, solche „Abschlußbefehle“ zu suchen, gut herauszuarbeiten und schließlich aufzulösen. Aus diesem Grunde lasse ich Lucas den Satz *„man kann nichts machen“* mehrmals wiederholen. Damit mache ich einen inneren Befehl sichtbar, der dem Bein anhaftet und damit einer Heilung immer im Wege stehen wird.

Bevor ich nun diese Fehlinformation auflöse, versuche ich herauszufinden, ob es noch weitere solche Programme für das Bein gibt.

T.: „Wie fühlt sich das an?“
L.: „Nicht schön, überhaupt nicht.“
T.: „Nicht schön, man kann nichts machen. Scheußlich. Was sagt der Arzt noch über das Bein?“
L.: „Wenn es schlimmer ist, dann wird er noch mal kommen müssen.“
T.: „Hm, *wenn es schlimmer wird, dann muß er (der Arzt) noch mal kommen.* Muß er noch mal kommen?“
L.: „Ja.“
T.: „Wie schlimm ist es dann, wenn er noch mal kommt?“
L.: „Dann ist das ganze Bein ganz schlimm. Dann wird das auch umgestellt, dann fängt es bei dem auch an (d. h. das andere Bein wird auch von der Krankheit befallen). Und bei dem ist es dann schon bis dahin.“ Er zeigt am linken Bein in Kniehöhe.
T.: „Hm. Und was sagt jetzt der Arzt?“
L.: „Er sagt wieder, er kann nichts machen.“
T.: „Oh je.“
L.: „Und dann ist das Kind schon zwei Jahre alt.“
T.: „Und dann?“
L.: „Und dann, dann fault das Bein innen.“
T.: „Ach, fühl mal, wie das ist.“
L. spürt nach.
T.: „Und er kann nichts machen.“
L.: „Nein.“ Als ich nach Schmerzen frage, gibt er zunächst keine Antwort, schließlich sagt er: „Und da ist das Baby schon drei Jahre, wenn der ganze Fuß schon weg ist und ganz weh getan hat.“
T.: „Hmhm, und immer kann man noch nichts machen?“
L.: „Doch, dann kommt ein neuer Arzt, ein guter, ein ganz guter.“
T.: „Aha und was macht der dann?“
L.: „Der sagt dann, daß das Bein da ab muß, da mußt du dann eine Spritze machen, daß es nichts spürt.“ Er ist so im Geschehen, daß er mich als Arzt anspricht, der die Spritze geben soll, damit das Kind nicht so viele Schmerzen hat.
T.: „Hm, Ja.“
L.: „Und bei dem da, das soll wieder heilen (rechtes Bein), da tut er dann auch eine Spritze hin, daß nicht so viele Schmerzen sind. Und da eine Sperre, dann kann es da nicht weiter gehen.“ (Mit dem Absterben bzw. Abfaulen)
T.: „Muß er den Fuß auch abnehmen?“
L.: „Noch nicht.“
T.: „Noch nicht, aha. Aber dieses Bein muß er abnehmen. Zeig mal an deinem Bein, ab wo er es abnehmen muß.“
L.: „Da.“ (Am Oberschenkel, knapp über seinem Tumor)
T.: „Ganz da oben. So weit?“
L.: „Bis dahin ist es verfault, und dann muß er es da abschneiden.“
T.: „Ja, ein Stück oberhalb.“
L.: „Da muß er es abnehmen.“

Im weiteren Verlauf erfahren wir, daß vor allem die Knochen von dem Verfall betroffen sind. „Die Knochen bauen langsam ab, bis sie nicht mehr da sind. Wenn keine Knochen wachsen, ist es ganz schlimm.“

Auch dieses Programm *„wenn keine Knochen wachsen, ist es ganz schlimm“* wird aufzulösen sein.

Das Kind wird in eine große Klinik in der Stadt gebracht, und die verschiedensten Ärzte versuchen sich an der Heilung seiner Knochenerkrankung. Vor allem versucht man, den Fäulnisprozeß im rechten Bein aufzuhalten. Auch wird an das Einsetzen eines Knochens aus Elfenbein gedacht. Einer der Ärzte hat die Idee, daß er die Knochen in dem amputierten Bein zu erneutem Wachstum anregen könne. Als sich tatsächlich ein kleiner Knochenansatz am Bein bildet, sieht sich der Arzt schon berühmt werden. Lucas sagt über den Arzt: *„Der hat immer noch ganz viel Hoffnung, daß wieder ein neuer Knochen wächst.“*

Wie sich herausstellt, begleitet diese Hoffnung das Kind bis über den Tod hinaus. Das Kind stirbt schließlich mit zwölf Jahren an dieser Knochenerkrankung.

T.: „Male dich dahin, wo du tot bist.“

L. malt und sagt dann: „Der soll ausgestreckt sein.“ (Abb. L3)

T.: „Ja. Fühl mal, was ist mit dem Körper passiert, woran ist er gestorben?“

L.: „Weil er traurig war.“

T.: „Worüber ist er traurig?“

L.: „Wegen den Beinen.“

T.: „Fühl mal deinen Körper, was fühlst du?“

L.: „Lauter Ärger.“

T.: „Ärger?“

L.: „Ja, weil der Knochen, das Bein nicht schneller gewachsen ist.“

L3

T.: „Hm."

L.: „Und er hat gedacht, es würde noch wachsen."

T.: „Fühl mal, wer ist ärgerlich und hat gehofft, daß der Knochen schneller wachsen soll, du oder der Arzt?"

L.: „Der Arzt."

T.: „Ja, der wollte berühmt werden, aber jetzt stirbt das Kind, bevor er berühmt wird."

L.: „Hm."

T.: „Jetzt atme dem Arzt seinen Ärger zurück und fühle, was *du* fühlst, wenn du stirbst, nicht was der Arzt fühlt und denkt."

L. atmet aus und sagt dann: „Freude."

T.: „Fühl mal, ob du schon tot bist, wenn die Freude kommt."

L.: „Er freut sich immer; wenn er tot ist, freut er sich auch."

T.: „Genau, geh mal dahin, wo du tot bist."

L.: „Da bin ich voll Freude."

T.: „Und vorher?"

L.: „Da bin ich noch ganz traurig."

Hier schildert das Kind eine Erfahrung, die Elisabeth Kübler-Ross oft beschrieben hat und die wir immer wieder in Rückführungen erleben, die Freude, die uns oft umfängt, wenn wir unseren irdischen Körper verlassen.

Ich gehe diesem Thema nicht weiter nach, sondern prüfe, ob es Postulate gibt, die in das nächste Leben mitgenommen wurden. Des weiteren versuche ich, den unbewußten Tod bewußt enden zu lassen.

Die Rückführungsarbeit hat uns gelehrt, daß unbewußte Tode bewirken können, daß die so Verstorbenen in anderen Ebenen ziellos herumirren und keine Möglichkeit haben, in der Zeit zwischen zwei Leben Ruhe zu finden und neue Kräfte zu sammeln. Ich möchte Sie in diesem Zusammenhang an die Worte unseres Sohnes Sebastian erinnern, mit denen ich dieses Buch begonnen habe. Er sagte: „Es war ganz schrecklich in meinem letzten Leben, und danach war es noch schrecklicher." Er ist in seinem letzten Leben durch eine Granate auf dem Schlachtfeld getötet worden, d. h., er hat seinen Tod nicht richtig wahrnehmen und sich damit auch nicht ganz von der Erde trennen können. Von jeher haben Religionen Zeremonien angeboten, die verstorbenen Seelen helfen sollen, Frieden zu finden. Wie sinnvoll erweisen sich solche Hilfestellungen, wenn man sich tiefer mit den Erfahrungen befaßt, die Menschen in Rückführungen machen!

Die folgenden Fragen stelle ich, um herauszufinden, ob Lucas wirklich weiß, daß er tot ist.

T.: „Da wo du noch traurig bist, was fühlst du da körperlich? Wo tritt der Tod ein, hier, hier, hier, hier?" Ich deute auf die verschiedensten Körperteile.

L.: „In dem lebenden Bein, in dem, das noch lebt."

T.: „In dem lebenden Bein tritt der Tod ein?"

L.: „Das linke Bein lebt noch. Das da alles lebt. Und das alles ist abgestorben (rechts) und hier das lebt noch (links)."

T.: „Aha, das lebt noch."

L.: „Ja, nur das noch. Und das andere ist abgestorben."

T.: „Verstehe."

L.: „Und *das lebt jetzt immer noch, das Bein*."

T.: „Ja genau, du hast ganz recht. Jetzt eine ganz schwere Frage, woran könnte das liegen, daß dieses Bein immer noch lebt?"

L.: „Ganz klar, der Knochen ist, der Knochen vielleicht."

T.: „Genau daran liegt es, an dem Knochen."

Für den Laien mag das eben Gesagte unlogisch erscheinen. Das rechte Bein kann ja abgestorben sein, aber wie kann das linke plötzlich wieder leben, wo es doch amputiert worden ist? Hier wird einer der Gründe sehr deutlich, warum Rückführungen mit Kindern so erfolgreich und so leicht durchführbar sind. Die Kinder folgen noch ganz der Logik der Seele und nicht der Logik des Verstandes.

Hier lautet die Logik der Seele: Das linke Bein lebt noch, es lebt noch heute, und zwar weil Lucas sich damals nicht von dem Bein trennen konnte, wegen des Knochens, der noch wachsen sollte. Der Arzt hält es mit seinen Wünschen fest. Lucas bringt das Bein von damals mit in diese Inkarnation, oder besser die Information, die in dem Bein gespeichert ist. Die Information lautet: *„Es soll ein neuer Knochen bzw. ein neues Bein wachsen."*

T.: „Was ist das letzte, was er denkt?"

L.: „Er denkt vielleicht, das Bein wäre schon tot, und er ärgert sich, daß es tot ist, daß er das nicht mag."

T.: „Also er ärgert sich, daß das Bein tot ist, wo es doch noch wachsen soll."

L.: „Ja, und dann freut er sich."

T.: „Kann das sein, daß er als letztes denkt, daß das unsterblich ist und daß er diese Gedanken mitnimmt?"

L.: „Weiß ich nicht."

T.: *„Ich will, daß ein neuer Knochen wächst.* Wie stark ist dieser Wunsch noch heute in deinem Bein?"

L.: „Der Knochen wächst immer noch."

T.: „Genau. Du bist gestorben, aber der Gedanke *‚ich will, daß der Knochen wächst'* nicht, der ist noch in deinem Bein. Jetzt müssen wir nur sehen, daß dieser Gedanke hier zusammen mit dir sterben kann."

L. (nach längerem Schweigen): „Wir müssen es wieder zu ihm zurückschicken."

T.: „Genau. Wir bringen den Gedanken dorthin zurück, wo er hingehört. Was müssen wir tun, damit der Gedanke zu ihm zurück kommt, damit der den Gedanken nicht immer noch festhält?"

L.: „Wir können ihm sagen, daß er nicht daran denken soll."

T.: „Ich glaube, das ist schwierig. Dann denkt man erst recht dran. Wenn ich zu dir sage, denk auf keinen Fall an einen blauen Elefanten, was machst du dann?"

L. lacht.

T.: „Dann wirst du genau an einen blauen Elefanten denken."

L.: „Wenn man das wirklich denken soll, daß das Bein tot ist."

T.: „Ja, genau. Ich glaube, der muß *spüren*, daß das Bein tot ist und nicht mehr zu wachsen braucht."

L.: „Gar nicht mehr."

T.: „Der Gedanke sagt zu dem Knochen, wachse, wachse, wachse. Und wir erzählen ihm jetzt, daß er nicht mehr wachsen braucht, weil er tot ist. Frage deinen Knochen, ob er das versteht?"

L.: „Ja."

T.: „Können wir ihm jetzt vielleicht seine beiden Beine wieder dranmalen, damit er spürt, daß er wieder heil ist? Wie wäre das?" Er hatte bisher den Körper nur mit einem Bein und mit dem kleinen Knochenfortsatz gemalt.

L.: „Ja, toll."

T.: „Die sind beide tot, das eine ist abgestorben, und das andere ist abgeschnitten, jetzt bringen wir sie wieder dahin, wo sie hingehören."

L.: „Da wird er sich freuen."

T.: „Ja. Wenn er beide Beine wieder hat, dann muß er nicht immer denken, es soll wieder wachsen, es soll wieder wachsen. Dann ist er wieder komplett."

L. malt das andere Bein noch dran und sagt: „Das wächst auch, daß es gleich groß ist."

T.: „Ja, spitze."

L.: „Der Knochen soll weg."

T.: „Ja, wenn das Bein wieder dran ist, dann braucht er den nicht mehr. Warum wollte er immer, daß der Knochen wächst?"

L.: „Daß ein neues Bein hinwächst."

T.: „Genau, aber jetzt hat er ja sein altes. Jetzt braucht er das nicht mehr."

L.: „Weg, weg, weg."

T.: „Fühl mal, ob jetzt dieser Knochen überhaupt noch wachsen will?"

L.: „Dann vergißt er das doch wieder."

T.: „Genau, dann ist der Gedanke weg."

L. erzählt, daß er in seinen Garten Paprika gesät hat, und daß dieser so gut gewachsen sei, daß er sogar schon welchen ernten konnte.

T.: „Toll, ja, jetzt gehen deine Gedanken zu Pflanzen, für die es gut ist zu wachsen. Deinen Beinen kannst du erzählen, daß sie in Ordnung sind und keinen zusätzlichen Knochen brauchen; daß sie jetzt ohne Angst wachsen dürfen wie deine Pflanzen im Garten."

L. fühlt lange und sagt dann: „Der denkt es nicht mehr."

T.: „Genau."

L.: „Das hat er vergessen."

T.: „Wenn er beide Beine wieder hat, dann braucht auch kein Knochen mehr zu wachsen."

L.: „Dann vergißt er, daß er mal kein Bein mehr hatte."

Lucas will das unangenehme Erlebnis vergessen. Mit diesem Wunsch nach Vergessen drückt er aus, wie in unserer heutigen Gesellschaft gemeinhin mit Problemen verfahren wird, sie werden schlicht aus dem Blickfeld geräumt. Ich versuche ihm zu helfen, das Erlebnis nicht zu vergessen, sondern es zu verinnerlichen.

T.: „Muß er das vergessen?"

L.: „Nein, das muß er nicht."

T.: „Eben. Das darf er ruhig wissen, daß er einmal was Schlimmes erlebt hat. Dann weiß er, daß alles Schlimme auch einmal zu Ende geht und wieder in Ordnung gebracht werden kann. Das macht ihm Mut, und er freut sich doppelt über die neue Ordnung, weil er dann weiß, daß sich alles ändern und wieder gut werden kann."

L.: „Genau."

T.: „Also der Arzt hat gesagt, man kann nichts machen. Wir haben das jetzt anders erlebt. Wir konnten etwas machen."

L.: „Ja, man konnte früher nichts machen."

T.: ,.Ganz genau, früher nicht, aber jetzt nachträglich schon. Im Tod können wir es reparieren. Also sag deinem Bein, wir haben es in Ordnung gebracht." Nach langer Pause, in der er nachspürt, frage ich: „Wie fühlt sich das jetzt an?"

L.: „Komisches Gefühl."

T.: „Ja? Versteht dein Bein das?"

L.: „Das Bein lacht!" ruft er erstaunt aus.

T.: „Toll. Das lacht. Daran können wir sehen, daß das Bein es verstanden hat. Jetzt hat es Grund zum Lachen. Heilung ist immer Freude."
L.: „Ja."
T.: „Siehst du, jetzt hast du gelernt, mit deinem Körper zu sprechen."
L.: „Toll."

Er geht glücklich und bereichert davon.

Dein Leben ist so unaussprechlich Deines,
weil es von vielen überladen ist.
RAINER MARIA RILKE

Nach dieser Sitzung erkläre ich den Eltern, daß durch eine Operation folgende in dem Bein gespeicherte Informationen möglicherweise erneut aktiviert werden können:

- Obwohl *das Bein operiert wird, kann man nichts machen, es heilt nicht,*
- es werden sich *immer wieder neue Ärzte* mit meinen Beinen befassen,
- mit zwölf Jahren werde ich an den Folgen der Beinerkrankung sterben.

Weiterhin lege ich dar, daß sie ein höheres Risiko eingehen, weil Lucas' Bein an der gleichen Stelle operiert werden müßte, wie damals bei der Amputation, und weil das Leben noch nicht sehr lange zurückliegen kann. Wie sehr sich diese Befürchtungen bewahrheiten, werden wir im weiteren Verlauf der Therapie sehen können.

Wenn solch folgenschwere Körperinformationen herausgearbeitet werden, ist es besonders wichtig, daß Ärzte und Therapeuten zusammenarbeiten. Man könnte dann gemeinsam abwägen, was für das Kind im Moment am sinnvollsten ist. Der Arzt, der die Operation an Lucas Bein durchführen sollte, hatte keinerlei Sinn für die wiedergegebenen Informationen. Als der Körper des Kindes ein Jahr nach der Operation erneut Tumore bildete, wechselten die Eltern zu einem Arzt, der alternativen Methoden gegenüber sehr aufgeschlossen war, und es konnte eine kreative Zusammenarbeit beginnen. Ich hoffe sehr, daß in Zukunft ein solch fruchtbarer Austausch keine Ausnahme mehr ist.

Es ist gefährlich, wenn ich ausruhe

2. Sitzung

Da auch ich von schulmedizinischen Vorstellungen geprägt war, kam ich zunächst nicht auf die Idee, daß ein Knochen ohne äußere mechanische Manipulationen, d. h. durch Entfernen oder chemische Einwirkung, verschwinden könnte. War es doch schon ungeheuerlich genug, daß durch Rückführungen das Wachstum des Knochens gestoppt werden konnte. Der Gedanke, daß sich der Knochen dadurch auch rückbilden und auflösen ließ, kam mir damals noch nicht. Im dritten Behandlungsteil hatte ich dann schon genügend Erfahrung gesammelt und arbeitete gezielt an der Rückbildung der Wucherungen.

Lucas berichtet, daß er jeden Abend mit dem Knochen gesprochen habe, daß er nicht mehr weiterwachsen brauche. Er ist voller Begeisterung und Vertrauen.

Ich fahre auch in den nächsten drei Sitzungen fort, nach Programmen zu suchen, die das Wachstum des Knochens aufrechterhalten und die es aufzulösen gilt.

Als ich Lucas in der ersten Sitzung fragte, was mit seinen Beinen passiert sein könnte, gab er drei Möglichkeiten an: Die Beine könnten „abgebrannt", „im Krieg abgeschossen" worden sein oder sie könnten „ganz schlimm" werden weil er „sich das Bein ganz fest gestoßen hat".

In der zweiten Sitzung führt mich Lucas in das Leben, in dem die Beine verbrennen. Er erlebt folgende Geschichte:

Als alter Mann döst er während des Zigarettenrauchens ein, die brennende Zigarette fällt ihm aus der Hand auf das linke Bein. Er fängt Feuer, wacht zu spät auf und verbrennt.

Die Programme, die er aus dem Leben mitnimmt, in dem er verbrennt, und die sich in verschiedenen Leben in unterschiedlichen Varianten immer wiederholen sind: *„Es ist gefährlich, wenn ich ausruhe", „der Tod beginnt mit Schmerzen im linken Bein"* und *„er brennt wie Feuer."*

Wie wir später sehen werden, ist auch folgende Bemerkung, die Lucas über den älteren Mann macht, sehr bedeutungsvoll.: „Man muß ihn aufwecken, er war zu stark in seinen Gedanken, man muß ihm seine Gedanken wegnehmen." Mit anderen Worten, er ist nicht hier in der Realität, *er hat sich mit Hilfe seiner Gedanken zu weit von der Erde wegbewegt, und das kann für seinen Körper tödlich rein.*

Geburt durch Kaiserschnitt

3. Sitzung

In dieser Sitzung arbeiten wir an der Geburt. Wenn wir uns das Geburtsgeschehen genauer anschauen, dann finden wir bei Lucas praktisch alle Programme aus den beiden bisher bearbeiteten Leben wieder. Eine unserer Arbeitshypothesen in der Reinkarnationstherapie lautet: Die meisten alten Traumen, die in diesem Leben wirksam werden, werden schon in Schwangerschaft und Geburt ausgelöst. Deshalb ist ein gründliches Durcharbeiten von Schwangerschaft und Geburt meist auch sehr wichtig. Ich selbst habe meine Geburt z. B. siebenmal durchgearbeitet, und jedesmal haben sich mir wichtige neue Aspekte eröffnet.

An Lucas' Geburt will ich diese Erfahrung anschaulich machen. Alle Programme und Erfahrungen, die wir bisher gefunden haben, und die in der Geburt wieder auftauchen, werde ich kursiv setzen, damit sie augenfällig werden.

Lucas wird durch Kaiserschnitt entbunden; sein Leben beginnt also mit einer *Operation.* (Wie wir bereits wissen, bilden Mutter und Kind bei der Geburt noch eine Einheit, so daß die Erfahrungen der Mutter nicht von denen des Kindes getrennt sind, deshalb hat auch das Kind das Gefühl, operiert zu werden.) Die Mutter fühlt sich während der Entbindung *allein gelassen*, da ihr Mann nicht bei ihr ist. Die Geburt verläuft recht dramatisch. Die Mutter muß *wegen Komplikationen*, und weil *die Ärzte ratlos sind*, mit *Blaulicht in eine größere Klinik in die Stadt gebracht werden.* Die Mutter hat ähnlich *unerträgliche Gefühle im Kopf* wie Lucas während seiner Fieberphantasien. Sie hat das Gefühl, *das überlebe ich nicht, da kann man nichts machen*. Es werden mir *Schmerzen* zugefügt, *während ich mit meinem Bewußtsein nicht im Körper bin* (Narkose). Gerade diese Erfahrung wird später noch eine große Rolle spielen. Nach der Geburt muß Lucas für 14 Tage in den Brutkasten, weil er zu klein ist. Das bedeutet *Trennung von der Mutter*.

Nun könnte man wieder sagen, schrecklich, was Mutter und Kind da durchmachen mußten. Wie sinnvoll und wichtig jedoch diese Erfahrungen des Kindes während der Geburt sind, können wir erst ermessen, wenn wir diese Erfahrungen in einen großen Zusammenhang stellen. Der tiefere Sinn all dieser Schmerzen und Komplikationen scheint zu sein – und darin zeigt sich wieder einmal die Großartigkeit und Weisheit allen Seins –, daß wir schon bei der Geburt die Chance bekommen, alte Erfahrungen und Traumen zu verarbeiten und zu integrieren. Mit anderen Worten: In einem früheren Leben haben Operation, Komplikationen, Ärztewechsel, Trennung von der Mutter, Ratlosigkeit, Wachsen eines Zusatzknochens etc. zum Tode geführt oder sind tödlich ausgegangen, diesmal führen diese Erlebnisse zum Leben, d. h., die alten Erlebnisse und Ängste werden unter ganz anderen Vorzeichen nochmals angeboten, und wir erhalten dadurch die Möglichkeit, sie leichter anzunehmen und zu verarbeiten.

Diese Umprogrammierung kann allerdings durch entsprechende Erfahrungen während der Geburt und im Laufe des weiteren Lebens wieder aufgehoben werden. Verdeutlichen wir uns das bei Lucas: Der Junge hat sich mit sieben Jahren das rechte Schienbein gebrochen. Diese Erfahrung genügt, um die alten Programme wieder aufflammen zu lassen.

Lucas findet in der Geburtsrückführung fast alle Erfahrungen selbst heraus. Obwohl er, wie er sagt, nicht wußte, daß er durch Kaiserschnitt entbunden worden ist, malt er den klaffenden Schnitt am Bauch der Mutter (Abb. L4).

Nachdem er einen Teil der dramatischen Erfahrungen während der Geburt nochmals erlebt und die Narkose ausgeatmet hat, beende ich die Sitzung damit, daß Lucas mehrmals durch den Jerseyschlauch (siehe Kapitel Clara) krabbeln darf. Er erlebt diesmal die Geburt aktiv und vital und nicht passiv-erleidend.

Da es sich bei dieser Sitzung um eine Lehrveranstaltung handelt, sind während der Arbeit noch weitere Therapeuten im Raum. Das Neugeborene wird, nachdem die Nabelschnur noch symbolisch abgeschnitten wurde, freudig von allen empfangen. Er genießt es, vor allem von dem männlichen Therapeuten in den Arm genommen zu werden.

Der Kaiserschnitt aus dem Blick des Reinkarnationstherapeuten

Untersuchungen in Japan haben ergeben, daß die Selbstmordrate bei Menschen, die durch Kaiserschnitt geboren wurden, deutlich höher ist, als bei Menschen, die durch eine natürliche Geburt entbunden worden sind. Die Reinkarnationstherapie hat für

L4

dieses Phänomen folgende Erklärung: Viele Menschen haben einen schmerzvollen Tod. Die Erfahrung zeigt, daß wir die letzten Erlebnisse als Programm mit in unser nächstes Leben nehmen. Das mitgebrachte Lebensprogramm vieler Menschen heißt also: „Schmerz bedeutet Tod". Normalerweise wird nun dieses Programm bei einer natürlichen Geburt gelöscht durch die Erfahrung, „Schmerz führt zu Leben". Bei Kaiserschnittkindern findet diese Umprogrammierung nicht statt. Wer also dieses Programm „Schmerz führt zu Tod" nicht löschen kann, läuft Gefahr, bei schmerzlichen Erfahrungen tatsächlich in Todesgefahr zu geraten, etwa durch eine schwere Krankheit oder gar durch Selbstmord zu enden.

Noch eine weitere Erfahrung ist erwähnenswert, die Kaiserschnittkinder bei ihrer Geburt machen: Der entscheidende Schritt ins Leben wird von einem Dritten herbeigeführt. Die Kinder treten in dieses Leben nicht durch eigene Kraftanstrengung, sondern durch das Handeln eines Arztes. Das Kind bleibt nicht nur vollkommen unbeteiligt, es steht in der Regel auch unter Narkose. Diese Erfahrung kann zur Folge haben, daß dieser Mensch auf größere und kleinere Aufgaben im Leben mit dem Programm reagiert: „Erledigt ihr das mal für mich, das ist eure Sache." So kann die Eigeninitiative bei größeren Projekten im entscheidenden Augenblick plötzlich erlahmen, da Hilfe von außen erwartet wird. Zudem kann sich, in unbewußter Erinnerung an die Narkose, kurz vor Beendigung der Aufgabe eine Art Lähmung und unüberwindliche Müdigkeit einstellen, die das angestrebte Projekt zum Scheitern bringen kann. Interessant wäre auch zu überprüfen, ob Kaiserschnittkinder im Vergleich zu natürlich Geborenen häufiger zu Drogensucht neigen. „Wenn es schwierig wird, dann brauche ich eine Droge", könnte das Programm heißen.

Schließlich kann das Urvertrauen des Kaiserschnittkindes verletzt sein durch das Programm: „Bei mir klappt es nicht auf natürlichem Wege."

Ich möchte nochmals betonen, daß nicht alle Kaiserschnittkinder in dieser Form geprägt werden und auch bei natürlichen Geburten ähnliche Programme ausgelöst werden können. Es muß immer auch eine entsprechende karmische Bereitschaft hinzukommen, damit die Programme greifen. Außerdem ist es sicher kein Zufall, welches Kind die Erfahrung einer Kaiserschnittgeburt macht und welches nicht. Es hat wahrscheinlich auch etwas mit der Aufgabe zu tun, die sich ein Mensch in diesem Leben vorgenommen hat. Bei Lucas können wir diesen Gedanken gut nachvollziehen.

Tod in der Wüste

4. Sitzung

In diese Sitzung kommt Lucas mit der Bemerkung, daß er sein Herz in seinen Beinen bumbern höre. Das heißt, er möchte weiter an seinen Beinen arbeiten.

Die Beine führen ihn zu einem Erlebnis in der Wüste. Lucas, hier als älterer Mann, versucht, mit letzter Kraft zusammen mit seinem Kamel eine Wasserstelle zu erreichen. Mensch und Tier sind dem Verdursten nahe. Erschöpft macht er eine kurze Rast und wacht daraus nicht mehr auf. Er nimmt den Wunsch mit in den Tod, noch weiterzulaufen, um die Wasserstelle zu erreichen. Wir müssen also seine Gedanken an *die fortwährend weiterlaufenden Beine* von dort befreien.

Jeder, der Rückführungen macht, erfährt, wie befreiend und stärkend es ist, wenn wir solche Teile von uns, seien es Körperteile, Gedanken oder Gefühle, die irgendwo in der Welt noch durch Befehle, Aufträge, Wünsche etc. energetisch gebunden sind, zurückholen. Der zurückgeholte Teil fühlt sich kräftiger und lebendiger an. Auch Lucas fühlt das ganz deutlich.

Wieder finden wir hier das Programm aus der zweiten Sitzung: *„Wenn ich ausruhe, sterbe ich"*, und wieder *„brennt"* es, diesmal die Sonne auf seinen Kopf.

Wie sich in der nächsten Sitzung herausstellt, war dieser ewig laufende Wassersucher nur eine langsame Annäherung an das Haupttrauma, das Lucas' Seele bearbeiten will. Es ist nicht unüblich, daß wir zunächst harmlose Themen bearbeiten, um uns Mut zu holen, in immer tiefere, belastendere Schichten vorzudringen.

Wenn ich nicht Luft bin, dann ist da ein Tigerkörper

5. Sitzung

Lucas wagt sich in dieser Sitzung an ein Trauma, das ihn über viele, viele Inkarnationen hinweg schwer belastet hat und in dem sowohl seine Beinproblematik als auch seine Fieberphantasien wahrscheinlich ihren Anfang nahmen, d. h. manifest wurden. Wir benötigen vier Sitzungen, um das Trauma aus diesem Leben ganz aufzulösen.

Es ist für mich nicht leicht, das nächste Leben so darzustellen, daß es verständlich wird. Das liegt daran, daß mich Lucas in ein Leben führt, in dem er ein sehr spiritueller Mann war. Viele Erfahrungen, die er macht, sind nur zu verstehen, wenn wir sie mit den Augen eines spirituellen Menschen betrachten.

Damit Sie seine Ausführungen leichter einordnen können, will ich vorweg die Rahmenhandlung schildern, in der wir in den kommenden vier Sitzungen arbeiten:

Lucas lebt als Christ zur Zeit der Christenverfolgungen in Rom. Er hält sich mit vielen seiner Glaubensbrüder in unterirdischen Gängen auf. (Ob es sich dabei um die Katakomben, die weitverzweigten unterirdischen Gänge, handelt, die als Grabkammern dienten, oder um Verliese, in denen die Christen gefangen gehalten werden, habe ich nicht abgefragt.) Von dort aus werden sie von römischen Soldaten in die Arena getrieben, in der sie alle unter dem Gejohle der Zuschauer von Löwen getötet und gefressen werden.

Der Einstieg in dieses Leben erfolgt über die Arbeit an den Fieberphantasien. Zunächst bitte ich Lucas, mir die Erlebnisse, die er regelmäßig bei hohem Fieber hat, zu schildern. Er betont immer wieder, daß es ganz schlimm sei, und daß er sich nicht mehr so gut daran erinnern könne.

T.: „Möchtest du trotzdem daran arbeiten?"

L.: „Ja, das ist ganz schlimm, aber ich möchte gerne, daß das aufhört."

T.: „Ja."

L.: „Ich kann mich halt jetzt ganz schlecht wieder daran erinnern."

T.: „An was kannst du dich denn noch erinnern?"

L.: „Ein Gefühl wie wenn ... wie unendlich. Man kann es überhaupt nicht beschreiben. Wie wenn es kein Ende hat. Also man kann nichts tun. Was ganz Großes, Schweres, Leichtes, Gummiartiges, Hartes, alles zusammen."

T.: „Also leicht und schwer und hart und weich und so, als wäre es Gummi."

L.: „Ja, ganz scheußlich. Es fließt aus der Schule raus und die Schule explodiert dann. Es ist ganz heiß, aber ist doch ganz kalt und lauwarm."

T.: „Es fließt und es explodiert, und es ist kalt und warm gleichzeitig?"

L.: „Ja. Jetzt fällt mir noch was ein. Ein Kind, ganz klein und doch ganz groß, ist am Gartenzaun und trägt eine kleine Blume im Blumentopf. Dann, an einem bestimmten Platz, an einer bestimmten Zaunlatte, es ist immer die gleiche, dann explodiert die Schule, und dann ist das Gefühl da. Und man selber kann nichts tun. Und dann schreien und lachen da viele Leute, die schreien ‚ah' und ‚uh' ... und ... das ist schlimm." Nach einer Weile flüstert er verzweifelt die Worte: „Und man selber kann nichts tun, *ich kann nichts machen, ich bin wie Luft*, also ich bin die Luft, und mir kann es nur schlecht gehen, sonst kann ich überhaupt nichts tun."

T.: „Das ist schlimm, du kannst nichts tun, wenn es explodiert. Und das kleine Mädchen?"

L.: „Das geht halt ahnungslos dahin, und dann, ah, nein! schreit es dann, wenn die Schule explodiert. So ganz schlimm.“

Für mich, die ich Lucas' Christenverfolgungs-Geschichte zu diesem Zeitpunkt noch nicht kenne, bedeuten diese Ausführungen bis jetzt:

Es gibt einen Ort, an dem sich viele Menschen befinden, die sich alle zu einem ganz bestimmten Zweck dort versammelt haben (Schule), es gibt einen Zaun, an dem ein ahnungsloses kleines Mädchen, unschuldig wie eine Blume, entlang geht. Dann erfolgt eine Explosion. Es gibt Menschen, die sich offensichtlich dabei amüsieren, sie lachen und rufen ‚ah' und ‚uh'. Das Schlimmste an allem ist, Lucas kann es nicht verhindern, er kann nur untätig zuschauen. Er hat keinen materiellen Körper, mit dem er tätig einschreiten könnte, er besteht aus Luft. Seine Empfindungen sind raum- und zeitlos, d. h., er befindet sich außerhalb der Polarität, also außerhalb der materiellen Welt. Es ist kalt und warm, fest und flüssig gleichzeitig, und er hat das Gefühl von Unendlichkeit. Weiter als bis zur Explosion kann er in der Vorstellung nicht gehen. Es wiederholt sich endlos immer wieder. Für mich heißt das, ich soll mit Lucas zusammen den Weg weiter gehen und nicht an der Zaunlatte, an der es nicht weiter geht, hängen bleiben.

Erst nach drei weiteren Sitzungen ist mir ganz klar, was sich hinter der Symbolik der Fieberträume verbirgt. Die Schule, der Ort, an dem sich so viele Menschen versammeln, die lachen und ‚ah' und ‚uh' schreien, ist ein Symbol für die Arena. Am schlimmsten ist für Lucas, daß auch unschuldige Kinder dorthin geführt werden. Die Explosion heißt: „Selbst vom Löwen gefressen zu werden, fühlt sich wie eine Explosion an.“ Das Gefühl von Raum- und Zeitlosigkeit bedeutet, daß Lucas sich selbst außerhalb seines Körpers befindet, während dies alles geschieht. Das wiederum kann heißen, daß er sich in tief meditativer Haltung befindet oder schon tot ist, also alles von oben herab als Seele betrachtet.

An dieser Geschichte kann sehr gut deutlich gemacht werden, daß in der Form, wie sich ein Problem darstellt, hier in den Fieberphantasien von Lucas, alle Ereignisse, um die es geht, schon verschlüsselt vollständig enthalten sind. Es ist nur oft so schwer für uns, die Hinweise richtig zu verstehen. So wie Lucas seine Fieberphantasien beschreibt, könnte es sich auch um ein Kriegserlebnis handeln, um die Explosion einer Schule. Wenn man jedoch genau zuhört, was Lucas sagt, dann kann die Kriegsgeschichte an einer Stelle nicht ganz stimmen, nämlich dort wo er sagt.: „Und dann schreien und lachen da viele Leute, die schreien ‚ah' und ‚uh' ... und ... das ist ganz schlimm.“ Wann der Klient die Symbolsprache benutzt, wie hier z. B. Schule für Arena, und wann die Aussagen wörtlich zu nehmen sind, wie im Falle vom Lachen und Schreien der Menschen, das ist oft nicht leicht zu unterscheiden. Sollten wir uns jedoch einmal auf eine falsche Fährte begeben, dann führt uns die Seele des Kindes geduldig wieder zurück auf den richtigen Weg. Auch solch eine Erfahrung kann ich bei dieser Arbeit mit Lucas schildern.

Bevor wir uns nun zusammen auf den schweren, langen Weg machen, hören wir noch einmal die Not, in der sich Lucas während seiner Fieberphantasien befindet. Er ist in heller Aufregung, während er berichtet:

L.: „Der Kopf wird richtig heiß, kochend heiß, so heiß, wie wenn er gleich auseinander springen würde. Wie wenn jetzt lauter Risse drin wären. Ich kann nicht mehr denken. Und wenn man eine Kühlflasche drauflegt, irgendwie, einen kalten Waschlappen, das hilft nicht, der Waschlappen wird nicht warm, er hilft einfach nicht, er dringt nicht durch. Der Kopf ist doch ganz heiß, wie wenn jetzt ‘ne Mauer drum wäre, wo nichts Kaltes hinkommt, aber das Warme kann weg. Innen drin wird es immer wärmer, wärmer, wärmer und dann, wenn die Schule explodiert ist, und es gab Schlimmes im Kopf, dann fängt wieder alles von neuem an. So geht das immer weiter und weiter und weiter und weiter und hört nicht mehr auf."

T.: „Es explodiert immer wieder neu?"

L.: „Ja, immer wieder hintereinander. Und immer wieder bei der gleichen Latte explodiert die Schule."

T.: „Man kann das nicht unterbrechen?"

L.: „Nein, man kann überhaupt nichts machen, man kann es nicht unterbrechen, man kann überhaupt nichts. Wie wenn ein großer Bagger einfach da so den Weg lang fährt und ein kleiner Mensch davorsteht und schreit: ‚Nein, nicht, nicht!' und der Bagger fährt trotzdem weiter, den kann er ja nicht stoppen."

T.: „Schlimm."

L.: „Und so geht das immer weiter und weiter und weiter und weiter und weiter. Und ich schlaf so halb. Ich bin wach und schlaf so halb. Im Halbschlaf. Ich kann nichts sagen, ich kann meiner Mutter nicht sagen, was los ist. Ich kann überhaupt nichts."

T.: „Wie ist es, wenn du aufwachst?"

L.: „Das ist immer so, ich wach nicht auf. Das ist dauernd nur so, das ist ja immer weiter und weiter, und ich kann das nicht stoppen."

T.: „Und wann wachst du dann auf?"

L.: „Nie!"

Hier drückt Lucas nochmals aus, daß dieser Teil, der dort gebunden ist, *nie*, wie er glaubt, erlöst werden kann.

T.: „Da müssen wir mal schauen, wo das angefangen hat. Wo das herkommt."

L.: „Dann ist da noch das Gefühl, im Bauch, wie wenn die Bösen gegen die Lieben kämpfen. Die Bösen sind so heiß und können jeden verbrennen, die brauchen nur so machen, und dann sind die anderen schon tot. Wenn man Wasser über die (Bösen) schütten würde, die würden gleich erlöschen und auch tot sein. Aber das kann keiner. Und dann gibt es da noch so einen, der Regen macht, und dann gibt es noch jemanden da so, der macht ganz viel Liebe, die so was können, und dann gibt es noch welche, die Überschwemmungen machen können, und die Mauern bauen können. Die, die die anderen Menschen besiegen können, die anderen, die sind so stark, die machen einfach, machen sich ganz heiß, und dann ist alles wieder hin. Die können durch alles durch, die können überall hin und plötzlich ist nichts mehr da. Fällt nur noch ein Wassertropfen runter, und ich kann nichts machen. *Ich kann nur zuschauen, nicht helfen*. Ich will immer gerne helfen, aber ich weiß nicht, wie ich helfen soll. Und in dem Moment, wo ich überlege, da haben sie mich schon wieder besiegt, da bin ich schon wieder nicht mehr."

Erst als ich Lucas das eben Gesagte malen lasse, enthüllt sich uns langsam der tragische Sinn seiner scheinbar ungereimten Worte.

T.: „Kannst du mal die Lieben und die Bösen zeichnen?"
L.: „Kann ich gut, das kann ich mir gut vorstellen."
T.: „Gut."
L.: „Ich muß malen, wie sie kämpfen und wie dann der Wassertropfen runterläuft, das ist für mich ganz wichtig." Er betont mehrmals, daß ihm dieser Wassertropfen sehr wichtig sei (Abb. L5).

Während Lucas malt, was alles auf dem „Weg" (d. h. auf dem Leidensweg in den unterirdischen Gängen) passiert, spricht und erklärt er sehr viel. Durch seine Zeichnungen und seine begleitenden Erklärungen bekommen wir eine Ahnung davon, wie ein tief spiritueller, medialer* Mensch die Welt sieht und erfährt. Seine Wahrnehmungen unterscheiden sich wesentlich von denen, die Menschen normalerweise haben. Er erfährt die Essenz, das, was hinter der äußeren Erscheinung verborgen ist. Nicht die materielle Hülle, sondern die Ausdrucksform, der geistige Inhalt eines Wesens tritt ihm entgegen:

* Ein Mensch, der zwischen der unkörperlichen und der alltäglichen, realen Welt eine Verbindung herzustellen vermag.

L5

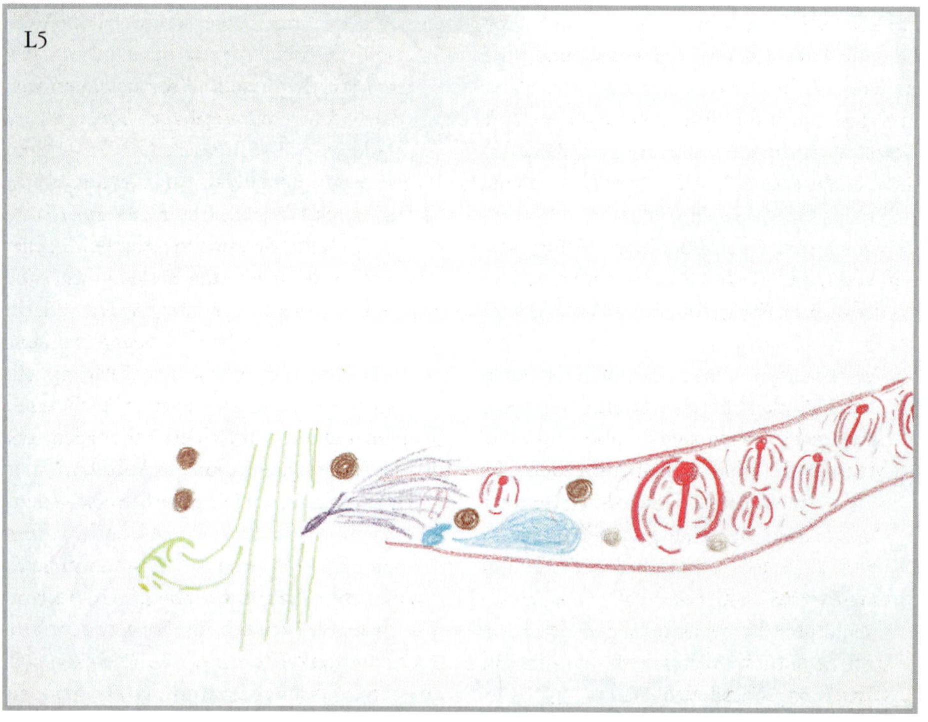

So handelt es sich z. B. bei den Figuren, die wie rote Strichmännchen mit rotem Strahlenkranz aussehen, um römische Soldaten, um „die Bösen". Römische Soldaten bestehen bei ihm nicht aus Fleisch und Blut, aus Rüstung, Helm und Schwert, sondern „sie haben sehr viel Energie, die von innen kommt, und töten alle Guten". „Die Striche außen herum, das ist Kraft und Hitze." Sie bestehen vornehmlich „aus Feuer". Sie gleichen „eher Maschinen als Menschen". Sie entwickeln „ihre Kraft", „ihr Feuer" dadurch, „daß es die zwei Dinger (Polarität) gibt" und „sie gepreßt (unter Druck gesetzt) werden", damit „sie losgeschickt (befehligt) werden" können. Lucas beschreibt die Soldaten nicht als körperliche Wesen, sondern als kämpferische, aggressive Energie.

Zu keiner Zeit spricht Lucas von Soldaten, ich muß all seine Aussagen auf eben beschriebener Ebene aufnehmen und verstehen. Wichtig ist dabei, daß ich Lucas verstehe, ich muß ihn aber auch auf die „irdische Ebene" herunterbringen, damit er dieses Leben abschließen kann. Das erweist sich nicht immer als einfach.

Nun weiter in der Betrachtung der Zeichnung von Lucas. Alle anderen Zeichen auf dem Weg gehören zu den *Guten:*

- Die braunen Punkte sind diejenigen, „die von den Bösen verfolgt werden", „die ganz Normalen", also normale Menschen, seine Glaubensbrüder. Er selbst ist ein „fast aufgelöster" brauner Punkt, das heißt wahrscheinlich, er lebt mehr auf der geistig-spirituellen als auf der materiellen Ebene.
- Das „Blaue ist Wasser, in das die Braunen immer wieder treten und dabei reden und sich stärken".
- Die Violetten und die Hellgrünen dienen „zum Schutz". Die Violetten „strahlen Energie ab" und „verbreiten Liebe", und sie „bauen" zusammen mit den Hellgrün-Gelben „Mauern zum Schutz gegen die Bösen".

Im Laufe der Zeit stellt sich heraus, daß die Guten sich in Gängen befinden „das ist wie in einem Schlauch" und die Bösen in diese Gänge bzw. den Schlauch eindringen.

Mir wird bald klar, daß es sich hier um christliche Symbole handelt: Das violette Zeichen stellt die abstrakte Form eines Fisches dar. Es ist das aus der Antike stammende Symbol eines Fisches, das die frühen Christen für ihren Erlöser Christus verwendeten.

Das hellgrün-gelbe Symbol konnte ich in der Literatur nicht finden. So wie es Lucas beschreibt, stellt es „die dreifache Kraft dar, die besonders stark ist". Im Christlichen Glauben ist es die Trinität, Gottvater, Gottes Sohn und Heiliger Geist. Dabei symbolisieren die beiden kleinen Kreise Vater und Sohn und der große, beide umspannende Bogen, den Heiligen Geist.

Das „Wasser, in das die Braunen immer wieder treten und dabei reden und sich stärken" ist wohl Symbol für das Wasser des Lebens, für die Taufe. Das macht auch verständlich, warum Lucas der Wassertropfen so wichtig ist. Er sagt: „Den Wassertropfen muß ich auf jeden Fall malen, der ist das Wichtigste für uns." (Abb. L6)

Der Wassertropfen hat verschiedene Schichten. „Außen das Wasser", „dann kommt eine lila Schicht, die kann heilen", indem „sie den Bösen Energie wegnimmt und dann verwandelt, daß der Körper sich nicht ärgern läßt". Das Gelbe ist „eine Schutzschicht, das ist ganz stark" und das

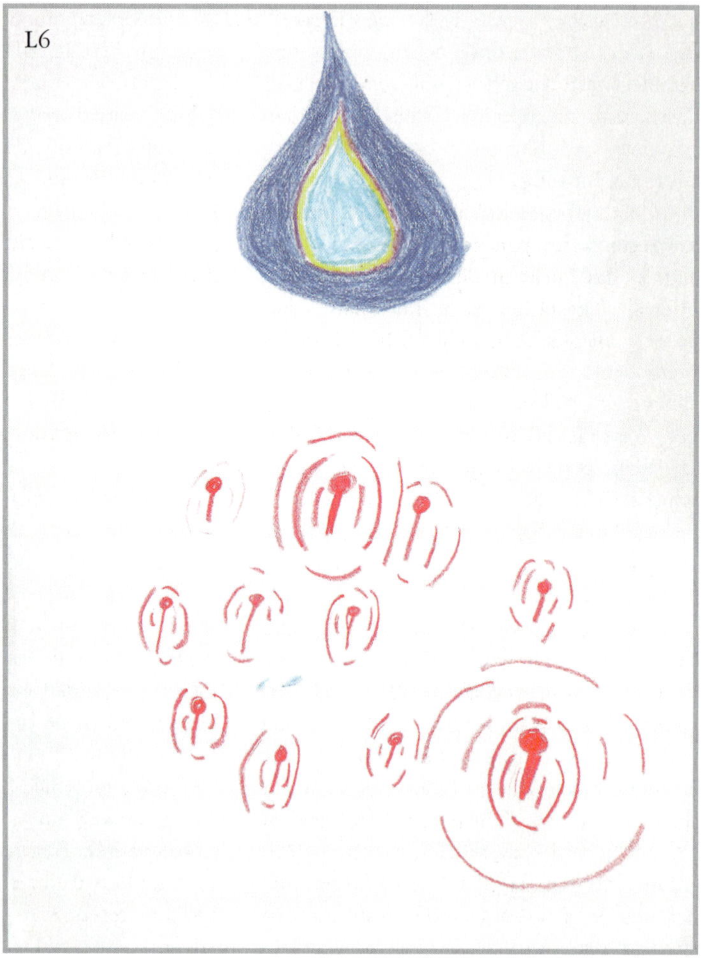

„Türkis heilt auch, das gefriert die Bösen erstmal ein, daß sie eine Zeitlang erstmal nicht rankommen."

Der Wassertropfen, der über den „Bösen" schwebt, enthüllt in wunderbarer Weise auch durch die Farbgebung das Mysterium der Taufe:

- Durch das Wasser (blau) der Taufe findet die
- erste Umwandlung (Violett als Farbe der Transformation) statt, der erste Schritt der Heilung der Seele durch Christus, die Verkörperung der Liebe.
- Durch die göttliche Liebe sollen wir über das Vertrauen in die Kraft des Glaubens (Gelb als geistiges Prinzip)
- zu der tiefen Liebe zu uns selbst (Türkis) gelangen, der einzigen Möglichkeit, wie wir zu wahrer Liebe für den anderen finden können. Das Zentrum des Wassertropfens ist türkis. Es leuchtet in der Farbe, die die höchste Form der menschlichen Liebe darstellt.

Bringen wir die Worte, die Lucas beim Malen verwendet, in einen Zusammenhang, dann klingt das so: „Zunächst" treffen wir auf „das Wasser", dann „auf die lila Schicht, die heilen kann", indem „sie den Bösen (ihre zerstörerische) Energie wegnimmt". Das führt dazu, daß „der Körper sich nicht mehr ärgern läßt" und damit auch keine Rachegedanken mehr hegt. „Das Gelbe", das Licht und die Kraft des Glaubens, „bildet eine Schutzschicht, die ist ganz stark". „Das Türkis heilt", indem es „die Bösen einfriert, daß sie eine Zeitlang nicht mehr rankommen". Das heißt, der Mensch konzentriert sich auf seinen inneren liebevollen Kern und friert Gefühle von Haß und Aggression ein, das macht ihn im Inneren unerreichbar für die Bösen.

Ich bin tief beeindruckt von der Weisheit der Seele dieses Kindes. An einem Selbstbildnis, das Lucas in der nächsten Sitzung anfertigt, bestätigt sich nochmals, daß Lucas in diesem Leben ein hoch spiritueller Mann ist.

Es mag aufgefallen sein, daß ich die Farben nicht immer in gleicher Weise deute. Oft habe ich z. B. in den Zeichnungen Violett als Hinweis auf ein Problem gedeutet, hier nun spreche ich bei Violett von der Farbe der Transformation. Auf der Symbolebene gibt es keine solch festen Regeln, wie wir sie oft in der Raum-Zeit-gebundenen sichtbaren Welt vorfinden. Wie ich eingangs schon erwähnt habe, ergibt sich die Bedeutung der Farben immer erst aus dem Zusammenhang. Eine Farbe ist z. B. in einem spirituellen Zusammenhang anders zu deuten als in einem Bild, in dem es um alltägliche Belange geht. Das heißt, daß auf verschiedenen Bewußtseinsebenen die Farben auch unterschiedliche Bedeutung haben. Wenn man die Literatur nach der Symbolik von Farben durchforstet, wird man immer wieder dadurch irritiert, daß der eine den Farben diese und der andere jene Bedeutung zuschreibt. Wenn man alle Auslegungen von einer höheren Warte aus betrachtet, wird man feststellen, daß die meisten von ihrer Position aus, von der sie die Bedeutung der Farben angehen, recht haben, aber eben nur von ihrem Blickwinkel aus. Sehr hilfreich ist das Buch „Farben" von Ingrid Riedel. Sie stellt die verschiedenen Bedeutungen von Farben sachlich nebeneinander.

Nun zurück zum weiteren Verlauf der Sitzung. Durch meine nächste Frage versuche ich zu überprüfen, ob es sich bei Lucas' Schilderungen tatsächlich um die Zeit der Christenverfolgung in Rom gehandelt hat:

T.: „Ah, ja. Jetzt wissen wir viel. Wollen wir mal zurückgehen, wo das angefangen hat?"
L.: „Vor wie vielen Jahren es angefangen hat, oder?"
T.: „Ja, fühl mal, ist das ganz, ganz lange her oder nicht so lange?"
L.: „Also die erste Zahl, die mir eingefallen ist, dann ist es 1800 Jahre her."

Das wäre die Zeit von Decius und Valerian. Beide waren die erbittertsten Christenverfolger des römischen Reiches.

T.: „Also ganz alt. Wollen wir da mal hingehen?"
L. seufzt: „Ach, das ist ja so lange her."
T.: „Aber wenn jetzt immer noch etwas davon da ist, dann ist es noch gar nicht so lange her, dann ist es zwar lange her, aber für uns ein Katzensprung, weil es ja noch da ist."
L. seufzt abermals sehr tief.
T.: „Es ist schlimm für dich, da noch mal hinzuschauen?"
L.: „Ja."
T.: „Da brauchst du ganz viel Mut."

Er versucht immer wieder auszuweichen. Da er jedoch zu Anfang den Wunsch geäußert hat, daß er dieses Leben bearbeiten will, führe ich ihn beharrlich immer wieder zurück. Sein Hauptproblem zeichnet sich deutlich ab. Er hat große Schuldgefühle, weil er nicht helfen konnte, er mußte zuschauen, ohne helfen zu können (vergleiche Ariadne).

L.: „Ich bin nichts, ich nütze nichts. Ich kann nicht viel helfen, ich kann überhaupt nichts helfen. Ich kann nichts machen. Bloß wenn es jetzt hier ist, die Luft da, die kann ja jetzt auch nicht helfen. Wenn da hier der Boden brennt, da kann die Luft da oben nicht helfen. Das kann man sich nicht vorstellen, das ist ganz schlimm."

T.: „Ja, ich kann mir vorstellen, wie schlimm das ist. Also Lucas, ich glaube, da gibt es einen Körper, der das wirklich mal erlebt hat."

L. (flüsternd): „Das ist schlimm."

T.: „Ja, sehr schlimm."

L.: „Das mag ich mir nicht vorstellen."

T.: „Weil?"

L.: „Das ist so schlimm. Da fängt gleich wieder alles von vorne an. Dann kommen die plötzlich wieder, ich weiß nicht, wo sie jetzt sind, aber dann kommen die plötzlich wieder von irgendwo her, ich weiß nicht wo, dann sind sie da und dann kann ich nicht mehr aufhören, das ist ganz schlimm." Er meint damit, daß die „Feuerenergie", die roten Strichmännchen mit den roten Kreisen, d. h. die römischen Soldaten, wiederkommen könnten.

T.: „Gut, wenn das zu schlimm ist, dann machen wir mal was anderes. Fühl mal hier (ich deute auf den braunen Punkt, als den er sich gemalt hat), das bist ja du. Geh mal in der Zeit noch ein Stück weiter zurück, da wo du noch nicht das Gefühl hast, es ist ganz schlimm, es ist unendlich, ich kann überhaupt nichts machen, es ist ohne Ende. Fühl mal, wie du dich fühlst, bevor das kommt."

L.: „Ich fühle mich gut."

T.: „Gut, und wie ist es da, bist du da auch Luft?"

L.: „Ja, ich bin Luft, ich bin auch nichts, aber ich freu' mich, ich tu was."

T.: „Fühl mal, was du da für einen Körper hast? Ist das ein Luftkörper? Oder was ist das für einer?"

L.: „Ein Tigerkörper."

T.: „Ein Tigerkörper?"

L.: „Ja."

T.: „Ja, also wenn da keine Luft ist, ist da ein Tigerkörper?"

L.: „Ja."

Hier erleben wir etwas, das ich bei Rückführungen häufiger beobachte, und das Anfänger oft auf eine falsche Fährte bringt: Der Klient identifiziert sich mit dem Aggressor. Lucas wird von einem Tiger, wie es scheint, angegriffen und erlebt sich in dem Moment selbst als Tiger.

Das kann zwei Ursachen haben. Der Klient möchte sich nicht in die Opferrolle begeben, er will den alten Schmerz nicht nochmals erleben. Diese Form erleben wir häufig bei Kindern. Sie springen sehr schnell an das andere Ende der Polarität, auf die kraftvolle Täterseite.

Eine andere Möglichkeit ist, der Klient befindet sich, während ihm Schmerzen zugefügt werden, in Ohnmacht, im Schock, im Koma oder er ist aus einem anderen Grunde mit seiner Bewußtheit nicht in seinem Körper, z. B. in tiefer Meditation. Dann kann der momentan „unbewohnte" Körper von der Energie des Täters förmlich besetzt werden. Diese Fremdenergie können wir dann sogar in andere Leben mitnehmen und halten sie für unsere eigene. Es ist sehr heilsam, solche Besetzungen oder Besessenheiten in Rückführungen zu erkennen und abzulösen.

Bei Lucas kann es sich um eine Verbindung beider Elemente handeln. Wie er immer wieder betont, ist er Luft und kann als Luft das gesamte Geschehen beobachten, aber nicht handeln. Das deutet darauf hin, daß er nicht mehr in seinem Körper ist, sei es, daß er schon tot ist oder daß er aus irgendeinem anderen Grund nicht mit seinem Bewußtsein in seinem Körper ist.

Hier noch kurz ein Ausschnitt aus unserem Dialog, an dem deutlich wird, was ich eben beschrieben habe:

T.: „Jetzt geh mal genau in den Moment, wo die kommen."

L.: „Da ist der Tiger aber jetzt nicht mehr Tiger."

T.: „In dem Moment, wo die kommen?"

L.: „Da ist er nichts, da ist er Luft."

T.: „Also in dem Moment, wo er zu nichts wird, was passiert genau in dem Moment?"

L.: „Wo er flieht?"

T.: „Da flieht er?"

L.: „Und dann sind die gekommen."

T.: „Von wo aus sieht er das?"

L.: „Von überall."

T.: „Also er hat den totalen Überblick, wenn er flieht?"

L.: „Ja, und kann nichts tun." Und dann beschreibt er die Situation sogar direkt: „Ja, ich weiß schon, die erwischen ihn, und dann ist die Seele Luft, und sie ist dann das da." Er deutet auf den Tiger.

Das heißt, er verläßt in dem Moment, in dem der Schrecken kommt, seinen Körper und betrachtet das Geschehen von oben. Der Schrecken, der Angreifer, scheint hier ein Tiger, also ein Raubtier zu sein, mit dem er sich identifiziert. Mit dem Auftauchen des Tigers erhärtet sich meine Vermutung, daß wir uns bei der Christenverfolgung befinden.

Wir brauchen uns nicht die Frage zu stellen, ob es auch Christen gab, die Tigern zum Fraß vorgeworfen wurden, da Lucas in der nächsten Sitzung von sich aus vom Tiger zum Löwen überwechselt. Wir haben schon gelernt, daß die Seele oft ähnliche Bilder anbietet, um noch etwas Abstand zu dem traumatischen Geschehen halten zu können.

Da unsere Zeit fast um ist und ich keine Möglichkeit mehr sehe, das Kind durch das Trauma ganz durchzuführen, lasse ich Lucas vorläufig in dem starken Tigergefühl; das soll ihm Sicherheit bis morgen geben, wenn wir an dem Thema weiterarbeiten werden.

Wir sprechen über die Eigenschaften, die ein Tiger hat. Dazu bitte ich ihn, dieses Tier zu malen (Abb. L7).

Ich frage ihn, was der Tiger im Maul hat. Er sagt: „Ein Stück Fleisch." Auf die Frage, wie sich das anfühlt, meint er: „Schön, da freut man sich."

Wir bemerken, daß er ganz mit dem Tiger identifiziert ist und nicht wahrnimmt, daß dieses Stück Fleisch, das der Tiger im Maul hat, ein Stück von seinem eigenen damaligen Körper ist, wie wir später sehen werden.

Lucas stellt fest: „Ein Tiger kann schnell laufen, kann gut denken und hat einen guten Körper." Er selbst sei jetzt „ganz stark". Weiter beschreibt er: „Er ist so stark wie'n ..., furchtbar stark. Also hier könnte nichts passieren, hier nicht. Also bei

L7

ihm können die Tiger nicht eindringen, die Bösen, aber bei mir schon. Bei mir sind die Mauern im Bauch. Bei ihm ist die Mauer außen herum." Er könnte „leicht alle Bösen abwehren".

Ich lasse ihn zum Abschluß fühlen, ob „das Wasser, die Mauermacher, die Braunen-Normalen und die, die Liebe verbreiten, auch in dem Tiger zu finden sind?" Er bejaht diese Frage und zeichnet die Symbole in den Tiger hinein. Die braunen Punkte und das Wasser plaziert er in den Körper des Tigers, also das Wasser und die Erde, die Teile, die der Tiger mit uns Menschen gemeinsam hat. Die spirituellen Symbole jedoch malt er außerhalb. Die Schutzmauer, das Symbol für Gottvater, Gottes Sohn und den Heiligen Geist, umgibt den Tiger und „schützt ihn", das Christus- bzw. Liebessymbol malt Lucas zwischen Fleisch und Maul des Tigers. Lucas malt die Liebe zwischen Täter und Opfer. Wie könnte die christliche Liebe besser zum Ausdruck gebracht werden?

Wieder bin ich tief ergriffen von der Kraft und der Weisheit der Seele des Kindes. Sowohl Fressen als auch Gefressenwerden hat etwas mit Liebe zu tun. Gott ist mit dem Täter und mit dem Opfer in gleicher Weise verbunden. Alle großen Religionen wollen uns das immer wieder vermitteln. Wenn es nur nicht so schwer wäre, es in seiner ganzen Tragweite zu begreifen! Kinder haben zu dieser Weisheit oft noch unmittelbaren Zugang. Wieviel können uns Kinder lehren, wenn wir uns nicht über sie erheben!

Als ich Lucas frage, ob in dem Tiger auch die einzelnen Symbole zu finden seien, war mein Gedanke, Lucas mit dem heiligen, göttlichen Teil des Tieres zu verbinden, damit ihn über Nacht nicht der Teil überfällt, der ihm so viel Angst gemacht hat. Jetzt kann ich ihn getrost entlassen und weiß, daß er keine Angstträume haben wird, obwohl wir die Arbeit an dem Trauma noch nicht beendet haben.

Es brennt, als würde das Bein über den Grill gehalten

6. und 7. Sitzung

Lucas hat gut geschlafen, und es geht ihm gut. Wir überlegen, mit welchem Bild wir weitermachen. Er findet, daß es am leichtesten sei, mit dem Wassertropfen weiterzumachen, der Tiger habe „sowieso schon verloren", der sei unwichtig, und am schwersten sei es, an dem Bild mit dem „Schlauch", weiterzuarbeiten. „Da kriegt man sowieso überhaupt nichts mehr raus, das habe ich nur einfach so hingemalt", meint er dazu. Damit haben wir die klare Anweisung, wo wir weiterzumachen haben, nämlich dort, wo es am schwersten ist.

T.: „Gehen wir mal in den Schlauch da, oder was ist das?" (Lucas hatte die unterirdischen Gänge bisher nur mit „so wie ein Gartenschlauch" bezeichnet, und ich versuche, nie Begriffe einzuführen, die das Kind nicht benutzt hat, ich könnte mich ja immer auch getäuscht haben mit meinen Auslegungen.)

L.: „Ein Weg."

T.: „Stelle dir vor, da könntest du rein, wie sieht das aus?"

L.: „Wie ein Schlauch, wie wenn ich vollkommen runter gehe."

T.: „Geh mal den Weg entlang. Geh mal runter, bis die Luft kalt und feucht wird und viele Mauern sind und auch Pfützen. Und wo es diese Schutzmauern, die Liebe und das Wasser gibt."

Hier benutze ich alle Worte, mit denen er bisher den Weg im Schlauch beschrieben hat. Wir sehen, daß seine Worte sowohl die reale Situation in unterirdischen Gewölben (kalt, feucht, Pfützen, Mauern) beschreiben als auch die spirituelle Qualität (Liebe, schützendes Wasser) enthalten.

L.: „Die Mauern, die zergehen gleich vor mir."

T.: „Halt sie mal fest und stelle dir vor ..."

L.: „Kann ich nicht. Die gehen immer vor mir weg, und dann bauen sie sich wieder auf."

T.: „Fühl mal, was dein Körper macht, ist das dein Geist oder dein Körper, der das erlebt?"

L.: „Der Körper nicht."

T.: „Der Körper nicht?"

L.: „Der schwebt da durch. Wenn man kein Hindernis hat, also man selber ist wie Luft."

T.: „Genau. Das heißt, man fühlt den Körper nicht."

L.: „Ja, um nicht geärgert zu werden."

Manche Menschen können ihren materiellen Körper verlassen, wenn ihm Schmerz zugefügt wird. Sie begeben sich auf eine andere Bewußtseinsebene und wirken dadurch nach außen ganz ruhig und gelassen, trotz schlimmer Verletzungen. Die letzte Bemerkung deutet darauf hin, daß Lucas damals seinen Körper bewußt verlassen hat, um nicht geärgert zu werden, d. h., um nicht angreifbar zu sein.

T.: „Genau. Was wäre, wenn du den Körper fühlen würdest, da, wo es feucht ist und Wände sind."
L.: „Dann würde ich alles spüren."
T.: „Wie wäre das?"
L.: „Nicht schön."
T.: „Ja, nicht schön. Fühl mal ein bißchen, was du da spüren würdest, wenn du da wärest."
L.: „Da tät' ich sterben."

Jetzt beginnt die mühsame Arbeit, ihm dazu zu verhelfen, daß er zusammen mit seinem Körper erlebt, was damals passiert ist, denn nur dann kann er jenes Leben beenden. Bisher schwebt er oder ein Teil von ihm, immer noch da unten in den Gängen herum, weil er nicht erkannt oder besser erlebt hat, daß er tot ist. In den Fieberträumen holt ihn dieser Teil heute immer wieder ein, es zieht ihn dorthin zurück.

Dazu ist es zunächst wichtig, daß wir herausfinden, was er damals für einen Körper hatte. Wenn Lucas sich einen lebendigen Körper vorstellt, ihn fühlt oder malt, dann wird es für ihn Realität. Deshalb lasse ich ihn sich mit seinem damaligen Körper malen (Abb. L8).

Obwohl es sich nach der Zeichnung eindeutig um einen Mann handelt, sagt er, es sei ein fünfjähriges Kind. Wir können hier

L8

die Identifikation mit dem eingangs beschriebenen Mädchen vermuten.

Er merkt auch den Widerspruch nicht, wenn er auf meine Fragen, wie lange er schon da unten sei, antwortet, „zwanzig Jahre", und bei, wie alt er jetzt sei, „fünf Jahre" angibt.

Ein Fehler, den Reinkarnationstherapeuten anfangs oft machen, ist, daß sie die vermeintliche Unlogik nicht stehen lassen können. Die Seele ist in dem, was sie mitteilt, niemals unlogisch. Sie ist nur imstande, verschiedene Ereignisse gleichzeitig zu erleben und in den Blick zu bringen, da auf der Ebene, auf der wir arbeiten, die Gesetze von Raum und Zeit nicht gelten. Er kann also gleichzeitig der Mann, der Tiger und das kleine Mädchen sein.

Bei dem Mann fällt auf, daß er nur ein Auge mitten auf der Stirn hat, das sogenannte *Dritte Auge*. Spätestens jetzt wissen wir, daß Lucas damals tatsächlich ein sehr spiritueller Mann gewesen sein muß. (Das *Dritte Auge* wird verstanden als Sitz aller Bewußtwerdungsprozesse, als Auge der Seher und Propheten, als Pforte zu höherer Einsicht, zu Visionen und zu göttlich inspiriertem Denken.)

Der Mann ist ganz gelb. Nehmen wir Gelb als Farbe des Lichtes, dann könnte es heißen, daß er leuchtet oder erleuchtet ist.

Er selbst meint nur: „Er hat nur dieses Auge", ohne daß ihm das ungewöhnlich vorkommt oder er sich in irgendeiner Weise bewußt ist, was es bedeuten könnte.

Um ihn näher an das tatsächliche Geschehen von damals heranzuführen, lasse ich ihn nochmals „den ganzen Weg" malen, „in dem das Schlimme passiert" (Abb. L9).

T.: „Dann geh mal weiter, geh mal zu dem Moment, bis die kommen. Von wo kommen die, von da oder von da?"

L.: „Von da." (von links)

T.: „Wie fühlt sich das an?"

L.: „Schlimm, der läuft ja vor denen weg. Er ist erst an der Mauer, dann ist er da und da, bis dahin, wo die gemacht werden, da wo die noch am meisten Energie haben (die Gelben und die Violetten)."

T.: „Fühl noch mal, wie schlimm das ist, wenn die kommen."

L.: „Ganz schlimm."

Ich lasse ihn mehrmals „ganz schlimm" sagen, damit er in seine Gefühle kommt. Es gelingt jedoch nicht. Daran kann ich sehen, daß er noch nicht in seinem Körper ist.

T.: „Was ist da schlimm?"

L.: „Daß sie ihm was tun wollen."

T.: „Der hat Angst, daß sie ihm was tun?"

L.: „Ja."

T.: „Fühl mal die Angst."

L.: „Ganz große Angst."

T.: „Fühl mal, wo ist die Angst überall? Fühle es mal in deinem Körper."

L.: „Im Kopf am meisten."

Wie bei den Fieberphantasien ist die Angst nicht da, wo es weh tut, sondern im Kopf, dessen Gedanken ihn wegtragen.

Ich bringe noch ein kurzes Beispiel davon, wie schwer es ihm fällt, in das tatsächliche Geschehen zu gehen. Immer wieder verläßt er seinen Körper:

T.: „Hmhm."

L.: „Die kommen ja erst, und dann gehen sie zum Kopf. Ich habe gestern gesagt, sie gehen lieber bei den Toren rein."

T.: „Ja, gestern, da warst du Luft. Jetzt sind wir mit deinem Körper hier."

L9

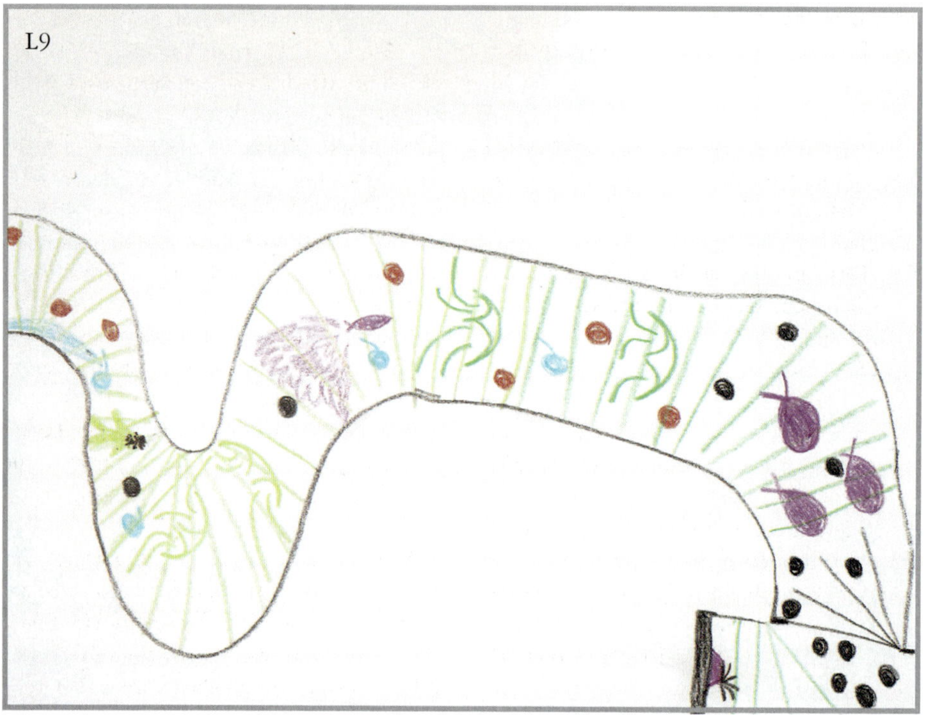

L.: „Da ist es viel schwerer, schlimmer, viel, viel schlimmer."

T.: „Ja, fühl mal. Wie tut das, wenn die kommen."

L. faucht.

T.: „Was könnte so klingen, was tut so?"

L. schweigt.

T.: „Was so tut und ganz schlimm ist."

L. schweigt.

T.: „Du bist jetzt im Körper und kannst jetzt auch sehen, was das ist, was da kommt, und kannst es spüren."

L.: „Die sind ganz weit weg. Die sind ganz am Anfang von dem Gang, ganz, ganz, ganz."

T.: „Kannst du sie schon sehen?"

L.: „Nein." Nachdem er über das Sehen und Spüren nicht zu erreichen ist, über die Laute aber schon zu erreichen war, frage ich:

T.: „Was hörst du jetzt?"

L. faucht wieder.

T.: „Wie fühlt sich das an?"

L.: „Schlimm."

T.: „Hmhm. Und wenn das jetzt näher kommt, was gibt es da, was hörst du da?"

L. faucht noch lauter. Ich lasse ihn mehrmals fauchen.

T.: „Also ob?"

L.: „Gefahr."

T.: „Kannst du es schon sehen?"

L.: „Nein."

T.: „Wieviel Angst gibt es da schon?"

L.: „Ganz viel."

T.: „Ja, fühl mal."

L.: „Ich bin auch gleich weg." Er versucht es noch mal!

T.: „Wo kann man denn hin?"
L.: „Überall den Gang entlang, immer weiter weg."
T.: „Ja, und dann?"
L.: „Dann kann ihm vielleicht nicht allzuviel passieren."
T.: „Hofft er das?"
L.: „Ja."
T.: „Das ist ja auch scheußlich, das Chchchch. Was könnte das sein, was so macht?"
L.: „Ein Löwe, ein böser."

Im weiteren Verlauf geht es jetzt darum, Lucas dabei zu helfen, seinen Geist, mit dem er den Körper verläßt und immer noch rennt, und seinen sterbenden Körper wieder zusammenzubringen. Das stellt sich als keine leichte Aufgabe dar. Immer wieder „rennt er (mit dem Geist) davon". Erst nach langem sind wir da, wo der Körper „brennt":

T.: „Bleib mal da, wo der Körper anfängt zu brennen. Fühl mal, wo hat es angefangen zu brennen?"
L.: „An den Beinen."
T.: „An welchem Bein?"
L.: „Am linken."
T.: „Fühl mal, wie das brennt."
L.: „Wie wenn ich das Bein über den Grill halten würde."
T.: „Ja, furchtbar. Jetzt verstehen wir auch, warum der Kopf weiterrennen will, er will nicht mitkriegen, wie schlimm das ist."
L.: „Ja."
T.: „Fühl mal, wo brennt das noch?"
L.: „Auf der ganzen linken Seite. Also da, als würde die ganze linke Seite über den Grill gehalten."
T.: „Ja, fühl mal, was machst du da?"
L.: „Lieber doch weglaufen."

Er verläßt wieder seinen Körper. Schließlich gelingt es mir mit ihm, die Männer, die so viel Kraft und Energie haben, als römische Soldaten zu erkennen. Die Hitze, das Heiße, das bei Lucas immer die Fieberphantasien auslöst, machen wir an dem heißen Atem des Löwen fest, kurz bevor er zubeißt. Lucas fühlt noch einmal die Angst, die Hitze, den Schmerz, der im linken Bein (seinem Tumorbein) beginnt, und den darauffolgenden Austritt aus dem Körper mit all den Wahrnehmungen, die weder Raum noch Zeit kennen.

Wir besprechen, wie er sich mit diesem Wissen jetzt helfen kann, sollten die Fieberphantasien wieder auftauchen.

Wir schließen die Sitzung damit ab, daß ich Lucas ein Aura-Heilbild von sich selbst malen lasse. Es soll ihm noch ein Stück Sicherheit und inneren Frieden nach der schwierigen Sitzung geben (Abb. L10).

In dem Bild sind seine Heilfarben Blau, Violett, Gelb und Türkis stark vertreten. Im *Basis-Chakra*, in dem Zentrum der Lebenskraft, finden wir jedoch Schwarz und das Grün, das wir auf Abb. L9 rechts sehen.

Es gibt also noch Angst. Die Sitzungen 3 – 6 sind im Rahmen eines Kinder-Reinkarnationsseminares durchgeführt worden. Ich bitte deshalb Tineke Noordegraaf, die nächste Sitzung mit Lucas zu machen, um das Thema noch besser abzuschließen. Sie arbeitet in der 7. Sitzung ein weiteres Mal gründlich den körperlichen Tod in den Gängen durch und verbindet Kopf und Körper erneut.

Bisher habe ich das letzte Katakombenbild (Abb. L9), in dem das „Schlimme passiert", noch nicht besprochen. Das möchte ich jetzt nachholen:

L10

Mit anderen Worten, da durchzugehen, das überlebt niemand, da werden alle zu Luft. An dieser Stelle vermischt sich die Christusenergie mit der Angst, das Christus-Fische-Symbol strahlt kein Violett (Transformation, Hingabe) mehr ab, sondern Schwarz (Angst). Wir gehen in dieser Sitzung nicht über diese Schwelle, sondern suchen gemeinsam den Moment, in dem er seinen Körper verläßt. Wie wir sehen, ist das an einer Stelle, an der er das grausame Geschehen auf keinen Fall sehen kann, da eine Wegbiegung dazwischen liegt. D. h. weit genug weg, wie ich vermute, von der Arena, damit er nicht „zuschauen muß", wo er „nichts tun kann", wie er in der letzten Sitzung betont hat.

Ich arbeite zunächst nur an dem Punkt mit ihm, an dem er seinen Körper verläßt, da das normalerweise der Ort ist, an dem der Mensch stirbt. Erst in der nächsten Sitzung bei mir wird mir klar, daß hier ein wichtiger Teil der Aufarbeitung fehlt und daß das auch der Grund war, warum wir so große Mühe hatten, Lucas dabei zu helfen, Körper und Kopf wieder zusammenzubringen. Der Kopf oder die Vorstellung hing mit großer Wahrscheinlichkeit noch an der

Lucas malt den Weg durch den Gang bis zur Arena. Wir sehen, daß die Menschen (braune Punkte), die diesen Weg gehen, am Ende ganz schwarz, d. h. voller Angst sind. Besonders dicke Christusenergie (violette Fische) begleitet diese angstvollen Menschen. Nach einem Gitter, das wie eine Art Drehtür aussieht, führt der Weg nach rechts und kurz darauf zu einer dicken schwarzen Sperre. Lucas mauert die Pforte buchstäblich zu.

„Danach ist alles nur Luft, da kann niemand durch", bekräftigt er.

schrecklichen Erfahrung, daß da ein unschuldiges kleines Christenmädchen in den Tod getrieben wurde und daß er all seinen Glaubensgenossen nicht helfen konnte.

Ich hatte nicht bedacht, daß er als spiritueller Mann durchaus in der Lage sein konnte, schon längst vor seinem Tod seinen Körper geistig bewußt zu verlassen. Das würde heißen, daß er durchaus mit den anderen Menschen bis zur Todessperre gelaufen sein könnte und erst in dem Moment, wo er sieht, daß das Mädchen gefressen wird (an einer ganz bestimmten Latte im Zaun), selbst auch gefressen wird. D. h., wir haben nur den physischen Teil von Lucas dort erlöst, den spirituellen Teil und den, der sich noch heute schuldig fühlt, haben wir an dem dramatischen Ort zurückgelassen.

In der 8. Sitzung vier Wochen später merke ich, daß das Thema noch nicht abgeschlossen ist, und in der 9. Sitzung gelingt es mir schließlich, auch den spirituellen Teil dieses Lebens zu erlösen.

Flucht in die Berge

8. Sitzung

Vier Wochen später kommt Lucas nochmals zur Nachkontrolle. Er war in der Zwischenzeit nicht mehr krank, so daß wir nicht wissen, ob sich die Fieberphantasien gelegt haben. Auch kann man noch wenig über das Knochenwachstum sagen. Sichtbar vergrößert hat sich das Gewächs jedenfalls nicht.

Lucas erzählt mir einen Traum, in dem es um Feuer und Verwirrung im Kopf geht; ein deutlicher Hinweis, daß wir den Kopf doch noch nicht befreit haben. Erst am Ende der Sitzung wird mir klar, was wir bei der Arbeit an dem Christenleben übersehen haben.

Lucas erfährt ein Leben in China, in das sich immer wieder die fehlenden Elemente aus dem Römerleben einblenden: Eine *Minderheit*, ca. fünfzig bis siebzig Familien, flieht auf einem *„unübersichtlichen Straßennetz"* (Abb. L11) in die Berge, dorthin, wo es *„Schatten gibt"*.

Die Flucht erfolgt in einem Fahrzeug (Abb. L12), das auf halbem Wege vernichtet wird, *„alle sterben"*. Das *„Sterben beginnt im Kopf"*, „wie ein Blitz, ein *Feuer im Kopf"* und *„es bleiben nur noch die Knochen übrig"* (Abb. L13). „Der König beobachtet das ganze Geschehen von einer Tribüne aus" (Abb. L11).

Ich vermute, daß es Ihnen gelungen ist, die Symbolsprache zu verstehen, vor allem wenn Sie sich die Bilder dazu ansehen: Die Christen zur damaligen Zeit sind eine Minderheit. Es gibt in großen Städten unterirdische Gänge, die Katakomben, die ein sehr unübersichtliches „Straßennetz" bilden, Unkundige können sich darin leicht verirren. Es ist in diesem Zusammenhang sicher nicht von ungefähr, daß Lucas die Straßen schwarz malt. Die Menschen suchen den Schatten, das Versteck, dort wo sie nicht gesehen werden.

Das Fahrzeug, in dem die Menschen fliehen, gleicht mehr einem Gang als einem Gefährt. Wir haben wieder das Feuer, die Hitze im Kopf. Wenn Menschen von Löwen gefressen werden, bleiben gemeinhin nur noch Knochen übrig. Die wichtigste Information in dieser Geschichte jedoch ist die Mitteilung, daß der König das Geschehen von der Tribüne aus betrachtet. Der Befehlshaber, der die gesamte Aktion von einem erhöhten Punkt aus beobachtet,

L11

L12

wird hier völlig unlogisch kurzerhand zum „König" umfunktioniert, der auf einer „Tribüne" sitzt. Wie es scheint, klatscht er begeistert in die Hände.

Hier hat uns die Seele den fehlenden Teil verschlüsselt erneut gezeigt. Ich nehme das Angebot an und vereinbare mit Lucas einen neuen Termin.

Ich habe immer wieder beobachtet, wie geduldig die Seele mit uns ist. Wenn wir in der Therapie einen Fehler machen oder etwas übersehen, dann bietet sie uns bereitwilligst in den folgenden Sitzungen die Themen noch einmal dar, zuweilen verpackt in ein anderes Leben. Da wir in vielen Leben immer wieder an den gleichen Themen arbeiten, besteht kein Mangel an Anschauungsmaterial. Die Kunst in der Reinkarnationstherapie besteht darin, das Hauptthema schnell zu finden und zu bearbeiten. Das Hauptthema hat meist etwas zu tun mit Täterschaft oder sich irgendwie schuldig fühlen. Dabei gilt, je feiner mein Gewissen, desto leichter fühle ich mich schuldig. Besonders schuldig fühlen wir uns dann, wenn wir untätig zuschauen müssen, wie Menschen leiden, die wir lieben oder für die wir uns verantwortlich fühlen. Schon bei Ariadne habe ich solch eine Erfahrung geschildert.

Wir haben bisher zwar den körperlichen Tod gründlich bearbeitet, den emotionalen und den spirituellen jedoch noch wenig. Der emotionale Teil heißt, „ich fühle mich schuldig, weil ich nicht helfen konnte" und der spirituelle Teil bedeutet, „an Christus glauben und sehr spirituell sein heißt sterben". Diese Teile sind wahrscheinlich mit ihrer Energie noch an den Schauplatz gebunden. Als ich den Tiger mit seiner

L13

göttlichen Energie verbunden habe, wurde ein Teil dieser Energie zwar befreit, der andere aber nicht.

Wie wird Lucas mir in der nächsten Sitzung den fehlenden Teil anbieten?

Die Kraft und Freiheit des Adlers

9. Sitzung

Im Vorgespräch erwähnt Lucas unvermittelt, daß ihm in den Sitzungen oft die Zahl Acht in den Sinn komme. Ich lasse ihn eine Acht malen (Abb. L14).

An die Stelle, an der sich die beiden Kreise der Acht schneiden, malt er ein Kreuz. „Da in der Mitte ist irgendwas", sage ich. Er meint, es sei „ein Kreuz". Das erste, was ihm dazu einfällt, ist die „Kreuzspinne".

In der Kreuzspinne ist sowohl das Kreuz als auch die Acht enthalten. Das Kreuz trägt die Spinne auf dem Rücken und die Acht bildet sie durch die beiden Teile ihres Körpers. Dementsprechend schreiben Sams und Carson: *„Die Spinne ist das Symbol der unendlichen Möglichkeiten, die in der Schöpfung offenbar werden können."* *

An anderer Stelle sagt Lucas zur Acht: „Da kann man gar nicht aufhören, wie im Kreis. Aber der Kreis geht leichter. Bei der Acht geht man einen besonderen Weg."

* Sams, J., und Carson, D.: Karten der Kraft

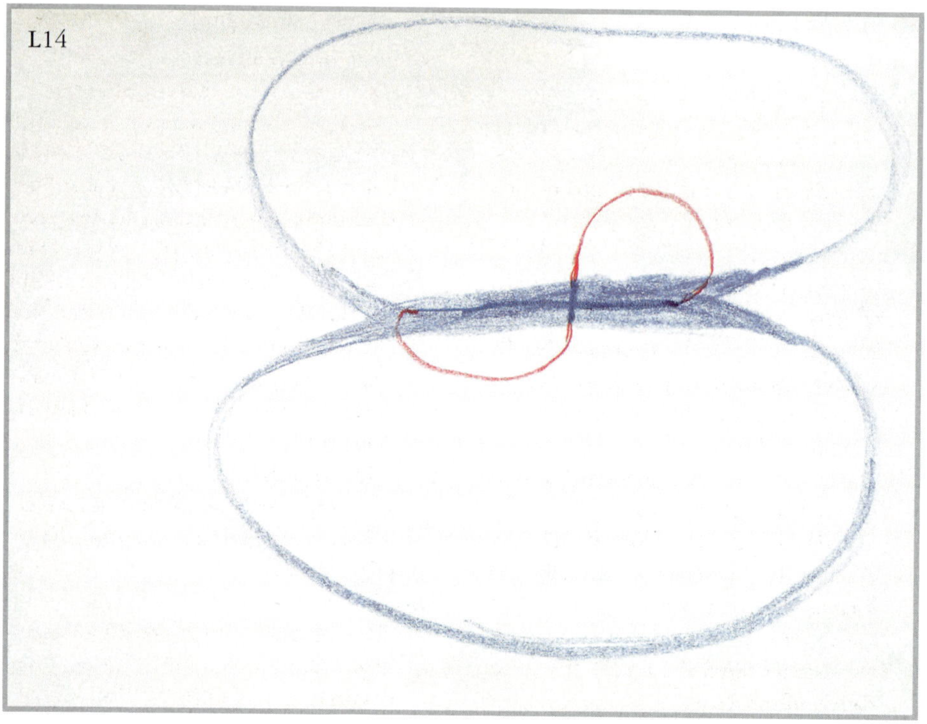
L14

Zu „Kreuz" fällt ihm weiter „Krankenhausauto" ein, und schließlich sei es ein Zeichen „für den Friedhof". Als schlimmste Erinnerung an das Kreuz nennt er: „Daß Jesus ans Kreuz genagelt ist." Es stellt sich heraus, daß er in diesem Leben ohne Religion erzogen wird. Nur „drei Bilder von Buddha" hätten seine Eltern zu Hause. Er weiß recht wenig über Christus und das Christentum.

Ich habe die Bilder von den Katakomben bereitgelegt. „Dieses Zeichen hat auch etwas mit Christus zu tun." Ich deute auf die violetten Fische. Er ist sehr erstaunt darüber. Wir sprechen über die ersten Christen, wie sie verfolgt wurden, daß sich manche in unterirdischen Gängen, den Katakomben, versteckt hielten und daß es auch vorkam, daß Christen den Löwen zum Fraß vorgeworfen wurden. Er wußte von all den geschichtlichen Fakten nichts.

L.: „Das habe ich aber einfach so gemalt."

T.: „Ja, du hast das Malen ganz deiner Seele überlassen. Die verfolgten Christen haben geglaubt, daß ihnen diese Zeichen Kraft und Schutz geben."

L. ist beeindruckt.

T.: „Jetzt hast du das andere Zeichen von Christus gemalt, da in die Acht, das Kreuz, das wir in der heutigen Zeit für Christus benutzen. Also, jetzt sind wir genau wieder da, wo wir damals aufgehört haben."

L.: „Das mache ich automatisch!" ruft er erstaunt und glücklich aus.

T.: „Ja, das ist toll. Jetzt hast du alle drei Zeichen für Christus zusammen. Die können dich schützen."

L.: „Ja", sagt er strahlend. „Ist es jetzt das, was immer wiederkommt?" Er deutet dabei auf die Acht.

T.: „Ja, genau. Christus ist unsterblich, unendlich, er kommt immer wieder. Ich glaube, das sollen wir noch klarstellen, vielleicht ist das wichtig, daß der, der du damals warst, das noch weiß."

L.: „Ja."

T.: „Da gibt es ganz viel Angst, am Ende des Ganges. Das sieht man an der schwarzen Farbe." Ich zeige auf das Katakombenbild (Abb. L9).

L.: „Ja."

T.: „Da bist du als Christ getötet worden. Deinem Körper haben wir schon geholfen. Aber um ganz zur Ruhe zu kommen, braucht er vielleicht noch etwas."

L.: „Als Löwe würde ich keine Menschen fressen, nur andere Tiere, das ist natürlich."

T.: „Ja, Löwen ernähren sich eigentlich nicht von Menschen."

L.: „Eben, weil sie ja eher Angst haben."

T.: „Aber im römischen Reich haben sich manche Herrscher Löwen gehalten als Zeichen ihrer Macht. Sie haben den Löwen auch Menschen zu fressen gegeben. Menschen, die sie wegen ihres Glaubens ausrotten wollten. Zur Abschreckung wurde das manchmal öffentlich, für alle sichtbar veranstaltet. Der König hat dann auf einer Tribüne zugeschaut, so wie hier auf deinem Bild."

L.: „Hm, schrecklich."

T.: „Ja, fühle, daß das heute vorbei ist. Solche Christenverfolgungen gibt es nicht mehr."

L.: „Ja."

T.: „Damals hattest du einen tiefen Glauben, heute hast du keine ganz bestimmte Religion?"

L.: „Nein."

T.: „Jetzt müssen wir dem, der immer noch Angst hat, vom Löwen getötet zu werden, der nicht helfen kann, weil er Luft ist, und der noch gar nicht so richtig begriffen hat, daß er tot ist, dem müssen wir noch helfen."

L.: „Soll ich den jetzt hierhin malen?"

T.: „Ja."

L.: „Soll ich einen Sarg hinmalen?"

T.: „Frag ihn mal, was er noch braucht, was am besten für ihn ist."

L.: „Ja, ein Sarg wäre gut für ihn." (Abb. L15)

Nachdem er ihn beerdigt hat, sage ich: „Sei jetzt mal dein eigener Heiler, was brauchst du noch zu deiner Heilung? Damit das Gefühl, ‚ich kann nichts machen', weggeht und es dem kleinen Mädchen mit der Blume gut geht."

L. hält seine Hand über das Bild, wie das Heiler tun.

T.: „Wie fühlt sich das an?"

L.: „Ganz toll. Der war immer noch voller Angst."

T.: „Ja, das glaube ich auch. Braucht er vielleicht auch noch eine Farbe?"

L.: „Ja."

Er malt die uns mittlerweile vertrauten Farben über ihn: Blau für die Taufe = Christus, Hellgrün für das Dreieinigkeitszeichen und Türkis für Liebe. Das transformierende Lila braucht er nicht mehr, wenn die Heilung erfolgt ist. Dann malt er noch einen Baum dazu, von dem ein Apfel her-

L15

unterfällt. Er betont, daß es nur einen Apfel gebe. (Es geht ihm ja auch nur um den einen Apfel vom Baum der Erkenntnis.) Dann malt er noch ein Adlernest mit einem zum Flug ansetzenden Adler. Ich lasse ihn das Gefühl des in die Freiheit-Fliegens tief nachspüren.

*„Adler-Medizin ist die Kraft des Großen Geistes, die Verbindung mit dem Göttlichen. Er ist die Fähigkeit, im Bereich des Geistigen zu leben und dennoch mit beiden Füßen auf dem Boden zu stehen. Der Adler schwingt sich auf und überblickt blitzschnell die Weite des gesamten Lebensmusters. Hoch oben in den Wolken ist der Adler nah am Himmel, dort, wo der Große Geist wohnt. Im Glaubenssystem der indianischen Völker Amerikas steht der Adler für den Stand der Gnade, der durch harte Arbeit, Begreifen und den erfolgreichen Abschluß der Initiationsprüfung, durch die der Eingeführte seine persönliche Kraft an sich nimmt, gewonnen wird.“**

In dem Gefühl der Befreiung, das Lucas jetzt empfindet, ist etwas von dieser Gnade zu spüren. Es war ein schwerer Weg und harte Arbeit, die wir beide zusammen hinter uns gebracht haben. Auch ich empfinde solche Augenblicke als Gnade und erlebe tiefe Dankbarkeit.

Um ganz sicher zu gehen, daß auch eine Befreiung aus der Angst erfolgt ist, die mit dem Glauben an Christus verbunden ist, frage ich: „Braucht das Unendlichkeitszeichen auch noch etwas?“ Was soviel heißt wie: “Braucht dein Glaube an Christus auch noch eine Befreiung?“

Er meint: „Da kann man noch ein Unendlichkeitszeichen machen.“ Er macht aus dem Kreuz ein rotes Unendlichkeitszeichen, wobei er die Balken des Kreuzes nicht übermalt.

L.: „Das ist jetzt schön“, sagt er beglückt.
T.: „Ja, jetzt ist das Kreuz auch unsterblich geworden. Fühl, wie gut ihm das tut, daß er jetzt weiß, daß sein Glaube nicht ausgerottet werden konnte.“
L.: „Ja.“

Durch die rote Farbe wird das Irdische betont. D. h., hier auf der Erde kann der Glaube für immer eine Form finden, nicht nur spirituell (blau) sondern auch wirklich, in der irdischen Welt vorhanden sein (rot).

Hiermit endet der erste Behandlungsteil.

* Sams, J., und Carson, D.: Karten der Kraft

Zweiter Behandlungsteil

Vorbereitung auf die Operation und Unterstützung bei der Heilung der Operationswunde

Seine Jünger fragten ihn: „Rabbi, wer hat gesündigt, er oder seine Eltern, daß er blind geboren ward?“ Jesus antwortete: „Weder er noch seine Eltern haben gesündigt, es sollen vielmehr die Werke Gottes sich an ihm offenbaren.“
JOH. 9; 2 – 3

Ein halbes Jahr nach der letzten Sitzung entschließen sich die Eltern auf Anraten eines Arztes, die Wucherung an dem Bein operativ entfernen zu lassen. Obwohl das Wachstum zum Stillstand gekommen war, stellte der Auswuchs doch eine leichte Behinderung beim Laufen dar.

Als Reinkarnationstherapeutin habe ich gelernt, das mir Mögliche zu tun, ansonsten den Dingen ihren Lauf zu lassen. Die Eltern kennen die karmischen Zusammenhänge und Gefahren einer Operation. Wenn sie sich dennoch für einen Eingriff entscheiden, dann kann ich dem innerlich ganz zustimmen. Ich habe tiefen Respekt vor dem großen Plan, „nach dem wir alle angetreten“, und weiß, daß mein Verstand nicht ausreicht, ihn zu durchschauen. Ich vertraue darauf, daß Eltern ihre Kinder auf tieferer Ebene besser verstehen als ich und wissen, was die Seele braucht. Sie sind mit ihrem Kind karmisch enger verbunden als ich mit ihm. Eltern und Kinder helfen einander, ihr Karma zu bearbeiten und einzulösen. Woher soll ich wissen, ob Lucas' Seele diese Operationserfahrung braucht oder nicht?

Die 10. Sitzung enthüllt zum Beispiel einen solchen seelischen Operationsgrund.

Wenn ich wachse, muß es weh tun

10. und 11. Sitzung

In der zehnten Sitzung führt uns die Arbeit in die Schwangerschaft, also in eine Zeit vor Lucas' erster Operationserfahrung, dem Kaiserschnitt. Das wichtigste Programm, das wir dort finden, heißt: *„Wenn ich wachse, muß es weh tun.“* Es hat zu tun mit einer Verletzung, die sich die Mutter während der Schwangerschaft zugezogen hat.

Aus Platzgründen führe ich die Arbeit an der Schwangerschaft nicht näher aus und gebe nur den letzten Teil wieder, in dem wir versuchen, das Programm *„Wenn ich wachse, muß es weh tun.“* aufzulösen. Dazu lasse ich Lucas die Zellen malen, die diese Fehlinformation gespeichert haben (Abb. L16a). Sie sind erheblich größer als die Zellen, die diese Information nicht enthalten. Die Fehlinformation zeichnet er als schwarzen Punkt in die Zellen. In drei von vier Zellen befindet sich dieser schwarze Punkt im Zellkern.

Lucas ist tatsächlich verhältnismäßig klein für sein Alter. Seine jüngere Schwester ist mittlerweile ebenso groß wie er, und er beginnt darunter zu leiden. Braucht er die Operation, um einen Wachstumsschub zulassen zu können? Nach unserer heutigen Arbeit wäre das jedenfalls kein Grund mehr für einen solchen Eingriff. Wir befreien die Zellen von dieser Information, indem wir das alte Programm *„Wenn ich wachse, muß es weh tun.“* ersetzen durch das neue *„Wenn ich wachse, ist es schön und warm und hell.“*. Er atmet das alte Programm aus und das neue ein. Zusätzlich schreibt er die

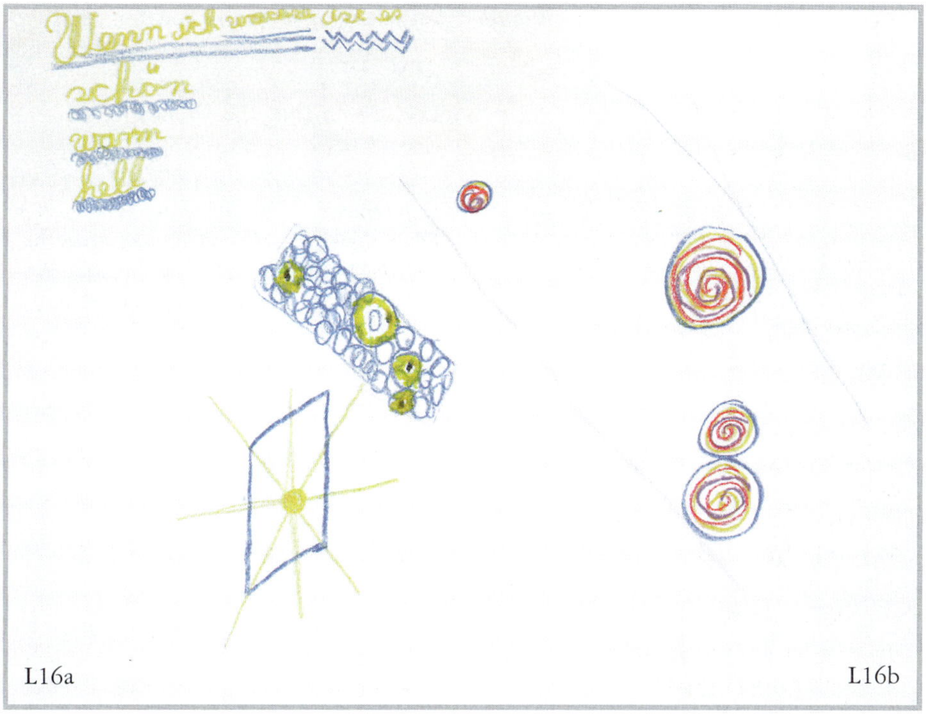

L16a L16b

neu gefundenen Worte auf und gibt den Zellen „die Farbe der Sonne".

Abschließend bitte ich ihn, die Zellen aufzumalen, wie sie jetzt aussehen. (Abb. L16b). Das Bild enthält wieder eine Überraschung. Die Zellen haben in ihrem Inneren keinen Zellkern mehr, sondern es befinden sich jeweils Spiralen aus roter, gelber und violetter Farbe darin. Während er also zunächst die Zellen in ihrer materiellen Form gemalt hat, stellt er diesmal die Zellen in ihrer energetischen Form dar. Sie sehen aus wie kleine Chakren, wie kleine Energiezentren.

Die Farben zeugen von starker Lebensenergie (rot) und Licht (gelb) in den Zellen. Durch das Violett zeigen sie an, daß sie dabei sind, sich zu verändern. Die Umwandlung scheint in Gang gekommen zu sein.

Lucas hat sehr große Angst vor der Operation. Die elfte Sitzung findet einen Tag vor der Operation statt. Ich versuche, Lucas von dieser Operationsangst zu befreien. Da ich sowohl bei Tamara als auch bei Maximilian je eine Sitzung mit Angst vor einem bevorstehenden Ereignis beschrieben habe, lasse ich die Beschreibung dieser Sitzung aus. Bei Lucas geht es darum, ihn von der Angst seiner Mutter zu trennen und ihn in seine bestehende Familie emotional sicher einzubinden. Mit diesem Gefühl geht er am nächsten Tag problemlos zur Operation. Der Aufenthalt im Krankenhaus wird für ihn zu einem schönen Erlebnis, da er nette Schwestern vorfindet und mit einem sehr freundlichen, humorvollen Mann das Zimmer teilt.

Für Lucas bleibt jetzt nur zu hoffen, daß

durch die Operation nicht allzuviel alte Postulate neu reaktiviert worden sind. Leider erfüllt sich diese Hoffnung nicht.

Ich brauche jetzt dringend ein leckeres Mittagessen

12. Sitzung

16 Tage nach der Operation kommt Lucas wieder in meine Praxis. Die Wunde heilt nicht zu, gestern ist sie erneut aufgeplatzt. Für den Arzt sei das völlig unverständlich, da die Wunde an keinem exponierten, besonders beanspruchten Teil des Beines ist. Er denke an eine erneute Operation. Ich betrachte die Narbe, sie sieht nicht schön aus. Sie ist ungewöhnlich groß, rot, und es haben sich wilde Fleischwucherungen gebildet.

Ich beschreibe jetzt ein Phänomen, das viele Ärzte nicht kennen, dem aber mehr Beachtung geschenkt werden sollte:

Wir (oder unser Unbewußtes) nehmen alles auf, was um uns herum geschieht, auch wenn wir uns in Narkose, im Schock, im Koma oder in einem anderen unbewußten Zustand befinden. Alle Gespräche und Gedanken, die zum Beispiel während einer Operation mit Narkose im Raum sind, treffen den Patienten ungefiltert und werden in seinem Unbewußten gespeichert. Ungefiltert heißt hier, daß der Verstand das Gesagte oder Gedachte nicht logisch zuordnen kann und deshalb absurde Verquickungen erfolgen können.

Nehmen wir an, zwei Ärzte unterhalten sich während einer Operation über einen dritten Patienten, und es fällt folgende Bemerkung: „Ich fürchte, der wird sein Leben lang diese Kopfschmerzen behalten." Erfährt der Körper des gerade behandelten Patienten in dem Moment, in dem diese Bemerkung fällt, einen Schmerz, also z. B. einen Schnitt mit dem Skalpell, dann kann diese Information über die lebenslangen Kopfschmerzen im Patienten als Postulat gespeichert werden. Dieser wundert sich dann, warum er nach der Operation so häufig unter Kopfschmerzen leidet, obwohl beispielsweise nur eine Blinddarmoperation bei ihm durchgeführt wurde.

Es scheint dabei wenig Unterschied zu machen, ob ein Arzt oder eine Schwester etwas denkt oder ausspricht, die Information befindet sich sozusagen als Energie im Raum und wird von dem Patienten aufgenommen.

Mit Lucas prüfe ich nun in dieser Sitzung, ob es während der Operation irgendwelche Informationen gegeben hat, die die Heilung des Beines behindern könnten.

Wir finden folgende Gedanken, die der Arzt während der Operation hatte, also während er Lucas' Körper Schmerz zufügte: *„Ich brauche jetzt dringend ein leckeres Mittagessen."*, *„Jetzt muß ich nur noch nähen, dann bin ich fertig."*, und schließlich sagt er laut: *„Bald kann er wieder laufen."*

Theoretisch können diese Äußerungen bewirken, daß Lucas bei Schmerz jetzt immer Hunger auf ein „leckeres Essen" bekommt oder sich sonst irgendwie Schmerz mit Lust verbindet, daß Lucas zu schnell wieder läuft, also das Bein zu früh belastet, oder sich das Laufen mit Schmerz verbindet, er z. B. immer irgendeine Wunde haben muß, um gut laufen zu können; schließlich könnte es bewirken, daß er, um „fertig" zu sein, genäht werden muß. Dieser und der vorhergehende Satz können eine Aufforderung enhalten, daß die Wunde glaubt, immer weh tun zu müssen, damit Lucas gut laufen kann, oder daß sie glaubt, immer wieder genäht werden zu müssen, weil er sonst „nicht fertig ist“.

Auf meine Bitte malt Lucas den Arzt. In eine Sprechblase zeichnet er Skalpell und operiertes Bein. Die gefundenen Sätze lasse ich ihn ausatmen, dann werfen wir sie zeichnerisch in eine Mülltonne und schließen den Deckel. (Abb. L17)

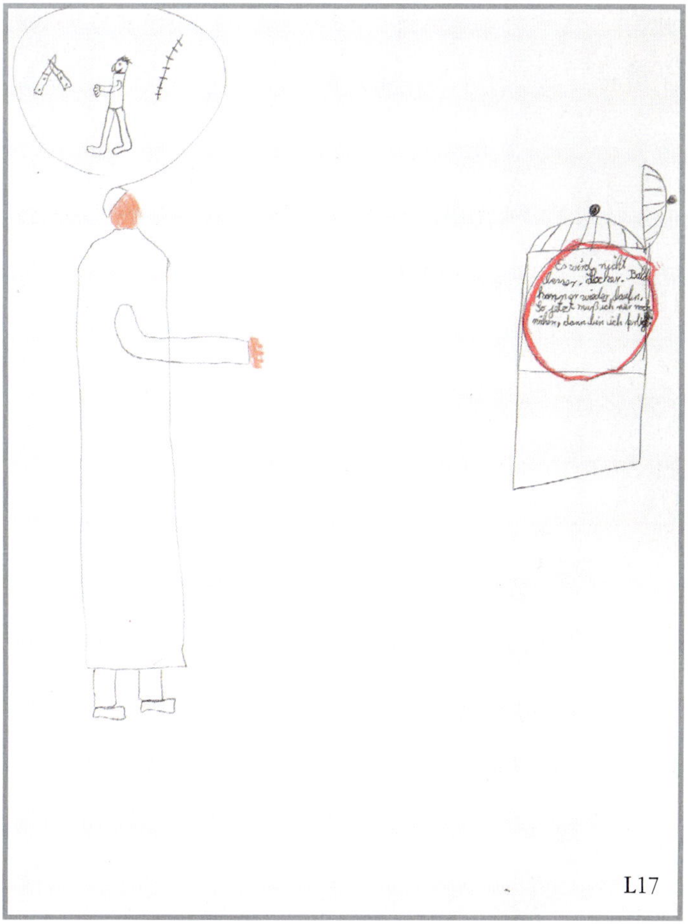

L17

In der Nachbehandlung sagt der Arzt zu Lucas: *„Es wird auch nicht besser, wenn ich es immer wieder* und immer *wieder nähe.“* Diesen Satz, „es wird nicht besser“, werfen wir ebenfalls in die Tonne, da es sich um einen Satz handelt, der schon als Postulat aus einem früheren Leben wirkte.

Lucas verschließt die Tonne nicht nur durch den Deckel, sondern auch energetisch durch rote Farbe. Er sagt dazu: „Durch die Tonne, durch das Eisen kommen die Sätze durch, durch die rote Farbe aber nicht.“ Er hat natürlich recht. Wir arbeiten auf Energieebene, also muß er auch energetisch verschließen.

Die andere, naheliegende Erklärung für die schlechte Heilung der Wunde wäre, daß sie durch alte Postulate aus dem Leben behindert wird, in dem Lucas eine Beinamputation hatte. Der Umstand, daß Lucas genau an der Stelle operiert wurde, an der damals die Amputation vorgenommen wurde, begünstigt eine solche Reaktivierung in hohem Maße.

Selbst wenn wir die Fehlinformationen, die durch die Beinamputation in den Zellen gespeichert waren, aufgelöst haben, kann ein erneuter Schnitt in das Bein unsere Ar-

L18

beit wieder löschen und die alte Angst und die alten Postulate wieder aufflammen lassen. Wie wir aus verhaltenstherapeutischen Experimenten wissen, können die alten Programme durch solch eine erneute Reaktivierung nicht nur wieder wirksam, sondern sogar noch tiefer verankert werden.

Vorsorglich befassen wir uns deshalb noch mit den Gedanken, die die Ärzte aus dem früheren Leben während Lucas' Amputation hatten.

Es scheinen drei Ärzte anwesend gewesen zu sein (Abb. L18).

Wir arbeiten heraus, welche Gedanken die Ärzte während der Amputation hatten, d. h., welche dieser Gedanken bei Lucas heute noch wirksam sind. Der wichtigste Gedanke ist: „Das Bein ist nicht zu retten, es muß amputiert werden." Lucas malt diesen Gedanken in eine Sprechblase.

Das neue, ganz gesunde Bein der Zukunft kommt zunächst in die Mitte zwischen die Ärzte, damit sie es sehen und ihre Meinung ändern können. Nachdem Lucas es den Ärzten gezeigt hat, hüllt er diese auch mit dem energetischen roten Schutzkreis ein, und anschließend schneiden wir die drei Männer mit einer Schere ab, als Zeichen dafür, daß sie und ihre Gedanken nicht mehr zu dem gesunden Bein gehören. Das Bild von dem gesunden Bein kleben wir auf ein neues Blatt und Lucas umgibt es liebevoll mit einer Verzierung. (Abb. L19)

Ich helfe ihm, das Bild von dem gesunden Bein ganz zu verinnerlichen, indem ich ihn mit der Hand darüberstreichen lasse und ihn bitte, das Bild ganz in sich aufzunehmen. Wieder atmet er das Alte aus und das Neue ein. Damit beenden wir die heutige Sitzung.

L19

Erst wenn Lucas zwölf Jahre alt ist, werden wir sagen können, ob diese Arbeit genügt hat. Er ist in dem früheren Leben mit zwölf Jahren gestorben. In seinem jetzigen Leben ist das damalige Trauma oft reaktiviert worden, so daß es sich nicht so einfach verarbeiten läßt. Wenn alte Traumen so oft erneuert werden wie bei Lucas, besteht tatsächlich Todesgefahr, wenn in diesem Leben das Sterbealter von damals erreicht ist.

Der Baumstamm hängt im Bein

13. und 14. Sitzung

Wieder sind 14 Tage vergangen, und die Wunde heilt nicht. Lucas berichtet: „Der Arzt sagt immer, *das Bein heilt nicht, er wird nicht besser.*"

Wie schwierig wird die Arbeit, wenn kein Austausch zwischen Arzt und Therapeut möglich ist. Der Arzt, der Lucas wegen seines Beines behandelt, gehört zu den Medizinern, die keinerlei Verständnis dafür hätten, wenn ich sagte, daß er mit dem Satz „das Bein heilt nicht, es wird nicht besser" altes Karma wach hält und die Heilung des Beines verhindert. Es bleibt nur, den Eltern zu raten, wenn möglich, vorerst keinen Arztbesuch mehr zu machen, und dem Bein bzw. dem Kind täglich die Information zu geben, es heilt, es wird besser, oder, es ist schon besser geworden.

Lucas mache ich den Zusammenhang bewußt zwischen der Aussage des Arztes heute und den Aussagen der Ärzte damals, in dem früheren Leben. Wir versuchen erneut, die alte Information zurückzugeben und bauen einen energetischen Schutz gegen die Aussagen des heutigen Arztes.

Anschließend entschließe ich mich, mit Lucas eine energetische Heilarbeit speziell für die Wunde zu machen. Da die Sitzung einen guten Einblick in das gibt, was ich unter Energiearbeit verstehe, bringe ich größere Teile wörtlich.

T.: „Was kann man jetzt machen, daß das Bein nicht mehr auf die hört?"
L.: „Keine Ahnung."
T.: „Hat dein Bein die Kraft zu heilen?
L.: „Sicherlich."
T.: „Fühlst du es?"
L.: „Ja."
T.: „Das ist gut, daß du es fühlst, dann können wir mit dieser Heilkraft arbeiten. Jetzt müssen wir deinem Körper helfen, daß er nicht mehr auf all die anderen hört, sondern auf die Kraft, die er selber hat."
L.: „Ja."
T.: „Stell dir mal vor, es gibt ein Wasser, das fließt. Welche Kraft hat das Wasser, das fließt?"
L.: „Hat schon viel. Damit kann es auf jeden Fall Wasserräder und so was betreiben."
T.: „Genau, stimmt. Ungefähr soviel Kraft hat dein Bein auch zu heilen." Ich male ihm ein verzerrtes Bein auf das Papier, d. h., der Oberschenkel ist unverhältnismäßig breit. „Stelle dir einmal vor, das ist ein Wasserlauf. Male da alles rein, was in dem Wasser schwimmt." (Abb. L20)
L.: „Also, Fische oder so was?"
T.: „Ja, male alles, was da drin schwimmt!"

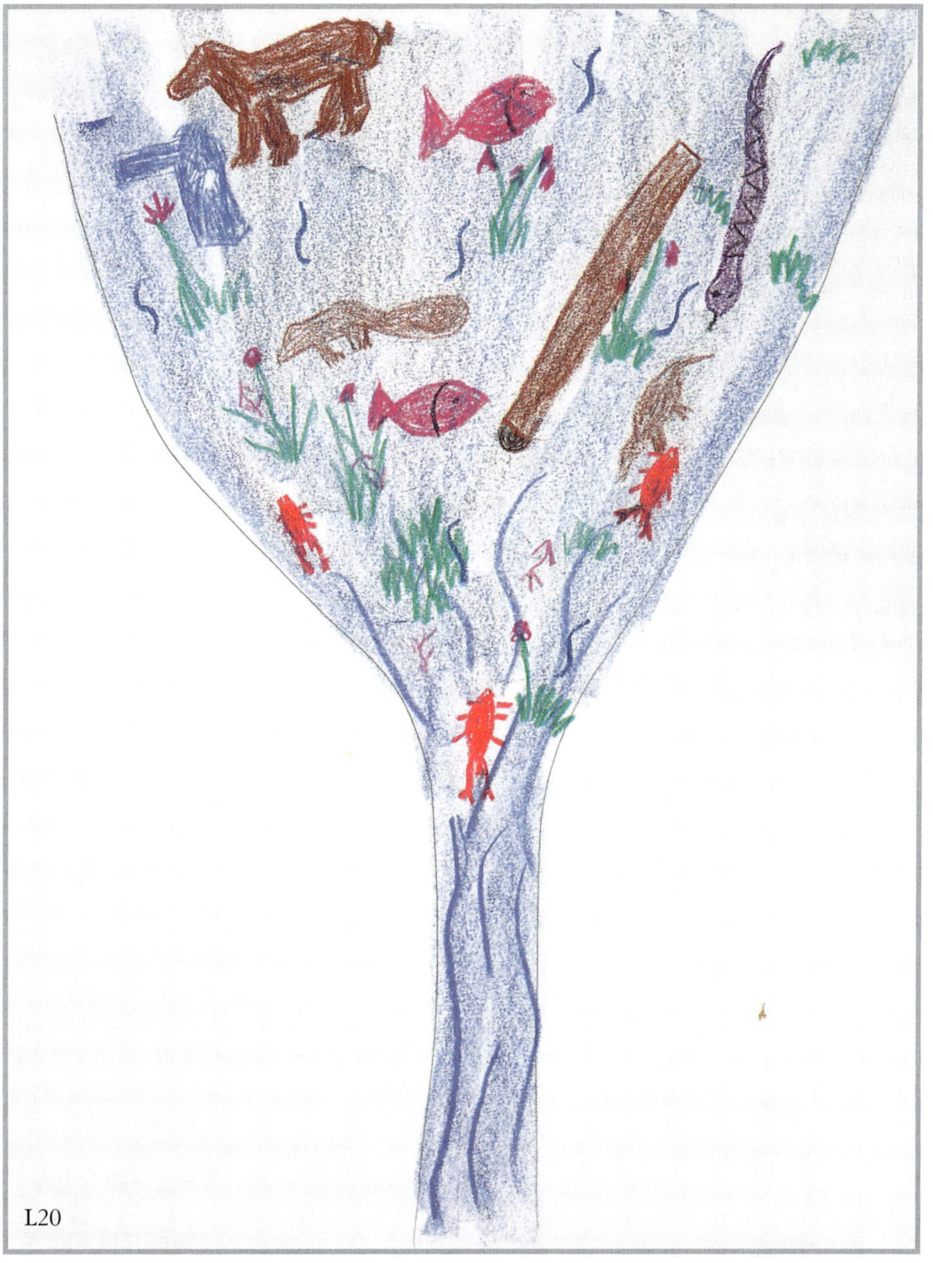

L20

Er malt zunächst zwei „Fische“ und einen „Baumstamm“. Dann macht er braune Punkte, die „den Sand“ darstellen sollen. Anschließend kommen „Flußkrebse“ und „ein Stoffetzen“ (blau, links oben im Bild), dann „Larven von Libellen“, „Würmer“; „ein Biber“ taucht auf und dann „ein Otter“, weiter „eine Schlange“ und als letztes „ein Bär, der im Fluß badet“. Er möchte den Bären gern dabei haben, weiß aber zunächst nicht, wo er ihn hinmalen soll.

Wir sehen, Lucas hat eine gute Sammlung von *Tier-Medizin,* die ihm bei der Heilung helfen wird. Mit dem Bären hilft ihm die Medizin der Intuition, mit der Schlange wird ihm die Kraft der Wandlung zuteil (er malt sie auch in violetter Farbe, der Farbe der Transformation), der Otter bringt die nötige Abenteuerlust und Lebensfreude, der Biber Tatkraft und Umsicht und schließlich die Libelle, die *„hilft Illusionen zu zerstören“**. Er ist also gut gerüstet.

L.: „Mehr paßt nicht rein.“

T.: „Aha.“

L.: „Halt, das Wasser schließlich auch noch!“ ruft er voller Verwunderung darüber aus, daß er das Wasser vergessen hat.

T.: „Ja, genau, das ist natürlich sehr wichtig, damit es fließen kann.“

L.: „Und die Strömung des Wassers, das habe ich ganz vergessen. Da ist ganz schön viel, in so einem Wasser!“

T.: „Genau.“

Selbstheilung aktivieren heißt immer, gestaute Energien wieder in Fluß bringen. Indem Lucas in das vertrocknete, versandete Flußbett Wasser einfließen läßt, ist der erste energetische Heilungsimpuls gegeben. Wir sehen, wie ausgetrocknet das Flußbett war.

L.: „So. Wenn man sich damit mal befaßt, merkt man, daß da unheimlich viel drin ist. Da ist ganz starke Strömung.“ (Dort, wo es enger wird.)

T.: „Ja, da ist eine Menge Heilenergie drin und eine starke Strömung.“

L.: „Die Pflanzen vielleicht. Das wollte ich ganz zuerst sagen. Wasserpflanzen und Wassergras, aber ich habe gedacht, das schwimmt ja nicht drinnen.“

T.: „Aha. Meinst Du in Flüssen, in denen es fließt, ist so was nicht?“

L.: „Doch, aber es schwimmt ja nicht mit.“

T.: „Ach so, ja.“

L.: „Ich habe gedacht, es muß mitschwimmen. Das male ich gerne. Da vielleicht eine Blüte. So, jetzt schaut es eigentlich schön aus.“

T.: „Schön, ja. Was fällt dir auf, wenn das jetzt dein Bein wäre?“

L.: „Das Untere hält es sowieso gar nicht.“

T.: „Das Untere ist zu schwach, um das Obere zu halten?“

L.: „Ja.“

T.: „Unser Körper ist immer im Fluß. Alles fließt darin herum. Bei dir gibt es anscheinend einen Teil, der zu schwach ist für diesen Austausch. Alles hilft sich gegenseitig. Die Fische kriegen Luft durch die Pflanzen, und die Pflanzen bekommen etwas von den Tieren, und das Holz wird weiter getragen durch das Wasser. Alles hat einen Sinn. Und alles arbeitet zusammen. Kannst Du dir das vorstellen?“

L.: „Ja.“

T.: „Also jetzt hast du dieses Bein hier. Gibt es da einen Unterschied zwi-

* Sams, J., und Carson, D.: Karten der Kraft

schen unterem Bein und Oberschenkel?"

T.: „Das fällt mir auch auf."

L.: „Weil es da nicht so treibt, das Wasser."

T.: „Was macht, daß die alle da nicht hinschwimmen?" (Nach unten)

L.: „Weil es ihnen sonst zu stark wird, die Strömung."

T.: „Ja?"

L.: „Ja, weil sie dann nicht genügend Kraft haben."

T.: „Was machen die da, daß die hier schlapp machen, was passiert da? Die haben Angst vor der Strömung?"

L.: „Nein. Aber warum, das weiß ich nicht."

T.: „Das sollten wir vielleicht 'rausfinden. Es sieht eigentlich ganz einfach aus, es müßte nur da durchlaufen."

Die Stelle in seinem Körper, an der die Energie nicht gut fließt, erinnere ihn an seinen Schneeflocken-Obsidian, den er „am Weiher verloren" habe. Dieser Stein sei sehr wichtig für ihn gewesen, und er fühle sich nicht gut, seit er ohne ihn auskommen müsse.

Ein Schneeflocken-Obsidian ist ein Halbedelstein, dem folgende Heilkräfte zugeschrieben werden: *„Er lindert Infektionen und Entzündungen ... erneuert die Zellteilung und regt die Verdauung an . . . wirkt stärkend auf die Knochen . . . ist für die Beine bestimmt."**

T.: „Ja, das ist schade."

L.: „Den vermisse ich jetzt immer."

T.: „Ja."

L.: „Darum geht es mir auch nicht mehr so gut. Immer denke ich, ich habe irgend etwas vergessen oder irgendwas habe ich nicht gut gemacht."

T.: „Aha, und du meinst, das hängt damit zusammen?"

L.: „Ja, sicher. Aber ich krieg' wieder einen neuen, aber ich weiß nicht, der hat bestimmt nicht die gleiche Qualität, und der ist nicht genauso."

T.: „Klar, Steine können wie Freunde sein, und die kann man auch nicht so einfach ersetzen."

L.: „Hm, da reden wir wann anderes darüber. Jetzt sind wir immer noch bei meinem Bein."

T.: „Genau, aber vielleicht haben der verlorene Stein und das Bein etwas miteinander zu tun. Alles, was uns einfällt, hat einen Sinn."

L.: „Hm." Er möchte sich offensichtlich nicht so gern einlassen.

T.: „Es ist schon seltsam, daß du jetzt diesen Stein verloren hast, zu einer Zeit, wo du ihn besonders dringend gebraucht hättest. Der Schneeflocken-Obsidian ist nämlich ein besonders guter Stein für gesunde Beine und gesunde Knochen und für die Heilung von Wunden."

L.: „Ja, das habe ich gespürt, daß der mir hilft, deswegen fehlt er mir jetzt so."

T.: „Vielleicht hat deine Seele den Stein dem Wasser geopfert, damit dein Bein wieder in Fluß kommt und deine Wunde heilen kann?"

L.: „Ach so, dann wäre es ja gar nicht so schlecht, dann muß ich ihn loslassen. Aber das kann ich eben nicht", fügt er resigniert hinzu.

T.: „Genau wie hier, die wollen das auch nicht loslassen, das staut alles da oben und fließt da nicht durch."

* Schaufelberger-Landherr, E.: Die Kraft der Steine

L. nach längerer Pause: „Stimmt, das kann die Sachen nicht loslassen. Das zieht sie an, aber das will nicht loslassen."

T.: „Ja, die halten sich da einfach fest und wollen nicht da rein. Vielleicht hast du den Stein dem Wasser geschenkt, damit es bei dir endlich ins Fließen kommt."

L. seufzt sehr schwer.

T.: „Ist nicht so einfach, was? Wo hast du ihn verloren?"

L.: „In Reißting."

T.: „Der Name paßt. Die Wunde reißt immer wieder auf und der Fluß wird hier zu reißend."

L.: „Ja." Er lacht.

Der beste therapeutische Schritt wäre hier gewesen, wenn ich Lucas den Vorschlag gemacht hätte, den Stein in sein aufgemaltes, „energetisches Bein" (Abb. L20) zu zeichnen. Das Ritual des Opfers hätte seine ganze Kraft entfalten können. Leider ist mir diese Idee während der Sitzung nicht gekommen.

T.: „Also, zuerst hast du gedacht, daß die Pflanzen da keinen Platz drin haben, obwohl sie dir eingefallen sind. Was machen die Pflanzen in so einem Wasser?"

L.: „Sie machen die Strömung langsamer zum Beispiel."

T.: „Ja, dann ist es nicht so reißend. Und sonst?"

L.: „Sie bringen Sauerstoff rein."

T.: „Ja, sie reinigen das Wasser. Jetzt hast du durch die Pflanzen auch geheilt. Sie sind Helfer und Heiler im Wasser und dein Körper hat auch solche Helfer und Heiler."

L.: „Ich weiß was! Das Bein, das weiß nicht, daß ich elf geworden bin. Deswegen kommt der Stamm runter, und der hängt am Bein."

Ich habe von seinen Heilkräften im Körper gesprochen. Ohne Umschweife meldet sich daraufhin die Stelle im Körper, mit der die Heilkräfte nicht fertig werden.

T.: „Dann schauen wir mal, wie der runterkommt."

L.: „Ich glaub, daß der so quer hängen bleibt."

T.: „Aha!"

L.: „Vielleicht machen das die Tiere."

T.: „Es gibt ein Stück Holz, das du einmal in einem früheren Leben gebraucht hast, um laufen zu können. Da hattest du ein Holzbein, weil dein Bein amputiert werden mußte."

L.: „Kann sein, aber ich weiß es nicht mehr."

T.: „Wie schwimmt dieser Holzklotz hier weiter?"

L.: „Der wird von den Pflanzen so abgeleitet, und wenn er dann da ist, dann ist er so, und dann kommen da die Tiere, und die schieben des dann so, und dann wird er so gerollt, und dann schwimmen die Fische da hinten hin und drücken dagegen."

T.: „Male das noch mal, damit wir sehen können, wie das geht." (Abb. L21)

L.: „Ja. Vielleicht schafft er es ja auch von selber so. Das zieht, wenn er da hinkommt, dann zieht's den da runter."

T.: „Jetzt malen wir ihn, wie er sich da durch bewegt."

L.: „Muß ich die Tiere noch dazu malen?"

T.: „Nein, das mußt du nicht, jetzt male erst einmal, wie der Stamm da durchfließt, spüre genau hin."

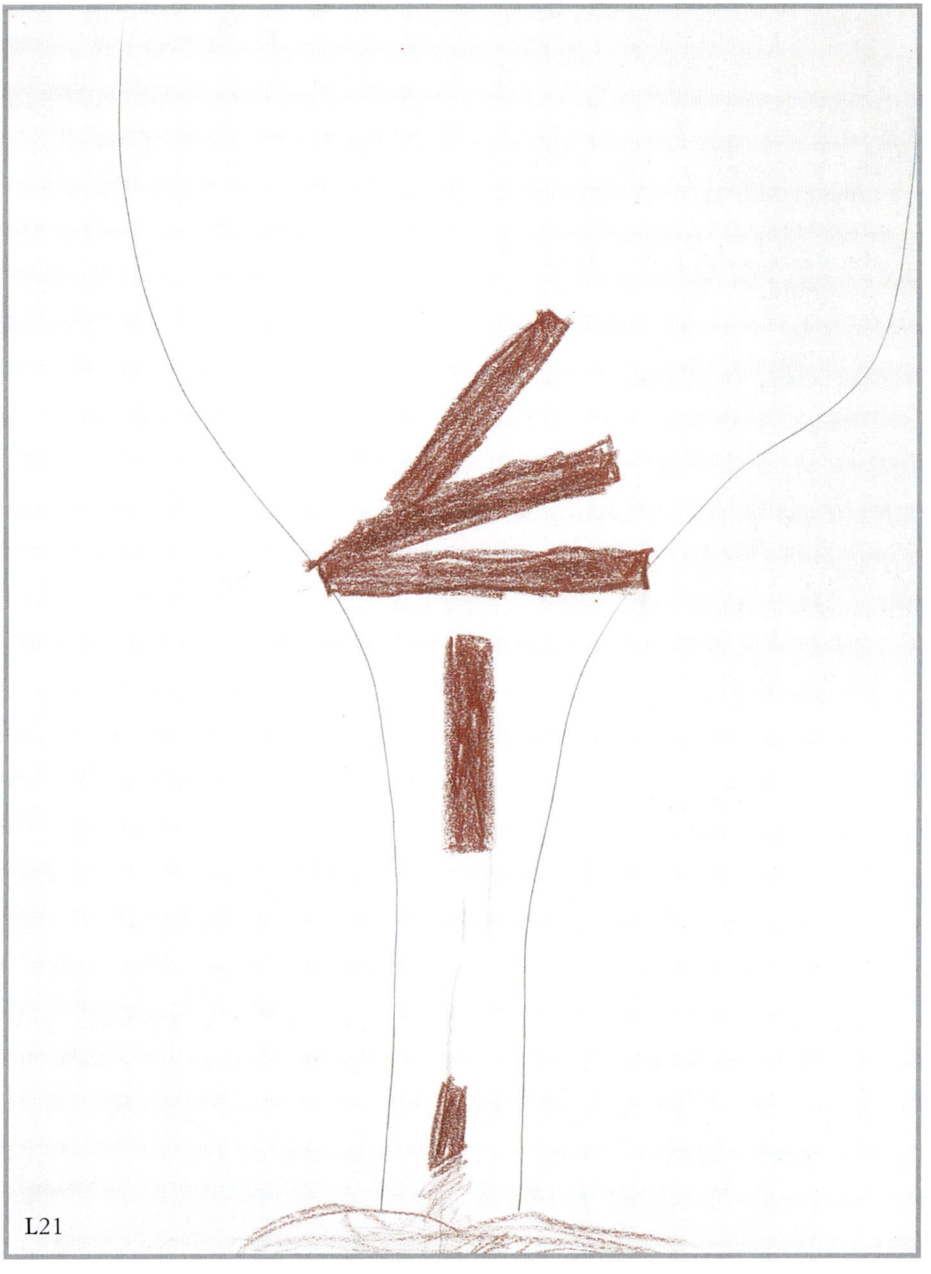

L21

L.: „Dann stoppt der alles noch mal. Das ist dann dar nicht gut."

T.: „Ja, das ist gar nicht gut."

L.: „Und dann kommt ja das Wasser da gar nicht mehr hin. Das ist wie ein Staudamm."

T.: „Ja, das sieht wirklich aus wie ein Staudamm. Dein Bein ist zum Glück nicht abgestorben, so wie damals in dem früheren Leben, jetzt muß in jedem Falle noch Wasser durchfließen, weil dein Bein ist ganz lebendig. Aber vielleicht fließt nicht genug durch, daß die Wunde heilen kann. Das Wichtigste, die heilenden Tiere, die heilenden Pflanzen und der Abfall, das wird alles festgehalten. Fühl mal wie das ist."

L.: „Nicht schön. Dann kann das Bein ja nicht heilen. Dann kommen die Sachen, die heilen, nicht runter. Sie müßten bis dahin, und dann könnten sie das heilen."

T.: „Genau. Was fällt dir ein, wenn du das so siehst?"

L.: „Daß das ein Staudamm ist z. B., und wenn man das wegnimmt, dann kommt hier eine viel stärkere Strömung, als wenn ich es hier aufhalte. Dann kommt alles da voll runter."

T.: „Wie wäre das, wenn das da voll runter käme?"

L.: „Toll, das gäbe Kraft."

T.: „Ja. Wenn das jetzt dein Holzbein von damals wäre, was müßte man dann machen, daß das weggeht?"

L.: „Stimmt, es wurde ungefähr da abgemacht das Bein." (Da, wo der Stau anfängt.)

Als ich ihn vorher auf bewußter Ebene nach der Erfahrung aus dem früheren Leben befragte, konnte er sich nicht daran erinnern. Jetzt sind wir auf Seelenebene, und die Erinnerung ist wie selbstverständlich wieder da. Hier sehen wir erneut, daß die Erinnerung da ist, aber nicht immer bewußt abrufbar, obwohl wir schon daran gearbeitet haben.

T.: „Es liegt also noch im Weg, das Holzbein?"

L.: „Ja."

T.: „Zu wem gehört das Holzbein, gehört das zum Lucas?"

L.: „Nein. Es muß weggespült werden."

T.: „Genau, das muß hier durch."

L.: „Aber vielleicht ist das hier ein anderer Stamm?

T.: „Was könnte das noch für einer sein?"

L.: „Vielleicht ist es ja ein anderer Stamm, und dann kommt ein anderer und muß den auseinanderschneiden, und dann muß er den hinunterspülen."

T.: „Das würde viel Kraft kosten. Was könnte man mit dem Stamm machen, daß er locker durchfließen kann?"

L.: „Es könnte schon einfach gehen."

T.: „Ja, male es mal so, wie es einfach geht, daß es weiterfließt."

L.: „So!" Er dreht ihn.

T.: „Genau! Wir brauchen nur hier ein bißchen zu drehen, dann kommt die Kraft von selbst."

L.: „Ach so! Und dann kann er nach unten durch."

T.: „Na klar."

L.: „Es spült da runter."

T.: „Und geht in die Erde."

L.: „Und dann geht er so weg."

T.: „Dann ist alles, was von dem damaligen Leben noch übrig war, die ganze Angst ist abgeleitet."

L.: „Ja, dann schwitze ich alles aus."

T.: „Gut, es geht nur darum, daß wir den Weg frei bekommen, daß alles gut durchfließen kann und nirgendwo ein Stau ist. Dann gibt es genug Heilkraft für deine Wunde."

L.: „Dann muß er sich auflösen."

T.: „Genau."

L.: „Da zerkrümelt er sich. Da ist noch ein kleines Stück von dem Baum. Da fließt er dann raus."

T.: „Ja. Hast Du schon mal gespürt, daß wir die Energie, die wir nicht brauchen, an die Erde abgeben können?"

L.: „Nein."

T.: „Stell Dich mal hin."

L. stellt sich hin und spürt nach. „Stimmt, wenn ich aufstehe, dann brauche ich den Boden. Also wenn ich so mache, dann drücke ich auf den Boden drauf."

T.: „Ja, jetzt fühl mal, wie du das alles loslassen kannst, wie alles durchfließt. Wie das Holzbein wegschwimmt, das brauchen wir nicht mehr."

L.: „Es geht auch durch meine Hände durch", sagt er überrascht.

T.: „Das ist gut, fühle, wie alles durchfließt, und wie alles Unbrauchbare und alles, was Staudämme baut, 'rausgespült wird." Nachdem er länger nachgespürt hat, sagt er:

L.: „Jetzt ist es schon weg."

T.: „Schau, so einfach ist das."

L.: „Das ist ein schönes Gefühl."

T.: „Wunderbar. Dann male zum Abschluß noch, wie es aussieht, wenn es frei durchfließen kann."

L.: „Muß ich die Tiere noch mal malen?" (Abb. L 22, s. nächste Seite)

T.: „Fühl, was das Bein alles braucht, daß es gut fließen kann."

L.: „Der Krebs, der ist ja schon richtig dick geworden."

T.: „Ja."

L.: „Die sind schon ziemlich groß, die Krebse."

Als er fertig gemalt hat, prüfen wir zur Sicherheit nochmals an Lucas Körper nach, ob jetzt tatsächlich alles ungehindert abfließen kann. Bis der Fluß wirklich gelingt, müssen wir noch zwei Hindernisse überwinden: Die Beine brauchen das Gefühl, daß sie sich frei bewegen, daß sie *„wegrennen"* können, und daß es tatsächlich *„einen Ausgang gibt"*. In diesem Zusammenhang liegt der Schluß nahe, daß Lucas nicht nur das Leben, in dem er eine Beinamputation hatte, energetisch nochmals aufgearbeitet hat, sondern daß er auch das Christenleben erneut auf dieser Ebene zum Abschluß bringen wollte. Wir lassen die Beine erleben, daß sie diesmal wegrennen können und daß es (in den unterirdischen Gängen oder Katakomben bzw. hier Bein) einen Ausgang gibt, der nicht tödlich ist.

Wie wir sehen, ist der Holzklotz, der den Stau verursacht hat, nicht mehr da. Wenn wir die Tiere betrachten, fällt auf, daß nur noch drei „dicke, ziemlich große Krebse", ein Fisch und Libellenlarven zu sehen sind. Alle Helfertiere sind verschwunden, d. h. vielleicht auch nicht mehr nötig. Anstelle des großen Aufgebotes an Helfern finden wir jetzt im oberen Teil des Beines eine Sonne und eine friedlich dahinschwimmende Ente, auch Pflanzen gibt es noch zur Genüge.

Unter den Tieren, die hinweggeschwemmt werden, finden wir den dikken Flußkrebs, der in Farbe, Ausdruck und Form an die römischen Soldaten aus dem Christenleben erinnert, und den Fisch, der in symbolischer Form damals auch eine

L22

große Rolle gespielt hat. Der Fisch scheint die Krebse zu begleiten. Die Libellenlarven, als Sinnbild der Illusion, unterstreichen das symbolische Beenden dieses traumatischen Lebens.

Ich mache mir natürlich Gedanken darüber, ob der Flußkrebs, d. h. der Aggressor, der als einziger im oberen Teil zurückgeblieben ist, gefährlich werden könnte. Oder hat der zurückgebliebene Krebs eine ganz andere Bedeutung? Braucht die friedliche Ente vielleicht zu ihrem Schutz eine Killerzelle in ihrer Nähe? So wie wir sie in unserem physischen Körper auch dringend benötigen? Ist dieser Krebs vielleicht der homöopathische Anteil der aggressiven Energie, der heilend wirkt?

Da ich mir im Moment nicht sicher bin, entschließe ich mich, das Tier dort schwimmen zu lassen, und vertraue auf die Kraft der Seele, die, einmal angeregt, das Richtige tun wird.

Drei Tage nach dieser Sitzung ist die Wunde gut verheilt. Dennoch treffen wir uns noch zu einer letzten Sitzung in diesem Behandlungsteil.

In dieser letzten Sitzung beginnt Lucas mit dem Satz: „Ich weiß schon, womit ich heute anfange.“ Bevor er noch sagt, was er malen will, beginnt er bereits, eine Sonnenblume zu malen (dieses Bild habe ich nicht aufgenommen, beschreibe die wichtigen Details aber genau). Die Blume sei wie er selbst, sagt er dazu. Bei der Blume fallen

L23

ein starker Stengel und viele Wurzeln auf. Im Verhältnis dazu ist die Blüte recht klein. Sie ist gelb, ihre Konturen sind schwarz, und sie blickt nach links, also nach innen und in die Vergangenheit. Der Kontrast zwischen gelb und schwarz ist sehr stark, so daß sich ein Einstieg über das Thema hell und dunkel, passiv und aktiv, gut und böse ergibt.

Ich versuche, dem Kind zu einem Ausgleich zwischen den beiden Polen zu verhelfen. Die Rollen des Täters und des Opfers liegen im Bereich unserer Möglichkeiten.

Als Ausdruck der Harmonie malt er zum Schluß eine große Blüte, in der außen das Licht und innen der Schatten ist. Es ist eine Art Heilmandala (Abb. L23).

Damit endet der zweite Behandlungsteil.

Dritter Behandlungsteil

Erneutes Tumorwachstum. Arbeit an der Rückbildung der Wucherungen.

Heilung oder Gesundheit hängen nicht von einer Kur ab oder davon, daß ein Problem beseitigt wird. Sie hängen davon ab, daß das Problem seinen Sinn enthüllt, daß wir das Geschenk finden können, das in einem Problem oder einer Krankheit verborgen ist.
Susun S. Weed

Seit der letzten Sitzung ist über ein Jahr vergangen. Lucas ist vor zwei Monaten zwölf Jahre alt geworden. Wir erinnern uns, daß Lucas in dem Leben, in dem ihm das *linke* Bein amputiert worden war, mit zwölf Jahren gestorben ist. Er starb damals an den Folgen eines Fäulnisprozesses am *rechten* Bein. Es handelte sich möglicherweise um Osteomyelitis, einer Knochenmarksentzündung.

Da dieses Karma in diesem Leben bereits dreimal reaktiviert wurde (Beinverletzung der Mutter während der Schwangerschaft, Beinbruch mit sieben Jahren und Beinoperation mit knapp elf Jahren), besteht die Gefahr, daß Lucas' Körper mit zwölf Jahren tatsächlich in eine kritische Phase gerät. Zwar haben wir im ersten Behandlungsteil dieses Karma bearbeitet, es könnte jedoch sein, daß die Operation unsere Arbeit wieder gelöscht hat.

In dieser Zeit rufen die Eltern bei mir an, um zu berichten, daß sich am *rechten* Bein von Lucas zwei neue Tumoren gebildet haben, die sehr schnell wachsen.

Ich beginne umgehend, mit Lucas zu arbeiten. Nach einem halben Jahr, in dem ich weitere neun Sitzungen (Nr. 15 bis 23) mit dem Kind und eine Familienaufstellung nach Hellinger mit den Eltern durchführe, wird sich zeigen, daß sich die Tumoren zurückgebildet haben. Die Eltern, Lucas und nicht zuletzt ich selbst, sind tief beeindruckt von der Kraft und den Heilmöglichkeiten, die in unserer Seele liegen.

Die Themen, die bei unserer jetzt folgenden Arbeit in den Blick kommen, geben Hinweise, daß Lucas tatsächlich in einer sehr kritischen Phase ist. Er wird, wie er berichtet, von Außerirdischen aufgefordert, diese Erde zu verlassen und zu ihnen zu kommen. Auch bei der Familienaufstellung nach Hellinger wird deutlich, daß Lucas seinem toten Vater nachfolgen will. Darüber hinaus legen Beschreibungen von Lucas die Vermutung nahe, daß die Zellen an den Stellen, an denen sich erneut Tumoren gebildet haben, beginnen, sich in Krebszellen umzuwandeln.

Lucas verwendet auch in den nächsten Sitzungen sehr viel Symbole, vor allem dann, wenn wir unmittelbar an seinen Tumoren arbeiten. Seine Äußerungen werden leichter verständlich, wenn ich vorweg schildere, wie sich Krebszellen verhalten, welches die symbolische Bedeutung von Krebs ist, und wie nach dem bisherigen Stand meines Wissens die karmischen Voraussetzungen für Krebskrankheit sind.

Krebs aus dem Blickwinkel der Reinkarnationstherapie

Der Tumor ist nicht die eigentliche Krankheit, sondern nur ein Zeichen für eine Regulationsunfähigkeit im Gesamtorganismus. Aus diesem Grunde läßt sich Krebs auch nicht etwa durch eine bloße Abtötung oder Entfernung von Geschwülsten wirklich heilen, sondern nur durch Stärkung und Wiederherstellung der Selbstheilkräfte und Abwehrkräfte des Gesamtorganismus.
MARCO BISCHOF

Zunächst führe ich kurz aus, was in unserem Körper abläuft, wenn sich Krebs bildet. Milliarden von Zellen arbeiten in unserem Körper auf wunderbare Weise zusammen. Jede erfüllt die an ihrem Platz notwendige Aufgabe. Wenn sich eine Zelle im System entwickelt, die geschädigt ist, also ihre Aufgabe aus irgendeinem Grund nicht erfüllen kann, wird sie normalerweise von unserem gut funktionierenden Abwehrsystem, dem Immunsystem unseres Körpers, erkannt und zerstört. Ist das Immunsystem jedoch geschwächt oder sogar zusammengebrochen, dann kann sich solch eine Zelle mit falscher Information teilen und ungehindert Tochterzellen ausbilden. Diese abnormen Zellhäufungen, die durch die Immunschwäche entstehen können, werden Tumoren genannt. „*Bei intakter Abwehr entstehende Krebszellen werden vom Abwehrsystem ausgemerzt, ein Vorgang, der wahrscheinlich oft geschieht*", schreibt Ruediger Dahlke in seinem Buch „Krankheit als Symbol".

Normale Zellen kommunizieren miteinander, arbeiten zusammen und vermehren sich geordnet. Bösartige Tumor- bzw. Krebszellen hingegen sind rücksichtslos, ungeordnet und arbeiten nicht mit anderen

Zellen zusammen. Sie haben nur ein Ziel, sich zu vermehren. Dabei verdrängen oder zerstören sie die gesunden Organe. Wenn solche Zellen aus der Hauptgeschwulst ausbrechen und sich an anderen Teilen des Körpers festsetzen, dann bilden sich dort neue Tumoren, Metastasen genannt. Bis auf das Herz können alle Organe von Tumorzellen befallen werden.

Eine Schwächung oder gar Blockierung des Immunsystems erfolgt vornehmlich durch Schockerlebnisse, lang anhaltenden Kummer und unverarbeitete seelische Kränkungen und Verletzungen. Der Arzt und Forscher Carl Simonton schreibt: *„Heute glaubt jeder zu ‚wissen', daß Krebs von sogenannten karzinogenen Substanzen, durch genetische Disposition, durch Strahlen oder möglicherweise durch die Ernährung verursacht wird. In Wirklichkeit liefert nicht einer dieser Faktoren eine ausreichend plausible Antwort auf die Frage: Wer bekommt Krebs und wer bekommt ihn nicht?"** Sicher wirken viele Faktoren zusammen, und es ist nicht immer einfach, die Auslöser zu finden. Ich vermute, daß auch immer eine karmische Bereitschaft vorhanden ist.

Symbolisch betrachtet bedeutet Krebs also, daß der Patient sein inneres Feuer, seine Kraft, seine gesunde Aggression und seine Selbstverteidigung nicht mehr lebt. Das Immunsystem hört irgendwann einmal auf zu kämpfen, es erkennt möglicherweise sogar den Feind nicht mehr. Fehlende Bereitschaft zur Zusammenarbeit und Unordnung machen sich breit. Dahlke sagt, der Körper des Krebspatienten bringe den ungelebten Wunsch nach rücksichtsloser Durchsetzung von Eigeninteressen ans Licht. Er sagt weiter, es sei *„ein Irrtum im Konzept der Verwirklichung von Freiheit und Unsterblichkeit". „Die Suche nach Unsterblichkeit und Allmacht (der Seele) lebt sich in den Krebszellen, statt im Bewußtsein aus; Liebe (als alle Grenzen überwindendes Prinzip) auf der falschen Ebene."** Mit anderen Worten: Der Wunsch nach Freiheit, Liebe, Grenzerfahrung, Ausdehnung und Unsterblichkeit wird im Körper gelebt und nicht dort, wo er hingehört, nämlich im geistigen und seelischen Bereich. Dort wird er unterdrückt und auf den körperlichen Bereich verschoben.

In die Betrachtung der symbolischen Bedeutung der Krankheit muß auch noch die Art des Tumors mit einbezogen werden. Bei Lucas entsteht der Tumor an den Knochen. Unsere Knochen geben uns Halt und Struktur. Die Krankheit an den Knochen bedeutet also, es gibt eine Schwäche in der Strukturierung, und es gibt nicht genug Haltgebendes.

Karmisch gesehen müssen wir folglich nach Leben suchen, in denen die Wut eingefroren und das innere Feuer gelöscht wurde. Das dazugehörige Postulat könnte dann z. B. heißen: *„Wenn ich wütend werde oder wenn ich kämpfe, überlebe ich nicht."* Oder wir finden ein Leben, in dem sich Todesangst und Wut auf irgendeine andere Weise verbunden haben. Lucas wird uns dieses Erlöschen des inneren Feuers in der übernächsten Sitzung auf eindrückliche Weise ins Bild bringen.

Weiterhin weist Krebs auf eine Sehnsucht nach uneingeschränkter Liebe hin und auf den Wunsch, aus der Norm auszubrechen und Grenzerfahrungen zu machen. Wir müssen also fragen, ob es in früheren Leben Entgrenzungserfahrungen gab, die

* Simonton, O. C.: Wieder gesund werden

* Dahlke, R.: Krankheit als Symbol

körperlich nicht beendet worden sind. Wie Sie bereits wissen, verstehe ich darunter einen Tod, den wir nicht bewußt mitbekommen, weil wir uns in einem Ausnahmezustand befinden. Sei es, daß wir uns zu dem Zeitpunkt in tiefer Meditation oder Trance oder auch in einem Orgasmus befinden. Unser Körper wird in solch einem Falle nicht erlöst, er ist mit dem Ereignis der Entgrenzung noch verbunden. Das Postulat könnte dann z. B. heißen: *„Solange ich entgrenzt oder ganz in meiner Liebe bin, lebe ich noch“*, d. h., das wäre ein sogenanntes Überlebensprogramm. Der Wunsch nach Entgrenzung wird dann auf körperlicher Ebene gelebt.

Auch suchen wir in der Reinkarnationstherapie nach einem *Schockerlebnis* in dieser Inkarnation, durch das das Immunsystem für kurze oder längere Zeit zusammengebrochen ist. Der Schock hat das Abwehrsystem lahmgelegt, und es gilt, diesen Schock zu beenden und das Immunsystem anzuregen.

Schließlich müssen wir die Ursache für die unbewußte *Todessehnsucht* des Krebskranken suchen und die Beweggründe bearbeiten und auflösen.

Schon wieder ein Raubtier

15. Sitzung

Vor einigen Wochen, noch bevor das erneute Tumorwachstum sichtbar wurde, hatte mich Lucas um einen Termin gebeten. Seine Seele zeigte an, daß erneut Hilfe nötig ist.

In der 15. Sitzung versuche ich, nach dem Hintergrund der Tumoren im rechten Bein zu fragen. Wieder führt mich Lucas in ein Leben, in dem er vor einem Raubtier davonläuft und gefressen wird. Diesmal befindet er sich „auf Urlaub in einem fremden Land“. Seine Neugierde und Abenteuerlust führen ihn vom vorgegebenen Weg ab. Die letzten Gedanken, die Lucas in dem Leben hat, sind; *„Hilfe, ich kann nicht mehr!“* Er kann nicht mehr weiterrennen, bekommt keine Luft mehr und kann nicht mal mehr schreien, so erschöpft ist er, als das Tier ihn, diesmal am rechten Bein, faßt. In diesem Bein sind also *Erschöpfung* und *Aussichtslosigkeit* programmiert und zwar in Verbindung mit *Urlaub, Freude* und *Abenteuerlust*. In der Tat wurde das Tumorwachstum in den Ferien offensichtlich und schritt genau in dieser Zeit so schnell voran.

Lucas zeigt in dieser Geschichte deutlich, wie ohnmächtig und erschöpft sich sein Körper fühlt. Das ist ein erster Hinweis darauf, daß sein Immunsystem nicht gut genug arbeitet. Ich versuche, die Programme in bekannter Weise gründlich abzulösen, da es keine Heilung geben kann, solange im Körper das Programm, *„ich kann nicht mehr“,* wirkt. Der Körper würde unter diesen Umständen nicht genügend Heilenergie bereitstellen können.

Immer wieder beobachte ich, daß jeder von uns in verschiedenen Leben ähnliche Motive, Themen und Umstände wählt, um seine Erfahrungen auf dieser Erde zu machen. Deshalb ist für mich auch nicht erstaunlich, daß Lucas in zwei verschiedenen Leben jeweils von einem Raubtier gefressen wird. Immer häufiger drängt sich mir der Gedanke auf, daß es so etwas wie ein inneres Einverständnis zwischen Täter und Opfer geben muß; daß es kein Zufall ist, daß einer von einem Raubtier gefressen wird und ein anderer nicht oder wen dieses und wen jenes Schicksal trifft. Wie wir uns das vorzustellen haben, kann ich bisher nur vermuten. Im Falle von Lucas wissen wir, daß sein Körper das Programm, *„ich werde von einem Raubtier gefressen"*, gespeichert hat. Ob nun das Raubtier dieses Programm „wittert", wenn Lucas sich in die Nähe eines solchen Tieres begibt? Zumindest wäre es eine Erklärungsmöglichkeit.

Wenn einer denkt „stechen", dann stechen alle

16. Sitzung

Schon in die letzte Sitzung kam Lucas recht energie- und kraftlos. Leider hat sich dieser Zustand bis heute nicht geändert, obwohl wir an dem Thema *Erschöpfung* und *„ich kann nicht mehr"*, ausgiebig gearbeitet haben. Wir werden bald sehen, woran das liegt, und es wird noch einige Mühe bereiten, bis ich Lucas aus der Energielosigkeit befreien kann.

In dieser Sitzung versuchen wir herauszufinden, was sich in den Tumoren abspielt. Dazu malt Lucas zunächst das Bein mit beiden Tumoren (Abb. L24).

Die Tumoren „fühlen sich unterschiedlich an". Auf Befragen entscheidet er sich dafür, die Arbeit mit dem oberen Tumor zu beginnen. Vom Vater weiß ich, daß der obere Tumor problematischer ist als der untere. Ich bitte Lucas, dieses Gewächs in vergrößerter Form nochmals aufzumalen, „damit wir es besser untersuchen können" (Abb. L25).

L24

L25

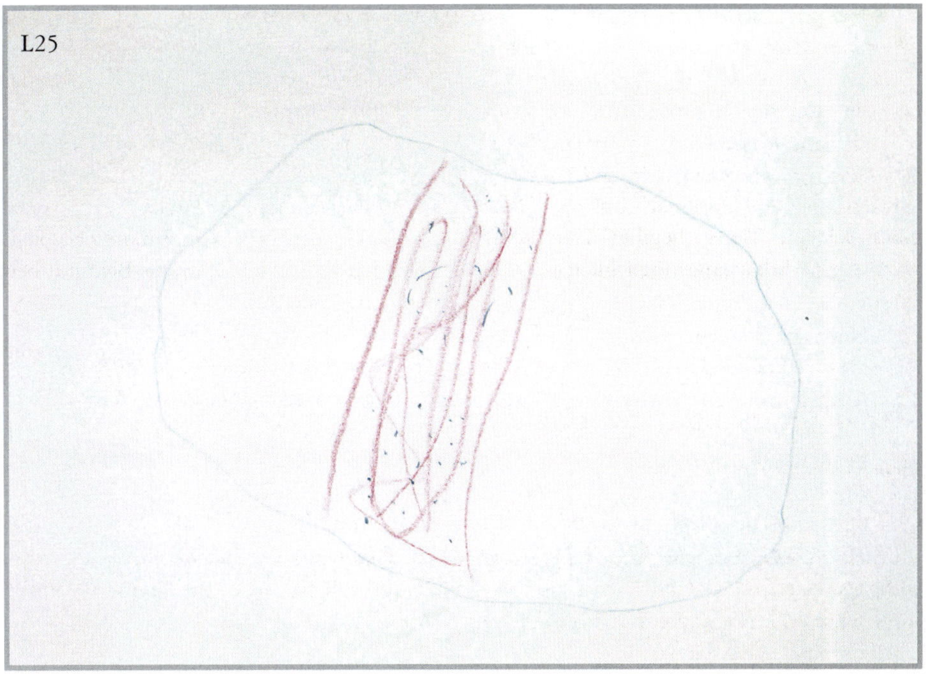

Anhand des Bildes frage ich die Körpergefühle genauestens ab, die Lucas hat, wenn er in den Tumor hineinspürt. Im wesentlichen empfindet er *Stechen, Drücken* und *Ziehen*. Das Ziehen drückt er durch rote Linien und das Stechen durch blaue Punkte aus.

T.: „Kannst du dir vorstellen, daß du einmal einen Körper hattest, der all das konnte, so stechen und ziehen und drücken?"

L.: „Ja, vielleicht ein Igel." In solchen Momenten darf ich leider nicht lachen, da Lucas die Antwort mit voller Überzeugung hervorbringt. Ich bleibe also ernst und notiere innerlich: ‚Es handelt sich wahrscheinlich um etwas Stacheliges.'

T.: „Aha, wie ein Igel. Willst du einmal probieren, ob du so einen aus deiner linken Hand herausfließen lassen kannst, damit wir sehen, wie der aussieht, der stechen und ziehen kann?"

L.: „Ja. Komische Menschen sind das."

T.: „Ja, das kann ich mir vorstellen, daß die komisch aussehen."

Nachdem er während des Malens mehrmals betont hat, daß der Mensch komisch aussehe, frage ich: „Er schaut aus als ob ...?"

L.: „Als ob er böse wäre", gibt er zur Antwort (Abb. L26). (Das aggressive Übermalen der Figur mit grüner Farbe stammt aus der 18. Sitzung. Jetzt versuchen Sie bitte, die Figur hinter der Übermalung auszumachen.)

T.: „Ja. Fühl mal, mit welchen Stellen am Körper kann der stechen und ziehen?"

L26

L. atmet tief durch und sagt dann: „Stechen kann er mit drei Stellen. Mit den Zähnen, mit den Händen und mit den Haaren."

T.: „Was braucht man, um so stechen und ziehen und drücken zu können? Braucht man dazu die Finger oder die Zähne?"

L.: „Nein, da braucht man so eine Art Energie."

T.: „Aha, so eine Art Energie. Und wie ist das?"

L.: „Es ist wie ein Lichtstrahl."

T.: „Aha?"

L.: „Nicht nur so ein Strahl, so richtig viel, so ganz viel Licht."

Ich bringe diese Stelle hier wörtlich, damit deutlich wird, daß das Kind das Wort „Energie" selbst eingeführt hat, und weil die Beschreibung des Lichtes von Bedeutung ist, wie sich später herausstellen wird.

Auf die Frage, ob es noch andere gebe, die sich so verhalten wie dieser, meint er: „Ja, fünf." Das nächste Bild stellt diese anderen Figuren dar. Er malt allerdings nur vier (Abb. L27).

„Das ist das Gehirn. Das sind die Haare und die Antennen, das sind die Verbindungen zu den anderen. Wie Funkgeräte", beschreibt er. „Wenn einer denkt *stechen*, dann stechen alle." Keiner kann tun, was er will, keiner kann aus dem Verbund ausscheren. „Die müssen immer zusammenarbeiten." Und wenn einer ausscheren will, dann wird er *gestochen* und zurück-*gezogen*. „Der muß dann bleiben." „Die brauchen ihn, sonst sind es zu wenige."

Die weiteren Informationen, die wir über das Verhalten der Wesen erhalten, sind: „Sie stechen alle, die in ihrer Nähe sind." Sie haben also nichts anderes im Sinn, als zu stechen und anderen weh zu tun. Sie arbeiten zusammen und sind „durch Antennen am Kopf miteinander verbunden". In Bild 28 malt er das Antennensystem auf (Abb. L28).

Die orangefarbene Figur auf Bild 27 beschreibt er als eine, die ausscheren will, weil sie es leid ist, immer nur Böses zu tun. Er selbst findet sich in dieser Figur: „Das bin ich." Wir registrieren, daß die orangefarbene Figur auch etwas anders aussieht als die anderen. So sind ihre Antennenhaare z. B. nicht aufgestellt wie bei den anderen. Bei ihren Versuchen auszubrechen, wird sie immer wieder von den anderen gestochen. „Mit dem Licht stechen sie dem anderen in die Knochen", sagt er. Er kennzeichnet die Stellen, an denen die Figur überall gestochen wird, weil sie ausscheren will.

Es erstaunt nicht, daß sich die Stellen, an denen Lucas Tumoren hat, unter den markierten befinden. Als ich ihm diese Tatsache bewußt mache, ist er betroffen.

In mir steigt die Befürchtung auf, daß sich an all diesen gekennzeichneten Stellen (am linken Fuß und an der linken Schulter, am rechten Unterarm und am Kopf schon neue Tumoren gebildet haben könnten. Zu dieser Zeit prüfe ich das leider noch nicht nach. Später, in einem anderen Zusammenhang, lassen sich an einigen dieser Stellen kleine Tumoren tasten.

Ich lasse mich von Lucas durch die Sitzung führen und verstehe zunächst nicht so ganz, was er mir mit seinen Bildern sagen will.

T.: „Was meinst du, was diese Stelle in deinem Bein von damals noch in Erinnerung hat?"

L.: „Daß sie stechen kann, und daß sie gestochen worden ist."

T.: „Aha, und erinnert sie sich auch noch an etwas mit Ziehen?"

L.: „Daß sich die Gedanken vom einen zum anderen ziehen." Weiter erinnert sich der Körper daran, daß er „weglaufen will, aber festgehalten wird", daß

L27

er „zu den Bösen gehört, aber nicht dazugehören will".

T.: „Was könnten wir mit solch einer Stelle machen, die so eine Erinnerung hat?"

L.: „Die sticht weiter, weil sie denkt, sie ist bei den Bösen. Die weiß gar nicht, daß sie böse ist. Und weglaufen kann sie nicht, weil wenn die versucht wegzulaufen, also die Gedanken von denen fangen sie immer wieder ein, und man kann, die können nicht für sich leben. Die anderen wissen immer alles."

Erst durch die nächste Antwort beginnt das bisher Gesagte für mich endlich einen Sinn zu ergeben:

L28

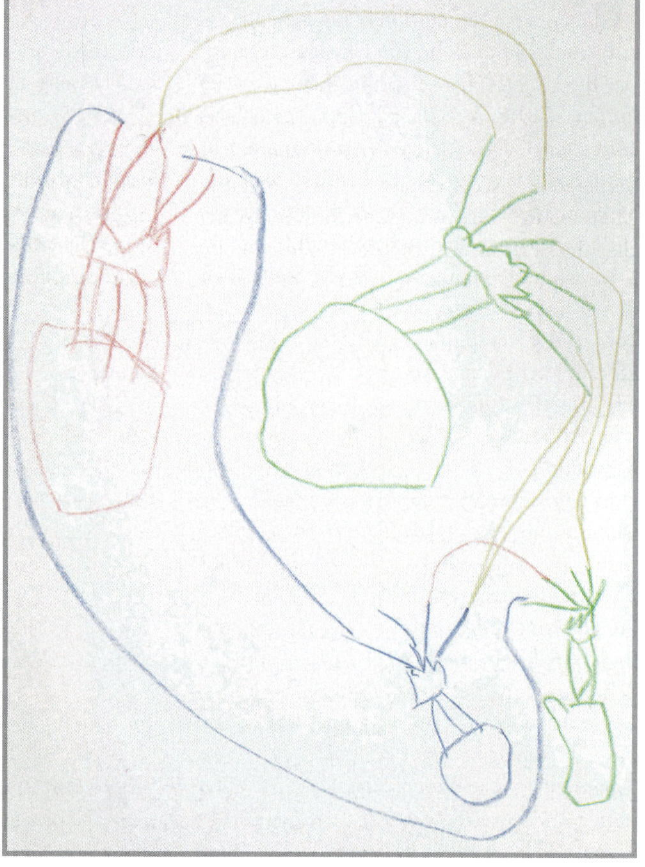

T.: „Wann meinst du denn, daß der Körper sich an so eine Geschichte erinnert, wir haben ja viele Leben?"

L.: „Vielleicht, wenn man wieder Mensch ist."

T.: „Ja. Was meinst du, was könnte das Wieder-Menschsein in Erinnerung bringen? Was ist hier das Wichtigste?"

L.: „Das Stechen vielleicht."

T.: „Ja?"

L.: „Einfach so, daß man sticht und böse ist, aber vielleicht auch gut sein könnte, daß man lieber gut wäre."

T.: „Also die sind böse, weil sie stechen. Wenn du wieder Mensch wirst, dann beginnt das Böse. Du willst eigentlich gut sein, aber du bist mit dem Bösen verbunden?"

L.: „Ja, genau, aber ich kann mich gar nicht daran erinnern." (Das heißt, es geschieht, bleibt aber unbewußt.)

T.: „Genau."

Lucas' Vorstellungen vom Menschsein erinnern an den Glauben an die Erbsünde in der christlichen Religion. Mit dem Eintritt in die Materie, in das „Wieder-Menschsein" wird der Mensch mit dem Bösen verbunden. Er muß kämpfen, um zu überleben. Die Tatsache, daß Lucas auf meine Frage nach einem früheren Leben kein solches beschreibt, sondern die Erfahrungen seiner vernetzten Wesen auf das „Wieder-Menschsein" zurückführt, bringt mich auf die Idee, daß es sich bei Lucas' Bildern um Vorgänge in seinem eigenen Körper handeln könnte, dort wo das „Wieder-Menschsein" beginnt. Mit dieser Annahme arbeite ich also weiter.

Betrachten wir das bisher Gesagte aus diesem Blickwinkel, dann finden wir viele überraschende Übereinstimmungen. Alle Zellen in unserem Körper sind mehr oder weniger miteinander vernetzt, müssen also zusammenarbeiten, keine darf aus diesem Verbund ausscheren, sonst wird sie vernichtet bzw. „gestochen, gedrückt und zurückgezogen", wie Lucas es nennt. Die Verständigung zwischen den Zellen geschieht neuesten Forschungen zufolge über Licht, die sogenannten Biophotonen. *„Das Licht strahlt gebündelt, wie das Licht eines Laserstrahls, um Informationen zu übertragen ... Das Laserlicht in unseren Körperzellen scheint einer Art Funkverkehr zu dienen."** Lucas benutzt für das Wort „Information" den Begriff „Gedanken". Diese Gedanken werden bei ihm per „Lichtenergie" übertragen und arbeiten wie „Funkgeräte".

Die wichtigste Botschaft, die in Lucas' Bildern enthalten zu sein scheint, ist beunruhigend. Sie könnte ein erster Hinweis darauf sein, daß die Tumorzellen, die wir in dieser Sitzung betrachten, dabei sind zu entarten, d. h., bösartig zu werden. Meine Vermutung basiert einmal auf dem tiefen Wunsch von Lucas, nicht kämpfen zu müssen, zum anderen auf seiner Beschreibung des Lichtes, das die Zellen abgeben.

Wie ich eingangs erwähnt habe, gehört das Unterdrücken jeglicher Wut und Aggression zum Krebsgeschehen. Lucas sagt, „ich möchte nicht zu denen gehören, die kämpfen, weil die böse sind." Er wünscht sich Kampflosigkeit bis tief in die Zellebene hinein. Wie wir wissen, müssen wir jedoch auf allen Ebenen kämpfen, um zu überleben. Lucas spürt, daß es keine Möglichkeit gibt, dem zu entkommen, „ich werde immer wieder zurückgezogen". Das Kämpfen beginnt in unserem Körper, in dem ganze Heerscharen nur damit beschäftigt sind, gegen unliebsame Eindringlinge zu kämpfen und sie zu vernichten, und setzt sich fort in unserem täglichen Leben, indem wir uns durch das Töten anderer Lebewesen, seien es Pflanzen oder Tiere, ernähren und erwärmen, und erweitert sich, indem wir unseren Lebensraum gegen Eltern, Geschwister, Nachbarn, Arbeitskollegen usw. verteidigen. Lucas kann sich mit dieser Vorstellung nur schwer anfreunden. Der Wunsch, nicht kämpfen zu müssen, und das Wissen darum, daß er kämpfen muß, um zu überleben, schaffen in ihm einen großen Konflikt, der ihn enorm schwächt.

Jetzt beginnen wir zu verstehen, warum es in der letzten Sitzung nicht gelungen ist, Lucas an seine Kraft und seinen Lebenswillen anzuschließen.

Noch eine Bemerkung von Lucas deutet auf Krebsgefahr hin. Er beschreibt das Licht in seinen Zellen zunächst als „Lichtstrahl", dann sagt er: „Nicht nur so ein

* aus Bischof, M.: Biophotonen. Das Licht in unseren Zellen

Strahl, so richtig viel, so ganz viel Licht." Wie wir aus den Untersuchungen von Popp wissen, „*liegt dann eindeutig ein Krebswachstum vor, wenn die Biophotonenstrahlung eines Gewebes in ihrer Intensität steigt, während gleichzeitig die Kohärenz geringer wird.*"* Das heißt, daß Krebszellen im Verhältnis zu anderen Zellen besonders viel Licht abgeben und daß dieses Licht ungerichtet ist. Lucas betont, daß es sich nicht um einen Licht-„*Strahl*", sondern um „so richtig viel, so ganz viel Licht" handelt.

Die wichtigste Aufgabe in diesem Teil der Therapie wird also sein, Lucas an seine gesunde Aggression, d. h. an seine bejahende Lebenskraft anzuschließen. Es gilt, die zum Tumor verdichtete Wut zu befreien.

Da ich weiß, daß das Programm „*Wut und Aggression sind böse, und ich will nicht böse sein*" bei Lucas tief eingegraben ist, versuche ich gleichsam homöopathisch zu arbeiten, also Ähnliches mit Ähnlichem zu behandeln. In der Homoöpathie wird der Ausgleich der Fehlinformation durch eine ähnliche oder gleiche, aber gegenphasige Schwingung bewerkstelligt.* Ich arbeite also nicht daraufhin, daß Lucas beginnt, die Bösen in sich selbst anzunehmen, sondern ich nähere mich auf umgekehrtem Wege. Ich veranlasse die Guten, die Bösen zu bekämpfen, und fordere auf diese Weise Lucas' eigene, lang eingeschlossene Aggression heraus. Es geht mir hier also nur um die Aktivierung von gesunder Aggression (was so viel heißt wie Überlebenswillen), unabhängig davon, wer gegen wen kämpft. Wer wen zu töten versucht, spielt hier deshalb keine Rolle, da wir auf Symbolebene arbeiten.

* aus Bischof, M.: Biophotonen. Das Licht in unseren Zellen

Ich beende die Sitzung, indem ich den weiteren Prozeß dadurch vorbereite, daß ich die „Guten", das sind die Unaggressiven, und die Bösen (Aggressiven) deutlich voneinander trenne, damit sie sich in der nächsten Sitzung kämpferisch gegenübertreten können. Lucas hat sich eindeutig auf die Seite der Guten geschlagen, der Kampf kann beginnen.

Deine ganze Macht ist dahin

oder

Ich werde ihm die Augen ausstechen

17. Sitzung

Lucas wirkt in dieser Sitzung noch kraft- und energieloser als bei den letzten Treffen, er ist also ganz auf die Seite der „Guten" gegangen, eine gute Voraussetzung für unser Vorhaben. Selbst als er sozusagen einen Probekampf mit dem Boxball vollführt, wird er nicht kraftvoller. Die Schläge kommen ohne innere Beteiligung. Es ist eher eine automatische Bewegung der Arme als ein gezieltes Boxen. Sein Körper wirkt so, als wäre er von ihm energetisch nicht bewohnt, als wäre er unbeseelt. Nur der Kopf ist energetisch zu spüren.

Durch gezielte Körperübungen, verbunden mit entsprechenden Lauten, versuche ich Lucas dazu zu verhelfen, seinen Körper besser wahrzunehmen und sein Ch'i* anzuregen. Die Übungen bewirken nichts, er bleibt kraftlos. Von außen kommen wir

* Lebensenergie

offensichtlich dem Problem nicht näher, er kann sein Ch'i-Zentrum in seinem Bauch nicht spüren. Vom Boxen und der Suche nach seiner Ch'i-Energie gehen wir über zu den Bildern vom letzten Mal und überlegen, woher die stechenden und ziehenden Wesen ihre kämpferische Energie bezogen haben. Er meint: „Sie haben mehr vom Kopf aus gekämpft."

Ich frage ihn, wieviel von der Energie der Wesen, mit denen wir das letztemal gearbeitet haben, noch in ihm sei. Nachdem er sehr lange nachgespürt hat, sagt er: „Noch ziemlich viel, soll ich es aufmalen?" (Abb. L29)

Er gibt die Menge durch eine violette Fläche an. Anschließend lasse ich ihn im einzelnen beschreiben, was die Bösen alles tun. Während er malt, erklärt er:

„Das heißt, daß er beißt (rosa Figur), und da erschrickt er einen, oder macht Angst (orangefarbene Figur), da verbreitet er das Böse, also böse Gedanken, und macht ihm Angst und tut halt das Böse ausstrahlen (rote Figur), und der tut den stechen mit all den spitzen Sachen (grüne Figur)."

Die Bösen kann man jeweils an den stachlig nach außen stehenden Haaren erkennen. Auffällig ist, daß die Bösen sowohl auf körperlicher als auch auf seelischer und geistiger Ebene angreifen und verletzen. Körperlich geschieht es durch Stechen und Beißen, auf seelischer Ebene durch Angstmachen und Erschrecken und auf geistiger Ebene durch Aussenden von bösen Gedanken.

Vergegenwärtigen wir uns, daß ich Lucas aufgefordert habe, all das aufzumalen, was

L29

„noch in ihm drin ist". Vergleichen wir nun dieses Potential an Aggressivität mit dem auffällig unaggressiven Verhalten dieses Jungen, dann wird die große Kluft zwischen innen und außen sichtbar. Solch große Spannung zwischen bewußten und unbewußten, zwischen gelebten und ungelebten Impulsen hat immer krankmachende Wirkung. Wir wissen nun, daß Lucas viel Aggression in sich hat, daß er diese jedoch nicht lebt und als nicht zu ihm gehörig erlebt.

Wir sehen, daß die Zelle schlaff und unlebendig aussieht, daß sie mit Wasser angefüllt ist und ausläuft. Das Feuer, von dem Lucas spricht und das letztlich Tatkraft und Aggression bedeutet, wird durch das Wasser gelöscht, es darf nicht in Erscheinung treten. Es ist da, wie er sagt, aber er läßt es auf seinem Bild nicht erscheinen.

Wegen des fehlenden inneren Feuers wird Krebs auch oft als „Kalte Krankheit" bezeichnet. Wasser gilt als kaltes Element.

Noch eindrucksvoller stellt Lucas dieses Erlöschen des inneren Feuers und der inneren Kraft dar, als ich ihn bitte, gut in seine Tumorzellen zu spüren.

T.: „Es fühlt sich an als ob ...?"
L.: „Es fühlt sich so an, wie wenn es brennen würde."
T.: „Stell dir mal eine Zelle in deinem Körper vor, was wäre mit der?"
L.: „Die verbrennt."
T.: „Mal mal eine Zelle auf, damit wir sehen, was da passiert."
L.: „Die schwitzt."
T.: „Gut, dann male das."
L.: „Und da kommt Wasser raus. Das ist das Wasser." (Abb. L30a)

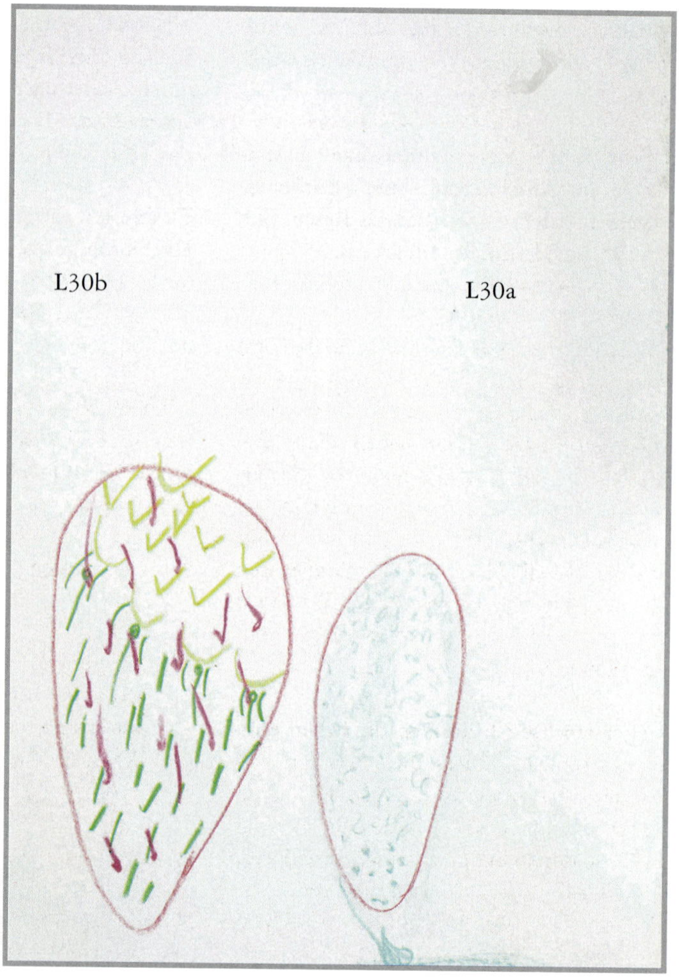

Wieder staune ich, wie klar und einfach das Kind das Geschehen in seinen Tumorzellen auszudrücken vermag.

Erstaunlicherweise sind für Lucas nicht die Krebszellen „böse“, sondern die Zellen unseres Immunsystems. Sie sind Symbol für das Feuer, das Lucas hier löschen will. Allein die Tatsache, daß sie kämpfen, ungeachtet dessen, daß sie damit für unser Überleben sorgen, macht sie zu „Bösen“.

Als nächstes spreche ich mit Lucas über die Anwesenheit und die Nützlichkeit der Kampfzellen in unserem Körper.

Als er die Zusammenhänge verstanden hat, bitte ich ihn, in seinen Körper zu spüren und Verbindung zu seinem Immunsystem aufzunehmen. Schließlich fordere ich ihn auf, eine gesunde Zelle zu malen, die eine gut arbeitende Kampf- und Schutztruppe um sich hat.

Er malt die Zelle auf (Abb. L30b) und sagt: „Dann kämpfen die Grünen und die Roten gegen die Gelben“ und „die (rot und grün) sind stärker und haben die (gelb) bald alle erledigt.“ Lucas malt also kurzerhand in eine Zelle, was sich in unserem Immunsystem abspielt und was ihm fehlt. Wir sehen, daß die Zelle an Volumen und Lebendigkeit zugenommen hat. Erfreulich ist auch, daß das Rot des Feuers wieder Einzug zu halten scheint.

Hier möchte ich kurz an die Leben erinnern, aus denen Lucas die Angst zu verbrennen mitgenommen hat. Es beginnt mit dem heißen Atem des Löwen und dem Biß ins Bein, der so brennt, „als würde ich über einen Grill gehalten“, dann verbrennt ihn die Sonne in der Wüste, und schließlich verbrennt er an dem Feuer, das ein Zigarettenstummel verursacht hat. In all diesen Situationen befindet sich Lucas in einem Ausnahmezustand, entweder er ist in meditativer Trance oder im Schlaf bzw. Halbschlaf.

In diesem Zusammenhang ist folgende Beobachtung interessant. Wenn ich mit Lucas an den „Bösen“ arbeite, wird er immer auffallend müde, gähnt und wirkt abwesend. Lasse ich das Thema fallen, „kommt er wieder zurück“.

Ich werde im weiteren Verlauf dieser Sitzung versuchen, die Zellen aus ihrer Trance zu wecken und Lucas zu helfen, sich bewußt dem Feuer zu stellen und es kreativ zu nutzen. Wie ich in der letzten Sitzung schon angekündigt habe, versuche ich dazu, die Information, die an das alte Feuer gekoppelt ist, nämlich Angst, Schmerz, Tod, Verbrennen und Trance, auf zellulärer Ebene durch eine neue Information über Feuer zu ersetzen.

Als nächstes hole ich das Bild des Anführers der Bösen hervor (Abb. L26) und frage Lucas: „Fühl mal, was du machst, wenn der jetzt kommt.“

L.: „Weglaufen“, ist seine spontane Antwort.
T.: „Oder?“
L.: „Angreifen.“
T.: „Aha, du wärst wieder weggelaufen, so wie bisher, das ist noch die alte Form. Was würdest du *jetzt* mit ihm machen, wenn deine Zellen die neue Kraft haben?“
L.: „Kaputt machen.“

Es ist schade, daß ich nicht bildhaft darstellen kann, was im folgenden geschieht.

Dieser sanfte Junge, der bisher alle Aggressivität bewußt und unbewußt abgelehnt hatte, entwickelt plötzlich eine Kampfkraft und Lebendigkeit, die man nie bei ihm vermutet hätte. Er ist durchströmt von Ch'i-Energie und holt zum ersten Mal seine Kraft aus dem Bauch und nicht wie früher aus dem Kopf.

Was Lucas jetzt mit dem Bösen anstellt, mag fast sadistisch anmuten. Der grausame Anteil sagt nur etwas darüber aus, wie tief die Verletzung und die Verzweiflung sind und wieviel Wut und Haß, die in Verbindung mit diesen Verletzungen stehen, angestaut sind.

Um den Bösen „kaputt" zu machen, benutzt er die Farben Grün und Blau. Für am besten geeignet hält er die Farbe Grün, schlägt ihn anschließend aber auch noch mit seinen eigenen Waffen, dem Blau, aus dem er ursprünglich besteht.

Lucas fängt durch Übermalen mit der Zerstörung „bei den Haaren an, die werden alle abgemacht", „ich werde ihm die Augen ausstechen", „und jetzt wird die Nase abgeschnitten und der Mund", „jetzt werden ihm die Schultern abgesenst, die Arme und auch die Hände", „und jetzt sein Bauch", „jetzt kommen die Füße weg, daß er nicht mehr weglaufen kann" – er schreit die Worte aus der Tiefe seines Bauches, verbunden mit Wut und Feuer. Schließlich holt er sich einen Boxhandschuh und haut immer wieder auf das Bild und brüllt: „Deine ganze Macht ist dahin!" Endlich hält er inne und sagt erleichtert und stolz: „Jetzt ist er kaputt!"

Nach dieser Sitzung besteht für mich kein Zweifel mehr, daß die Tumorzellen im Begriff sind, bösartig zu werden, oder sogar diesen Zustand schon erreicht haben. Lucas hat gut gearbeitet, und ich hoffe, daß wir rechtzeitig eingreifen konnten. Bisher habe ich durch meine Arbeit mit Lucas seinen körperlichen Zustand beleuchtet, und wir haben versucht, sein Immunsystem anzuregen, es aus dem *Schock* zu holen. Dazu haben wir seine erstarrte Wut, seine lebensnotwendige Aggression wieder in Fluß gebracht. Jetzt müssen wir noch nach den Leben suchen, in denen die Programme entstanden sind: *„Wenn ich kämpfe, sterbe ich"* (20. Sitzung) und *„solange ich entgrenzt bin, lebe ich"* (21. Sitzung). Des weiteren müssen wir prüfen, inwieweit Lucas *Todessehnsucht* hat. In den Sitzungen 18, 19, 22 und 23 sind wir mit der Aufarbeitung dieses Themas befaßt.

Die Außerirdischen brauchen meine Kraft

18. Sitzung

Seit der ersten Sitzung in diesem Behandlungsteil sind zweieinhalb Monate vergangen. Es besteht kein Zweifel mehr, die Tumoren sind kleiner geworden, man kann es tasten, berichtet die Mutter. Ganz können wir es noch nicht glauben.

Heute erzählt mir Lucas unmittelbar nach Betreten meines Therapiezimmers, daß er in der letzten Nacht von einem Vogel geträumt habe. Wie Sie schon wissen, messe ich solchen ersten, unvermittelt geäußerten Botschaften immer Bedeutung bei. Deshalb lasse ich Lucas den Vogel malen (Abb. L31).

L31

Betrachten wir sein Bild, so sehen wir den Vogel in roten und blauen Farben leuchten. Er sitzt auf einem großen Baum. Bei der Deutung des Bildes beginne ich mit dem Baum. Er steht gut auf der Erde und hat einen kräftigen Stamm, ein Zeichen für eine starke Persönlichkeit, die gut geerdet scheint. Dieser Stamm jedoch hat ein großes, tiefes Loch in seiner Mitte. Solche Wunden im Baum deuten immer auf eine seelische Verletzung hin. Hier befindet sich die Verletzung im Zentrum der Persönlichkeit. Bei einem Kind, das seinen Vater mit drei Jahren durch einen Autounfall verloren hat, erstaunt eine solche Wunde nicht.

Die Krone des Baumes, Ausdruck für die Fähigkeit und den Wunsch, mit der Umwelt in Kontakt zu treten, ist weit ausladend und üppig, allerdings kann das Zeichenblatt die Fülle nicht aufnehmen, es ist nicht genug Platz vorhanden. Dadurch ist die Krone oben und rechts abgeschnitten, während der einzelne Ast auf der linken Seite sehr viel Raum erhalten hat. Die linke Seite versinnbildlicht die Vergangenheit und die rechte die Zukunft. Der Vogel (= er selbst) sitzt auf der linken Seite, also in der Vergangenheit und sein Blick ist ebenfalls in die Vergangenheit gerichtet. Der Vogel sieht prächtig aus mit seinen leuchtenden Farben und dem langen Schwanz. Für die Vorstellung jedoch, daß er fliegen sollte, scheint der Schwanz etwas zu groß geraten zu sein.

Zusammenfassend könnte man also sagen, Lucas hat kräftige, gesunde Anlagen, die sich allerdings im Moment nicht ungehindert entwickeln können. Die aktive, auf die Zukunft gerichtete Energie ist bei Lucas zur Zeit abgeschnitten, er ist auf Verletzungen in der Vergangenheit fixiert.

Durch Fragen, die ich zu dem Vogel stelle, erfahre ich noch, daß sich der Vogel völlig *ungeschützt* fühlt, und daß „ihm jeder etwas tun kann". Der einzige Platz, an dem er sicher sein kann, ist seine Behausung, d. h. das Loch im Baum. Lucas will mir also mitteilen, daß er schutzbedürftig ist und Verletzungen aus der Vergangenheit dabei eine Rolle spielen.

Wir arbeiten mit dem Thema *„ungeschützt"* weiter. Was kann passieren, wenn man ungeschützt ist? Er gibt keine Antwort, sondern spürt plötzlich heftige Schmerzen in der linken Schulter und am linken Bein. Starke Körpergefühle nehme ich in der Therapie immer ernst. Zunächst spricht Lucas davon, daß sich seine linke Seite *„ganz offen"* anfühlt.

Dieser Schmerz führt uns zunächst zu den Wesen, die sein Immunsystem darstellen (Abb. L27) und schließlich zu einem früheren Leben. Die orangefarbene Figur auf Abb. L27, diejenige, die aus dem Verband ausscheren möchte, dient als Einstieg in dieses Leben. Sie hat besonders viel Energie in ihrer Schulter.

T.: „Wofür hast du denn das benutzt hier an der Schulter?"
L.: „Zum Böses machen."
T.: „Aha. Jetzt fühl noch mal, was du alles mit dieser Schulter konntest."
L.: „Ganz viele böse Sachen."
T.: „Aha, und wie hat sich das angefühlt, so böse Sachen machen?"
L.: „Manchmal hat es Spaß gemacht und manchmal nicht."

Noch in der vorletzten Sitzung wäre es undenkbar gewesen, daß Lucas das Gefühl zugelassen hätte, daß „Böses tun" ihm einmal Spaß gemacht hat. Wie wir aus der Reinkarnationstherapie wissen, sind unverarbeitete Täterleben meist belastender als Opferleben. Das liegt aber nicht daran, daß wir für ein Täterleben in nächsten Inkarnationen büßen müssen, d. h. karmisch belastet werden – dies ist eine weit verbreitete irrige Ansicht –, sondern es liegt allein daran, daß wir Täterleben verdrängen und deshalb nicht gut genug verarbeiten können. Wir wollen niemals böse gewesen sein, deshalb führen diese Leben ein Schattendasein und können nicht beendet werden. Alles Unbeendete jedoch blockiert uns. Unsere Opfer haben uns spätestens mit dem Tod verziehen, wir aber verzeihen uns selbst nicht, oft über unendlich viele Leben hinweg. Mit anderen Worten, nicht irgendein strafender Gott oder ein karmisches Gesetz straft uns, sondern wir selbst sind es, die wir uns die Strafen auferlegen. Wahrscheinlich wird diese Behauptung bei einigen Lesern Empörung auslösen, da mit dieser Aussage keine Projektion nach außen mehr möglich ist. Wir müssen für alles, was uns geschieht, die Verantwortung selbst übernehmen, und das ist verständlicherweise sehr, sehr schwierig. Lucas jedenfalls hat, eingeleitet durch die letzte Sitzung, genug Mut aufgebracht, sich einem Täterleben zu stellen, und wir wollen es gemeinsam beenden. Wie sich herausstellen wird, handelt es sich um ein sehr ungewöhnliches Leben: Es gehört auf einen anderen Planeten.

Wenn Sie von einem Leben auf einem anderen Planeten hören, dann könnte Ihr erster Gedanke sein: „Lucas hat das Täterleben auf einen anderen Planeten projiziert, damit er sich nicht unmittelbar damit identifizieren muß." Dieser Gedanke kam mir natürlich auch sofort, und zunächst ging ich mit den Äußerungen von Lucas auch in dieser Weise um. Im Laufe der Sitzung jedoch ließ sich dieser Gedanke nicht aufrechterhalten.

Sollte es tatsächlich Leben auf anderen Planeten geben und inkarnieren wir dort von Zeit zu Zeit? Möglicherweise mit Körpern, die eine andere Beschaffenheit haben, als unsere dichten, materiellen Körper? So beschreibt es jedenfalls Lucas. Ich versuche offen zu bleiben und alles für möglich zu halten. Also folge ich Lucas auf seinen Planeten.

In dem Leben, das Lucas beschreibt, sind die „Menschen" in ähnlicher Weise miteinander verbunden wie die Zellen in unserem Körper, es gibt also keine ausgeprägte Individualität, jeder ist vom anderen abhängig. Die „Menschen" können Gestalt annehmen, aber auch in gestaltlose, ätherische Form übergehen, je nach Bedarf, und sie können telepathisch miteinander verkehren.

Ich erfahre, daß diese Wesen „auf ihrem Planeten eine Gestalt haben", hier auf unserer Erde aber unsichtbar sind. Sie „wohnen nicht hier, aber sie sind da".

Die Wesen seien geschlechtslos, „die Männer sind eigentlich keine richtigen Männer", und, „es gibt keine Frauen, nur so einfache Arbeiter". Die einfachen Arbeiter „sind eigentlich unnütz", „sie haben keine Antennen und auch kein Zeichen auf der Brust". Die Landschaft „kann man überhaupt nicht beschreiben", „sie ist weit, schön halt, die Erde ist nicht erdig, sondern versinkend. Wenn man rauf steigt, sinkt man ein bißchen ein und hinterläßt Spuren. Und manchmal ist die Erde auch ganz weich, locker wie Asche. Manchmal ist sie ganz hart. Die Pflanzen und die Bäume sind ganz anders, und die Tiere, das sind eigentlich keine richtigen Tiere. Das kann man alles nicht beschreiben". Er glaubt auch zu wissen wie dieser Planet heißt. Er nennt ihn „FA".

T.: „Fühl mal, wieviel von deiner Schulter ist immer noch mit denen verbunden?"
L.: „Viel."
T.: „Glaubst du, daß man da so leicht raus kommt?"
L.: „Nein."
T.: „Und wenn du raus willst, dann fällst du auf, wie der bunte Vogel, den kann man auch nicht übersehen. Die merken alles, was du denkst, du bist völlig ungeschützt." (Hier fasse ich zusammen, was er bisher gesagt hat.)
L.: „Ja. Das ist nicht so schön."
T.: „Nein. Fühle, wieviel von dir immer noch glaubt, daß es verbunden ist."
L.: „Hm. Also das Ganze."
T.: „Aha, das Ganze. Ja, das fühlt sich auch so an. Ziemlich viel, was?"
L.: „Ja."
T.: „Möchtest du da weg?"
L.: „Ja."
T.: „Dann müssen wir die Zauberworte finden, die dich davon befreien?"
L.: „Hm."
T.: „Sag noch mal, ‚ungeschützt', und fühle, wie sich das anfühlt."
L.: „Ungeschützt." Er sagt es mehrmals und äußert dann unvermittelt: „Dann kommen drei."
T.: „Aha. Dann male die drei mal dahin, damit wir uns mit ihnen unterhalten können." (Abb. L32)

Plötzlich wird er sehr müde und malt halb in Trance. Diese plötzliche Müdigkeit kennen wir schon aus den letzten beiden Sitzungen. Er wurde immer dann müde, wenn er von den „Bösen" sprach.

T.: „Wodurch bist du mit denen noch verbunden?"
L.: „Durch meinen Arm und mein Bein."
T.: „Was hat diese Verbindung für eine Farbe?"
L.: „Blau." Er malt sie auf.
T.: „Was ist das für eine Verbindung?"
L.: „Mit den Antennen."
T.: „Hmhm. Spüre mal hin, wenn diese Verbindung Worte hätte, welche Worte oder Gedanken stellen die Verbindung her?"
L.: *„Fangen, laut, gefährlich, wild* und *schmettern*."
T.: „Wenn es diese Worte nicht gäbe, wärst du dann auch noch mit denen verbunden? Fühl mal."
L. spürt länger nach und sagt dann: „Nein, ich glaube nicht."

Nun taste ich den physischen Körper von Lucas an den betreffenden Stellen ab und muß feststellen, daß tatsächlich an einigen Stellen Erhebungen zu fühlen sind. Ich weiß natürlich nicht, ob diese Gewächse neu entstanden sind, oder ob es vielleicht kleine Tumoren sind, die schon dabei sind, sich zurückzubilden. Ob es sich dabei symbolisch um so etwas wie Antennen handelt, über die Lucas weiterhin Verbindung zu den Außerirdischen halten möchte? Lucas meint, er sei früher einer von ihnen gewesen, habe sich dann aber abgesetzt. „Die wollen, daß ich zu ihnen komme und wieder so werde wie sie."

T.: „Zieht es dich zu denen?"
L.: „Nein. Nur die Farben gefallen mir halt so gut.

L32

Diese Worte werden uns später helfen, die Trennung zu vollziehen. Zunächst muß ich aber noch weiteres Material sammeln, damit eine klare Abgrenzung möglich ist. Er malt nochmals auf, mit welchen Stellen im Körper es ihn zu den Außerirdischen hinzieht (Abb. L33). Wir sehen, daß es erschreckend viele sind.

Aus der Antwort können Sie ersehen, daß der Verstand zwar „nein" sagt, dem Unbewußten es aber „halt so gut" gefällt.

T.; „Hm, und das Zeichen da auf ihrer Brust?"

L.: „Naja, der Kringel gefällt mir auch sehr gut."

T.: „Hmhm. Fühl mal, wie stark wollen die, daß du zu ihnen kommst?"

L.: „Ganz stark. Aber die wollen nicht, daß ich Spaß über sie mache, wenn ich mich über sie mache und sie nicht beachte, sie sozusagen, ihr Zeichen z. B. als Spielzeug hernehme oder irgendwas male und dann das Zeichen hernehme oder so was, wenn ich sie so irgendwo hintue, daß sie jeder sieht, dann werden die ganz wütend und schwach, aber auf ihrem Planeten sind sie sicher. Die werden dann immer ganz ..., das ärgert die."

Auch aus dieser Antwort sehen wir, daß es ihm schwerfällt, sich von ihnen abzugrenzen und sich ihrem Einfluß zu entziehen.

T.: „Die wollen ernst genommen werden?"

L.: „Genau."

T.: „Und wenn du ihnen sagst, daß du auf der Erde bleiben willst und nicht zu

L33

ihnen auf ihren Planeten?"

L.: „Dann machen sie weiter."

T.: „Die geben nicht auf?"

L.: „Ja."

T.: „Was machen wir da?" (Lange Pause) „Gibt es etwas, das sie befriedigen könnte, daß sie dich freigeben, daß sie dich hier auf diesem Planeten lassen und sie auf ihrem bleiben?"

L.: „Ja, aber ich war früher ganz stark."

Auch diese Antwort drückt wieder aus, daß Lucas karmisch noch mit ihnen verbunden ist. Das bedeutet, er selbst kann sich nicht trennen, auch wenn sie ihn loslassen.

T.: „Du warst früher ganz stark?"

L.: „Ja."

T.: „Wodurch?"

L.: „So, wo ich böse war."

T.: „Aha."

L.: „Da war ich ganz stark, und die brauchen mich."

T.: „Ja?"

L.: „Die brauchen die Kraft von mir."

T.: „Aha, die brauchen deine Kraft. Wirst du deshalb immer so müde, wenn du an sie denkst?"

L.: „Ja, vielleicht."

T.: „Fühl mal, ob du ganz entschlossen bist, da nicht mehr mitzumachen, sondern auf unserem Planeten zu bleiben?"

L.: „Ja."

T.: „Das ist wichtig, fühl, ob du dich ganz klar entscheiden kannst, hier zu bleiben?"

L.: „Ja." Durch meine nächste Frage teste ich, ob seine Antwort auch stimmt:

T.: „Sag mal: ‚Ich werde hier auf diesem Planten bleiben. Ich komme nicht zu euch!'"

L.: „Die lassen da nicht mit sich reden, die machen einfach weiter."

T.: „Die reagieren gar nicht?"

L.: „Ja, die beachten das gar nicht."

T.: „Willst du dich trotzdem von ihnen trennen?"

L.: „Ja."

T.: „Gut, also dann müssen wir die Trennung ohne sie machen. Wir atmen jetzt nacheinander die Worte aus, mit denen du an sie gebunden bist. Stell dir beim Ausatmen vor, wenn ich das nicht mehr glaube, dann haben die keine Macht mehr über mich. Wenn du noch glaubst, daß sie dich mit den Worten fangen können, dann können sie es auch. Aber wenn diese Worte und diese Zeichen und all das, was für sie wichtig ist, für dich nicht mehr wichtig ist, dann können sie dich nicht mehr fangen."

Wir beginnen mit dem Wort *„gefangen"*. Er atmet es kräftig aus und ersetzt es durch das Wort „frei". Er wiederholt das Wort „frei" viele Male voller Hingabe, dann sagt er: „Soll ich dir sagen, von wo das kommt, das fühle ich ganz stark?" Er deutet an die Stelle am Kopf, die spirituelle Menschen als die „Pforten nach drüben" bezeichnen.

Ganz so einfach scheint es mit der Abgrenzung doch nicht zu gehen, denn plötzlich kommen ihm Bedenken: „Ja, aber ich will ja, daß die auch nett werden und nicht böse bleiben." Bevor wir mit der Abgrenzung durch die Worte weiterarbeiten können, müssen wir also versuchen, den Wunsch, die Menschen von dem anderen Planeten zu ändern, aufzuheben. Dazu benutze ich Rituale, wie wir sie schon kennen. Wir bringen den Wesen von dem anderen Planeten dadurch Achtung entgegen, daß wir ihnen zutrauen, daß sie selbst die Verantwortung für sich übernehmen können und imstande sind, ohne Lucas' Hilfe und Kraft Entscheidungen zu treffen. Das einzige, was Lucas für sie tun kann, ist, hier auf der Erde ein gutes Leben zu führen; vielleicht bekommen sie dann Lust, es ihm gleich zu tun. Das heißt, wenn er sich von ihnen abtrennt, hilft er ihnen mehr, als wenn er sie mit seiner Energie versorgt. Wir arbeiten auch heraus, daß der Wunsch, sie zu ändern, aus dem früheren Leben kommt und die Worte, die ihn noch an die Wesen binden, die letzten Gedanken und Worte aus dem früheren Leben mit diesen Wesen von einem anderen Planeten sind. Er versteht es gut und arbeitet sehr gut mit.

Wir finden schließlich den Satz, *„ich bin frei auf dieser Erde"*, als wirkungsvollen Schutzschild. Wort für Wort atmet er kraftvoll aus. Jeden Atemzug unterstützt Lucas durch die Kraft aus dem Hara-Zentrum (Körpermitte) und stellt sich vor, daß das Wort aus seinem Körper geschleudert wird. Es ist eine Freude, die zunehmende Kraft des Jungen zu beobachten. Wir führen das Wort *geschützt* ein, im Gegensatz zu *ungeschützt* von vorher. Wir arbeiten so lange, bis die Worte kraftvoll und überzeugend kommen: „Ich bin frei und geschützt, ich bin laut und geschützt, es ist gefährlich und das Abenteuer macht Spaß, denn ich bin geschützt, ich bin wild, und es ist gefährlich, aber ich bin trotzdem geschützt, ich zerschmettere und bin geschützt." „Die Außerirdischen sagen nichts", antwortet er auf meine Frage, „und ich spüre, wie sie langsam machtlos werden."

Zur Kontrolle lasse ich ihn sich selbst malen, wie er sich fühlt, wenn er geschützt und frei ist (Abb. L34).

L34

Es ist nicht zu übersehen, daß er sich jetzt gut und stark fühlt. Auf seine Brust malt er ein „Gegenzeichen", wie er es nennt. An diesem Zeichen können wir deutlich erkennen, daß die Arbeit gelungen ist: Das Kreuz, als Zeichen der Wiedergeburt als Mensch. Er bekennt sich damit offen zum Leben auf unserem Planeten Erde. Eine bessere Bestätigung konnte er nicht geben. Schließlich kommt er noch auf die Idee, eine „schützende Aura" um sich herum zu malen. Er wählt dafür die Farbe Violett. Das heißt in diesem Fall geschützt, erdverbunden und dennoch spirituell, eine gute Mischung!

„Die Außerirdischen sagen nichts mehr, sie gehen weg", sagt er zwischendurch einmal.

Ich mache noch eine Gegenprobe, um zu sehen, wie sicher er sich mittlerweile ist. Ich sage zu ihm: „Wiederhole laut: ‚Ich bin gefangen!'"

„Ich bin *nicht* gefangen, ich bin frei!" ist die klare Antwort. Wir spielen noch mit den Worten und stellen uns vor, wie er wild und laut und gefährlich auftritt. Es gibt viel zu lachen.

Als nächstes konzentrieren wir uns nochmals auf seine Schulter und sein Bein, die beide geschmerzt und die karmische Verbindung aufrecht erhalten haben. Er meint, er habe „ein komisches Gefühl" an diesen, aber auch noch an anderen Stelle in seinem Körper. Es sei „wie ein leichtes Zittern". Er schließt mit der Bemerkung:

„Wahrscheinlich muß sich mein Körper erst daran gewöhnen." Damit hat er recht. Unser physischer Körper braucht immer am längsten, bis eine Information zu ihm dringt und er sich ändern kann. Geistig haben wir uns längst umgestellt, dann ziehen die Gefühle nach und erst zum Schluß kann auch der physische Körper die alten Informationen aufgeben und die neuen einprogrammieren.

Wenn das Herz noch um das Verlorene weint,
freut sich der Geist bereits über das, was er
gefunden hat.
Sufi-Sprichwort

Lucas beschließt, daß er vorläufig sicherheitshalber für die Nacht noch seinen Schutzengel an sein Bett bestellt, damit die Außerirdischen ihn nicht erreichen können, wenn sein Bewußtsein ausgeschaltet ist. Damit trägt er dem Rechnung, daß Körper und Gefühle noch etwas Schutz brauchen, bevor auch sie ganz sicher sind.

Zu Ende der Sitzung boxt er wie wild auf den Boxball. Seine Kraft kommt jetzt aus dem Bauch und das Ch'i fließt gut. Als ich ihm diese Beobachtung mitteile, sagt er: „Ich habe mir vorgestellt, wie der Schutz um mich herum ist."

Noch ein letztes Zeichen seiner neu gewonnenen Lebensfreude hinterläßt er auf meiner Wandtafel: Bevor er das Zimmer verläßt, malt er zwei steile Bergspitzen nebeneinander und in der Mitte darüber strahlt die Sonne. Das Gebirge, der Berg als Symbol für die Kraft, Schwierigkeiten anzugehen und zu überwinden, die Zwei als Zeichen der Polarität und die Sonne als die alles belebende Kraft. Mit diesen Symbolen brauchen wir keine Angst mehr zu haben, daß er immer noch die Erde verlassen möchte, und daß sein Immunsystem nicht mit den Störenfrieden in seinem Körper fertig werden kann.

Der Holzwurm

19. Sitzung

Nach einer Sitzung, wie wir sie eben erlebt haben, warte ich normalerweise einige Wochen, bis ich das Kind wieder zu mir in die Praxis bestelle. Ich lasse der Seele Zeit, das Erlebte auf allen Ebenen zu verarbeiten. Lucas kommt schon nach zehn Tagen wieder, da ich wegen der ernsten Situation, in der sich das Kind befindet, nichts versäumen und übersehen möchte. Wie zu erwarten, ist die Heilenergie der letzten Sitzung noch nicht bis zur Körperebene vorgedrungen. Eine nochmalige Anregung und Unterstützung dieser Heilenergie, wie wir es in dieser Sitzung unternehmen werden, wird den Heilungsprozeß beschleunigen.

Ich frage Lucas, ob er eine Stelle in seinem Körper findet, von der aus er Heilenergie senden kann, um die Tumoren aufzulösen. Durch Nachspüren findet er das *Herz*. Wie ich schon erwähnt habe, ist das Herz das einzige Organ, das nie von Krebs befallen wird. Es leuchtet also unmittelbar ein, daß das das richtige Organ für diesen Zweck ist. Wenn wir das Herz nicht als Organ sehen, sondern das *Herz-Chakra* als Energiezentrum, dann wissen wir, daß das der Ort der Liebesfähigkeit ist. Da, wo die Liebe frei fließen kann, dort können die rücksichtslosen Krebszellen nichts ausrichten. Ist das nicht wunderbar? Ich versuche also, im folgenden diese Energie mit Lucas gemeinsam zu stärken.

In diesem Zusammenhang erfahre ich von Lucas, daß die Außerirdischen kein Herz bzw. keine Liebe haben, und daß das ein wesentlicher Unterschied zu uns Menschen sei. Also mit der Herz- bzw. Liebeskraft besitzen wir Kräfte, über die sie nicht verfügen. Wenn wir Unterschiede finden, gelingt uns die Gegenüberstellung und damit die Trennung leichter. In der Sprache der Reinkarnationstherapie wird dieses Gegenüberstellen Dissoziieren genannt.

Lucas fühlt die Herzenergie von innen nach außen: „Sie will sich von innen nach außen ausbreiten.“ Wir machen eine Imaginationsübung, in der er seine Liebeskraft ausbreitet, bis sie ihn ganz einhüllt. Er ist ganz glücklich dabei: „Jetzt bin ich ganz stark eingehüllt. Ich fühl' das richtig, da geht es runter.“

Nun bitte ich ihn, in der Vorstellung mit dieser Herz-Heilenergie zu den Tumorstellen in seinem Körper hinzustrahlen. Es gelingt nicht. Lucas kippt bei dem Versuch wieder aus seiner Herzenergie heraus. Wir beschließen daraufhin, daß das Herz noch Unterstützung braucht. Dazu versuche ich, bei Lucas die Energie der sieben Haupt-Chakren (Energiezentren) zu aktivieren. Ich benutze dazu die Technik der „Chakra-Heilung mit Tieren“ nach Gallegos, wie ich sie bei Maximilian und bei Michael schon beschrieben habe. Ich lasse das Kind in die einzelnen Energiezentren seines Körpers spüren und darum bitten, daß sich das Tier zeigen möge, das zu diesem Zentrum gehört. Das Tier entspricht dann der „Medizin“, die in diesem Zentrum wirkt und das Kind unterstützt.

Die Tiere, die den Kindern zu den einzelnen Zentren einfallen, geben symbolisch ein Bild ab, wie die augenblickliche Energie in dem betreffenden Zentrum aussieht. Wir erfahren dabei auf eindrückliche Weise, wie schwach Lucas' *Basis-Chakra*, das Zentrum seiner Lebenskraft, immer noch oder wieder ist:

Als erstes fällt ihm ein *Holzwurm* zu diesem Zentrum ein. „Ich habe ein Holzstück gesehen, dann ist da so ein Holzwurm rausgekommen und hat sich geschüttelt."

Symbolisch bedeutet das, daß Lucas' Basis langsam ausgehöhlt und zerstört wird und er kaum Energie von dort erwarten kann. Das Holz, das vom Holzwurm langsam durchlöchert und schließlich aufgefressen wird, zeichnet uns symbolisch nochmals ein Bild davon, was mit Lucas' Knochen geschieht oder geschehen wird: Er wird langsam vom Krebsgeschwür zerfressen. Solche Bilder sind sehr ernst zu nehmen. Für mich ist es nochmals eine Bestätigung dessen, was mir Lucas in den vorangegangenen Sitzungen symbolisch mitgeteilt hat, d. h., die Krebsgefahr ist ernst. Hier wird eine Erfahrung bestätigt, die ich immer wieder mache. Wenn etwas wichtig ist, dann ist unser Unbewußtes bemüht, uns diese Botschaft immer wieder in den verschiedensten Bildern zu übermitteln, bis die Heilung abgeschlossen ist.

Ich sage Lucas, er solle sich vorstellen, daß dieser Holzwurm etwas mit den Außerirdischen zu tun habe und ob er ihnen immer noch den Gefallen tun wolle, so schwachen Lebenswillen zu haben. Spontan fällt ihm ein *Huhn* ein. Ein Huhn im Basis-Chakra ist symbolisch auch zu schwach. Wir sollen nicht fliegen, in andere Ebenen abheben, sondern uns mit der Erde verbinden, uns mit unserem Erdendasein versöhnen. Das Huhn in diesem Chakra ist allenfalls gut, um den Holzwurm zu verspeisen. Dazu regen wir es auch an, um es anschließend zu bitten, für das Tier Platz zu machen, das darauf wartet, Lucas zu seiner eigentlichen Lebenskraft zu verhelfen. Sehr lange erscheint ihm kein Tier. Erst als wir beide in der Vorstellung einen energetischen Schutzkreis um Lucas ziehen, taucht ein Bär vor seinem inneren Auge auf.

T.: „Frag ihn einmal, ob du ihn von vorne, von hinten und von der Seite sehen darfst."

L. spürt lange nach, dann sagt er: „Ja."

T.: „Gut, dann stimmt es. Die Tiere, die sich dir von allen Seiten zeigen können, gehören auch tatsächlich zu dir. Fühl jetzt, daß du da die Bärenkraft hast, und wie sich das anfühlt."

L. fühlt lange. „Aua, das drückt hier so stark."

T.: „Geh ganz gut in deine Bärenkraft, bis der Druck aufhört. Ich mache noch eine stärkere Schutzhülle um dich, bis du alles hinausgedrückt hast, was nicht hinein gehört."

Bis er die Bärenenergie im Basis-Chakra halten kann, benötigen wir noch die nächsten beiden Tiere. Im *Sakrum,* dem Zentrum der Sexualität und der starken Emotionen, erscheint ihm ein *Löwe,* und im *Solarplexus,* dem Zentrum der Willenskraft, taucht ein *Nilpferd* auf; eine kraftvolle, selbstbewußte „Medizin"!

Wenn wir uns vergegenwärtigen, daß Knochentumoren symbolisch etwas zu tun haben mit einem tiefen „Selbstwerteinbruch", d. h. dem Verlust der Struktur und des inneren Haltes, dann braucht er solche kraftvollen, selbstbewußten Tiere dringend. Ich muß versuchen, daß er die Hilfe, die Medizin dieser Tiere auch weiterhin annehmen kann, wenn der Schutzkreis wegfällt. Um die Tiere in seinem Erleben zu verankern, lasse ich ihn die Tiere malen. Dazu zeichne ich wieder die schablonenhafte Figur eines Menschen, kennzeichne die Stellen, an denen sich die Chakren

L35

befinden und bitte ihn, die Tiere in diesen Körper zu malen. (Abb. L35)

T.: „Und jetzt nimm die Lebenskraft, die Gefühlskraft und die Willenskraft zusammen, atme sie gut ein und fühle diese Kräfte in dir, sie tragen dich und stützen dich, damit deine Herzkraft überall hinfließen kann."

L. atmet mit einem lauten „Daha!!!" aus.

T.: „Was war das gerade für ein Gefühl?"

L.: „Ich weiß nicht, ich habe irgendwie losgelassen. Es ist weg." Lucas wirkt plötzlich viel klarer und wacher.

Der Vollständigkeit halber suchen wir auch noch die vier Tiere der anderen Chakren. Für das *Herz-Chakra,* den Ort der Liebeskraft, findet er die *Robbe,* ein liebevolles Tier.

Im *Kehl-Chakra,* dem Zentrum der Kommunikation, zeigt sich ein *Elefant,* ein Tier, das in der östlichen Tradition als Symbol der Weisheit gilt.

Im *Dritten Auge,* dem Ort der Weisheit und des Wissens, fliegt ein *Adler,* nach der indianischen Vorstellung das Tier des Geistes und der Weisheit. Jedes Tier bekommt noch eine Farbe, und dann malt er die Strahlkraft der Herzenergie auf und ist sehr zufrieden mit seinem Werk.

Als wir fertig sind, sagt er: „Oh, bin ich jetzt müde." Es ist nicht die Müdigkeit, die er in den letzten Sitzungen zeigte, als er energetisch nur sehr schwach mit seinem Körper verbunden war, sondern es ist eine Müdigkeit, die sich nach einer körperlichen Anstrengung einstellt. Es hat ihn viel Kraft gekostet, seine Basisenergie in Verbindung mit seiner Herzenergie zu bringen, um den Körper zu heilen. An der Art der Müdigkeit kann ich erkennen, daß er sich tatsächlich auf die Arbeit mit seinem Körper eingelassen hat.

Eine Wikingerschlacht

und

Am schönsten ist es, am Fluß zu sitzen und zu träumen

20. und 21. Sitzung

In der 20. Sitzung suchen wir das Leben, in dem das Programm *„Wenn ich kämpfe oder wütend bin, sterbe ich."* angefangen hat. Es handelt sich um ein Leben, in dem Lucas als sehr kraftvoller, siegessicherer Krieger im Kampf gegen die Wikinger völlig überraschend von einem Schwerthieb im Oberschenkel getroffen wird und verblutet. Er stirbt in unbeschreiblicher Wut. Lucas erlebt diese Wut nochmals, indem er einen Schwertkampf mit meinem fast menschengroßen Plüschbären vollführt. Der Bär bekommt dazu den Wikingerhelm auf den Kopf. Wir trennen die Wut von der Todesangst ab, indem Lucas diesmal den Kampf (gegen den Bärenwikinger) gewinnt. Mit diesem Siegesgefühl kann er sich von dem Krieger von damals verabschieden. Dazu malt er ihm ein ehrenvolles Grab. Er möchte zusammen mit seinem Schild und seinem Schwert ins Gras gebettet werden (Abb. L36).

Obwohl diese Sitzung sehr bedeutungsvoll für Lucas' Heilung ist, führe ich sie nicht im Detail aus. Ebenso die nächste Sitzung. Die Rückführungen in diese beiden Leben enthalten nichts Neues. (Sie kennen diese Art der Rückführung mittlerweile sehr gut.)

In der 21. Sitzung suchen wir das Leben, in dem Lucas ganz in seiner Stärke war und dann beschlossen hat, nicht mehr so stark zu sein. „Dort, wo du noch nicht das Programm hattest *‚Ich werde weggezogen'*." Lucas ist in diesem Leben ein sehr weiser, besonnener „Herrscher über ein kleines Volk in einer kargen, gebirgigen Gegend". Er scheint ein sehr spiritueller Mann zu sein und über „Zauberkräfte" zu verfügen. Gleichzeitig ist er aber auch sehr „erdverbunden und hat Freude daran, mit seinen Händen zu arbeiten". Die vier Elemente, Feuer, Wasser, Luft und Erde werden von dem Volk verehrt, und Lucas bezieht diese Kräfte ergeben mit in sein Handeln ein: „Wenn man mit diesen Kräften regiert, fühlt man sich gut." Täglich geht Lucas an „eine schwer zugängliche Stelle am Fluß" und „träumt und schwebt dabei", „das macht er sehr gerne". Heute würden wir dazu sagen, er meditiert und macht dabei Astralreisen*. „Manchmal wechsele ich auch meine (Aura-)Farbe. Am Fluß bin ich gerne grün oder blau. Wenn ich mit Menschen zusammen bin, bin ich rot." Lucas wird während einer dieser Traum-Schweb-Sitzungen am Fluß vom Blitz getroffen und getötet. Seine letzten Gedanken sind: „Ruhe" und „ich möchte bescheiden und ohne Ruhm leben." (Abb. L37)

* Bewußte Loslösung des Astralleibes vom physischen Körper, wodurch eine Bewußtseinserweiterung erzielt und die Art der Wahrnehmung verändert wird." Astralleib ist der sogenannte ‚zweite' menschliche Körper, für Okkultisten die beseelende Kraft, die dem Körper ‚Bewußtsein' verleiht."
Drury, N.: Lexikon esoterischen Wissens.

L36

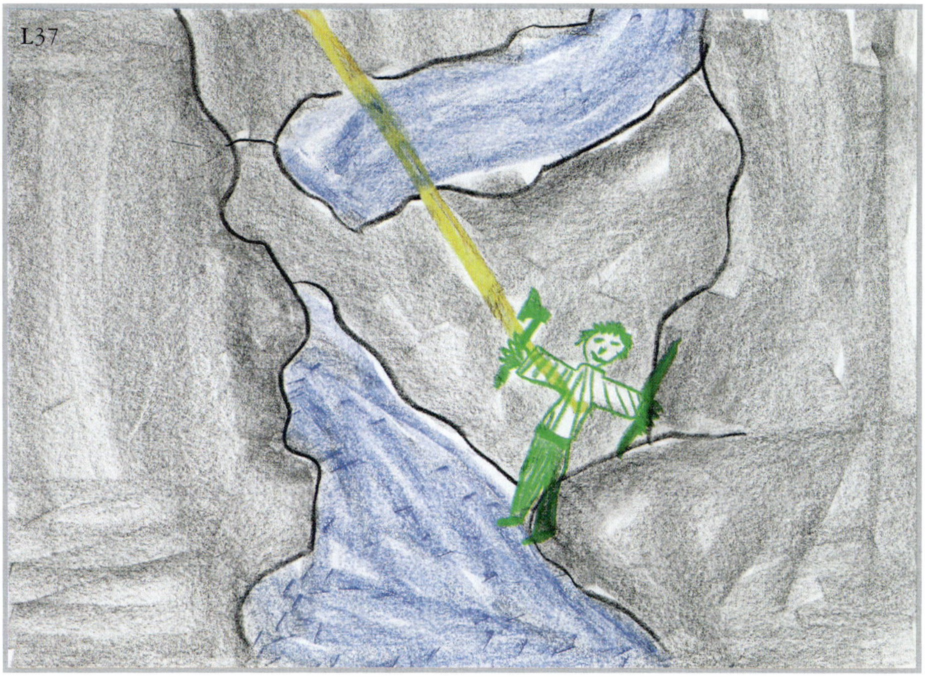

Die Postulate, die es aufzulösen gilt, sind: *„Ich möchte Ruhe, ich brauche keinen Erfolg"* (diese Programme könnten in der Schule und im Beruf bei Gelegenheit sehr hinderlich sein). Der Abschlußbefehl heißt: *„Solange ich träume und schwebe* (d. h. entgrenzt bin), *lebe ich noch"*.

Lucas erlebt zum ersten Mal bewußt, daß er sehr oft energetisch nicht in seinem Körper ist. Er lernt in dieser Sitzung, wann er den Körper energetisch verläßt, und wie er sich in solch einem Falle bewußt wieder in seinen Körper zurückatmen kann. Eine wichtige Erfahrung!

Das Geschenkpapier ist Nebel

22. Sitzung

Lucas' Tumoren haben sich so weit zurückgebildet, daß er wieder Sport machen darf. Von der Mutter weiß ich, daß er für diese Rückkehr in seine Lebendigkeit mit dem Teil eines Schneidezahnes bezahlt hat. Er stolperte über einen Fußball und fiel auf sein Gesicht. Wie Sie mittlerweile wissen, glaube ich nicht an Zufälle, deshalb stelle ich folgende Überlegung an: Zähne haben etwas mit Kraft, Vitalität und Aggression zu tun. Nicht umsonst prüft ein Pferdekenner vor dem Kauf eines Pferdes am Gebiß des Tieres dessen Zustand. Wenn Lucas sein Gebiß in dem Moment beschädigt, in dem er erneut die Erlaubnis erhält, seine Lebenskraft und seine Lebensfreude zu äußern, dann können wir annehmen, daß er noch nicht genügend Lebenswillen entwickelt hat.

Wir sprechen über den Vorfall und über die mögliche Bedeutung. Dann frage ich ihn nach Vorlieben und danach, was ihm nicht gefällt. Seine unbestimmte Antwort auf diese Fragen spricht ebenfalls für ein schwaches Lebensgefühl. Er meint, er wolle, daß es ihm gut gehe, und es falle ihm nichts ein.

Schließlich bitte ich ihn, sein „Traumland" zu malen, „einen Ort, an dem du dich ganz wohl fühlen würdest". „Oh je!" ruft er erschrocken aus und beginnt etwas widerwillig zu malen.

L.: „Hm." Er stöhnt. „Kann ich wirklich ein Traumland malen?"

T.: „Ja, genau."

L.: „Darf es das geben, oder muß es das geben, oder kann das auch nur so ein Traumland sein?"

T.: „Es kann auch nur so ein Traumland sein. Wenn du es träumst, dann gibt es das ab diesem Moment auch. Und wenn es das auch nur in deiner Phantasie gibt." Nach dieser Vorrede erstaunt das Bild, das zustande kommt (Abb. L38):

Eine liebevoll ausgeschmückte Bauernhofidylle, in der alle Elemente, Feuer (Sonne), Wasser, Luft und Erde vorhanden sind, und in der auch Pflanzen und Tiere nicht fehlen. Er selbst sei im Haus, meint er auf Befragen. Auffällig ist, daß er während des Malens kaum spricht, ganz im Gegensatz zu sonst.

Als er fertig ist, spreche ich ihn auf das geschlossene Fenster im Dachgeschoß an. Ob es da ein Geheimnis dahinter gebe, weil es geschlossen sei, frage ich.

Er antwortet nicht. Auch als ich ihn bitte, zu malen, was sich hinter dem Fenster verberge, beginnt er sofort schweigend zu malen (Abb. L39).

Er malt nacheinander die umgefallene Blumenvase, den Sessel, die Kommode, das Fahrrad, die Kiste, in der sich eine Eisenbahn mit Schienen befindet, und zwei andere Kästen, die Katze, den Rollschuh, das Kasperletheater, die Bretter, die Maus, zwei Blumenkästen und den „ausrangierten Christbaum“. Schließlich meint er: „Da muß irgendwie noch mehr sein, ich weiß nicht, irgendwie, so daß man nicht sieht, was dahinter ist.“

Nach kurzer Pause malt er in folgender Reihenfolge weiter: den blauen Teppich, den Fußboden, die Lampe, die Schreibmaschine, „das ist eine, die es gar nicht gibt“, sagt er dazu. „Und dahinter schaut es so aus, mehr sieht man davon nicht. Das hier ist zugebaut, das ist ein Geheimnis.“ Ich frage nicht nach dem Geheimnis, da ich möchte, daß er es von sich aus enthüllt.

Als er keine Anstalten macht, es zu offenbaren, frage ich:

T.: „Brauchen die das Spielzeug nicht mehr?“

L.: „Wenn man erwachsen ist, aber da spielt man auch noch manchmal damit.“

T.: „Ja. Aber dann braucht man es nicht mehr so oft, dann kann man es auf den Speicher stellen und nur ab und zu et-

L39

was holen. Kann das sein, daß das heißt, daß du jetzt erwachsen wirst?"

L.: „Nein, das glaube ich nicht."

T.: „Vielleicht kommt es bald, jetzt ist es aber noch ein Geheimnis, das muß noch verschlossen sein. Es ist in deinem Körper schon drin, ist aber noch ein Geheimnis, noch hinter verschlossener Tür, hinter verschlossenem Fenster?"

Diese Bemerkung gibt den Anstoß, daß er das Geheimnis preisgibt; er malt das Flugzeug. „Das hier ist ein Flugzeug, aber ein echtes, mit dem kann man wegfliegen", sagt er. „Also das größte Geheimnis ist das Wegfliegen?" Er antwortet nicht.

Da die Schreibmaschine unwirklich ist und deshalb von besonderer Symbolkraft sein könnte, füge ich hinzu:

T.: „Und was gibt es da noch? Die Schreibmaschine, die es eigentlich gar nicht gibt. Mach mal deine Augen zu und laß das erste Wort vor deinem geistigen Auge erscheinen, das diese Schreibmaschine schreiben will, das erste Wort oder den ersten Satz, den diese Schreibmaschine schreiben will."

L.: „Ich bin frei."

T.: „Aha."

L.: „Das ist mir gerade so eingefallen", sagt er wie entschuldigend.

T.: „Ja, gut, schreib es hin."

Wir stellen fest, daß das Spielzeug auf dem Speicher, mit Ausnahme des Kasperletheaters, ausschließlich aus Fortbewegungsmitteln besteht, alles Symbole der Freiheit. Er ist sehr verblüfft darüber.

Ich lasse ihn den Satz „Ich bin frei." mehrmals wiederholen und frage dann unvermittelt: „Und du bist frei wovon?" „Von daheim", sagt er spontan.

Ich bitte ihn nun, alle Personen die es „daheim" gibt, und von denen er sich frei machen will, aufzumalen. Aus Zeitgründen schlage ich ihm vor, Strichmännchen zu machen (Abb. L40).

Er malt nacheinander seine Schwester Linda (die Namen der Familienmitglieder sind geändert, auch auf der Zeichnung), seine Oma, die Mutter des Vaters, seinen Stiefvater Stefan, seinen Bruder Nikolas und seine Katze Maxi. Er selbst kommt in die Mitte.

Als ich ihn fühlen lasse, was ihn am wenigsten frei macht, wohin er am meisten gezogen wird, malt er um sich einen „Ballon", wie er es nennt, an dessen Ausbuchtungen man erkennen kann, wo am meisten gezogen wird. Er empfindet das Ziehen allerdings als „angenehm", es mache ihn nicht unfrei.

Um zu erfahren, wie Lucas' Beziehung zu den einzelnen Familienmitgliedern ist, sage ich:

T.: „Stelle dir vor, jeder hat ein Paket in der Hand und überreicht es dir. Du schaust hinein, und erkennst, was es ist."

Ohne zu zögern antwortet er: „Bei der Mama fang ich an. Eine Rose, die leuchtet." Von der Katze bekommt er „Stock und Hut", später kommt noch „ein As" (Spielkarte) dazu, Stefan schenkt ihm „eine Kugel", die Oma überreicht ein „Buch, wo ganz viele Bilder drin sind, ein Photoalbum", und Linda „ein Bild, auf dem ein Schloß mit einer Zugbrücke abgebildet ist". Von Nikolas schließlich erhält er „einen Fisch".

L40

Als er fertig ist, möchte er noch überall Geschenkpapier dazumalen. Maxis Geschenk wird „mit Zweigen zugedeckt", die Kugel von Stefan ist „in einer Tüte mit Wasser innen drinnen", die Rose der Mama bekommt „eine goldene Schale", Omas und Lindas Geschenk werden „mit normalem Geschenkpapier" versehen und Nikolas' Fisch „liegt auf einem Teller".

T.: „Vielleicht könntest du deinen verstorbenen Vater auch noch dazumalen?"

L.: „Ja!" ruft er begeistert, „den mal ich auch! Ich weiß schon welche Farbe. Da weiß ich schon, was ich kriege. Ich kriege einen Stift, einen besonderen. Das Geschenkpapier ist Nebel."

T.: „Ja, und was kann man mit dem Stift alles machen?"

L.: „Schreiben und in die Luft Sachen malen, und dann sind die da."

T.: „Aha, also sowas wie ein Traumstift."

L.: „Ja, also wenn ich jetzt in die Luft einen Bären male und dann drückt man auf den Stift drauf, und dann ist der Bär da."

T.: „Toll."

L.: „Und zu dem Buch weiß ich auch noch was. Das ist unendlich lang, da kann man ganz viele Bilder angucken. Kann man viel umblättern, und immer sind wieder neue Seiten da."

T.: „Aha, gut. Und wenn jede Seite ein Tag wäre, wieviel bekommst du dann von der Oma?"

L.: „He?"

T.: „Jede Seite ein Tag deines Lebens."

L.: „Dann krieg' ich mein ganzes Leben von der Oma."

T.: „Wie lang möchtest du denn leben, wie viele Seiten möchtest du von ihr?"
L.: „Weiß ich nicht wie viele. Mindestens achtzig Seiten muß mein Buch haben. D. h. natürlich achtzig mal 365 Seiten."
T.: „Frag sie mal, ob sie dir so viele Seiten gibt."
L. lacht. „Gibst du mir so viele Seiten? 28.200 mindestens? Ja, hat sie gesagt."
T.: „Ja, also nimm sie beim Wort."
L. lacht.
T.: „Abgemacht?"
L.: „Ja, abgemacht."

Die Großmutter hält sich seit vielen Wochen in Lucas' Familie auf. Ihr Mann ist im Krieg gefallen, als sie mit ihrem einzigen Sohn, dem Vater von Lucas, schwanger war. Familiensystemisch betrachtet, kann dieses Ereignis zu dem frühen Tod ihres Sohnes beigetragen haben. Es handelt sich danach um das unbewußte Bedürfnis des Sohnes, seinem Vater aus Liebe in den Tod zu folgen. Wie wir in der Familienaufstellung von Lucas' Familie sehen, hat auch Lucas das Bedürfnis, seinem Vater aus Liebe in den Tod zu folgen. Als Lucas das Photoalbum, das zunächst nur „Buch" heißt, beschreibt, erwähnt er, daß in diesem Buch „alles enthalten" sei. Ich nehme diese Aussage als Hinweis, daß die Großmutter alles, also auch das ganze Leben schenken könne. In dem Moment, indem die leidgeprüfte Großmutter Lucas ihren Segen für ein langes Leben gibt, wird er von ihr aus der Kette der Tode befreit. Aber nicht nur von der Großmutter, sondern auch von seinem Vater braucht Lucas den Segen, daß er weiterleben darf. Dazu mache ich folgendes Ritual nach Hellinger:

Ich bitte Lucas, seine Augen zu schließen und sich seinen Vater vorzustellen. Dann lasse ich ihn langsam folgende Sätze nachsprechen:

„Lieber Papa." „Du bist mein Papa." „Und ich bin dein Sohn." „Du bist gegangen." „Bitte segne mich, wenn ich bleibe." „Ich danke dir, daß du mir das Leben gegeben hast." „Und ich werde dir zur Ehre das Beste aus meinem Leben machen." „Du lebst in mir weiter." Er wiederholt die Sätze andächtig und mit tiefem Empfinden. Auf die Frage, wie er sich jetzt fühle, sagt er strahlend: „Frei und glücklich."

Anschließend stellen wir noch die Verbindung zum Geheimnis auf dem Speicher her, und Lucas verspricht dem Vater, ihm zu Ehren ein gesunder, toller junger Mann zu werden. Er wirkt gelöst und glücklich, und ich habe den Eindruck, daß die Worte seine Seele erreicht haben und von dort aus Heilung senden werden.

Zum Abschluß sprechen wir noch über die Geschenke, die Lucas auf seinem Weg in das beginnende Erwachsenen- bzw. Jugendlichenalter erhalten hat. Geschenke, die ihn in die Freiheit begleiten werden.

Gemeinsam finden wir die Symbolik heraus: Die Rose in der goldenen Schale wird ihm immer, wo er sich auch aufhält, das Herz erwärmen und ihn an seinen inneren Wert erinnern, das schönste Geschenk, das eine Mutter einem Kind mit auf den Weg geben kann. Die Kugel des Stiefvaters erkennen wir als Symbol der Vollkommenheit, eingebettet in Wasser, das Symbol für Gefühle; über die Stimmigkeit der Gefühle zur Vollkommenheit, d. h. zu einer ausgewogenen, harmonischen Persönlichkeit. Wir sehen, daß Stefan, obwohl er nicht der leibliche Vater ist, die väterliche Rolle wunderbar ausfüllt. Lucas erhält von ihm seine männliche Ausrichtung. Die Großmutter erweist sich mit ihrem Geschenk als die

Verwahrerin der Ahnentafel, sie ist also ermächtigt, Lucas seine Lebenstage zuzuweisen (indianische Bedeutung der Großeltern). Die Schwester Linda hilft ihm, Luftschlösser zu bauen, und sieht ihn als Prinz, d. h., sie glaubt an ihn. Der Fisch auf dem Teller ist ein Symbol für Christus und spricht für tiefe brüderliche Liebe zwischen den Halbbrüdern. Auch wenn der kleine Bruder Nikolas ihn oft reizt und es zu Streit kommt, wird hier die eigentliche innere Verbindung sichtbar. Schließlich finden wir heraus, daß der Kater Maxi Lucas durch sein Geschenk die Erlaubnis gibt oder ihn daran erinnert, daß die Zeit des Abschieds von der Kindheit gekommen ist. „Hänschen klein, ging allein in die weite Welt hinein, Stock und Hut steh'n ihm gut, ist gar wohlgemut ...“ heißt es in dem Lied, das die beginnende Pubertät und die Loslösung von der engen, kindlichen Bindung an die Mutter beschreibt. Mit dem Trumpf, dem As in der Hand, läßt es sich gut ausschreiten.

Wie wir bei der Familienaufstellung, die ich mit der Mutter und dem Stiefvater in den nächsten Tagen mache, sehen werden, ist diese Loslösung auch deshalb notwendig, weil Lucas sehr stark mit dem Schmerz der Mutter um den Tod ihres Mannes identifiziert ist.

Auch dem Vater wenden wir uns nochmals zu. Der Stift, den er Lucas geschenkt hat, weist auf die Fähigkeit und die Freude von Lucas hin, sich sprachlich auszudrükken. Der Stift kann aber auch helfen, Gedanken wahr zu machen. „Man kann mit dem Stift schreiben und Sachen in die Luft malen, und dann sind sie da. Also, wenn ich jetzt in die Luft einen Bären male, und dann drücke ich auf den Stift drauf, und dann ist der Bär da.“ Es ist nicht von ungefähr, daß Lucas das Beispiel des Bären wählt, um die Zauberkraft des Stiftes zu beschreiben. Wir erinnern uns, daß der Bär das Tier aus dem Basis-Chakra von Lucas ist, und daß wir diesen Bären nicht ohne längeres Suchen finden konnten. Wir mußten zunächst den Wurm beseitigen, der das Basis-Chakra auszuhöhlen drohte.

Wer das Buch bis hierher gelesen hat, der wird erfahren haben, wie stark die Wirkung unserer Vorstellung und die Kraft unserer Gedanken sein kann. Sie ist imstande, seelische und körperliche Probleme zu heilen.

Wenn wir mit unseren beiden Eltern im reinen sind und die Energie zwischen uns gut fließen kann, dann erleben wir einen erstaunlichen Kraftzuwachs. Deshalb lasse ich Lucas nochmals spüren, daß sein Vater immer hinter ihm steht und ihm Kraft spendet, egal ob dieser sich auf der Erde oder „im Himmel“ befindet. Ich zeige ihm, daß er dies schon dadurch ausgedrückt hat, daß er den Vater in roter Farbe gemalt hat. Der Vater als Kraftquelle der männlichen Energie. Auch braucht er nur in sich hineinzuspüren, dort begegnet er dem Vater, da wir hälftig aus Vater und Mutter bestehen. Bei dieser Nacharbeit mit dem Vater kommen neben den Gefühlen von Glück auch Gefühle der Trauer. Die Seele des Kindes hat die tiefe Verbindung zwischen Glück und Trauer hergestellt und erlebt. Das sind Augenblicke im Leben, in denen die Polarität ihren Ausdruck in wahrer Liebe findet.

Diese Sitzung hilft nicht nur, Lucas' Todessehnsucht zu bannen, sondern sie ist auch so etwas wie eine kleine Initiation, d. h. ein Ritual zur Überleitung in eine neue Entwicklungsstufe, von der Kindheit in das Jungendlichenalter. Wie wichtig solche Initiationsrituale in Schwellensituationen sind, wird erst jetzt langsam wieder erkannt.

Mir scheint es wichtig, nach solch einer Sitzung der Seele Zeit einzuräumen, das Erlebte zu verarbeiten. Nachdem sich der Tumor in den letzten Wochen stetig zurückgebildet hat, halte ich es auch von daher für gerechtfertigt, die Therapie vorerst zu beenden. Die Selbstheilungskräfte scheinen ausreichend angeregt; vertrauen wir ihnen, daß sie ihre Arbeit gut zu Ende bringen!

Mit den Eltern mache ich nach dieser Sitzung eine Familienaufstellung nach Hellinger. Es wird deutlich, daß die Mutter den Tod ihres Mannes noch nicht überwunden hat und ihm gern nachfolgen würde. Lucas ist mit der Mutter identifiziert und möchte an ihrer Stelle gehen. Seine Todessehnsucht wird also auch hier offensichtlich. Es gelingt, den Jungen aus der Identifikation mit der Mutter zu lösen und ihm einen sicheren Platz zwischen seinen Geschwistern zu geben. Auch diese Arbeit wird Lucas energetisch helfen, seinen Todeswunsch auf zugeben.

Jetzt muß ich noch das Gute hinmalen

23. Sitzung

Nach zwei Monaten kommt Lucas nochmals in meine Praxis. Er sagt: „Also am Abend, da lag ich im Bett, und da habe ich so irgendwie gespürt, daß irgendwas mich angreift. Dann habe ich gesagt, sie sollen weg, aber es war am nächsten und am übernächsten Abend immer wieder so. Und einmal auch in der Früh, dann habe ich der Mama gesagt, daß wir einen Termin mit dir machen sollen."

T.: „Hmhm. Und hast du wahrnehmen können, was das ist, was dich angreift?"
L.: „Nein."
T.: „Du hast nur das Gefühl gehabt, es greift dich was an?"
L.: „Genau." (In Bayern heißt angreifen so viel wie anfassen.)
T.: „Aha. Und wo hat es dich angegriffen?"
L.: „Am Kopf. Und dann war ich so durcheinander und so."
T.: „Und hast du dir irgendwas vorgestellt, was es sein könnte?"
L.: „Nein. Vielleicht die einen, die mich wieder da hinholen wollen. Dann habe ich die Krafttiere hervorgeholt, aber dann wußte ich nicht mehr das eine Krafttier, des am Bauch."

Die Tatsache, daß er sein Krafttier aus dem Solarplexus, dem Zentrum der Persönlichkeit, der Ich- und Willensstärke nicht mehr erinnert, weist darauf hin, daß er erneut verunsichert ist und daß das Vertrauen in seine Selbstheilungskräfte nachläßt. Wie wichtig jedoch dieses innere Vertrauen für die Heilung ist, wissen wir mittlerweile aus vielen Forschungsarbeiten.

T.: „Aha. Und du hast das Gefühl, daß sie dich angreifen."
L.: „Ja, die sind beleidigt, daß ich nicht komme."

T.: „Aha."

L.: „Weil ich nicht will, und deswegen greifen sie mich an."

T.: „Hmhm. Und wie fühlt sich das an?"

L.: „Hm. Hm, ich weiß nicht, wie wenn es im Kopf drücken würde."

T.: „Und das Gefühl hast du nur im Kopf?"

L.: „Ja."

T.: „Gut, dann male einmal deinen Kopf." (Abb. L41)

Wir untersuchen nun das Bild und seine Körpergefühle genau und stellen fest, daß die Farbe Violett bei den Außerirdischen nicht vorkam, daß seine Gefühle im Kopf nicht denen entsprechen, die er im Zusammenhang mit den Außerirdischen hatte, und daß auch die anderen Körpergefühle völlig fehlen, die sich bei diesen Begegnungen regelmäßig einstellten. Es gibt auch kein Stechen und Ziehen. Dennoch meint er, daß die Berührungen nicht von der irdischen Welt kommen. Neu sind die Gefühle von Verwirrung und Benommenheit, die es bei den anderen Erfahrungen nicht gab. Auffällig ist auch die Antwort auf meine Frage, ob da Leute seien: „Es scheinen Leute da zu sein, aber ich kriege es nicht mit." Bildlich hatte er das so dargestellt, daß er sich zunächst keine Ohren gemalt hatte.

Wir müssen also bei anderen außerirdischen Wesen suchen und gelangen bei unserer Suche zunächst zu den Verstorbenen und schließlich zu seinem toten Vater. Es stellt sich heraus, daß der Vater bei seinem Autounfall eine Kopfverletzung hatte und vor seinem Tode noch einen Tag im Koma gelegen hat. Schließlich ist er an einem Blutgerinnsel im Gehirn gestorben. Auffällig ist nun, daß diese Stelle im Kopf, an der das tödliche Blutgerinnsel beim Va-

L41

ter aufgetreten ist, genau der Stelle entspricht, an der Lucas allabendlich in letzter Zeit die Berührung gespürt hat.

Lucas ist erneut mit dem Vater verbunden und zwar mit seinem Sterben.

Verblüffend ist auch, daß Lucas sich genau in dem Augenblick am Finger verletzt, als ich ihn bitte, sich in den Vater zu versetzen, um dessen Verletzungen zu spüren. Er schneidet sich am Papier und der Finger blutet heftig. Nachdem wir die Wunde mit einem Pflaster versehen haben, malt er den verletzten Vater, um besser spüren zu können, wo dieser verletzt ist. (Abb. L42)

„Spür mal, was er gefühlt hat, ob das Ähnlichkeit hat mit dem, was du in den letzten Nächten erlebt hast." Er spürt länger nach und sagt: „Ja, komisch." Dann beginnt er zu husten. Daraus schließe ich, daß wahrscheinlich ein Husten das Blutgefäß im Kopf des Vaters zum Platzen gebracht hat. Die Mutter bestätigt anschließend, daß es sich so zugetragen hat. Lucas malt die Stelle an den Kopf seines Vaters, an der das todbringende Blutgerinnsel entstanden ist.

Zur Heilung lasse ich Lucas das Gefühl zurückatmen, das der Vater kurz vor seinem Tod hatte. Sollte das Gefühl nachts wiederkommen, dann weiß er jetzt, um was es sich handelt, und hat keine Angst mehr.

Das Wiederauflebenlassen der Gefühle des Vaters im eigenen Körper kann darauf hinweisen, daß Lucas seinen Vater dadurch symbolisch erneut zum Leben erweckt, daß er die Gefühle erlebt, die dieser kurz vor seinem Tod hatte. Das heißt dann: „Solange ich diesen Druck im Kopf noch spüre, lebt er noch". Somit kann also die Verbindung

L42

zu ihm aufrecht erhalten bleiben. Es könnte aber auch bedeuten, daß Lucas erneut den Wunsch entwickelt, dem Vater in den Tod zu folgen. Dann würde es heißen: „Ich lasse mich gern rufen und sterbe gern so wie du durch Druck im Kopf." Es gibt sicher auch die Theorie, daß der Vater von sich aus Verbindung zu dem Kind sucht und ihn energetisch berührt. Daran glaube ich weniger, so wie sich der ganze Ablauf dargestellt hat.

Bei meiner weiteren Heilarbeit lege ich deshalb die beiden ersten Überlegungen zugrunde. Zunächst ist wichtig, daß Lucas vor diesen nächtlichen Berührungen keine Angst mehr hat. Dadurch, daß er jetzt weiß, wodurch sie ausgelöst werden, nämlich durch eine Identifikation mit dem Vater, ist der Schrecken genommen. Ich lasse ihn die Gefühle von „Druck im Kopf' und Verwirrung an den Vater zurückatmen. Weiterhin lasse ich Lucas Kontakt mit seinem Vater aufnehmen und bitte ihn, ihn zu fragen, ob er sich wünsche, daß Lucas zu ihm in die andere Welt komme. Lucas erlebt voller Befreiung, daß der Vater nicht möchte, daß er ihm in den Tod folgt, sondern ihn sogar bittet zu bleiben. Wir wiederholen das Ritual: „Lieber Papa, segne mich, wenn ich bleibe." Das Violett, das er benutzt hat, um das Gefühl im Kopf zu beschreiben, verstehen wir als Farbe der Verwandlung. Sie soll nicht die Farbe der Verwandlung vom Leben zum Tod hin sein, sondern die Farbe der Verwandlung zum Erwachsenwerden hin.

Ich lasse Lucas fühlen, daß wir manchmal aus Liebe einem anderen Menschen dessen Schmerz abnehmen wollen. Die Seele sagt dann: „Lieber ich als du." Dieses gilt es umzuwandeln in: „Ich lasse dich geh'n, ich gebe dich frei, und ich werde mein Leben so leben, daß es dir gefällt." „Du kannst deinem Vater nicht abnehmen, was er damals erlebt hat, aber du kannst aus Liebe zu ihm ein gesunder junger Mann werden."

Als ich ihn die Sätze sagen lasse, „ich werde ein gesunder junger Mann", und, „aus Liebe zu dir", spricht er klar und deutlich und ist dabei im Innersten tief bewegt.

„Jetzt male zum Abschluß noch deinen Kopf, so wie er dem Papa zuliebe aussehen wird", schlage ich ihm vor. Er malt mit Hingabe. (Abb. L43)

„Jetzt kriege ich aber Ohren und Augenbrauen." „Jetzt muß ich noch das Gute hinmalen." Dazu nimmt er die grüne Farbe. Er lacht und strahlt und ist ganz lebendig.

Zum Abschluß behandeln wir noch ein wichtiges, neu hinzugekommenes Thema, das wohl als tieferer Hintergrund für die nächtlichen Beunruhigenden anzusehen ist. Lucas' Mutter und sein Stiefvater sind dabei, ihre Lebensgemeinschaft aufzulösen. Der Stiefvater wird in Kürze ausziehen. Für Lucas bedeutet das den erneuten Verlust eines Vaters. Der Zeitpunkt der Trennung der Eltern ist für Lucas aus zwei Gründen ganz besonders ungünstig. Zum einen, weil die Krebsgefahr möglicherweise noch nicht ganz gebannt ist und der Stiefvater bei der Therapie der Tumoren eine wichtige Rolle spielte. Zum anderen befindet sich Lucas am Beginn einer labilen Phase, der Pubertät. Diese Zeit ist geprägt von der Suche nach der eigenen Persönlichkeit, nach der eigenen Identität. Der Junge entwickelt sich zum Mann, das Mädchen zur Frau. Das männliche Kind braucht einen männlichen Erwachsenen, an dem es sich orientieren und mit dem es sich auseinandersetzen kann. Die Mutter ist in dieser Zeit für den

L43

Jungen nicht der wichtigste Partner. Unter diesem Blickwinkel erstaunt also nicht, daß Lucas erneut Todessehnsucht entwickelt und sich seinen verstorbenen Vater nachts ans Bett holt. Nebenbei sei erwähnt, daß der Verlust des leiblichen Vaters auch in eine labile Phase, die sogenannte Trotzphase, fiel.

Ich arbeite nun mit Lucas den Unterschied zwischen dem Abschied des leiblichen Vaters und dem des Stiefvaters heraus. Der Stiefvater ist im Unterschied zum Vater noch real greifbar, kann jederzeit besucht werden und wird sich weiter um die Kinder kümmern. Wieder mache ich ein Ritual nach Hellinger, um dem Kind die Trennung der Eltern zu erleichtern: „Liebe Mama", „Du bist meine Mutter und ich bin dein Sohn", „Du bist die Große, ich bin der Kleine", „Eure Probleme miteinander haben nichts mit mir zu tun", „ich lasse eure Enttäuschungen bei euch", „So wie ihr es macht, wird es bestimmt richtig sein", „Lieber Stefan, ich danke dir, daß du mich wie deinen eigenen Sohn behandelt hast", „Ich bin gerne dein Pflegesohn", „Auch wenn du ausziehst, Stefan, ich bleibe dein Lucas", „Ich freue mich, wenn du mich weiterhin wie deinen Sohn behandelst".

Das Ritual befreit Lucas sehr. Nun kann ich nur hoffen, daß die Eltern imstande sind, die Kinder nicht mit ihren eigenen Enttäuschungen zu belasten. Wir wissen aus der Familienaufstellung der Eltern, daß Lucas dazu neigt, sich aus Liebe zur Mutter mit deren Schmerz zu identifizieren.

Ich habe vorläufig mein Möglichstes getan.

Manch ein Leser mag nun Partei für das Kind ergreifen und sagen, wie können sich die Eltern in einer für das Kind so kritischen Situation trennen? Man muß doch zum Schutz des Kindes versuchen, die Eltern zum gegebenen Zeitpunkt von diesem Plan abzubringen. So hätte ich früher auch gedacht. Heute sehe ich meine Aufgabe ausschließlich darin, die Dinge ans Licht zu bringen, sonst aber nicht weiter einzugreifen. Nachdem ich beginne, unser Leben in größeren Gesetzmäßigkeiten und Räumen zu verstehen, sehe ich, daß es viel wichtiger ist, Lucas von seinen karmischen Verstrickungen zu befreien, als die äußeren Umstände so zu gestalten, daß die Krankheit in dieser Inkarnation nicht ausbricht. Ich kann die Entscheidung der Eltern auch als Chance für den Jungen sehen. Er hat dadurch die Möglichkeit erhalten, sein Karma in Bezug auf Entgrenzung, Einfrieren von Gefühlen, Aggressionshemmung etc. zu bearbeiten, und muß diese Probleme dadurch vielleicht nicht in weitere Leben mitnehmen.

Ich verneige mich vor den großartigen Gesetzen, die unsere Geschicke lenken. Mein Verständnis dafür, daß für unsere Erdenerfahrung sowohl Schmerz als auch Freude gleichermaßen wertvoll sind, wächst von Erfahrung zu Erfahrung. Dafür danke ich all den Kindern und Erwachsenen, mit denen ich bisher arbeiten durfte.

Im Atemholen sind zweierlei Gnaden:
Die Luft einziehen, sich ihrer entladen.
Jenes bedrängt, dieses erfrischt;
So wunderbar ist das Leben gemischt.
Du danke Gott, wenn Er dich preßt,
Und danke Ihm, wenn Er dich wieder entläßt!
JOHANN WOLFGANG VON GOETHE

Anhang

Unsere tiefste Angst ist nicht, daß wir unzulänglich sind,
unsere tiefste Angst ist, daß wir unermeßlich machtvoll sind.
Es ist unser Licht, das wir fürchten, nicht unsere Dunkelheit.
Wir fragen uns: „Wer bin ich eigentlich,
daß ich leuchtend, hinreißend, begnadet und phantastisch sein darf."
Wer bist du denn, es nicht zu sein? Du bist ein Kind Gottes.
Wenn du dich klein machst, dient das der Welt nicht.
Es hat nichts mit Erleuchtung zu tun,
wenn du schrumpfst, damit andere um dich herum sich nicht verunsichert fühlen.
Wir wurden geboren, um die Herrlichkeit Gottes zu verwirklichen, die in uns ist.
Sie ist nicht nur in einigen von uns:
sie ist in jedem Menschen.
Und wenn wir unser eigenes Licht erstrahlen lassen wollen,
geben wir unbewußt anderen Menschen die Erlaubnis, dasselbe zu tun.
Wenn wir uns von unserer eigenen Angst befreit haben,
wird unsere Gegenwart ohne unser Zutun andere befreien.
Aus der Antrittsrede von Nelson Mandela 1994

Es wurde deutlich, daß Rückführungsarbeit imstande war, Symptome schneller und effektiver zu beseitigen, als andere Therapiemethoden dazu in der Lage waren. Gegenwärtig bewegt sich die Arbeit immer mehr dahin, mehr Licht in die spirituelle Natur unserer Existenz zu bringen. Meine Verstandesseite ist dadurch etwas irritiert, aber der Trend in diese Richtung läßt sich nicht mehr verleugnen. Wir sind geschulte Wissenschaftler, aber wir wissen, daß wir auf einer Seelenreise sind.

WINAFRED BLAKE LUCAS

Was ist Reinkarnationstherapie?

1. Anfänge der Reinkarnationstherapie

Es waren Ärzte und Psychologen, die meisten aus Schulen von Freud und Jung, die bei ihrer therapeutischen Arbeit mit dem Unbewußten auf Bilder und Erfahrungen stießen, die aus einer anderen Zeit zu kommen schienen. In den sechziger Jahren begannen in verschiedenen Teilen der Welt unabhängig voneinander einige Forscher sich mit diesem Phänomen zu befassen.

Sie kamen alle zu dem gleichen Ergebnis: Es scheint so etwas wie frühere Leben zu geben, wir verfügen über Möglichkeiten, uns an diese früheren Existenzen zu erinnern, und es ist heilsam, diese Erinnerungen therapeutisch zu nutzen.

In Amerika waren es Denys Kelsey, Joan Grant, Edith Fiore und Morris Netherton, in Australien G. M. Glaskin, in Holland Hans den Dam, in Prag Stanislav Grof und in Deutschland Thorwald Dethlefsen, um nur einige zu nennen.

Parallel zu der wissenschaftlichen Auseinandersetzung mit der Reinkarnationstherapie begann es in den siebziger Jahren, innerhalb der „New-Age"-Welle, schick zu werden, sich in frühere Leben rückführen zu lassen. In Wochenendkursen wurden Zertifikate ausgestellt, in denen die Qualifikation zum Reinkarnationstherapeuten bescheinigt wurde. (Ich selbst besitze solch ein Zertifikat, obwohl ich nur an zwei von drei Wochenendseminaren teilgenommen hatte.) Die Sehnsucht nach Entgrenzung, nach spirituellen Erfahrungen und nach Erlebnissen außerhalb der immer materialistischer werdenden Welt verschaffte dieser Richtung sehr schnell großen Zulauf. Es entwickelte sich so etwas wie ein Reinkarnationstourismus; ein Unterfangen, das dieser Therapie zum Teil einen schlechten Ruf eingebracht hat, da unzulänglich geführte Rückführungen und mangelhafte Nacharbeit wie alle Tiefenarbeit nicht ungefährlich sind und latente Psychosen auslösen können.

Unter den wissenschaftlichen Forschern sind die bekanntesten in unserem Sprachraum Thorwald Dethlefsen, mit seinen Studien über Rückführungen in Geburt, Schwangerschaft und in frühere Leben, und Stanislav Grof, mit seinen Forschungen über Schwangerschaft und Geburt. Beide haben einen größeren Schülerkreis um sich versammelt, und ihre Methoden werden allenthalben praktiziert. Grof arbeitete zunächst mit LSD und später mit holotropem Atmen (einer Atemtechnik, der Hyperventilation, die den Klienten in einen veränderten Bewußtseinszustand versetzt), um schneller an die alten Erfahrungen heranzukommen. Dethlefsen arbeitete zunächst mit Hypnose, ersetzte diese dann aber bald durch eine Tiefenentspannung.

Mittlerweile gibt es in den USA Bestrebungen, die verschiedenen Schulen zu vereinen, ein einheitliches Konzept zu finden und wissenschaftliche Anerkennung zu erlangen. Die Wissenschaftler, die diesen Versuch unternehmen, sind in der „Association for Past-Life Research and Therapies" zusammengeschlossen. In Europa ist wohl das größte und anspruchsvollste Ausbildungsinstitut in Holland. Tineke Noordegraaf und Rob Bontenbal, Schüler von Hans den Dam und Morris Netherton, haben in Holland, zusammen mit Alexander Bund und Zoop Vanderhagen, das „Trainingsinstitut der Stiftung für die Entwicklung der Reinkarnationstherapie in den Niederlanden" (SRN) gegründet, in dem jährlich viele Studenten ausgebildet werden. Bontenbal und Noordegraaf leiten außerdem regelmäßig Ausbildungsgruppen in den USA, Deutschland, der Schweiz und Israel.

Sie haben ein klares Therapiekonzept ausgearbeitet, das sogenannte „Holographische Modell der Reinkarnationstherapie". Ein Buch über diese Technik ist in Arbeit und wird demnächst veröffentlicht und hoffentlich auch bald ins Deutsche übersetzt werden. Meine Arbeit richtet sich im wesentlichen nach diesem Konzept.

2. Das therapeutische Konzept

Jede Therapiemethode hat einen philosophischen Hintergrund. Von dem einfachen Konzept der Verhaltenstherapie, das davon ausgeht, daß der größte Teil des menschlichen Verhaltens gelernt sei, bis zu sehr komplexen Erklärungsmodellen der menschlichen Psyche, wie wir sie z. B. bei Freud und Jung finden, gibt es bei den verschiedenen Therapiemethoden mehr oder weniger differenzierte Arbeitshypothesen. So orientiert sich die Schulmedizin im wesentlichen an einem mechanistischen Menschenbild. Der Mensch wird unterteilt in einzelne Organe, die von verschiedenen Krankheiten befallen werden können. Diese Krankheitssymptome müssen bekämpft und beseitigt werden. Die alternative Medizin geht von einem ganzheitlichen Menschenbild aus. Krank sein heißt hier, dem Menschen (nicht nur dem Körper oder Körperteil) fehlt etwas, um ganz, um heil zu sein. Symptome werden nicht bekämpft, sondern sollen den Weg zu dem fehlenden Teil aufzeigen, damit dieser neu belebt, unterstützt und aktiviert werden kann.

Die Reinkarnationstherapie, so wie ich sie verstehe, orientiert sich wie die alternative Medizin an einem ganzheitlichen Menschenbild. Sie geht außerdem davon aus, daß dieses Leben auf Erden nicht unser erstes und nicht unser letztes ist.

Wie Sie wissen, ist diese Idee uralt und der Glaube an Wiedergeburt fester Bestandteil der meisten Religionen. Selbst in der Bibel gibt es viele Hinweise auf den Glauben an Wiedergeburt, auch wenn die institutionalisierte Kirche dies nicht bestätigt. James Morgan Pryse hat in seinem Buch „Reinkarnation im Neuen Testament" solche Bibeltextstellen zusammengetragen.

Viele eigene Rückführungen und mittlerweile Tausende von Rückführungen von Kindern und Erwachsenen haben mich nach langer Skepsis zu der Überzeugung gebracht, daß sich die Seele über viele, viele Leben hinweg hier auf der Erde – und möglicherweise auch in anderen Welten – einem Lernprozeß unterzieht. Wir befinden uns in einem ständigen Transformationsprozeß und mit uns der gesamte Kosmos. Für jede Inkarnation haben wir uns einen ganz bestimmten Lernschritt vorgenommen, der uns Schritt für Schritt unserer Vollkommenheit entgegenführt oder – besser ausgedrückt – uns unsere Vollkommenheit bewußt macht.

Ich spreche bewußt von Arbeitshypothesen. Es gibt auf dem Gebiet der Reinkarnationstherapie noch viel zu forschen, und ich bin überzeugt, daß wir durch die Rückführungsarbeit noch viele neue Erkenntnisse über Leben und Tod und den Sinn unseres Erdendaseins erhalten werden. Bei meiner Arbeit mit Klienten versuche ich weiterhin, offen zu bleiben und alles ernst zu nehmen, was sie mir an Erfahrung anbieten. Ich bin sicher, daß sich das meiner Therapiemethode zugrundeliegende philosophische Konzept in fünf Jahren wesentlich erweitert oder sogar verändert haben wird. Ich bin bereit, meine bisherigen Thesen aufgrund neuerer Beobachtungen und Erfahrungen jederzeit zu revidieren. Hier kann ich nur das Ergebnis meiner bisherigen Erfahrungen und Beobachtungen schildern.

Die wichtigste Lernerfahrung, die wir hier auf Erden machen dürfen und müssen, scheint der Umgang mit der *Polarität* zu sein, d. h. mit der Erfahrung, daß jedes Licht auch eine Schattenseite hat. Erst das tiefe Verständnis des Gesetzes der Polarität, das die Gegensätze aufhebt und über das Entweder-oder-Denken zum Sowohl-als-auch-Denken schließlich dazu führt, Gegensätze als Einheit zu erleben, als lebendigen Ausdruck ein und derselben Phänomens, erst dann gelangen wir zu innerer Freiheit und damit zur Vollkommenheit.

Die Lernerfahrungen, die wir in den einzelnen Leben machen, unterliegen dem Gesetz des *Karma*. Das Wort Karma kommt aus dem Sanskrit und heißt Handlung, Tat, Werk. Ich verstehe unter Karma den persönlichen Weg, den Handlungsradius, den jeder einzelne für sich selbst gewählt hat, um ans Ziel zu kommen. Welche Erfahrungen ich (durch mein Handeln) mache auf dem langen Weg zum Verständnis und zur Akzeptanz von Freude und Leid, von Macht und Ohnmacht, von Liebe und Haß, von Opfer- und Täterschaft, das ist mein ganz individuelles Karma. Manche Kapitel lerne ich schnell, andere wiederum bereiten mir große Mühe, und ich muß sie viele, viele Male in den verschiedensten Varianten in unterschiedlichen Leben wiederholen, bis ich sie verstehen und annehmen kann.

Mit dem Begriff Karma wird sehr häufig das Wort Schuld als Folge von bösen Taten verbunden: „Du hast in deinem letzten Leben diesen und jenen Fehler gemacht, deshalb hast du heute diese Schmerzen."

Wer lange mit Reinkarnation gearbeitet hat, weiß, daß es so etwas wie Schuld eigentlich gar nicht gibt. Schon Dethlefsen möchte den Begriff Schuld „frei von jeder Wertung" sehen. Mir scheint jedoch, daß das Wort Schuld durch unsere christliche

Vergangenheit so belastet ist, daß wir noch nicht imstande sind, dieses Wort frei von Wertung zu gebrauchen. Ich schlage deshalb vor, anstelle von Schuld von Verstrikkung zu sprechen. Wir können uns auf dem Weg zur Erkenntnis in ein Thema besonders tief verstricken und müssen sehr schmerzliche Erfahrungen machen, bis wir es endlich verstanden haben. Verstanden heißt immer, daß wir nicht auf einer Seite der Polarität stehen bleiben. Dethlefsen nennt diese Arbeit in der Reinkarnationstherapie die „Integration des Schattens".

Da wir Teil unserer Erde und damit des gesamten Universums sind, können wir unsere persönliche Entwicklung nicht getrennt von der Entwicklung unserer Erde und des gesamten Universums sehen. Ich glaube deshalb, daß es neben einem individuellen Karma auch immer ein Gruppenkarma gibt. Gruppenkarma und individuelles Karma beeinflussen sich wiederum gegenseitig. Wenn wir in ein Gruppenkarma verstrickt sind, dann haben wir ganz besonders das Gefühl von Schicksalhaftigkeit.

Wenn die Vermutung stimmt, daß wir uns jeweils einen Platz auf dieser Erde aussuchen, an dem wir die bestmöglichen Umstände für unsere nächste Lernerfahrung vorfinden, dann könnte man sich vorstellen, daß eine bestimmte Gruppe von Seelen sich auch dafür entscheidet, an einem Ort zu inkarnieren, an dem Krieg stattfindet. Ich habe mich immer gewundert, warum von den Menschen, die zu mir zu Rückführungen kommen, so viele im letzten Leben unter grausamen Umständen umgekommen sind. Fast könnte man zu dem Schluß kommen, daß solche erschütternden Erfahrungen die Menschen offener machen für neue Möglichkeiten und Wege der seelischen Entwicklung, wie sie die Reinkarnationstherapie bietet.

Ich bin davon überzeugt, daß alle Erfahrungen, die wir in diesem und in unseren früheren Leben gemacht haben, in unserem Unbewußten gespeichert sind. Wir sind mittlerweile imstande, diese Erfahrungen in unser Bewußtsein zurückzurufen, und sie zu unserer Heil- und Ganzwerdung zu benutzen.

3. Das holographische Modell der Reinkarnationstherapie

Das holographische Modell der Reinkarnationstherapie geht davon aus, daß wir alle Lebensprogramme, alle Verhaltensmuster, Überzeugungen und Erwartungen mehr oder weniger deutlich auf allen Ebenen wiederfinden. Habe ich z. B. das Thema Durchsetzung und Macht (was natürlich zwangsläufig das Thema Ohnmacht mit einschließt) in dieser Inkarnation, dann finde ich es mehr oder weniger deutlich in früheren Leben, in der Zeugung, in der Schwangerschaft, in der Geburt und in meiner Biographie.

Diese Überzeugungen oder Lebensmuster haben sich aus der Summe unserer Erfahrungen aus früheren Leben verdichtet. Nun gilt es, diese mitgebrachten Überzeugungen, Erwartungen und Lebensprogramme, die den Fluß unseres Lebensrhythmus' stören oder blockieren und damit zu spirituellen, psychischen und physischen Störungen führen können, aufzuspüren und zu bearbeiten. Wir wenden uns in der Reinkarnationstherapie also den Lebensprogrammen zu, die uns keinen Handlungsspielraum lassen, die karmisch festgelegt sind. Diese Festschreibungen und Blockierungen erfolgen durch sogenannte *Postulate* bzw. *Charakterpostulate.* Postulate resultieren aus traumatischen Erfahrungen in früheren Leben. Wenn ein Trauma in einem früheren Leben nicht angenommen, nicht beendet oder unbewußt geblieben ist, dann wird diese Erfahrung mit in die nächste Inkarnation genommen, damit sie dort akzeptiert, beendet oder bewußt gemacht werde. Kann ich z. B. nicht annehmen – um bei dem Thema Macht und Durchsetzung zu bleiben –, daß ich als Machthaber in einem früheren Leben einen Krieg entfesselt habe, dann entsteht in mir das Postulat, das Lebensprogramm „auf keinen Fall mehr mächtig sein, damit ich nicht wieder einen Krieg entfessele“, obwohl ich das Rüstzeug für und den deutlichen Drang nach Macht in mir habe. Da all diese Lebensprogramme unbewußt sind, neigen wir dazu, die äußeren Umstände, Erziehungseinflüsse, mangelnde Gelegenheit, Mißgeschick, fehlende Führungsqualitäten etc. für unsere „Machtlosigkeit“ oder Ohnmacht verantwortlich zu machen und ahnen nicht, daß wir selbst uns am Erfolg hindern. Ein Beispiel für die Entstehung eines Postulates aus einem unbeendeten Trauma: Werde ich in einem Leben auf dem Weg zu meinem Geliebten getötet, dann kann das einmal zur Folge haben, daß ich im nächsten Leben Schwierigkeiten habe, einen Partner zu finden, da sich mir immer etwas in den Weg stellt, wenn ich auf ihn zugehen will. Das Postulat heißt dann: „Ich möchte zu meinem Geliebten, erreiche ihn aber nicht.“ Es kann auch sein, daß ich unerklärliche Angst entwickle, wenn ich von meinem Partner getrennt bin. Das Postulat heißt dann: „Wenn ich von meinem Geliebten getrennt bin, sterbe ich.“ Schließlich noch ein Beispiel für die Wirkung, die ein unbewußt gebliebenes Trauma auf unser nächstes Leben haben kann. Sterbe ich unter Narkose, im Koma, auf einer psychedelischen Reise oder wenn ich aus anderen Gründen nicht mit meinem Bewußtsein im Körper bin, dann nennt man das „unbewußt sterben“. Wird mir z. B. unter Narkose ein Bein amputiert und ich wache aus der Narkose nicht mehr auf, dann ist die Wahrscheinlichkeit sehr groß, daß ich im nächsten Leben Schwierigkeiten mit diesem Bein haben werde. Mein Körper hat das Trauma gespeichert. Das Postulat könnte heißen: „Wenn ich in irgendeiner Weise narkotisiert bin, sei es durch Alkohol, Müdigkeit etc., dann wird mein Bein verletzt.“

Postulate sind also Selbstbeurteilungen oder Selbstverurteilungen, Wünsche, Erwartungen, Ängste, die unser Leben mehr oder weniger bestimmen. Postulate entstehen aus sogenannten *Abschlußbefehlen* aus früheren Leben. In unseren eben genannten Beispielen heißen die Abschlußbefehle: „Wenn du mächtig bist, entfesselst du einen Krieg.“ „Wenn du liebst, wirst du getötet.“ „Wenn du in einem narkotisierten Zustand bist, wirst du körperlich verletzt.“

Auch sogenannte *Überlebensprogramme* können Postulate schaffen. Bin ich z. B. im letzten Leben mit einem Schiff untergegangen und lag zum Zeitpunkt der Katastrophe mit Kopfschmerzen in meiner Kabine, dann kann das zur Folge haben, daß ich im nächsten Leben unter häufigen Kopfschmerzen leide. Mein Überlebensprogramm heißt dann: „Solange ich Kopfschmerzen habe, lebe ich noch." Der Körper hat also ein Interesse daran, die Kopfschmerzen zu behalten, weil er fürchtet, so wie damals zu sterben, wenn sie aufhören.

Solche Postulate, entstanden aus Abschlußbefehlen und Überlebensprogrammen, können den rhythmischen Fluß unseres Lebens, unsere Gesundheit, unsere Kreativität, die Entfaltung unserer Begabungen und unsere Lebensfreude erheblich einschränken und blockieren. Unser gewohntes logisches Denken wehrt sich gegen solche Zusammenhänge. Auf Seelenebene scheinen jedoch Gesetze mit einer anderen Logik zu wirken als auf der Bewußtseinsebene. Körperliche und emotionale Erfahrungen sind auf dieser Ebene einprägsamer als logische Gedankengänge.

Zuweilen wundern wir uns darüber, daß irgendwelche Probleme wie aus heiterem Himmel auftauchen. Plötzlich bekomme ich z. B. Asthmabeschwerden oder leide unter Klaustrophobie (Angst in geschlossenen Räumen), Probleme die ich bisher nicht kannte. Nach meiner bisherigen Erfahrung sind traumatische Erfahrungen aus früheren Leben nicht von sich aus hemmend, sie bedürfen einer *Reaktivierung* in diesem Leben. Wenn ich z. B. in einem früheren Leben in einem Stollen verschüttet worden und dort gestorben bin, kann in meinem nächsten Leben ein Erlebnis, das an das frühere Trauma erinnert, die alten Gefühle von Erstickungsangst und Atemnot oder von Angst in engen Räumen reaktivieren. Auslöser können z. B. ein überfüllter Zug oder ein enger Fahrstuhl, ein ähnliches Körpergefühl sein oder auch Gedanken, die den damaligen letzten Gedanken vor dem Tode entsprechen. Fast immer sind die Auslöser mit Todesangst verbunden.

In der Reinkarnationstherapie versuchen wir nun, die hemmenden und blockierenden Postulate aufzuspüren, sie wiederzuerleben und dadurch bewußt zu machen, sie auf allen Ebenen (mental, emotional, somatisch) durchzuarbeiten und schließlich aufzulösen bzw. kreativ zu nutzen und zu integrieren. Alte Traumen können unser Potential erheblich einschränken. Indem wir unsere gebundenen und blockierten Energien freisetzen, können wir uns bewußt und kreativ unserer Lernaufgabe in dieser Inkarnation zuwenden.

Um dahin zu gelangen, hat die holländische Schule viele wertvolle Techniken und Einzelschritte entwickelt. Da dieses Buch nicht als Lehrbuch für Reinkarnationstherapie gedacht ist, sondern zu einem tieferen Verständnis der kindlichen Seele beitragen soll, sehe ich von detaillierteren theoretischen Ausführungen ab.

Noch ein Wort zu den eben beschriebenen Postulaten, die unser Leben so vielfältig bestimmen. Viele Menschen kennen mittlerweile diese karmischen Zusammenhänge. In den Büchern „Schicksal als Chance" von Dethlefsen und „Krankheit als Weg" von Dethlefsen und Dahlke wurden diese Gedanken schon vor zwanzig Jahren sehr eindrücklich dargestellt.

Ich habe jedoch immer wieder erlebt, wie falsch zuweilen mit dieser Erkenntnis umgegangen wird. Viele neigen dazu, unausgesprochen oder ausgesprochen zu verurteilen: „Der ist ja selber Schuld, daß er diese Krankheit, diesen Mißerfolg, diesen Schicksalsschlag erlitten hat", „wer weiß, was der in einem früheren Leben angestellt hat, daß er in diesem Leben so bestraft wird." Das heißt, es erfolgt eine Schuldzuweisung, und der einzelne schämt sich, daß er krank oder erfolglos ist oder einen Schicksalsschlag erlitten hat.

Aus meiner Sicht verhält es sich eher umgekehrt. Jeder weiß, welche großen Chancen und Entwicklungsmöglichkeiten uns solche Erfahrungen bieten. Ein schweres Schicksal kann also heißen: „Ich traue mir in dieser Inkarnation viel zu, ich will einen großen Schritt weiterkommen in meiner Entwicklung." Niemand kennt den individuellen Entwicklungsweg einer Seele, keiner kann sich also ein Urteil bilden. Mit Hilfe der Reinkarnationstherapie kann oft die Frage nach dem Sinn eines schweren Schicksals beantwortet werden. Sind Sinn und Aufgabe enthüllt, läßt sich meist leichter damit umgehen.

Einem weiteren Mißverständnis bin ich häufig begegnet: Es ist die Vorstellung, daß wir dem anderen nicht helfen sollen, da er sein Karma nur allein abtragen kann. „Das ist seine Sache, damit muß er allein fertig werden. Er hat sich dieses Problem durch seine früheren Leben eingehandelt, jetzt soll er sehen, wie er damit fertig wird." Richtig an dieser Auffassung ist sicher, daß wir nicht in das Karma des anderen eingreifen sollen, falsch ist jedoch die Annahme, daß wir dem anderen nicht helfen und beistehen sollen. Ich denke dabei spontan an unseren Besuch im ehemaligen Jugoslawien im Rahmen der Initiative „Frauen für den Frieden". Abgesehen von der konkreten Hilfe durch das Überbringen von Nahrung und Medikamenten bewirkte der emotionale Beistand sehr viel. Einen leidenden Menschen in den Arm zu nehmen oder mit ihm einige Schritte gemeinsam gehen, ihm zeigen, daß er nicht allein ist, daß wir als Nachbarn an ihn denken, das verbreitet so viel Zuversicht und hilft dem Schicksalsgeplagten, sein schweres Karma leichter zu integrieren und möglicherweise nicht verbittert, sondern geläutert aus dem Leid hervorzugehen. Wir können uns gegenseitig helfen, nicht allzuviel Umwege auf der Suche nach Vollkommenheit zu gehen.

4. Meine praktische Vorgehensweise

Ich hoffe, daß durch das Lesen der Therapiegeschichten meine Arbeit transparent geworden ist. Dennoch möchte ich nochmals eine kurze Beschreibung meiner Vorgehensweise geben.

Ich arbeite nicht mit irgendwelchen Hilfsmitteln wie Hypnose, Atmen, Entspannung, Trance oder ähnlichem, die die Klienten in Ausnahmezustände versetzen. Es besteht keinerlei Notwendigkeit für solche Techniken, außerdem ist mir wichtig, daß der Klient während der Sitzungen bei klarem Bewußtsein ist, da er während der gesamten Zeit immer selbst die Führung und die Verantwortung behalten soll. Bontenbal und Noordegraaf nennen diesen Bewußtseinszustand, der es möglich macht, bei klarem Bewußtsein mit dem Unbewußten zu arbeiten, das „elliptische Bewußtsein".

Der Einstieg in die traumatische Erfahrung gelingt mir durch eine bestimmte Fragetechnik. Sie zielt darauf ab, von der Beschreibung des Problems von heute zu den blockierenden Postulaten aus früheren Leben zu finden. Ich gehe dabei davon aus, daß jede Erfahrung, die wir machen, sowohl mentale, emotionale als auch somatische Anteile enthält, d. h. Worte, Gedanken, Bilder, Körperempfindungen, Töne,

Geschmack, Gerüche etc. Durch gezielte Befragung kann ich sehr schnell erkennen, ob einer dieser Kanäle (emotional, mental, somatisch) blockiert ist. Diese Blockade weist dann den Weg in das Trauma. Die holländische Schule hat für diesen Einstieg in das Trauma den Begriff *MES-Brücke* (Mental, Emotional, Somatisch) geprägt. Wie Sie gelesen haben, gelingt es mit dieser Fragetechnik meist schon mit ein paar Sätzen, zu der traumatischen Situation zu gelangen.

Diese Methode wirkt bei Kindern und Erwachsenen in gleicher Weise. Der einzige Unterschied zwischen Erwachsenen und Kindern besteht darin, daß Erwachsene es schwerer haben, an die Bilder und Gedanken aus dem Unbewußten zu glauben.

Es gehört zu den schwersten Aufgaben, die Chancen, die das Schicksal uns bietet, auch zu nutzen und den Weg der Eigenverantwortung auch wirklich zu beschreiten. Der Weg ist sehr dornig und erfordert viel Mut, da er immer bedeutet, den eigenen Schatten anzuschauen. Es ist einfacher, sich selbst zu bedauern und bedauern zu lassen, also den passiven Weg zu wählen, als sich aufzumachen auf einen Weg, der zuweilen sehr einsam sein kann, weil ich mit mir und mit meiner Seele allein bin, wenn ich die volle Verantwortung für mich übernehme. Hellinger sagt: *„Krankheit und Tod sind oft einfacher, als sich dem Schicksal in seiner ganzen Wucht und Fülle zu stellen.“* Der Hopi-Indianer Weißer Bär drückt es so aus:

Keiner will frei sein,
denn keiner will die Wahrheit wissen.

Ich habe große Achtung vor den Menschen, die bereit sind, diesen Weg der Verantwortung in seiner ganzen Konsequenz zu gehen. Aber ich habe auch tiefstes Verständnis für diejenigen, die den Mut in dieser Inkarnation noch nicht aufbringen.

Wie Sie in diesem Buch erleben können, besitzen Kinder noch die Bereitschaft zum rückhaltlosen Einsatz. Das ist auch einer der Gründe, warum ich eine so tiefe Achtung vor Kindern habe.

Glossar

Abschlußbefehl: Begriff aus dem holographischen Modell der Reinkarnationstherapie. Die letzten Gedanken, Wünsche, Erfahrungen, Informationen, denen wir bewußt oder unbewußt im Augenblick des Todes begegnen, prägen sich besonders tief in unsere Seele ein. Sie können wie Befehle in die nächsten Inkarnationen wirken und sich dort mit Todesangst verbinden.

Affekt: Gemütsbewegung, stärkere Erregung, oft unter Ausschaltung normalerweise bestehender Hemmungen.

ankern: Begriff aus dem holographischen Modell der Reinkarnationstherapie. Technik, die hilft, den Klienten während einer Rückführung in ein und demselben Leben zu halten, nennt man ankern. Der Klient wird in Raum, Zeit, Alter, Geschlecht etc. festgelegt. Siehe auch verankern.

Astralreise: Nach Vorstellung der Okkultisten gibt es neben dem physischen noch einen weiteren, nichtstofflichen Körper, den Astralleib. Beim Tod verläßt er sein physisches Gegenstück und setzt sein Dasein auf Astralebene fort. Manche Menschen besitzen die Fähigkeit, ihren physischen Körper willentlich zu verlassen und sich auf eine Reise dorthin zu begeben.

Assoziation: (lat.: Vereinigung, Verbindung) Aufeinanderfolge von Ideen, Vorstellungen, Gefühlen und Bewegungen, die nicht durch den Verstand gesteuert werden. In der Reinkarnationstherapie wie in der Tiefenpsychologie wird diese Fähigkeit der unwillkürlichen Verknüpfung von Bildern, Worten, Gedanken, Gefühlen und Körperempfindungen dazu benutzt, um unbewußte Inhalte zu aktivieren und bewußt zu machen.

Astrologie: (gr.: Sterndeutung) Alte Wissenschaft, die sich mit dem Einfluß der Gestirne auf den Charakter und das Geschick des Menschen befaßt.

Aura: Das Energiefeld, das alle beseelten und unbeseelten Körper abstrahlen und das sensitive Menschen als Licht wahrnehmen. An der Farbe und dem Umfang der Aura ist der psychische und physische Zustand eines Menschen zu erkennen.

Autismus: (gr.: für sich) Meist angeborene Kontaktstörung mit mehr oder weniger starkem Rückzug auf die eigene Gedanken- und Vorstellungswelt und Abkapselung von der Umwelt. Wird oft von Angst und Vereinsamung begleitet.

Biographie: gr.: Lebensbeschreibung

Bonding: (engl.: gebunden sein) Begriff aus der Verhaltensforschung. In der Reinkarnationstherapie meint dieser Begriff das Fixiertsein des Menschen an seine erste Erfahrung nach der Geburt. Worte, Empfindungen, Erfahrungen jeder Art die das Baby unmittelbar nach der Geburt erlebt, prägen sich ganz besonders tief ein und können das Leben des betreffenden Menschen nachhaltig beeinflussen.

Chakra: (Sanskrit: Rad) Feinstoffliche Energiezentren im Menschen. Die wichtigsten sind das *Basis-Chakra* (am Steiß), das *Sakrum* (kurz unterhalb des Nabels), der *Solarplexus* (kurz oberhalb des Nabels), das *Herz-Chakra* (auf der Höhe der Thymusdrüse), das *Kehl-Chakra* (am Hals), das *Dritte Auge* (auf der Stirn) und das *Scheitel-Chakra* (am Scheitelpunkt des Kopfes).

Dissoziation: (lat.: Trennung, Abspaltung) In der Reinkarnationstherapie meint dieser Begriff das absichtliche Abspalten von Gefühlen, Gedanken, Erfahrungen etc. von einer Person, damit diese in den Blick kommen und bearbeitet werden können. Nach der Dissoziation erfolgt meist wieder eine Zusammenführung (Integration).

Emotion: lat.: Gefühlszustand, Gemütsbewegung, Affekt↑

Halluzination: (lat.: Verwirrung) Sinnestäuschung, Wahrnehmung von Trugbildern, die von der gewohnten Realität abweichen und bei denen der entsprechende Sinnesreiz fehlt. Halluzinationen können künstlich durch psychedelische Drogen wie z.B. LSD↑ oder Meskalin erzeugt werden. In krankhafter Form tritt es bei Psychosen auf, z. B. Schizophrenie, und bei speziellen hirnorganischen Störungen auf.

holographisch: (holo-, gr.: ganz, unversehrt) Ein Hologramm besitzt die Eigenschaft, daß in jedem seiner Teile, selbst im kleinsten Ausschnitt, die Information des Ganzen enthalten ist. In der Reinkarnationstherapie bedeutet das, daß wir erwarten können, daß wir alle unsere L ebensprogramme, karmischen Verstrikkungen etc. in allen früheren Leben, in Zeugung, Schwangerschaft, Geburt und in unserer Biographie↑ in irgendeiner Form wiederfinden.

Hypnose: (gr.) Durch Suggestion künstlich hervorgerufene Trance oder Halbschlaf. Wurde früher vermehrt eingesetzt, um Klienten in frühere Leben zurückzuführen. In der sog. Hypnotherapie wird Hypnose eingesetzt, um Klienten von den verschiedensten körperlichen und seelischen Leiden zu befreien.

Identifikation: (lat.: Gleichsetzung) In der Psychologie wird der Begriff verwendet, wenn sich eine Person mit einer anderen Person gleichsetzt, bestrebt ist, so wie diese zu sein. In der Psychoanalyse und in der Systemischen Familientherapie nach Hellinger beschreibt Identifikation einen Mechanismus, in dem sich eine Person unbewußt an die Stelle einer anderen setzt und deren Eigenschaft und Verhalten übernimmt.

Imagination: (lat.: Einbildungskraft, bildhaft anschauliches Denken, Vorstellungsvermögen) Fähigkeit, sich ein geistiges Bild zu machen, wird sowohl in der Tiefenpsychologie als auch in verschiedenen Meditationspraktiken eingesetzt, um Zugang zu unbewußten Bildern zu erhalten, bzw. um visionäre Erfahrungen zu machen.

Inkarnation: (lat.: Fleischwerdung, Verkörperung) Annahme, daß Geist und Seele sich verkörpern. Siehe Reinkarnation.

Integration: (lat.: Wiederherstellung, Vervollständigung) In der Psychologie: Hereinnehmen abgespaltener Seelenanteile in die Persönlichkeit, zur Ganz- und Heilwerdung.

Introspektion: (lat.: hineinsehen) Selbstbeobachtung, Innenschau. In der Psychologie: Beobachten der eigenen seelischen Vorgänge.

Intuition: (lat.) Einfälle, Eingebungen und Wahrnehmungen, die nicht durch verstandesmäßige Überlegungen erzielt werden. Unmittelbares Erkennen des Wesens eines Gegenstandes oder eines Problems.

Karma: (Sanskrit: Handlung, Tat, Werk) Das Gesetz von Ursache und Wirkung. Die Hindus sind davon überzeugt, daß die gegenwärtigen Lebensumstände eines Menschen Folge seiner Taten in früheren Leben sind. Tugendhaftes Leben schaffe gutes Karma, lasterhaftes schlechtes. Ich behandle Karma wertfreier. Ich verstehe darunter meinen Handlungsradius, meinen persönlichen Entwicklungsweg, den ich selbst wähle, um ans Ziel zu gelangen. Auf diesem Weg kann es zu Verirrungen und Verstrickungen kommen, die ich nicht als Strafe oder Schuld verstehe, sondern lediglich als Umweg.

Katakomben: Unterirdische Gewölbe die den ersten Christen als Friedhöfe dienten. Die bekanntesten befinden sich in Rom und Neapel. Es gibt Vermutungen, daß sie den Christen zur Zeit ihrer Verfolgung als Verstecke dienten.

Katharer: (gr.:die Reinen) Frühchristliche Glaubensgemeinschaft in Südfrankreich, die die materielle Welt als satanisch bezeichnete und durch Askese und Gebet Erlösung erhoffte. Sie wurde von der Inquisition vernichtet.

Kleptomanie: (gr.) Zwangskrankheit, bei der der Patient zwanghaft stiehlt und zwar zumeist Dinge, die er nicht benötigt.

LSD: (Lysergsäurediäthylamid) Psychedelische Droge, die den Menschen in abnorme psychische Zustände versetzen kann, die oft mit Halluzinationen↑ einhergehen.

mental: (lat.) geistig, die Gedanken betreffend.

MES-Brücke: Eine Arbeitshilfe im holographischen Modell der Reinkarnationstherapie. Sie bezeichnet die drei Erlebnisebenen, M = mental↑, E = emotional↑, S = somatisch↑, die in der Therapie angesprochen werden, um das Trauma aufzuspüren und eine Verbindung zu anderen Leben herzustellen.

Mutismus: (mutus, lat.: stumm) Stummheit, obwohl das Sprachvermögen und die Wahrnehmung völlig in Ordnung sind. Die Ursachen können neurotischer, psychotischer oder hysterischer Natur sein oder in Begleitung von Autismus auftreten.

Polarität: (gr.- lat.) Vorhandensein zweier Pole, Gegensätzlichkeit. In der Reinkarnationstherapie häufig gebrauchter Begriff, weil es gilt, die Täter-/Opferrolle zu akzeptieren und Gut und Böse, Licht und Schatten, Täter und Opfer, Liebe und Haß anzunehmen.

Postulat: (lat.: Forderung) In der Reinkarnationstherapie verstehen wir unter Postulat Überzeugungen, Lebensprogramme, Verhaltensmuster, Erwartungen, Wünsche und Ängste, die sich aus der Summe der Erfahrungen aus früheren Leben und aus meiner Biographie verdichtet haben. Sie entstehen vornehmlich aus Überlebensprogrammen8 und Abschlußbefehlen↑.

Projektion: (lat.: hinauswerfen) Abwehrmechanismus, mit dem ungeliebte, verbotene oder unerwünschte Vorstellungen, Bedürfnisse, Wünsche und Gefühle unbewußt in andere Personen verlagert werden, um sie dort ablehnen und bekämpfen zu können.

Psyche: (gr.) Seele, Geist, Bewußtsein

Psychiatrie: Zweig der Medizin, der Diagnose und Therapie aller Arten psychischer Störungen umfaßt. In der Therapie wird bei schweren psychischen Störungen bevorzugt medikamentös behandelt.

Psychoanalyse: Von Sigmund Freud entwickelte Therapiemethode. In der Psychoanalyse wird mit Bewußtmachung und Wiederbelebung von unbewußten, verdrängten Prozessen, Konflikten und Komplexen, vor allem aus der Kindheit gearbeitet. Sie arbeitet im wesentlichen mit Traumdeutung und freier Assoziation8. Eine Abwandlung davon ist die analytische Psychologie nach C. G. Jung.

Psychologie: Wissenschaft vom Verhalten und Erleben des Menschen. Ursprünglich „Die Wissenschaft von der Seele des Menschen".

Psychose: Geisteskrankheit.

Psychotherapie: Sammelbegriff für alle Formen von psychologischer Behandlung, sowohl psychischer als auch psychosomatischer Störungen.

Reinkarnation: (lat.: Wiederfleischwerdung, Wiedergeburt) Annahme, daß die Seele nach dem Tode sich in einem anderen physischen Körper wiederverkörpert. Steht im Mittelpunkt buddhistischer und hinduistischer Überzeugungen und der Mystik.

Reaktivierung: (lat.: wieder in Tätigkeit setzen, wirksam machen) In der Psychologie: Ein psychisches Verhalten, das unmittelbar durch einen Umweltreiz hervorgerufen wird. In der Reinkarnationstherapie wird der Begriff oft für das Wiedererleben oder Wieder-in-Erinnerung-Bringen früherer Leben und verdrängter Erlebnisse aus diesem Leben verwendet.
Eine Reaktivierung kann ganz unbewußt geschehen. Ein Ereignis, ein Wort, ein Gefühl können unbewußt an ein früheres Leben erinnern und damit alte Ängste und Probleme wachrufen, ohne daß sie in der Regel verstanden oder eingeordnet werden können.

Schamanismus: Spiritualistische Heilverfahren, vorwiegend aus archaischen Kulturen. Eine Schamanin oder ein Schamane (Medizinmann/-frau, Zauberer/Zauberin, Magier/in oder Geistheiler/in) nimmt für ihre/seine Heilarbeit oft Kontakt zur Welt der Götter und Geister auf.

Schatten: Von C. G. Jung eingeführter Begriff für unsere ungeliebten und deshalb verdrängten Persönlichkeitsanteile.

somatisch: körperlich

Soziogramm: Gruppentest, der es ermöglicht, den Beliebtheitsgrad einer Person in einer Gruppe zu ermitteln.

Suggestion: (lat.: Eingebung, Einflüsterung) Gezielte Beeinflussung des Seelenlebens, z.B. der Gedanken, Vorstellungen und der Gefühle einer anderen Person. Wird in der Hypnose bewußt angewandt.

Symbol: (gr.: Sinnbild) Bild/Zeichen, in dem die Wirklichkeit verschlüsselt abgebildet wird. Ein Symbol zeigt den Sinngehalt und nicht die reale Form der Wirklichkeit. Symbole können viel Kraft besitzen. Im Traum benutzen wir bevorzugt die Symbolsprache.

systemisch: Von Bert Hellinger durch seine „Systemische Familientherapie" eingeführter Begriff. Hellinger glaubt, daß Familienmitglieder nach ganz bestimmten Gesetzmäßigkeiten bzw. Systemen miteinander verbunden sind. Jede Störung des Systems hat krankmachende Wirkung. Ich glaube, daß solche systemischen Verbindungen auch auf unsere verschiedenen Leben und auf das Zusammenleben der Menschen ganz allgemein auszudehnen sind, und arbeite mit meinen Klienten entsprechend.

Tiefenpsychologie: Die psychologische Richtung, die versucht das Unbewußte zu verstehen und therapeutisch zu nutzen. Die bekanntesten Schulen sind die Psychoanalyse nach Freund die analytische Psychologie nach C. G. Jung und die Hypnotherapie.

Trance: Bewußtseinsveränderung, die durch Hypnose meditative Übungen, Drogen, monotones Trommeln oder bestimmte Körperhaltungen hervorgerufen werden kann. In Trance können unbewußte Erinnerungen an frühere Erlebnisse auftauchen oder ungewöhnliche Wahrnehmungen und Erfahrungen entstehen. Im Gehirn werden in solchen Zuständen „langsame Teta-Gehirnwellen" gemessen.
Hypnotiseure (Hypnose↑), Schamanen↑ und Medien benutzen Trance, um Erkenntnisse zu erlangen, die das Wachbewußtsein nicht abrufen kann.

Transformation: (lat.) Umwandlung, Umformung

Trauma: Seelischer oder körperlicher Schock, schwere seelische oder körperliche Erschütterung.

Überlebensprogramm: Begriff aus dem holographischen Modell der Reinkarnationstherapie. Das letzte Lebens- und Körpergefühl, das der Mensch im Augenblick des Todes wahrnimmt, kann als Überlebensprogramm mit in die nächsten Inkarnationen genommen werden. Das heißt dann, solange ich dieses Gefühl noch habe, lebe ich noch. Die Person ist dann bestrebt, dieses Gefühl zu behalten, auch wenn es schmerzhaft ist.

unbewußt: Vor allem seit Freud und Jung bekannt gewordene Tatsache, daß wir viele Erfahrungen und Erlebnisse gespeichert haben die unserem Bewußtsein nicht ohne weiteres zugänglich sind. Im Traum sind wir am aktivsten an unser Unbewußtes angeschlossen.

verankern: Begriff aus dem holographischen Modell der Reinkarnationstherapie. Während der Rückführungsarbeit ist es zuweilen sinnvoll, den Klienten zunächst eine angstfreie, kraftvolle Situation erleben zu lassen, ihn darin zu verankern, bevor ein schweres Trauma durchschritten wird. Der Klient hat dann mehr Kraft und Sicherheit, sich der schwierigen Situation zu stellen.

verdrängen: Unangenehme und traumatische (Trauma↑) Erlebnisse, an die wir nicht erinnert werden möchten, werden ins Unbewußte8 abgeschoben und damit aus unserer bewußten Erinnerung gerückt.

Verhaltenstherapie: Therapeutische Verfahren, die die Veränderung des gegenwärtigen Verhaltens eines Menschen zum Ziel haben und nicht auf die Aufdeckung und das Aufarbeiten unbewußter Konflikte ausgerichtet sind.

Literaturverzeichnis

Aarons, M.; Gittens, T.: Das Handbuch des Autismus. Belz, Weinheim und Basel, 1994
Alegro, J.: Reinkarnation. ADYAR, Satteldorf, 1996
Axline, V. M.: Kinder-Spieltherapie. Ernst Reinhard Verlag München/ Basel, 1972
Berendt, J. E.: Das Leben – Ein Klang. Droemer Knaur, München, 199G
Bettelheim, B.: Kinder brauchen Märchen. Deutsche Verlagsanstalt, 1978
Bischof, M.: Biophotonen. Zweitausendeins, 1995
Borst, A.: Die Katharer. Herder-Verlag, Freiburg im Breisgau, 1991
Cabobianco, E: Ich komm' aus der Sonne. ch. falk-verlag, Seeon 1994
Capra, F.: Wendezeit. Scherz, Bern, München, Wien, 1983
Cayce, E.: Du weißt, wer du warst. Goldmann, 1991
Currie, I.: Niemand stirbt für alle Zeit. Goldmann, 1978
Dahlke, R.: Der Mensch und die Welt sind eins. Heyne, München, 1994
Dahlke, M. und R.: Die spirituelle Herausforderung. Heyne, München, 1995
Dahlke, R.: Mandalas der Welt. Hugendubel, München, 1985
Dahlke, R.: Krankheit als Symbol. Bertelsmann Verlag, München 1996
Dalai Lama: Einführung in den Buddhismus. Aquamarin Verlag, Grafing
Dethlefsen, T.: Das Erlebnis der Wiedergeburt. Goldmann, 1976
Dethlefsen, T.: Schicksal als Chance. Goldmann, 1979
Dethlefsen, T.; Dahlke, R.: Krankheit als Weg. C. Bertelsmann, 1989
Ditfurth, H. v.: Wir sind nicht von dieser Welt. Hoffmann und Campe, Hamburg, 1981
Drury, N.: Lexikon esoterischen Wissens. Knaur Verlag München, 1988
Dürckheim, K.: Hara. Barth Verlag, München, 1987
Ebertin, B. R.: Reinkarnation und neues Bewußtsein. Bauer Verlag Freiburg/Breisgau, 1987
Gallegos, E. S.: Indianisches Chakraheilen. Peter Erd Verlag, München, 1991
Gibran, K.: Der Prophet. Walter Verlag, Olten und Freiburg im Breisgau, 1991
Grof, S.: Das Abenreuer der Selbstentdeckung. Kösel, München, 1987.
Grof, S.: Geburt, Tod und Transzendenz. Kösel, München, 1985
Guitton, J.; Bogdanov, G. und I.: Gott und die Wissenschaft. Artemis und Winkler, München, 1993
Hacker, F.: Aggression. Deutscher Bücherbund, Stuttgart, 1971
Harner, M.: Der Weg des Schamanen. Ariston Verlag, Genf/München, 1994
Hawking, S.: Eine kurze Geschichte der Zeit. Rowohlt Taschenbuch, Reinbek bei Hamburg, 1995
Hay, L.: Heile Deinen Körper. Verlag Alf Lüchow, Freiburg, 1989
Hellinger, B.: Finden, was wirkt. Kösel, München, 1993
Hellinger, B.: Verdichtetes. Carl-Auer-Systeme Verlag, Heidelberg, 1995
Hellinger, B.: Ordnungen der Liebe. Carl-Auer-Systeme Verlag, Heidelberg, 1995
Hellinger, B., ten Hövel, G.: Anerkennen, was ist. Kösel, München, 199G
Hirshberg, C.; Barasch, M. I.: Unerwartete Genesung. Droemer Knaur, München, 1995

Jung, C. G.: Von den Wurzeln des Bewußtseins. Rascheer Verlag, Zürich, 1954
Jung, C. G.: Psychologie und Alchemie. Walter Verlag, Solothurn u. Düsseldorf, 1994
King, S. K.: Der Stadt-Schamane. Verlag Alf Lüchow, Freiburg, 1992
Klink, J.: Früher, als ich groß war. Aquamarin Verlag, Grafing, 1992
Krishnamurti, J.: Einbruch in die Freiheit. Ullstein Uerlag, Frankfurt/ Main, 1986
Krishnamurti, J.: Wandel durch Einsicht. Barth Verlag, 1995
Kübler-Ross, E.: Kinder und Tod. Kreuz Verlag, Stuttgart, 1984
Leadbeater, C. W: Die Chakras. Verlag Hermann Bauer, Freiburg im Breisgau
Liberman, J.: Die heilende Kraft des Lichts. Scherz Verlag, Bern, München, Wien, 1993
Lorenz, K.: Das sogenannte Böse. Borotha-Schoeler Verlag, Wien 1965
Lucas, W. B.: Regression Therapy. Vol.I+II. Deep Forest Press, Crest Park, CA, 1993
Moody, R. A.: Leben vor dem Leben. Rowohlt Verlag, Reinbek bei Hamburg, 1990
Netherton, M.; Shiffrin, N.: Bericht vom Leben vor dem Leben. hannemann-verlag, 1978
Paris, E.-G.: Der Schlüssel zur esoterischen Astrologie. Urania Blaue Reihe 15, München, 1984
Peseschkian, N.: Psychosomatik und Positive Psychotherapie. Fischer Taschenbuch, München, 1993
Pryse, J. M.: Reinkarnation im Neuen Testament. Ansata-Verlag, Interlaken, 1981
Pschyrembel : Klinisches Wörterbuch. Walter de Gruyter, Berlin, New York, 1994
Richter, H.-E.: Wer nicht leiden will, muß hassen. Droemer-Knaur, München, L995
Riedel, I.: Farben. Kreuz Verlag Stuttgart, 1983
Riedel, I.: Formen. Kreuz Verlag, Stuttgart, 1985
Riemann, E.: Lebenshilfe Astrologie. Pfeiffer Verlag, München, 1976
Rilke, R. M.: Die Gedichte. Insel Verlag, Frankfurt/Main, 1986
Sams, J.; Carson, D.: Karten der Kraft. Windpferd Verlag, Aitrang, 1989
Schaef, A. W: Mein Weg zur Heilung. Hoffmann und Campe, 1993
Schaufelberger-Landherr, E.: Die Kraft der Steine. Bd. I + II. Boutique Tillandsia, Cham, 1993
Schenk, A.: Der Gesang des Donnervogels. Scherz, Bern, München, Wien
Schneider, E.: Nutze die heilkräftigen Pflanzen. Saatkorn Verlag, Hamburg, 1963
Sellin, B.: ich will kein inmich mehr sein. Kiepenheuer & Witsch, Köln, 1993
Senf, W.; Broda, M. (Hrsg): Praxis der Psychothetapie. Thieme Verlag, Stuttgart, New York, 1996
Sharamon, S.; Baginski, B.: Das Chakra-Handbuch. Windpferd Verlag, Aitrang, 1990
Sheldrake, R.: Das schöpferische Universum. Ullstein Verlag, Frankfurt am Main
Sheldrake, R.: Das Gedächtnis der Natur. Scherz Verlag, Bern, München, Wien, 1991
Simonton, O.C.: Wieder gesund werden. Rowohlt, Reinbek bei Hamburg, 1990
Sogyal Rinpoche: Das Tibetische Buch vom Leben und Sterben. O. W. Barth Verlag, 1993
Somerville, R. (Series Editor): Das Immunsystem. Time-Life Bücher, Amsterdam
Steiner, R.: Wiederverkörperung.
Uyldert, M.: Verborgene Kräfte der Metalle. Hugendubel, München
Vallieres, I.: Praxis der Reinkarnationstherapie. hannemann verlag, 1987

Verny, T.; Kelly, J.: Das Seelenleben des Ungeborenen. Rogner & Bernhard Verlag, München, 1981

Wambach, H.: Seelenwanderung. Wiedergeburt durch Hypnose. Goldmann, München, 1984

Wambach H.: Leben vor dem Leben. Heyne, München 1986

Weber, G.: Zweierlei Glück. Auer Verlag, Heidelberg

Weed, S.: HeilWeise. Verlag Frauenoffensive, München

Weiss, B.: Die zahlreichen Leben der Seele. Goldmann Verlag, München, 1994

Wendel, M.; York, U.: Maskenball der Seele. Knaur Verlag, München, 1993

Wind, J. K.: Frühkindlicher Autismus. Beltz Verlag, Weinheim und Basel, 1992

Woolger, R. J.: Die vielen Leben der Seele. Hugendubel Verlag, München, 1992

Margit Dahlke & Ruediger Dahlke
Meditations-Führer
Finden Sie die für Sie richtige Meditations-Methode
400 S., Paperback
€ 15,30 [D]/DM 29,92/öS 218,–*/sFr 27,20
ISBN 3-930944-83-9
Vorgestellt werden über 130 verschiedene Meditationsformen, geordnet nach Sternzeichen – so finden Sie die passende Methode zur gerade vorherrschenden Energie.

Markus Schirner
Atem-Techniken
Übungen für einen längeren Atem
ca. 220 S., s/w-illustriert, Paperback
€ 12,70 [D]/DM 24,84/öS 182,–*/sFr 22,80
ISBN 3-89767-074-7
Eine übersichtliche Zusammenstellung der verschiedenen Techniken mit praktischen Anleitungen zur Umsetzung

Katharina Grawunder
Tor zur Kraft
Geführte Meditation zur inneren Kraftquelle
Spielzeit: 42:07 Min.
ISBN 3-89767-084-4

Katharina Grawunder
Sehnsucht
Geführte Phantasiereise mit Musik
Spielzeit: 38:38 Min.
ISBN 3-89767-083-6

Katharina Grawunder
Stille finden
Eine Reise in die Entspannung mit Musik
Spielzeit: 39:35 Min.
ISBN 3-89767-096-8

Katharina Grawunder
Schatzsuche im Traumland
Vier Phantasiereisen mit Musik für Kinder ab 3
Spielzeit: 45:07 Min.
ISBN 3-89767-095-X

Atmen
Übungen zur richtigen Atemtechnik
Spielzeit: 62:04 Min.
Konzept: Heike Owusu
ISBN 3-89767-021-6

Autogenes Training
Klassische Formelsammlung zur Entspannung und Ruhe
Spielzeit: 44:28 Min.
Konzept: Heike Owusu
ISBN 3-930944-71-5

Jede CD:
€ 15,30 [D]/DM/sFr 29,92/öS 225,–*

*unverbindl. Preisempfehlg.

Paul Ferrini
Dem Glück auf der Spur
Das Glück des Augenblicks liegt in deiner Hand
160 S., Paperback
€ 10,50 [D]/DM 20,53/öS 151,–*/sFr 19,–
ISBN 3-930944-67-7
Wenn wir aufhören, in unserem Leben nach Fehlern zu suchen, können wir es erfüllter leben. Dann bewegt sich unser Leben mit Kraft, Zielgerichtetheit und Integrität. Nichts fehlt, nichts ist verbesserungsbedürftig, nichts kaputt. Es ist vollkommen, so wie es ist.

Paul Ferrini
Leben in Hingabe
Wie man sein Herz öffnet und darin wohnen bleibt
120 S., Paperback
€ 10,50 [D]/DM 20,53/öS 151,–*/sFr 19,–
ISBN 3-930944-92-8
„Wenn ich in diesem Buch über Hingabe spreche, geht es darum, das Ego-Bewußtsein aufzugeben, die Trennung von Herz und Verstand zu überbrücken und eine Bewußtheit zu entwickeln, die größer ist und umfassender."

Paul Ferrini
Zusammen Wachsen
Schitte zum liebevollen Miteinander
172 S., Paperback
€ 10,50 [D]/DM 20,53/öS 151,–*/sFr 19,–
ISBN 3-930944-82-0
Sieben Regeln für eine faire Partnerschaft sind hier knapp aber tiefgehend formuliert, womit Sie das Werkzeug an die Hand bekommen, Ihre Beziehungen zu überprüfen und, wo nötig, zu korrigieren.

Paul Ferrini
Aus der Tiefe des Herzens
Vergebung entdecken, erlernen, erleben
184 S., Paperback
€ 10,50 [D]/DM 20,53/öS 151,–*/sFr 19,–
ISBN 3-89767-095-5
Vertrauen in das Leben, Gleichwertigkeit mit anderen, Verantwortung für sich selbst übernehmen und Vergebung, gelebt in jeder Minute und das gegenüber anderen wie sich selbst, bilden die Schlüssel für die Tür zu einem erfüllten und selbstbestimmten Leben. Lernen Sie sie kennen und machen Sie sich zu eigen!

*unverbindl. Preisempfehlg.